Михаэль Лайтман

Освобождение

серия
НАУКА КАББАЛА

Издательство «Империум Пресс»
Издательская группа **kabbalah.info**
2005

УДК 26-587 + 141.331.5
ББК 86.33 + 86.42
Л18

Л18 Лайтман Михаэль
Серия «НАУКА КАББАЛА»

ОСВОБОЖДЕНИЕ.—
М.: Империум Пресс
Издательская группа kabbalah.info, 2022. — 528 с.

Laitman Michael
Series of «NAUKA KABBALAH»

OSVOBOZHDENIE.—
M.: Publishing Group «Imperium Press» Publishing Group kabbalah.info, 2022. — 528 pages.

ISBN 978-5-98179-012-6

Михаэль Лайтман является крупнейшим ученым-каббалистом нашего времени, учеником великого каббалиста 20 века Баруха Ашлага.

Работы Михаэля Лайтмана, профессора онтологии и теории познания, доктора философии, биокибернетика, автора 30-томной серии «Наука каббала», переведены на 22 языков мира (www.kab1.com).

Каббалистическое учение в изложении Михаэля Лайтмана, основанное на трудах самых выдающихся в истории человечества каббалистов и собственных практических исследованиях, приобрело огромную международную популярность. Более 150 отделений школы М.Лайтмана работают по всему миру.

Великие каббалисты прошлого предсказывали, что с конца 20-го века в самых разных уголках земли начнется духовное пробуждение человечества. Мы — его свидетели и участники. А вместе с нами — те, кто во многих странах и на разных континентах открыли для себя самую современную науку — каббалу — и начали исследование духовных миров, начали путь, который приведет нас к раскрытию Творца. Этому был посвящен каббалистический конгресс весной 2002 года, на который съехались сотни учеников Михаэля Лайтмана со всего мира. Десятки лекций, бесед и уроков, проведенных им на конгрессе и собранных в эту книгу, дадут читателю возможность понять смысл духовного освобождения и ощутить высший свет, дарующий всему творению вечность и совершенство.

ББК 87.2

ISBN 978-5-98179-012-6

© М.Лайтман, 2022.
© Издательство «Империум Пресс» издательская группа
kabbalah.info, 2022.

ОГЛАВЛЕНИЕ

К читателю 5
Язык каббалы 7
Навстречу свету 9
Как победить Фараона 191
От издателя 517

К ЧИТАТЕЛЮ

Известно, что каббала является тайным учением. Именно ее сокрытие послужило поводом для возникновения вокруг каббалы множества легенд, фальсификаций, профанаций, слухов, невежественных рассуждений и выводов. Лишь в конце XX столетия получено разрешение на открытие знаний науки каббалы всем и даже на распространение их по всему миру.

И потому в начале этой книги я вынужден в этом обращении к читателю сорвать вековые наслоения мифов с древней общечеловеческой науки каббала.

Наука каббала никак не связана с религией. То есть связана в той же самой степени, что, скажем, физика, химия, математика, но не более. Каббала — не религия, и это легко обнаружить хотя бы из того факта, что никто из религиозных людей не знает ее и не понимает в ней ни одного слова.

Глубочайшие знания основ мироздания, его законов, методику познания мира, достижение цели творения каббала скрывала, в первую очередь, от религиозных масс. Ибо ждала времени, когда разовьется основная часть человечества до такого уровня, что сможет принять каббалистические знания и правильно использовать их. Каббала — это наука управления судьбой, это знание, которое передано всему человечеству, для всех народов земли.

Каббала — это наука о скрытом от глаз человека, от наших пяти органов чувств. Она оперирует только духовными понятиями, т.е. тем, что происходит неощутимо для наших пяти чувств, что находится вне их, как мы говорим, в высшем мире. Но названия каббалистических обозначений и терминов взяты каббалой из нашего земного языка. Это значит, что хотя предметом изучения науки каббала являются высшие, духовные миры, но объяснения, выводы исследователь-каббалист выражает названиями, словами нашего мира.

Знакомые слова обманывают человека, представляя ему якобы земную картину, хотя каббала описывает происходящее в высшем мире. Использование знакомых слов-понятий приводит к недоразумениям, неправильным представлениям, неверным измышлениям, фантазиям. Поэтому сама же каббала запрещает представлять себе какую-либо связь между предметами, взятыми из нашего мира, и их духовными корнями. Это является самой грубой ошибкой в каббале.

И потому каббала была запрещена столько лет, вплоть до нашего времени: развитие человека было недостаточным для того, чтобы он не представлял себе всяких духов, ведьм, ангелов и прочую чертовщину там, где говорится совершенно о другом.

Только с девяностых годов XX века разрешено и рекомендуется распространение науки каббала. Почему? Потому что люди уже более не связаны с религией, стали выше примитивных представлений о силах природы как о человекоподобных существах, русалках, кентаврах и пр. Люди готовы представить себе высший мир как мир сил, энергий, силовых полей, мир выше материи. Вот этим-то миром сил, мыслей и оперирует наука каббала.

С пожеланием успеха в открытии Высшего мира,
Михаэль Лайтман

ЯЗЫК КАББАЛЫ*

Когда необходимо описать высший мир, неощущаемое пространство, каббалисты используют для описания слова нашего мира. Потому что в высшем мире нет названий. Но поскольку оттуда, как из корня ветви, нисходят силы, рождающие в нашем мире объекты и действия, то для отображения корней, объектов и сил высшего мира, применяются названия ветвей, их следствий, объектов и действий нашего мира.

Такой язык называется «язык ветвей». На нем написаны Пятикнижие, Пророки, Святые писания — вся Библия и многие другие книги. Все они описывают высший мир, а не историю еврейского народа, как может показаться из буквального понимания текста.

Все святые книги говорят о законах высшего мира. Законы высшего мира называются Заповедями. Их всего 613. В мере выполнения этих законов, человек входит в ощущение высшего мира, ощущение вечности и совершенства, достигает уровня Творца. Выполнение достигается использованием высшей силы, называемой высшим светом или Торой. Все книги говорят о обретении веры, под этим в каббале подразумевается не существование в потемках, а именно явное ощущение Творца.

Желающему войти в ощущение высшего мира ни в коем случае нельзя понимать тексты буквально, а только пользуясь языком ветвей. Иначе он останется в своем понимании на уровне этого мира.

Принятые у религиозных евреев ритуалы, в обиходе также называются заповедями и описываются тем же языком, что и духовные действия и процессы. Ритуалы были

---

* см. также: «Учение Десяти Сфирот», Вступление.

введены в народ для оформления границ поведения, позволявших сохранять народ в изгнании.

Кроме истинной, духовной трактовки понятия Заповедь, начинающему необходима адаптация к духовной интерпретации слов: поцелуй, гой, объятие, Израиль, беременность, иудей, роды, изгнание, народы мира, освобождение, половой акт, вскармливание и пр. Время постепенно рождает в человеке новые определения, и сквозь них начинает ощущаться высший, вечный мир.

Навстречу свету

ОГЛАВЛЕНИЕ

Встреча гостей 11
Защита разума от сердца 25
Царство желаний 75
Неоценимый подарок 127
Каббалистическое объяснение законов Песаха 149

ВСТРЕЧА ГОСТЕЙ

Беседа с московской группой

Вступление

Мы очень хотели, чтобы к нам приехали гости на Песах, потому что это особое время, когда из Высшего мира нисходит на наш мир очень сильный духовный свет, и мы можем исправиться только под его воздействием.

Под понятием «исправиться» имеется в виду — ощутить Высший мир, достичь духовного мира, выйти на другой уровень существования, ощущения. Сделать это мы можем, только если используем окружающий свет — *ор Макиф*, который в Песах действует на наш мир с особенной силой, как ни в какие другие времена.

Для того чтобы вызвать такой свет в любое другое время, человеку надо приложить определенные индивидуальные усилия. А во время Песаха этот свет светит на всех. И от нас зависит только то, как наилучшим образом подставить себя под него.

Эту задачу мы и хотим выполнить. Для этого необходимо правильно себя настраивать: подобно приемнику настроиться на нужную волну Высшего света, который нам необходимо вызвать на себя, и хорошенько пропитаться этим светом.

Мы надеемся в течение этого времени получить мощный духовный заряд, чтобы затем на протяжении нескольких месяцев, как после хорошего приема энергии, ощущать, что мы все время поднимаемся, постигаем все глубже и глубже мироздание, получаем все большие силы и озарение.

Я надеюсь, что ваше присутствие здесь окажется очень полезным, и, вернувшись домой, вы почувствуете, что поднялись на другой уровень. Что для этого надо? Почувствовать себя вместе, чтобы создать одно большое кли. Попытаться помогать, соединяться с нами, работать. Вы видите, какие у меня руки? Здесь они у всех сейчас такие. Пытайтесь!

Значение времени

В нашем мире духовные уровни преобразуются в последовательность времени. Почему есть первый день, второй, третий и так далее? Последовательность времени определяется тем, что духовное пространство проецируется на нашу землю, на наш мир, последовательными уровнями: семь сфирот Зеир Анпина постепенно проецируются на нашу землю в виде семи следующих один за другим дней. Каждый день, соответственно, имеет свои особенности, свою духовную силу, свой источник.

Кроме этой последовательности, есть последовательность общая, глобальная, когда уровень Храма, разрушения или созидания — неважно — подобно этим духовным уровням, проецируется на нашу Землю и вызывает здесь глобально, а не индивидуально на каждого человека, не на особых людей, а, в общем и целом на наш мир — определенное духовное воздействие.

Изучая Каббалу, человек начинает продвигаться индивидуально. Как в таком случае на него воздействует общее свечение? Если обычные люди в эти праздники получают только какую-то неосознанную духовную подпитку, то мы можем сознательно использовать это общее излучение для индивидуального усиления, в индивидуальном приеме, и получать от этого очень большую энергию.

Вы пробудете здесь несколько дней, в течение которых вы ничего не будете ощущать. Вы получите информацию, услышите, возможно, кое-что новое. Духовная энергия, которая войдет в вас, проявится позже. Вы это увидите, почувствуете.

Это будет возможно, только если вы попытаетесь соединиться с нами, слиться с нами, быть потеснее все вместе. Тогда у нас образуется хорошее общее кли. Все, что мы накопили, все, что здесь есть, вольется в вас. Вот, практически, и все. То есть, правильное использование общего света на наш мир позволяет каббалисту буквально все время жить в постоянном обновлении энергии.

Вопросы слушателей

- **Вопрос: Эту энергию человек может использовать только в отношении себя или в отношении всего мира?**

Он трансформирует ее через себя и передает далее. Каждый день имеет определенный духовный заряд. И он тоже используется по-разному. Я видел своего Учителя даже в обычные будние дни довольно по-разному, а уж в праздники тем более. Мне тяжело это выразить. Даты имеют значение. И каббалист, который ощущает общее и частное Управление, все равно пользуется общим Управлением (он не подвержен ему, а специально им пользуется), чтобы получить дополнительное духовное продвижение.

- **Вопрос: А на материю всего мира эта энергия воздействует?**

Материя не может существовать сама по себе. Кли может существовать только при поддержке света и при постоянном наличии света внутри него. Ведь свет создал кли, желание. Если он исчезает из желания, желание тоже исчезает. Постоянное свечение должно порциями изливаться на материю, оживлять ее. Это и есть общее оживление всей материи, соответственно каждому уровню: неживому, растительному, животному, человеческому.

Существует, однако, свет, который ты уже можешь притягивать индивидуально. Но одно другого не касается: притяжение индивидуального света или общего изливающегося. Особенно в праздники. Песах олицетворяет событие, которого мы так ждем — выход в духовный мир. Поэтому для нас он очень важен.

Необходимо полное выполнение всех правил, ведь материальные обряды в этот праздник позволяют нам участвовать в максимальном получении окружающего света — общего, а не частного. Поэтому мы уделяем им такое внимание. Каббалисты не зря именно в Песах ввели особые, я бы сказал, отягчающие законы, намного более строгие, чем у остальных людей. Потому что именно благодаря этим дополнительным физическим усилиям, затратам, ты вызываешь из Высшего мира дополнительный свет.

- **Вопрос: На какой уровень продвижения мы можем рассчитывать? Какого продвижения Вы от нас ожидаете?**

Я ожидаю от вас того же продвижения, что и от нашей группы. Ничуть не меньше. Вы считаетесь просто нашей интегральной частью. То есть, не может быть такого, чтобы было какое-то изменение в нас, и оно не нашло бы отражения в вас. Расстояние в духовном не имеет никакого значения.

Если такие встречи будут происходить между нами два раза в год, этого будет абсолютно достаточно. Достаточно для того, чтобы мы двигались в унисон, как одна группа. Я думаю, что вы чувствуете и без моих слов — по собственному восприятию — как вы настигаете нас и практически подходите к тому, чтобы быть наравне с нами. Вы это сделаете. Потому что вы привязаны к нам, вы просто пользуетесь тем, что у нас уже есть. И это очень важно.

- **Вопрос: Будет ли существовать смерть после общего Конца исправления?**

Написано: «*Олам ки минхаго ноэг*» — мир продолжает существовать так же, как и существовал. Болезни — это индикация эгоизма человека. И поэтому они-то исчезнут, как и все остальные страдания в нашем мире.

Злом считается преднамеренное использование желания не ради Творца. Если ты не определяешь свое собственное состояние как зло, значит, у тебя его нет, тебе нечего исправлять. Мы говорим о том, что постепенно с помощью этой методики человек начинает чувствовать свою природу, как зло, и вот тогда начинается процесс так называемого *акарат а-ра* — осознания зла.

А до тех пор, пока это ощущение не возникло, человеку нечего исправлять. Есть ли у него, в самом деле, эгоизм, который требует исправления? Нет. Все зависит только от того, как человек себя ощущает.

- **Вопрос: Меняется ли материя этого мира?**

  Материя нашего мира — это не зло.

- **Вопрос: Я говорю не о зле. Этот мир существует в наших ощущениях. После того, как ощущения у всех поменяются, этот мир остается?**

  Да. Чтобы на всех уровнях творения было слияние с Творцом.

- **Вопрос: То есть, он остается в исправленном состоянии?**

  Если человек достигает связи с Творцом, исчезают все проблемы на всех уровнях, остается материя в чистом виде, правильно функционирующая, и это называется Гмар Тикун, окончательное исправление.

- **Вопрос: Тогда что изменится с точки зрения человека?**

  Ваш взгляд на мир! А больше ничего и не надо. Если вы будете ощущать Творца, если вы будете смотреть на свое существование свыше, видеть причину и следствие всего, что происходит с вами, если вы будете ощущать Бесконечность, — ваша жизнь и смерть будут представляться вам, просто как отход ко сну, переодевание одежды, смена внешней оболочки, смена верхней одежды. Если вы будете смотреть на все происходящее в перспективе вечности, будете ощущать себя в покое, всезнании, что же вам будет мешать?

  Вы будете смотреть на этот мир по-другому. Но вы еще не представляете себе, как сможете пользоваться именно этим миром, самым низшим во всей иерархии миров, для того, чтобы быть связанным с Творцом. Вы не будете думать, что он не нужен. Это сейчас вам кажется, что он не нужен, потому что вы на этой ступени чувствуете одни страдания, но затем, наоборот, вы будете чувствовать возможность возвышения именно посредством этой ступени.

Вы страдаете оттого, что вы идете вечером спать? Вы знаете, что завтра вы встанете. У вас будет новый день. Сон даст вам силы, возможность заново что-то начать, что-то сделать. Если завтра вас ожидает что-то приятное, вы с удовольствием идете спать в ожидании этого приятного.

Вот так же человек может ждать новой жизни после смерти тела. Если человек отождествляет себя с душой, то тело для него является только средством для следующего кругооборота. Дело в том, что есть такие изменения в душе, которые не могут в ней произойти, если она не сменит телесную оболочку. Бааль Сулам говорит об этом в статье «Свобода воли».

Он говорит, что те знания, которые накоплены в этой жизни, в будущей жизни входят в вашу душу как ее непосредственные, естественные свойства. И вы уже не думаете о них, они просто являются вашим характером, вашими свойствами. Поэтому необходима смерть физического тела, вот этой внешней оболочки.

Если вы точно знаете, что те знания, которые вы приобретаете в течение этой жизни, помогут вместить их вовнутрь, в себя, в свою душу, как ее непосредственные свойства, то есть, приобрести дополнительные естественные свойства души благодаря своим усилиям, вы, таким образом, как бы конструируете, создаете свою душу заранее, осознанно, самостоятельно.

Вы представляете, что значит для нас смерть? Созидательный акт. А мы слишком пристально смотрим на наше маленькое существование, не понимая, как оно выглядит в перспективе свыше.

- **Вопрос: Речь идет о духовных понятиях. А материальные знания тоже закрепляются как духовные?**

  Нет. Знания так же, как и наука, остаются на уровне тела, а не на уровне души. То, что приобретается в этой жизни, сейчас в качестве научных знаний, в будущей жизни проявляется как естественные знания человека. Но это знания. Это — как новое поколение, которое рождается предрасположенным к тому, что есть, на сегодня. Нам тяжело адаптироваться к новостям технологии, а для тех, кто рождается сегодня, это естественно и просто. Но это не входит в душу, как ее новые составные свойства. Это только знания.

- **Вопрос: А опыт и все прочее?**

  Только духовный опыт. И что значит подниматься по духовной лестнице? Кто поднимается? Уровень моего постижения поднимается. Допустим, вы приподнялись за этот период праздников на какой-то другой уровень, тогда вы по-другому воспринимаете этот мир. Разве вы при этом перестали общаться со своей семьей, со своими детьми, на работе, со всеми окружающими? Нет.

- **Вопрос: Если все человечество вышло на уровень Гмар Тикун, тогда чем представляется этот мир? Зачем нужно сохранять наиболее грубую часть мира?**

  Да он не грубый — наш мир. Это мы в нем такие, и наши действия в природе. Но как только исчезает эта наша грубость, как только мы себя будем правильно вести, этот мир, наоборот, предстанет перед нами, как самый эффективный для возвышения, для слияния с Творцом.

- **Вопрос: Если мы говорим о состоянии всеобщего исправления, то значит ли это, что мы тогда достигаем полного слияния, мы находимся в Нем в абсолютном, полном контакте?**

  Достигнув определенного состояния, ты должен постоянно его поддерживать. Допустим, ты постигаешь какой-то духовный уровень. Это не значит, что ты вырвался на этот уровень. Это только в нашем мире: я работаю, работаю, купил машину — все, теперь я спокоен.

Ты достиг определенного духовного уровня: ты купил какую-то духовную ступень, ты должен ее все время оживлять, ты должен на ней все время находиться, ты должен быть на уровне создания этой ступени. Вы пользуетесь желаниями, еще более низкими, чем наш мир. Вам раскрываются еще более низкие возможности.

Если вы разложите Малхут мира Бесконечности на все ее составляющие, то получите пять миров, включая наш мир. То есть, наш мир существует и в Малхут Бесконечности, только там он существует в скрытом виде, внутри нее. Когда вы ее разворачиваете, оказывается, что перед вами находятся пять духовных миров и, дополнительно, наш мир. От этого никуда уже не денешься, это необходимый уровень авиюта.

- **Вопрос: Только потому, что в Малхут мира Бесконечности есть потенциально неисправленная часть?**

    Да, поэтому она так и предстает перед нами.

- **Вопрос: Возникает противоречие между состоянием окончательного исправления и бесконечным постижением сущности Творца?**

    Нет никакого противоречия. Гмар Тикун представляет собой определенную ступень, какое-то состояние, достигнув которого, вы уже находитесь в исправленном состоянии. В то же время не существует никакого противоречия между этими двумя понятиями, потому что постижение Творца — оно, действительно, бесконечно.

    Гмар Тикун — это состояние, когда вы исправили свою душу. Творец специально создал ее неисправной. Исправляя ее, подгоняя ее свойства под свойства Творца, вы, таким образом, создали из себя подобие Творца. То есть, теперь вы Его полностью понимаете, теперь вы Его полностью воспринимаете, теперь вы способны Ему полностью подражать, то есть, вы создали копию, во всех отношениях.

Вот в этом исправленном состоянии, (то есть, полностью подготовленном состоянии, когда вы стали равным Ему), вы теперь можете постигать Его на самом деле, именно из своих исправленных ощущений, и это постижение является бесконечным.

Мы изучаем в Каббале только сам путь до Полного исправления, даже не включая Полное исправление. А о ступенях, которые находятся за пределами этого Полного исправления, вообще нигде не говорится. Каббалисты о них не пишут.

Во-первых, потому, что это практически невозможно описать нашим земным языком, ведь этот язык построен на сочетании добра и зла. И когда пропадает этот антагонизм между двумя частями природы, то наш язык просто не работает.

И во-вторых, потому, что хотя они и пишут иногда маленькие заметки, тайные послания друг другу (они называются *мегилат нистарим*), но мы в них все равно ничего понять не можем. В Каббале нет понятия «запрещено», под понятием «запрещено» имеется в виду — невозможно.

Поэтому мы изучаем только процесс до Окончательного исправления. Говорить обо всем остальном действительно несерьезно, все равно это не может быть воспринято правильно. Вы же сами чувствуете, как иногда переходите из одной крайности в другую, особенно в связи с изучением Каббалы.

Вдруг вы можете прямо летать в облаках и готовы соединиться со свойствами отдачи, а потом вдруг вы настолько падаете, что становитесь совершеннейшим эгоистом. И тогда все эти свойства отдачи, все эти цели кажутся вам совершенно несерьезными, нереальными, искусственными и так далее Даже в нашем маленьком диапазоне ощущений мы не знаем, где находимся. А воспринять правильно духовные ощущения мы не в состоянии.

- **Вопрос: Что собой представляют десять макот, и можно ли это выразить в какой-то иной форме?**

Пасхальное сказание «Агада» повествует о том, как человек выходит из нашего мира в духовный мир. Это событие олицетворяется выходом из Египта. Существование десять казней — *макот*, ударов, аргументируется следующим образом. Каждая сфера рождающегося нового кли создается на противоположных эгоистических свойствах.

Под этими десятью свойствами имеется в виду полное, общее свойство *Фараона* — эгоизма. И десять макот — это как бы десять отделений каждой сферы от ее предыдущего состояния, в результате чего создается противоположное ему альтруистическое свойство. И в каждом состоянии Фараон сначала держит нас, а потом согласен отпустить.

И даже после того, как полностью отпускает, все равно выход из этого эгоизма внезапный, в темноте, в полночь, как сказано, именно бегством. И он происходит совершенно внезапно для человека. То есть, человек вдруг ощущает, как его поднимают совсем на другой уровень существования. И когда это произойдет, человеку заранее неизвестно, за секунду до этого неизвестно. Для каждого из нас это будет вот такой полной неожиданностью.

Человек ощущает себя в темноте, чувствует себя в совершенном порабощении, в эгоизме, не представляет, что можно из него выбраться. Он даже вроде бы уже и не желает выбраться, он уже полностью разочарован невозможностью что-то изменить, и вдруг это событие происходит.

Подготовить себя к нему и является нашей задачей в Песах. Потому что именно этот свет, который изливается сейчас, — он точно проходит по всем этим стадиям свыше. Если мы говорим, читаем, действуем, пытаемся возбудить себя определенными действиями снизу, навстречу этому свету, то мы точно вырабатываем в себе условия для перехода через махсом (усилиями снизу).

- **Вопрос: Можно ли сказать, что благодаря тем проблемам, с которыми человек сталкивается в своей жизни, можно пытаться изменить те качества, с которыми как бы хотят, чтобы он работал?**

    Конечно. Все проблемы, с которыми мы сталкиваемся в этой жизни, однозначно указывают на то, что нам надо в себе изменить. А иначе мы бы не чувствовали их как проблемы.

- **Вопрос: Для этого надо делать проверку?**

    Нет. Не стоит начинать разбираться в этих проблемах, почему именно мне дана вот такая проблема и такой-то удар, и таким-то образом я проиграл или упустил, или получил какую-то неприятность, — не надо начинать все это исследовать.

    Потому что это спекуляция, и никогда ты четко не угадаешь. Но ощущение удара (оно точно направлено) проявляется всегда именно относительно той проблемы, которую сейчас в данный момент тебе надо выявить. Не надо выявлять ее посредством исследования самой проблемы, но на том отрицательном ощущении, которое в тебе свыше вызывают, ты должен пытаться, вопреки этой помехе, все равно достичь связи с Творцом.

    Это самое четкое, самое простое исправление. Ничего больше не надо. Иначе ты начнешь сам создавать в себе какие-то дополнительные условия, проблемы — это спекуляция, не более того. Воспринимать проблему только так: мне это посылается сверху, чтобы именно вопреки этому я сделал усилие по связи с Творцом. И все. И таким образом ты решаешь эту проблему. Единственность Творца.

- **Вопрос: Вот так просто?**

    Допустим, просто. Ты увидишь, насколько это будет не легко, потому что тебе сейчас начнут каждую секунду посылать ту же проблему, только с большей агрессивностью, со всякими побочными ощущениями. Тебя заставят эту проблему отработать, но именно в том случае, если ты будешь против нее искать связи с Творцом.

- **Вопрос: Надо искать резонанс или просто механически?**

Механически. Только связь с Творцом, не обращая на саму проблему никакого внимания. И когда ты не будешь на нее обращать никакого внимания, а будешь смотреть на Творца, тут же в тебе будут проступать все новые и новые стороны этой проблемы, которые выявят в тебе полностью все это многогранное кли. А потом перейдешь на другой уровень.

Я говорю о проблеме, которая решается в человеке духовно, внутренне. Если эта же проблема должна решаться и на уровне нашего мира, то ее надо решить на уровне нашего мира. Но все равно, внутреннее решение проблемы — духовное, заключается в том, что вопреки ей связь с Творцом должна быть определяющей и формировать отношение человека к решению ее в нашем мире. Например, к начальству на работе, в семье, с женой, с детьми и так далее.

Естественно, что мы не можем убегать и прятаться только за духовным решением проблемы, этого недостаточно. Человек должен на всех уровнях — сверху и до нашего мира — полностью отработать возникшую проблему. И я вас уверяю, если вы правильно отреагируете на эту проблему — она исчезает сама по себе, она просто растворяется, она перестает быть, она нужна только для вашего правильного отношения. Я думаю, есть такие, которые уже это почувствовали, а есть такие, которые в этом еще убедятся.

Всегда необходимо смотреть на любое обстоятельство в жизни как на сопутствующее или якобы мешающее связи с Творцом. И тогда у вас не возникнет вопросов о том, как максимально эффективно использовать жизнь.

- **Вопрос: Болезнь — это отражение эгоизма?**

Это касается не только болезней, а вообще всех проблем. Вы опять хотите задать вопрос: а как решать эти проблемы относительно их самих. Я вам объясню, в чем дело. Есть простой вопрос: если каббалист правильно идет, духовно продвигается, все время находится в духовном прогрессе, должны ли ему посылаться болезни и прочие невзгоды?

Дело в том, что каждый из нас является частичкой общей души, и не только за себя, но и за других он должен отрабатывать, либо он должен отрабатывать свое существование ради связи с другими душами. И поэтому мы не видим, как и почему на, казалось бы, правильно продвигающегося человека вдруг валятся такие неприятности, подсовываются ему всякие препятствия.

Нужно, чтобы он и их преодолел и шел дальше. Болезни или неприятности могут не уходить от него годами. Это потому, что каждый из нас является всего лишь маленькой частичкой общего сосуда, и чем на больший уровень я поднимаюсь, тем больший общий эгоизм остается подо мной, а я поднимаюсь якобы над ним.

И весь этот общий эгоизм уже в большей степени зависит и от меня, и поэтому я начинаю ощущать его проблемы. То есть, поднимающийся духовно, зачастую и, как правило, начинает ощущать страдания всего мира. Ничего не сделаешь. Это ему помогает исправляться, но страдания увеличиваются...

- **Вопрос: А кто кому больше обязан на самом деле — высший низшему или наоборот?**

Ты же считаешь, что Творец обязан тебе, правда? Вообще, высший всегда чувствует, что он больше нуждается в низшем, чем низший ощущает, что он нуждается в высшем. Ты чувствуешь по своим детям, как ты нуждаешься в них, и насколько они нуждаются в тебе. Они нужны тебе сами по себе, какими бы они ни были. Так и здесь.

Мы нуждаемся в вас. Мы считаем, что вы даете нам те дополнительные условия, возможности, силы, желания, без которых нам было бы трудно продвигаться. И так мы считаем не только касательно вас, но вообще всех людей, которые потенциально могут к нам примкнуть. В итоге так и получается.

Для того чтобы выйти из этого мира в Высший мир на общем уровне, надо каким-то образом «переработать» около

10 % населения, показать им, что такое Каббала, дать хоть какое-то понятие о том, что существует Высший мир, Творец. Поэтому нам дороги все интересующиеся Каббалой. А тем более, люди, которые уже систематически занимаются, жертвуют собой, своим временем, своими средствами, своими силами. Это наша часть.

ЗАЩИТА РАЗУМА ОТ СЕРДЦА
Беседа с литовской группой

Как ощутить более высокий уровень

Наблюдая за окружающей нас природой, изучая ее, мы видим причинно-следственные связи, существующие в неживой, растительной, животной, человеческой природе, где все очень логично, разумно. Ничего не происходит просто так, все подчиняется определенным строгим законам, которые мы не можем нарушать. Если же мы нарушаем их, это приводит к негативным последствиям.

Посмотрите, насколько взаимосвязаны в нашем организме все органы, клетки, каким образом они взаимодействуют, как четко все связано и функционирует, преследуя одну цель — дать жизнь, существование более разумному, совершенному. Низшие уровни собираются, соединяются и взаимодействуют между собой, чтобы поддержать существование более высоких уровней.

Неживая природа поддерживает растительную и питает ее, растительная, в свою очередь, поддерживает животную природу и питает ее, животная природа — человеческую, то есть, разум и внутренние свойства человека. Самые различные, полярные явления связаны между собой, и одно определяет другое.

В природе ничего не создано напрасно. Если что-либо мы считаем сейчас лишним, незначительным, то впоследствии оно обнаруживается как важное, необходимое. Ничего не создано зря. И нет ни одного действия, которое не имело бы причины, следствия и четкой связи со всем мирозданием.

Каждая форма существования может ощущать только себя и то, что ниже нее по уровню, но не может постичь высшую, более развитую форму. Например, животные. Рядом с нами живут собаки, кошки, коровы, неважно кто. Они постигают свой уровень и низшие уровни — неживую и растительную природу. Растительная природа постигает только свой уровень, растительный, и низший, неживой, от которого питается.

Человек постигает неживой, растительный, животный уровни и свой человеческий. Но ни один из них не постигает более высокий, относительно себя, уровень. Животное не способно понять человека, оно лишь может приспособиться к нему, узнать его привычки, немножко уловить его животную природу, в которой человек и животное схожи. Но подняться на уровень человека животное не способно. Так же и растения никогда не способны понять животный уровень существования.

Исходя из этого, можно сделать вывод: если есть еще какой-то вид существования, более высокий, чем человеческий, на более высокой ступени, то мы не сможем его ощущать? Так же, как животные не могут ощущать наш уровень, растения — животный, а неживая природа — растительный, таким же образом и мы на своем уровне существования не ощущаем более высокий уровень. Однако его можно ощутить! Каким образом?

Есть люди, которые его ощущают. Они говорят, что, в принципе, человек является комбинацией двух видов, двух уровней существования. По строению тела человек схож с животным настолько, что мы можем пересаживать ему различные органы животного (сердце свиньи, например, очень близко по строению человеческому). В этом отношении мы полностью принадлежим животному миру. Ничего нет в нашем теле такого, чего бы не было у животных.

Но в нас существует зачаток более высокого уровня, который называется душой. То есть, наше тело относится к животному уровню, а душа, которая в нас, относится к уровню Творца, или к Высшему, к духовному уровню (неважно, как его назвать). Каждый высший уровень относительно низшего называется Творцом, потому что порождает его.

Осознание зла и прорыв в духовный мир

Люди, которые могут исследовать духовный мир, говорят, что существует методика, с помощью которой мы можем выйти на этот высший уровень. Тогда наше тело по-прежнему остается на животном уровне, живет, умирает, с ним происходят те же процессы, что со всеми живыми организмами.

Но внутри нас появляется еще уровень духовный, с которым мы можем соединиться, который мы можем развивать, в котором мы можем жить и ощущать себя существующими. Каббалисты рассказывают, каким образом, с помощью какой методики мы можем получить эту новую жизнь. Они говорят, что выход из нашего уровня существования, каким мы его ощущаем сейчас, на более высокий состоит из нескольких этапов.

В первую очередь — это этап осознания зла, осознания существования себя как животного. Потому что природа устроена таким образом, чтобы могла развиваться, развивать человека. Она толкает человека на достижение более высокого, высшего уровня. Каким образом? Страданиями. Осознание зла, осознание ограниченности, ощущение страданий на своем животном уровне заставляют нас выходить на более высокий уровень существования.

Осознание зла и называется в Каббале египетским рабством. *Мицраим* — Египет. Это имя состоит из двух частей: миц-раим (*миц* — концентрат, сок, *ра* — зло, окончание *им* соотвествует мн.числу, говорит о большом зле). Когда человек ощущает в своем состоянии одно только зло, это толкает его к выходу на более высокий уровень.

Человек в своей жизни (не одной, а в течение всех кругооборотов) проходит этапы внутреннего развития желания. Сначала это желания к телесным удовольствиям, затем к богатству, славе, власти, знаниям. После этого у него наступает период стремления к более высокому уровню — духовному. Тогда-то он и приходит к этапу осознания зла.

Он начинает осознавать, что вся его жизнь — это сплошное зло на физическом и моральном уровнях. Человек начинает стремиться выйти из рамок такого существования. Это и называется периодом египетского рабства, осознанием зла. И когда это стремление достигает своей наибольшей силы, то он прорывается из нашего мира в духовный, входит в ощущение духовного.

Проекция духовного мира в сердце человека

Человек начинает ощущать окружающее не только через пять органов чувств своего животного тела, но и через свою душу, через свое высшее духовное кли, через духовный орган чувств, шестое чувство. И этот переход от ощущения животного уровня к ощущению духовного уровня называется египетским освобождением, выходом из Египта.

Он должен произойти, как говорят каббалисты, практически с каждым человеком, потому что в каждом из людей в нашем мире есть зачаток, зародыш будущей высшей ступени, точка в сердце, и ее надо развивать. Она развивается под воздействием страданий и под воздействием методики, которую каббалисты предлагают.

Поскольку духовный мир — это высшая относительно нашего мира ступень, он проецирует на наш мир процессы, которые происходят в нем. То, что происходит внутри нас, у каждого человека, с выходом из нашего мира в Высший мир — это его личный внутренний процесс. Но поскольку есть связи между всеми уровнями: духовным, человеческим, животным, растительным и неживым, то процессы, которые происходят в Высших мирах, отчасти происходят и во всех низших мирах. Получается, что в нашем мире, в материи, мы можем в каком-то виде наблюдать следствия духовных процессов.

Сердце человека — это его желания, а точка в сердце — это стремление к духовному. Она есть у любого человека в нашем мире. Если мы возьмем наш мир, то сердцу соответствуют народы, точке в сердце — люди. Если человек развивается из точки в сердце до состояния духовного, то этот внутренний процесс и есть выход из Египта.

В сердце человека существуют животные желания и духовные желания. В какой-то момент духовные желания начинают преобладать, и в итоге всеми желаниями человек выходит в духовный мир, так, что живет в нем и ощущает его. Как говорят каббалисты, в итоге все народы, как и иехудим (обязанные первыми перейти в духовный мир), должны выйти в духовный мир и жить по духовным законам, как все вместе, так и каждый в отдельности.

В нашем мире каждое духовное действие отображается в материи. Поэтому такой исторический процесс, как нисхождение в Египет, нахождение в нем и выход из Египта, обязан был реализоваться в нашем мире. По этому процессу, который прошли люди в древнем мире, мы можем изучать, что происходит в душе каждого человека, когда он выходит из ощущений только нашего мира в ощущения духовного мира.

Пробуждение точки в сердце непредсказуемо

Внутренне каждый человек должен пройти этот процесс. Что это значит? Совершая множество кругооборотов, возвращаясь в этот мир и ощущая его, как цепочку страданий, человек накапливает в себе отрицательное восприятие этой жизни, хотя он этого и не ощущает. Мы видим, что каждое новое поколение имеет более высокий уровень развития, оно более подготовлено к восприятию этого мира; для него являются естественными те вещи, которые искусственно создавались предыдущим поколением.

Последний тому пример — компьютеры. Когда я родился, компьютеров еще не было. А когда я учился на факультете вычислительной техники университета, а потом перешел на факультет биотехнологии, то я увидел первые компьютеры. Они занимали целую комнату, использовались перфокарты. Это было что-то удивительное. Однако, я не стал работать с этой техникой и ушел оттуда. В этой жизни для меня компьютер так и остается чем-то неестественным, непривычным.

А вот для наших детей это привычная вещь. Они легко и просто адаптируются к этой новой для нас технологии, как будто, так и надо — для них это естественная составляющая повседневной жизни. Такое их отношение к компьютеру как к привычной игрушке, даже вызывает у нас некоторое возмущение.

Когда человек в очередной раз появляется в этом мире, то знания, накопленные им в предыдущей жизни, становятся уже не знаниями, а его свойствами. Они не являются приобретенными, они становятся его естеством, включаются в его внутреннюю программу, из внешнего и заученного становятся внутренним.

Подобно тому, как основная программа, заложенная в компьютере, может дополняться внешними программами, точно так же в результате кругооборотов жизни все время пополняется наша «основная программа». Об этом говорится в статье «Свобода воли» Бааль Сулама. В процессе всех кругооборотов в нас накапливается информация, которая в итоге приводит к желанию выйти из рамок этой жизни, каким-то образом подняться над ней, уже не ощущать ее только как страдание. Возникает желание ощутить нечто высшее, появляется стремление к духовному.

Это стремление к духовному ощущается маленькой точкой в сердце, которая рано или поздно, в этой жизни или в другой, появляется у каждого человека, независимо от того, еврей он по национальности или нет. В этом отношении нет разницы между людьми. Существует разница только в уровне развития этой точки.

Этот уровень не зависит от человека и не определяет его качества — лучше человек или хуже. Этот уровень зависит от Адама — нашей общей души, конструкция которой состоит из трех частей: *Рош, Тох и Соф* (голова, внутренняя часть, окончание). И в этой общей душе так же, как в нашем теле, взаимодействие между различными частями происходит по определенным законам. И для того, чтобы наступил следующий этап общего исправления, необходимо, чтобы сейчас какая-то частичка получила большее развитие, а затем вторая, третья, четвертая получают определенный стимул развиваться. И, соответственно этому, один человек, второй, третий вдруг получают духовные желания, каждое из которых соответствует этим частичкам.

В этом процессе задействованы представители разных народов, совершенно не похожие друг на друга люди. Нет никаких внешних отличительных признаков у людей, стремящихся к духовному, у каббалистов. И по внешнему облику человека, по его животным свойствам, его способностям — математическим, логическим, писательским или музыкальным — ты не можешь угадать, есть ли у него желание к духовному развитию.

Мы не знаем и не можем заранее сказать, кто из семи миллиардов людей в следующий момент пожелает духовно развиваться, потому что у каждого существует точка в сердце, являющаяся частью Адама, общей духовной конструкции. Но мы не знаем, какая частичка этой общей души должна сейчас получить развитие. Большое значение имеет группа, взаимодействие огромного духовного организма.

Механизм исправления

Когда приходит Машиах? Машиах (*лимшох* — вытягивать, вытаскивать) — это духовная сила, которая вытаскивает человека из ощущений Нашего мира в Высший мир, то есть, выводит из Египта. Желания сердца присоединяются к точке в сердце, и все вместе выводятся из Египта.

Эти желания — «египтяне», то есть, эгоистические желания, которые можно исправить — приобщаются к альтруистическим желаниям.

А есть и такие, которые остаются в Египте — их мы называем *лев а-эвен* — каменное сердце. В каждом из нас существуют такие желания, которые пока исправить невозможно. Это те желания, которые исправятся, только когда произойдет полное исправление всей конструкции Адама, — то есть, в каждом человеке.

Творец создал кли — желание получить наслаждение. Это кли состоит из девяти первых сфирот и десятой, называемой Малхут. Эта Малхут и есть лев а-эвен. Ее можно исправить, вывести из Египта, только приобщая к первым девяти сфирот. Ее можно исправить как внутри одного человека, так и в общем.

Человек должен в себе определить все эти части, которыми он может устремиться к духовному, войти в духовное и найти ту десятую часть, с которой он в духовное войти не может, потому что она является его основой, является его сущностью, созданной Творцом из ничего, еще в начале творения. Именно Малхут является созданием, а не то, что мы получили затем из Творца, впитав Его свойства.

Если рассматривать этапы нашего развития, то от Творца нисходит свет — стадия Шореш. И этот свет строит первое кли. Это стадия Алеф. Она называется Хохма. Затем возникают стадии Бина, Зеир Анпин. И, наконец, свет создает кли, называемое Малхут. Это кли и есть то, что создано из ничего, так как желания получить до этого не существовало. Оно является тем желанием, которое мы исправить не в состоянии. Оно создано полностью отличным от Творца.

Затем под воздействием света у этого кли происходят все новые и новые внутренние преобразования, возникает желание отдавать, так как свет передает свои свойства кли. Именно эти части кли, в которых есть присутствие света, мы и можем исправить, но десятую часть, Малхут — нет. В ней свет не ощущается, она лишь является порождением света, противоположным ему желанием, поэтому и говорится о ней, что создана из ничего.

Мы к этому прикоснуться не можем, эта наша сущность была создана еще до нас, и поэтому лев а-эвен остается неисправленным. Мы можем просто его определить и сказать, что, поскольку он полностью противоположен Творцу, мы не имеем с ним дела, мы с ним не работаем. Мы делаем на него Сокращение и не используем.

Поскольку я не использую это желание, это равносильно тому, что я его исправляю. На большее я не способен. Когда же мы исправляем все остальные свои желания, чтобы быть подобными Творцу, то эта точка в сердце тоже оборачивается в подобие Творцу. И это уже называется общим окончательным исправлением.

В каждой душе есть свойства, созданные Творцом, воздействием света — это первые девять сфирот, и есть Малхут. Таким образом, наша задача — исправить первые девять частей, а Малхут изолировать и не пользоваться ею, потому что она противоположна Творцу и не может быть Ему подобна. В этом и заключается все исправление.

Вначале я делаю *Цимцум* — сокращение, не использую ничего из своих желаний. Я готов совершенно не пользоваться ими, только бы подняться на Высшую ступень. Сокращение на свои желания называется выходом из Египта. То есть, эти желания во мне живут, но я получаю свыше силы ими не пользоваться. Свет, который дает мне эти силы, называется Машиахом. Он меня вытаскивает из Египта, из-под власти этих желаний, то есть, из-под власти Фараона. Фараоном называются все те первородные желания человека, которые являются естественными на его уровне.

Желания более высокого уровня называются Творцом. Значит, можно быть или под властью Фараона или под властью Творца: жить в желаниях нашего мира, с которыми мы родились, или приобрести желания более высоких ступеней и в них существовать.

Исправление первых девяти сфирот

После того как я выхожу из Египта, то есть, делаю Цимцум, не использую никакие свои желания, свет свыше продолжает на меня действовать и дает каждый раз дополнительную, еще большую духовную энергию. И, таким образом, я начинаю исправлять в себе свои свойства, начинаю их использовать, но использовать в направлении к духовному, то есть, на отдачу. И это называется исправлением первых девяти сфирот.

Исправление этих девяти сфирот происходит постепенно, на протяжении ста двадцати пяти ступеней. Есть пять основных ступеней, называемых мирами. Снизу-вверх это — Асия, Ецира, Брия, Ацилут, Адам Кадмон. Затем уже следует мир Бесконечности. Что значит мир Бесконечности? Это мир, где нет уже для меня никакого ограничения, я исправил все свои желания, и без ограничения могу использовать все, что есть, во мне. А предшествующие пять миров являются ступенями постепенного исправления моих желаний, девяти первых сфирот.

Каждый из миров состоит из пяти парцуфим, из пяти частей. Каждый парцуф состоит, в свою очередь, еще из пяти частей. Таким образом, всего — 125 ступеней или этапов исправления желаний. Я достигаю последней критической ступеньки, когда перехожу из области миров в Бесконечность, где полностью отпадают все ограничения на использование желаний.

Этот переход тоже подобен выходу из Египта в начале моего духовного пути. Чем? Тем, что там у меня мгновенно происходит исправление лев а-эвен. Переход в мир Бесконечности происходит благодаря исправлению лев а-эвен, десятой части, Малхут моей души. Тогда эта часть в душе считается полностью исправленной.

Когда собираются вместе все исправленные части всех душ, происходит общее исправление всей конструкции Адама. Последующие ступени уже не относятся к исправлению. Таким образом, все души поднимаются с животного уровня развития на духовный уровень. Неживая природа нашего мира, растительная, животная и человек продолжают существовать, но одновременно человек выходит внутри своего развития на духовный уровень и достигает полностью своего исправления. Что происходит после этого, мы не знаем.

Существование, которое невозможно вообразить

Каббалисты рассказывают только о том, каким образом исправиться и достичь мира Бесконечности, с которого мы снизошли вниз. Они рассказывают о создании кли, творения, и это состояние называется **Первым**. Затем творение нисходит из мира Бесконечности до Нашего мира, а потом поднимается снова на тот же уровень. Это полное исправление называется **Третьим** состоянием.

Мы в нашем мире находимся во **Втором** состоянии и занимаемся только изучением, исследованием и исправлением в себе того, что получили в Первом состоянии. Для чего это делается, мы не знаем. Каббалисты нам об этом не рассказывают, они только намекают, что существуют совершенно другие уровни.

Они разделяют эти уровни существования, называемые тысячелетиями. На этапах исправления существуют первое, второе, третье, четвертое, пятое, шестое тысячелетия. А седьмым тысячелетием называется следующий выход на уровень, в состояние, называемое *шаббат* — суббота, седьмой день творения. После этого есть еще восьмое тысячелетие, девятое и десятое — когда человек уже полностью поднимается над творением, то есть, полностью включается в свойства Творца, полностью становится подобным Творцу.

О том, что происходит далее, вообще нигде не говорится. Но намекается, что на этом наше существование и развитие не останавливаются, а выходят на такие уровни, которые мы не можем выразить и объяснить нашим языком. Мы не в состоянии представить себе духовный уровень, у нас есть только какие-то намеки, мы выражаемся словами нашего мира, мы строим себе какие-то образы, думая, что это духовное. Начиная даже с первого тысячелетия, с первых ступеней, мы не можем себе представить, что же это за ощущения и образ внутренней жизни, когда человек — уже не просто человек, не говоря уже о восьмом, девятом, десятом тысячелетиях, где существование подобно первым трем сфирот: Кетер, Хохма, Бина, которые являются как бы полным выражением Творца относительно творений. Там человек полностью уподобляется Творцу. И после этого он выходит в существование, которое невозможно вообразить.

В духовном мире нет понятия времени

Наш мир, то есть, уровень желаний, который называется животным, является проекцией высшего существования, которое называется духовным. Эта проекция — отображение свойств, законов духовного мира в нашей материи. Поэтому все процессы, которые есть в духовном мире, происходят и в нашем мире, только происходят внутри, неощутимо для нас. Все, что есть, в нашем мире, на всех его уровнях: человеческом, животном, растительном, неживом, нисходит сверху, все зарождается на более высоком уровне и затем постепенно приходит к нам.

Если в духовном мире происходит одно действие за другим, как причина и следствие, в нашем мире эти два действия воспринимаются нами, как существующие во времени — это одно действие, а за ним следует другое действие. Но в духовном мире нет разделения во времени, есть деление только на причину и следствие. В нашем мире происходит разложение по вектору времени, существуют понятия год, кругооборот.

На наш мир воздействуют свыше определенные духовные силы каждый месяц, каждый день, каждый час, каждую минуту, каждую секунду. Они определяют все, что происходит здесь: погоду, день и ночь, ощущение времени и так далее. Более тонко ощущаются в нашем мире духовные силы. Мы только наблюдаем, как происходят всевозможные события, человечество поднимается в своих поисках или опускается, падает в своем нравственном развитии. Есть периоды инфляции, общего упадка или застоя, или, наоборот, подъема, возрождения. Это все является следствием изменения влияния Высшего света на наш мир.

Этот Высший свет, окружающий наш мир, меняется соответственно определенным духовным периодам, называемым «особые» дни. Эти дни в духовном мире соответствуют духовным уровням. Допустим, духовный уровень, то есть, сила света, которая вытаскивает человека из Этого мира, и называется силой выхода из Египта, воздействует на наш мир в определенное время, воплощается в нашем мире именно с началом праздника Песах.

Для чего мы празднуем Песах?

Зачем каббалисты, написавшие законы, обязывают нас определенным образом праздновать эти дни? Они говорят, что если в эти дни мы поставим себя в определенное состояние — как физическое, потому что духовные силы постепенно материализуются в нашем мире, — так и духовное, подготовительное к более высокой ступени — то мы станем более подобны окружающему свету и получим максимальное воздействие от него.

Настолько, что, даже будучи недостаточно подготовленными к подъему в следующий мир, мы все равно сможем максимально исправиться в меру своих усилий, как внутренних, так и наружных. Именно в определенные дни, в определенное время года Высший свет интенсивней и такого свойства, что способен больше помочь человеку выйти в Высший мир. Этот период называется Песах.

В период Песаха человек исправляет свои желания, он находится на различных этапах своего духовного развития. Он находится то на подъеме, то в падении. Он чувствует в какие-то моменты духовное возвышение, готов ради того, чтобы выйти в духовный мир, совершить что угодно. В другой раз он совершенно не чувствует, что это ему необходимо. Для него снова главным становится материальный мир, потому что здесь он видит, что делает, здесь ему все понятно, он владеет всем, здесь он считает себя разумным человеком.

А во время духовного подъема человеку не по себе. Он не понимает, на основании каких законов действует. Ему даже стыдно, что иногда ради духовного он готов на любые действия. Человек находится в противоположных состояниях.

Песах — от слова переходить, перескакивать. Человек проходит много подъемов и падений. Один подъем, второй, третий, а между ними падения. Но через падения перескакивают, то есть, их не учитывают, а подъемы суммируются. Все усилия складываются вместе в определенную критическую массу, достаточную для того, чтобы оторваться от лев а-эвен и выйти из Египта.

А почему складываются только подъемы и не учитываются падения? Ведь человек немало времени находится в падениях. Это что, какая-то привилегия? Нет. Так происходит потому, что падения даются ему свыше специально, чтобы он их преодолел и сделал очередной подъем. Падения даются Творцом, а подъем человек делает собственными силами.

Высший свет, который действует на наш мир, воплощается здесь в определенное время года в определенном состоянии. Он не воздействует на одних людей так, а на других иначе. Он воздействует на всех одинаково, но человек воспринимает свет в зависимости от своей подготовки, в соответствии с тем, желает он ощутить свет или нет. Поэтому к определенным дням мы делаем различные приготовления. В эти дни в нашем мире, подобно солнечной, повышается духовная активность.

В дни празднования Песах как раз и присутствует повышенная духовная активность. Мы желаем в это время вобрать в себя максимум духовной энергии, которая поможет нам выйти из Египта. Но если не поможет сейчас, значит, через неделю, через две, через пару месяцев, не обязательно в Песах. Это случится, когда я достигну критической точки. Но сейчас я хочу максимально вобрать в себя эту духовную силу. И это зависит уже только от меня, от моей подготовки, насколько я подставлю себя под это излучение.

Как происходит прорыв в духовное

Если мы собираемся группой, то мы складываем вместе все свои частные желания, все свои подъемы, и тогда мы можем быстрее выйти в духовный мир. Мы даже считаем количество собравшихся. Чем больше людей примет участие в устремлении к духовному, тем большее излучение Высшего света пройдет в наш мир, и он станет лучше.

Критическая масса для всего мира называется Машиах, Спаситель. Это осознание того, что нам всем уже достаточно страдать на уровне нашего животного существования, что нужно подняться на духовный уровень. Какова эта критическая масса, сколько людей должны заниматься Каббалой и стремиться к выходу в Высший мир, какое внутреннее напряжение должно быть у каждого из нас — это нам неизвестно.

Это скрыто специально, чтобы дать человеку возможность действовать, исходя не из каких-то расчетов, а альтруистически. Я хочу просто оторваться от этого мира и ощутить Высший мир. Каким образом это произойдет, сегодня это будет или завтра — это совершенно неважно.

До самого последнего момента человек не знает, что вот-вот выйдет в духовный мир, что вступит в область, где ощущается связь с Творцом, полная уверенность, абсолютное познание, вечность, покой. Он не знает этого момента, поэтому символически в нашем мире выход из Египта происходит в полночь, то есть, в состоянии абсолютной тьмы, в спешке, вдруг.

Человек готовится к этому в течение многих лет, а сам процесс, который происходит в результате излучения сверху Высшего света, ор Хохма, происходит мгновенно. Критическая масса срабатывает, и открываются глаза, открывается шестое чувство.

Группа, чем она больше, тем она сильнее, тем плодотворнее участвует в духовном развитии. Кроме того, группа своим притяжением Высшего света через себя оказывает влияние на весь окружающий мир.

Каббалистическое исследование

Самое главное для человека на начальном этапе духовного развития — пытаться как можно более объективно исследовать себя. Ведь и этот мир, и духовный — это мои внутренние состояния, это то, что я ощущаю.

Я нахожусь сейчас непонятно где, в Бесконечности, вокруг меня находится нечто непознаваемое. То, что я познаю, я улавливаю своими органами чувств. Чтобы правильно разобраться, где я нахожусь, желательно на каждом этапе прочувствовать свои состояния и со стороны проанализировать разумом, почему я так чувствую и каковы мои ощущения. Исключить полностью субъективную оценку состояния, а посмотреть на это со стороны.

Существует два взгляда на происходящее: со стороны творения и со стороны Творца. Есть всего два компонента в творении и больше никого. Я должен посмотреть на каждое свое состояние изнутри: вот так я чувствую, вот так я воспринимаю, вот так я оцениваю события, я это переживаю, я нахожусь во власти чувств и эгоизма, я на это смотрю, исходя из своего эгоизма или со стороны Творца.

Каждое состояние я оцениваю или своим сердцем, или своим разумом. Пытаюсь отделить одно от другого, насколько могу, однако, это у меня не получается. Это возможно только по мере приобретения экрана, потому что экран — это и есть защита разума от сердца, когда я могу оценивать события правильно, независимо от своих ощущений, оценивать это глазами Творца, со стороны Высшего уровня, а не своего.

Для этого я должен хоть каким-то образом почувствовать этот Высший уровень, узнать, какие там законы, какие ощущения, восприятия, какая оценка событий там происходит, и посмотреть с Высшего уровня на себя. Вот тогда я правильно оценю состояния. И потом сопоставить то, что я ощущаю сердцем, и то, что разумом, и что бы я действительно ощущал, если бы находился на Высшем уровне.

Если человек может сопоставить эти две вещи, он называется исследователем, ученым-каббалистом. Он изучает себя со стороны, как кли дэ-кабала. Он изучает и свойства сосуда и свойства света: каким образом свет входит в сосуд, каким образом сосуд реагирует на свет, где здесь экран между ними, как взаимодействует этот экран, как действует сосуд, делает на себя ограничения, начинает получать свет, а в свете есть такие-то свойства, а в сосуде есть такие-то свойства.

Так каббалисты описывают все это. Они постоянно оценивают события, происходящие с их стороны, то есть, со стороны творения, и со стороны Творца, то есть, со стороны света. Они абсолютно объективно с одной и с другой стороны пытаются взаимодействовать. Это и есть наука Каббала — абстрагирование от личного участия, что возможно только в духовном мире, где есть экран.

Самая минимальная сила экрана называется Цимцум, когда полностью абстрагируешься от своей личной заинтересованности. Экран — это когда сверху я получаю такую Высшую духовную силу, которая позволяет мне нейтрализовать свое отношение к происходящему, и я могу независимо на него смотреть и независимо от того, что во мне происходит, действовать.

Чему это можно уподобить в нашем мире? Допустим, у меня есть какая-то рана на руке, и я от боли не в состоянии ничего с ней сделать. Я ввожу себе обезболивающее, наркоз, и после этого обрабатываю свою рану так, как если бы я лечил другого, то есть, абсолютно объективно: что себе, что другому — одинаково. Не то, чтобы я не замечаю боль, но этот наркоз позволяет мне быть над болью. В Цимцуме все замечаешь, сокращение сохраняет все чувства, но позволяет быть одновременно выше них.

По определению сокращением называется возможность владеть собой, несмотря на свои желания. Минимальный экран позволяет это делать, поэтому в духовном мире человеку дается возможность ощущать Творца, быть независимым от самого себя и смотреть на себя со стороны Творца.

Что на самом деле означает объективность

- **Вопрос: Кто в Каббале называется «человеком»?**

Человеком называется мера подобия Творцу. Если во мне есть десять процентов моих желаний, которые я уподобил Творцу, то есть, на свои желания у меня есть десять процентов экрана, тогда на эти десять процентов я считаюсь Адамом, человеком, являюсь действительно частичкой общей души, ее уровня. Адам от слова эдоме — подобие Творцу.

- **Вопрос: Какими качествами должен обладать человек, чтобы получить возможность исследовать свою природу?**

Человек получает возможность объективно исследовать себя не потому, что он любопытный, а потому, что он приобрел экран, потому, что он желает отдавать, давать Творцу то, что он ощущает, что дают ему, и в меру этого он становится объективным. Объективность — это не то, что я становлюсь в среднюю линию между собой и Творцом. Объективность может быть только одна — когда я смотрю со стороны Творца.

Не бывает трех состояний: творение, Творец и объективное состояние. Есть только два: или творение, или Творец. Посредине я могу находиться только для того, чтобы выбрать одно из двух состояний. Но я обязан выбрать и быть в одном или в другом состоянии. Это промежуточное состояние, когда я выбираю, называется клипат Нога. Оно дается человеку, когда он действительно ощущает независимость и от природы Творца, и от природы творения. Природа Творца — это первые девять сфирот, природа творения — это десятая, Малхут. Но возможно состояние между ними — это средняя часть Тиферет, когда ты находишься в ней. До этой средней части Тиферет не просто дойти. То есть, чтобы достичь объективности, надо очень много работать. Достичь объективности — значит, подняться над своим уровнем, над всем своим миром, и в то же время быть независимым от Творца. То есть, я должен оградиться и от себя, и от Него, только в этом случае я буду объективен. Когда я нахожусь на таком уровне — это и есть средняя часть Тиферет, клипат Нога.

Здесь человек может выбирать, к чему же себя устремить: к своей природе или к природе Творца. Для того, чтобы это сделать, должны быть какие-то предварительные данные, на основе которых человек принимает решение, к чему стремиться. Однако, на этом уровне решать приходится объективно. Своим разумом мы не можем понять, как можно решать в таком состоянии, не можем понять, что вообще возможна чистая свобода воли.

Так как мы всегда действуем на основании предыдущих состояний, на уровне творения, изначально наполненного чем-то, то мы не представляем себе, что означает на самом деле объективность. Эта вещь для нас абсолютно абстрактная. Выйти на такой уровень и из него действовать — это уже большое достижение.

- **Вопрос: Это вопрос выбора?**

Не только выбора. В духовном мире существует такое понятие, как эмуна лемала мидаат, вера выше знания. Это не вера в нашем понимании, не знания нашего мира, это совсем другие духовные качества.

- **Вопрос: Рашби говорит об исправлении невесты...**

В Книге Зоар и, вообще, где бы мы ни говорили о невесте, о Малхут, имеется в виду наше полное духовное кли, общая душа. Исправление невесты, когда невеста входит в полный контакт с женихом, аналогично полному исправлению и единению души с Творцом. Это то, что говорится в Книге Зоар в статье «Ночь невесты».

Место, где происходит это единение, называется ЗОН мира Ацилут, уровень Зеир Анпин и Малхут мира Ацилут. Малхут мира Ацилут является соединением всех душ, тем же Адамом, общей душой. Это совершенно идентичные понятия. А Зеир Анпин мира Ацилут — это явление Творца относительно души. Когда Малхут мира Ацилут становится равной Зеир Анпину мира Ацилут, это означает, что душа становится по своим свойствам равной Творцу. И если происходит единение, подобие, равенство этих свойств, то они полностью сливаются друг с другом. Это и есть Окончательное исправление.

- **Вопрос: Что в нашем мире соответствует этому месту слияния?**

В нашем мире слиянию ЗОН в мире Ацилут соответствует место Храма в Иерусалиме. Сам мир Ацилут — это место расположения Иерусалима, и Высшие силы действуют механически на это место.

ЗОН мира Ацилут соответствует Храмовой горе в самом Иерусалиме, и если там существует Храм, то это место называется сфирой Бина. Кроме того, чтобы существовало соединение в нашем мире, оно должно происходить в трех направлениях: во времени, в пространстве и в значимости того, кто выполняет.

В нашем мире время — это день Йом Кипур, когда происходит самое большое, полное единение ЗОН мира Ацилут. Место — это Святая Святых, так называемое место в Храме, самая центральная и наивысшая точка в мире, в которой происходит нисхождение света из духовного мира и оттуда распространяется по всему миру, а человек должен быть *Коэн а-Гадоль*, Великим Священником. Если происходит физическое совпадение всех этих трех условий, то это соответствует духовному единению души с Творцом на самом Высшем уровне.

В нашем мире это может происходить в Иерусалиме, в простом городе, на камнях этого Храма, и Коэн а-Гадоль может быть простым человеком, который при этом даже не знает Каббалы. То есть, я говорю о подобии на совершенно разных уровнях — в нашем мире и в духовном.

В духовном мире, когда вы поднимаетесь на такой уровень, вы называетесь *Коэн а-Гадоль*, Великий Коэн. Ваш внутренний уровень называется Иерусалимом, Храмовой горой, Святая Святых, тем местом, где находится Коэн. И ваше внутреннее состояние, которого вы при этом достигаете, называется днем. День — это свет. Свет, который нисходит на вас, который вы при этом постигаете, называется Йом Кипур.

Возможность создания Третьего Храма

Нам трудно сейчас осознать, насколько материальное оторвано от духовного. И то, что какое-то действие происходило в Иерусалиме до разрушения Храма, а сегодня не происходит, — это ни о чем не говорит. После того, как мы достигаем такого состояния, мы достигаем слияния с Творцом. Храм в нашем мире может существовать, когда здесь наберется критическая масса для выхода из Египта.

Для этого необходимо, чтобы определенное количество евреев и определенное количество других народов, примкнувших к ним, участвовало бы в строительстве Храма. В Храме должно быть место для евреев и место для других народов, два помещения, соответствующие двум уровням желания. И тогда все вместе примут участие в действии, которое называется Йом Кипур.

В Третьем Храме не так, как в двух первых Храмах. В Третьем Храме, кроме лев а-эвен, все желания поднимаются на такой уровень, что никакого различия нет, потому что имеются Г"Э и АХАП дэ-Алия, которые находятся на одном общем высшем уровне. Поэтому сказано, что Третий Храм будет являться суммой двух предыдущих. Первый Храм был на уровне света Хохма, Второй Храм был на уровне света Хасадим, а Третий Храм будет на уровне света Ехида.

— Первый Храм — на уровне сфиры Хохма.
— Второй Храм — на уровне сфиры Бина.

— Третий Храм должен быть, как Кетер, и включать в себя оба уровня.

И так каждый праздник характеризуется только тем, когда и какая Высшая сила нисходит и воздействует на наш мир. Но это все относится к общему развитию в нашем мире. Что же касается индивидуального развития, то вы можете достичь Песах, Йом Кипур, другого духовного уровня, в любой будний день, потому что это определяется вашим внутренним состоянием, вашим уровнем и вашим стремлением.

Если вы своим внутренним развитием достигаете уровня Великого Коэна, то вы можете подняться и до состояния полного слияния с Творцом, до Йом Кипур сегодня, завтра или через месяц, в любой день недели. Это ваше личное исправление. А общий свет, который нисходит в наш мир, и то больше, то меньше взаимодействует с ним, определяя в нашем мире лучшие и худшие времена, различные события, — этот общий свет спускается уже в соответствии с календарем.

Духовные силы на уровне сферы Бина мира Ацилут дают прообраз Храма. 400-500 лет назад в Италии жил великий каббалист Х. Луцато. Он сделал чертеж Третьего Храма. Чертеж соответствует всем духовным состояниям, всем силам, которые существуют на уровне Храма в духовном мире. Он настолько детально постиг этот уровень, что смог как инженер, как архитектор, начертить то, что ощущал в Высшем мире.

Если бы мы знали Высший мир хотя бы немножко, мы могли бы по этому чертежу представить себе соответствие духовных сил, свойств, определить, где находится человек относительно Творца, что и каким образом в нем должно измениться по сравнению с его нынешним состоянием.

Мы могли бы начертить свой сегодняшний план, расстановку сил, себя в виде какой-то хижины или домика. И в соответствии с тем Храмом, который мы должны в себе создать, мы увидели бы разницу между устройством своей души сегодня и тем, какой она должна быть в состоянии окончательного исправления.

Но поскольку мы не находимся на таком духовном уровне, когда человек видит соответствие каждой духовной силы определенным линиям на этом чертеже, то для нас эти картинки ничего не значат. И мы можем только завидовать человеку, который полностью видел картины этого мира и Высшего мира, видел, каким образом каждая духовная сила воплощается в нашем мире. Луцато был очень большим каббалистом.

Храм является прообразом устройства души, ее сил. В него полностью входит весь свет, который Творец изначально заложил в творении. Творение равно всему миру Бесконечности. И таким должно быть полностью исправленное творение. На все силы, все желания, которые в нем, должен быть экран. Экран нужен для того, чтобы весь свет, которым Творец создал творение, вошел в него, но не в первоначальном виде. Тогда наступит третье состояние, Полное исправление, которое называется «суббота».

Третий Храм соответствует полностью исправленному состоянию души. Если бы я знал все свойства души, и то, каким образом каждое из них должно работать для того, чтобы быть полностью подобным Творцу, то мне был бы ясен чертеж Храма. Там должны быть: место, где совершаются жертвоприношения, женское помещение, несколько комнат, ступеньки, подсобные помещения.

Но я не знаю этих мест в своей душе — где они находятся, для чего предназначены и как должны быть связаны. Почему это находится в углу, а это справа, почему это ниже, а это выше. Почему Левиты стоят на ступеньках и поют песни, а Коэны где-то в другом месте. Что это за силы во мне, и каким образом они взаимодействуют между собой. Я этого внутри себя практически не знаю.

Почему с такими деталями описывается в Торе построение еще не Храма, а Скинии Завета в пустыне? Возьми то-то, возьми так-то. Потому что здесь речь идет о внутреннем исправлении души, каждому этапу которого соответствует определенная деталь Скинии. Ведь построение Скинии — это построение кли.

Если бы я знал, что значит: взять овцу и зарезать ее определенным образом, снять с нее шерсть и изготовить пряжу, а из нее особым способом связать покрывало, и какого вида экран и что это покрывало должно дать! Если бы я мог знать и видеть, какие силы скрываются за этой материей, которая сама по себе ничего не значит!..

Что толку от того, если мы сегодня в Иерусалиме раскопаем Храмовую гору и достанем все, что там есть? Найдем различную утварь, всякие предметы, которые использовались в Храме. Что это нам даст? Ничего. Это — дерево, это — металл. Что дальше? Запустим туда туристов. Нам с этим больше нечего делать.

Если бы мы узнали, чему внутри нас соответствует каждый предмет! В Торе сказано, что для этого нужно находиться на уровне Бецалель, главного инженера этого строительства. *Бе-Цаль-Эль* — в тени Творца, то есть, он как бы полностью — отражение Творца, а тень — это кли. Поэтому он смог создать в кли все свойства, необходимые для получения света Творца, и в нашем мире воплотить их.

- **Вопрос: Есть ли соответствующий образ, символ свадьбы?**

Нет. Свадьба — это сочетание души с Творцом, но несколько иное. Это тоже описывается в Зоар. Описывается свадебное покрывало, балдахин. Жених и невеста — это Творец и душа. Сопровождающие свадьбу — это те желания человека, которые помогают ему прийти к связи с Творцом, подталкивают невесту, создают для нее условия, чтобы она получила максимальное подобие жениху, Творцу.

Какова связь и есть ли сходство между соединением Творца и творения, называемым свадьбой, и слиянием Творца и творения в Йом Кипур, или другими явлениями? Все они указывают только на связь творения с Творцом или, наоборот, на разрыв этой связи? А может, на недостаточную связь между ними?

Все события в нашем мире являются следствием процессов, происходящих на духовных ступенях. Они отображают в материи определенную духовную ступень, которая характеризуется только одним главным параметром — силой связи между душой и Творцом. Сила связи означает не только количество (больше-меньше): сила сцепления между ними переходит в качество, в определенный характер связи между Творцом и душой.

Потому что развитие происходит многогранно: развивается правая линия, левая линия, средняя линия. На определенных уровнях одно качество преобладает над другим, и в каждой душе это происходит по-разному. Есть души, которые больше относятся к левой линии, есть души, которые изначально по своему характеру больше относятся к правой линии. Но каждый уровень характеризуется какой-то определенной связью между Творцом и творением. Только это и существует во всем мироздании, от абсолютного отсутствия связи до ее полного воплощения. В нашем мире различный характер связи между Творцом и творением воплощается в отношениях между мужчиной и женщиной, между народом и характером религиозных обрядов, традиций.

Связь во время свадьбы и связь в Йом Кипур различны, потому что в Йом Кипур эта связь на самом высоком уровне, когда у человека полностью отсутствует возможность отдавать Творцу. Эта связь включает в себя самое большое желание, созданное Творцом, включает в себя все желания, и запретительные в том числе. Поэтому в Йом Кипур нельзя ни мыться, ни стричься, ни кушать, ни пить, ни вступать в связь с женщиной.

Есть пять запретов против пяти запретительных экранов, которые существуют на пять желаний. У нас существует пять видов авиют, и на каждый из них надо сделать запрет, Цимцум. В соответствии с ними и существует пять запретов в Йом Кипур. То есть, в Йом Кипур есть связь с Творцом, но эта связь подготовительная.

Она не реализуется в виде слияния с Творцом и взаимного наполнения, когда друг другу отдают. Йом Кипур олицетворяет собой создание самого большого кли, максимально исправленного человеком, когда человек просто от всего отказывается ради связи с Творцом на самом высшем уровне, но большего сделать не в состоянии. То есть, лев а-эвен он не может использовать.

А затем, после Йом Кипур, наступит праздник Пурим. Но это уже произойдет не в нашем мире. Пурим воплотится только тогда, когда человечество полностью освободится от своего эгоизма, только тогда произойдет следствие праздника Йом Кипур. Тогда полностью подготовленное кли получит в себя наполнение. Это будущий Третий Храм, воплощением которого в нашем мире для всего человечества станет раскрытие Творца.

О смысле обрядов

Вначале не было никаких обрядов. Все они созданы каббалистами и появились в результате того, что каббалисты описали земным языком действия, происходящие в Высшем мире. А люди затем начали воплощать их в земных действиях. Но при выполнении этих действий ничего не происходит.

Например, когда мужчина и женщина сочетаются браком (обряд хупы), то никаких духовных действий при этом не происходит. Но если мы разберем суть всего обряда в его истинном смысле, а не как традиционного ритуала, то он является земным воплощением сочетания духовных сил, которое соответствует определенному уровню слияния с Творцом.

Бааль Сулам сыграл свадьбу своему сыну, моему Учителю, до захода солнца, потому что, согласно духовному, сочетание Творца и творения происходит при свете. А исторически сложилось так, что бракосочетание происходит во тьме. В Иерусалиме сильно возмущались, когда он совершил хупу в необычное время. Было много вопросов на эту тему, как такое может быть.

С другой стороны, когда речь идет о начале хупы (в соответствующей статье Книги Зоар говорится о «Ночи невесты»), это означает, что хупа начинается ночью и продолжается до утра, когда приходит утренний свет, и начинается день получения Высшего света — день вручения Торы. Таким образом, хупа разделяется на несколько стадий, периодов. Но в чисто каббалистическом виде свадебный обряд должен происходить до захода солнца, так, как сделал это Бааль Сулам своему сыну.

- **Вопрос: Кто выше — Давид или Шломо?**
Это сложно объяснить. Уровни Авраам, Ицхак, Яков, Моше, Аарон, Йосеф, Давид — это десять сфирот, это духовные силы. Не имеются в виду люди в нашем мире. С одной стороны, Шломо — это ступень выше Давида, но с другой стороны, Давид в меру исправления выше Шломо.

Если мы начнем разбирать свойства духовных сил и их воплощение в исторических персонажах нашего мира, то мы должны принимать во внимание не то, кто из них выше или ниже по уровню, а говорить о свойствах, нисходящих сверху-вниз к этим личностям, которые своей внутренней работой поднимаются снизу-вверх. Поэтому Шломо, хотя он выше Давида, но это по нисходящей линии сверху-вниз, а Давид — поскольку он соответствует Малхут — достигает уровня, который выше уровня Шломо.

Пока у меня еще нет слов, чтобы объяснить это. Можно графически изобразить на вертикальной линии все виды взаимодействия творения с Творцом, степень этих связей. На этой шкале можно расположить абсолютно все исторические события и соответствующие им духовные события. И людей, которые якобы в нашем мире воплотили те или иные действия, и соответствующие им духовные уровни, — все это мы можем поместить на лестнице, ведущей из нашего мира в мир духовный. Ведь, кроме этого, ничего нет, все входит в этот промежуток, только находится на различных уровнях.

Расположить на каждом уровне, где что находится, — это несложно. Но показать связь между всеми деталями — вот это проблема. Потому что эта связь зависит от очень многих дополнительных условий. Во-первых, это три линии, по которым развивается душа. Во-вторых, как мы уже говорили, каждая душа относится к разным частям Адама. Например, одна душа развивается сегодня, но находится на более низком уровне, чем другая душа, более высокая, но которая разовьется позже, и так далее.

Это можно объяснить на примере нашего тела, допустим, по высоте. Я могу отрезать кусок своего уха, и ничего страшного со мной при этом не случится. Но если удалить кусочек сердца или желудка или печени, то это будет намного опаснее по сравнению с ухом, хотя в нашем теле ухо расположено выше, чем эти органы. Так и духовные объекты различаются между собой не только по высоте нахождения на духовной лестнице, но и по важности. Есть более низкие, и в то же время, более важные объекты.

Таким образом, есть проблема в изображении связей между историческими персонажами и духовными объектами, потому что они многогранны. На каждом уровне, а их сто двадцать пять, должны быть представлены: наш мир и духовный, творение и Творец, — все, что есть, на этом уровне. Кроме того, нужно отразить связь между уровнями.

Каждый мир, как и каждая ступень, является копией или низшего или Высшего мира. Все ступени подобны одна другой. Что значит — подобны? Это не значит, что они немножко больше или немножко меньше. Подобие означает, что существуют все детали творения на каждой ступени, однако связь между деталями каждой ступени различна.

На ступени x, например, я увижу совсем другую связь между деталями, чем на ступени $x+1$. И в этом отличие. Так же, как в нашем организме: одно и то же тело ведет себя по-разному во время сна, бодрствования или в критическом состоянии. Связи различные, и характер связей различен, и потому довольно тяжело это объяснить. Надо еще искать соответствующий язык.

- **Вопрос: Чему соответствует Храмовая гора в Иерусалиме?**

Сказано, что в конце дней Храмовая гора распространится на весь земной шар. Тот, кто не понимает, о чем идет речь, думает, наверное, что власть, которая будет на Храмовой горе, захочет завоевать весь мир. А смысл в том, что этот духовный уровень будет раскрыт всем.

Защита разума от сердца

Уровень, на котором находится Храмовая гора, — это самая высокая точка, точка соприкосновения души с Творцом. Она одновременно будет ощущаться в любом месте земли, то есть, каждая душа, каждый человек в любом месте в мире будет находиться на том же самом Высшем уровне, что и все остальные, — на уровне Храмовой горы.

- **Вопрос: Почему столько времени надо было ходить по пустыне?**

Люди убегают из Египта и после долгожданного освобождения оказываются в пустыне. Освобождение должно вести от плохого к хорошему. В итоге, они вместо того, чтобы получить что-то хорошее, попадают в пустыню, где нечего есть, нечего пить. Змеи, холод, жара, усталость. Ничего не видно. Нет дома, нет ничего. Три миллиона человек шагает неизвестно куда. Что это означает в духовном мире?

Выход из Египта еще не считается входом в духовный мир. Это означает, что Высшая сила вытаскивает меня из материального мира. Выйти из материального мира — значит перестать эгоистически мыслить, делать расчеты ради себя. Чтобы я сумел этого достичь, сверху приходит свет, который создает во мне противодействие, экран.

Вход в духовный мир означает, что я внутри себя начинаю получать Высший свет, он начинает в меня входить. Это называется ощущением Высшего мира, его вхождением в меня. А это уже совсем другое существование. Теперь я с помощью экрана начинаю делать *зивуг дэ-акаа* — ударное соединение и получать в себя Высший свет.

Для этого мне нужно не только отказаться от предыдущих эгоистических келим, но, более того, для этого мне надо получать не ради себя. То, что я получу не ради себя, и будет называться во мне ощущением Высшего мира. Мне надо создать кли, в которое я смогу получить духовный свет, Высший мир. Значит, мне надо взять каждое из своих желаний и исправить его на альтруистическое.

Когда я выхожу из Египта, у меня альтруистических желаний еще нет. Я только отказываюсь использовать свои желания эгоистически, но у меня еще нет желания использовать их альтруистически. То есть, я выхожу из Египта, что называется, на нуле, как будто у меня вообще нет никаких желаний, я полностью нейтрализован.

А теперь мне надо приобретать альтруистическое намерение, не ради себя, а ради Творца. Весь этот этап обретения человеком альтруистического намерения описан в виде сорокалетнего путешествия по пустыне. В течение этих сорока лет народ — Коэны, Левиты, простые израильтяне и египтяне, которые вышли вместе с ними, — то есть, все внутренние свойства человека, начинают понемногу преобразовываться.

Некоторые из них умирают, другие рождаются, кто-то пасет стадо, работают — создают постепенно Скинию Завета, переходят с одного места в другое. Этим одним переходом просто описывается постепенное исправление внутренних свойств человека.

Начинаются войны. Вышедшие из Египта должны изгнать семь народов, которые находятся на том месте, где у них будет связь с Творцом. Это значит, что человек должен постепенно изгнать из себя все семь нечистых желаний, которые есть в нем. Он должен вместо этого научиться правильно обращаться к Творцу.

Следующий этап — приближение к земле Израиля. Затем — вступление в землю Израиля, завоевание Иерусалима. И так этап за этапом. Книга Зоар рассказывает, каким образом происходит в духовном мире завоевание экрана. (Книга Зоар — это комментарий на пять частей Торы.)

Что значит завоевание экрана? Я воюю против своего эгоистического желания. В результате своих усилий я получаю свыше свет, который создает мне этот экран. Я сам не могу этого сделать. Я только пытаюсь обращаться к Творцу. Только после того, как я разочаровываюсь в каждом своем желании, я обращаюсь к Творцу, а иначе я этого сделать не могу, мой эгоизм мне этого не позволяет.

От безысходности, от разочарования я обращаюсь к Нему и получаю каждый раз еще немножко намерения ради Него, а не ради себя. Таким образом, я создаю внутри себя неограниченное внутреннее кли. Что значит неограниченное? Отдать я могу неограниченно. Потому что тот, которому я отдаю, Он неограничен для меня, Он — более высокая ступень, и тогда мое наслаждение, мое познание, мое ощущение жизни становится бесконечными. Творец желает, чтобы это произошло с каждым человеком.

Мы — под личным Управлением

Малхут — это сумма всех душ. Когда эти души соединяются с З"А, они образуют общее кли. Если они соединяются вместе самым правильным образом, то они могут уподобиться Аба вэ-Има. Получается так, что З"А, а с ним и Малхут, поднимаются на уровень Аба вэ-Има. И затем вместе с Аба вэ-Има поднимаются уже к источнику света — Арих Анпин, выше которого находится Атик. Таким образом, полностью исправляется душа. Затем полностью исправленная душа поднимается уже через мир Адам Кадмон в Бесконечность. Но нас это уже не касается, потому что, если мы рассматриваем только исправление, для этого нам достаточно подняться до мира Ацилут.

Абсолютно все исторические персонажи, весь наш мир — солнце, луна, вселенная, все, что находится на земле: неживое, растительное, животное, человек, все, что находится внутри человека, — это все находится на уровнях З"А и Малхут мира Ацилут. Или в Малхут, или в З"А, или в их взаимном сочетании. Солнце — З"А, Луна — Малхут и так далее. Это в Книге Зоар описано множество раз.

Дело не в определениях, которые являются следствием в нашем мире, а в связях. Эти связи очень многочисленные и постоянно изменяющиеся, и в каждой душе по-разному проявляются в зависимости от времени.

Есть общее управление сверху-вниз, которое называется временем, а есть частное управление сверху-вниз каждым из нас. Ваши родные, друзья сейчас занимаются чем-то другим, не тем, чем вы. На них распространяется общее Управление Творца всем миром, но на вас сегодня оно воздействует частным образом, вы находитесь под личным Управлением.

Все эти вариации описываются в ЗОН мира Ацилут. Когда ЗОН мира Ацилут оптимальным, максимальным образом исправлены, — это значит, что они поднимаются и становятся равными Аба вэ-Има. Если они стали равными Аба вэ-Има, а затем используют все свои эгоистические желания для получения ради Творца, то они поднимаются на уровень источника, Арих-Анпин, потому что Аба вэ-Има не имеют того эгоизма, какой имеют ЗОН. А поскольку ЗОН поднялись, приобрели свойства Бины, используя свойства Малхут, они поднимаются до Хохма.

Малхут — это эгоистическое свойство, Бина — это альтруистическое свойство, значит, ЗОН, поднявшись до Бины, могут, используя свойства Малхут, продолжать получать ради Творца — *аль менат леашпиа*. В итоге получается, что, получив от Бины, становишься равным Хохма, Арих Анпину. Вот это состояние и является максимальным исправлением.

- **Вопрос: Можно ли просить помощи для другого, или только для себя?**

Может ли человек просить у Творца духовной помощи для кого-то, а не ради себя? Конечно. Но лишь в том случае, когда человек, для которого вы просите, сам тоже желает эту помощь получить. Например, у меня есть друг, которому совершенно не важно духовное развитие, он занимается футболом, театром, наукой или чем-то другим. Он неплохой человек, я его люблю, мы с ним в хороших отношениях, но его совершенно не интересует духовное развитие. Если его не интересует, зачем его насиловать, почему я должен просить Творца, чтобы Он ему помог?

Но если я занимаюсь вместе с каким-то товарищем в группе, и он мне дорог, потому что я от него получаю помощь, и он от меня получает помощь, мы вместе находимся на одном духовном пути, то, конечно, если я в первую очередь думаю о его духовном продвижении, то я продвигаюсь, а если я думаю только о своем духовном продвижении, то я никуда не двигаюсь.

Потому что духовное продвижение означает приобретение альтруистических свойств. Значит, «молиться за себя» — такого понятия в принципе нет. Сама молитва, если она настоящая, всегда не ради себя. Если она ради себя, значит, ты просто падаешь, а не поднимаешься.

Да, необходимо просить силы. Но какие силы? Силы обретения альтруистических свойств. Это молитва не ради себя.

Не то, чтобы я сейчас решаю, что я буду молиться, взывать к Творцу, обращаться к Нему. Такого не может быть, я не могу просто так решить и что-то сделать. Это нам только кажется, что мы можем создать такое состояние. Молитва — это определенное состояние, внутренняя просьба, требование, желание. Значит, я не могу сам достичь этого.

Молитва о раскрытии

Если Творец раскроется мне, то я увижу Его как большого, как своего создателя — создателя всех моих свойств, желаний, создателя моего наполнения. Он меня наполняет, Он мне эти желания дает, и Он эти желания может наполнить. И только Он владеет и тем и этим, то есть, владеет мной. В какой мере я раскрою эту картину Творца для себя, в той мере я обращусь к Нему. То есть, моя молитва, обращение к Творцу зависит от того, насколько я смогу ощутить Его, как великого, как своего властелина. Если я желаю такой молитвы, значит, я должен просить Творца, чтобы Он мне таким раскрылся.

Откуда я возьму такое желание, чтобы просить Его о раскрытии, чтобы я ощутил, что я завишу от Него, чтобы я, таким образом, получил желание оторваться от всего своего мира и быть полностью в Нем? Откуда я получу такое желание? Оно не находится во мне. Это желание, стремление к Творцу, к раскрытию Творца не ради себя, я могу получить только в группе от своих товарищей. Бааль Сулам указывает в своей статье «Свобода» (свобода выбора, свобода воли), что только находясь среди таких людей, которые стремятся к духовному, можно проникнуться их желаниями и того же самого пожелать. Так мы устроены.

Я могу проникнуться желаниями ученых, если я нахожусь среди них; они интересуются наукой, и я начинаю интересоваться. Или я нахожусь среди вегетарианцев, они говорят, что очень полезно есть растительную пищу, и я тоже хочу только такую пищу. Так происходит с человеком. Мода, реклама — все на этом построено.

Но в духовном это не действует. Я не могу просто взять людей, которые стремятся к духовному, и получить от них такое желание. Для того, чтобы получить от них альтруистическое желание, я должен отдать себя им, я должен каким-то образом действовать ради них, обслуживать их, помогать им, вместе с ними работать, чем-то жертвовать. В той мере, в которой я им отдаю, то есть, делаю какие-то земные, альтруистические вроде бы поступки, в той мере я могу от них узнать об альтруизме. Иначе это не произойдет. Я смогу воспринять всякие другие премудрости, любые методики, но не духовные устремления. Духовные устремления я могу получить от своих товарищей.

Если я на механическом уровне, преследуя пока еще эгоистические цели, хочу научиться их стремлению, если я чисто эгоистически начинаю подносить им чай, крекеры, еще как-то обслуживать их, что-то давать, хотя мне этого не хочется, но я физически себя заставляю, я начинаю в той же мере, но только в той же, получать их желание — желание к Творцу, альтруистическое желание.

Работа в группе необходима, без нее человек просто не в состоянии ничего воспринять, даже самые первые стремления к Творцу. Поэтому Бааль Сулам написал большую статью, которая называется «Свобода воли». И он там объясняет, что у человека свободы воли нет, ни у кого из нас нет свободы воли. Он объясняет, что свобода воли заключается только в том, чтобы выбрать ту среду, которая бы максимально влияла на человека, толкала бы его к Творцу. То есть, это тоже не свобода. Свобода — только в выборе лучшей среды, лучшего общества, которое бы максимально положительно воздействовало на человека. Вот и все.

Можно представить себе свободу в том, что я могу выбирать все, что угодно. А что значит «все»? На основании какого критерия? Такого состояния, практически, нет. Оно не существует в природе. Оно просто ничего не значит.

Если взять человека, вычеркнуть у него все его воспоминания, все данные, записи, которые у него голове, — вот это будет свободный человек. Я осознаю, что всегда нахожусь под каким-то влиянием. Своим собственным? Нет. Я нахожусь под влиянием, которое во мне создано изначально: Творец на меня действует определенным образом. Свобода заключается в том, чтобы выбрать, под чьим влиянием находиться. Потому что другого выбора нет, я все равно завишу от кого-то, нахожусь под чьим-то воздействием.

- **Вопрос: Вы пишете, что если человек чувствует усилие в своей работе, то это потому, что он чувствует, что работает не для Творца, а ради себя.**

Действительно сказано, что человек испытывает сопротивление, если он работает не ради Творца, а если работает ради Творца, то сопротивления не испытывает. Почему? В нашем мире ведь наоборот.

В нашем мире, если я работаю ради себя, никакого сопротивления нет, мне только важно видеть, что я работаю действительно ради себя. Если я, что-то делая, в ту же секунду, в то же мгновение, получаю вознаграждение, то я никогда не чувствую, что совершаю какое-то усилие. Потому что усилие и вознаграждение, кли и свет мгновенно соединяются.

Все ощущения трудностей, все неприятные ощущения, страхи, тревоги, тяжесть, депрессии — все оттого, что я ощущаю ненаполненное кли. А если кли наполняется, я не ощущаю никаких проблем. Поэтому, если я делаю что-то и мгновенно получаю вознаграждение, я не устаю, я могу работать так день и ночь, много времени, пока просто организм, животное, которое не понимает, что я тут на месте миллионы зарабатываю, не устанет, не лишит меня возможности дальше работать. Я бы продолжал, но тело просто валится, и все, потому что оно животное. А человек, который внутри меня, готов в таком случае работать бесконечно. Значит, проблема наша в том, чтобы кли мгновенно получало свет. И это есть, совершеннейшее состояние.

Необходимо видеть, кому отдаешь

Каким образом я могу это сделать? Кли по природе своей не меняется. Оно и в этом мире и в будущем — это желание насладиться. Меняется только намерение: или ради себя, или ради Творца. Значит, если бы я видел, что смогу наслаждаться вследствие своего усилия, это усилие было бы для меня радостью.

Усилие, которое затрачивает человек во время, допустим, полового акта (огромное количество калорий, энергии тратится при этом), одновременно переходит в наслаждение. Когда я сижу и кушаю что-то вкусное, я должен жевать, глотать, организм переваривает все так тяжело. Я чувствую усилия? Нет, наслаждение. Потому что наслаждение приходит одновременно с действием. Если бы человек, совершая сейчас тот же половой акт — самое большое наслаждение в жизни, как сказано в Каббале, потому что оно соответствует зивугу дэ-акаа в духовном мире — получал бы наслаждение, предположим, через месяц, человечество бы просто вымерло, не было бы детей.

В духовном мире надо достичь такого состояния, когда я ощущаю наслаждение во время духовной работы. А иначе это не будет духовным миром. Поэтому духовный мир называется раскрытием Творца человеку. Когда Творец раскрывается, человек получает ощущение Творца, тогда только человек и может работать на Творца, испытывая при этом одновременно с отдачей наслаждение, потому что видит и ощущает, кому он отдает, видит Высшего.

А иначе нельзя работать. Работа — ведь это тот же эгоизм. Как пишется в книге «Шамати», и в моих книгах это не раз упоминается, что для того, чтобы измениться, перейти в духовный мир, в нашем мире нам не хватает только одного — ощущения Творца.

Представляю, если бы сегодня я ощутил его — величайшего, который всем управляет, и я полностью нахожусь в его власти. У меня не было бы никаких проблем в том, чтобы отдавать Ему, чтобы присоединиться к Нему, чтобы все делать ради Него. Ну, так в чем же проблема? Пусть Он нам раскроется, и мы будем все делать ради Него.

Проблема в том, что, как ты сегодня все делаешь ради своего эгоизма, который тебе открыт, так же эгоистически ты будешь делать ради Творца, если Он тебе откроется. Как сделать так, чтобы ты делал действительно ради Него, не потому, что при этом получаешь выгоду, а потому, что Он большой, потому что Он владеет тобой и так далее, в отрыве от своей выгоды? Именно объективно. Альтруизм означает объективность.

Для этого и существует момент перехода из нашего мира в Высший мир, когда человек отрывается от всяких решений ради себя, получает независимость от всяких расчетов, от собственной выгоды. И тогда Творец раскрывается, потому что, если Он не раскроется, человек не сможет работать на отдачу.

Об этом очень много можно говорить, но есть такие моменты, которые до того, как они произойдут, мы не поймем. Переход из нашего мира в Высший мир существует для того, чтобы оторваться от эгоизма. После того, как оторвался от эгоизма, то есть, сделал сокращение, Цимцум, приобрел первый экран, после этого, чтобы работать на отдачу, необходимо видеть, кому ты отдаешь, без этого отдавать нельзя.

Работа с «египетскими» желаниями

Убегают из Египта, переходя через *Ям Суф*, известное нам, как Красное море. Моше не повел народ прямой дорогой, хотя тогда не было Суэцкого канала, была суша. Он повел их специально к морю. Нужно сначала перейти через море. Это море называется *Ям Суф* — Конечное море, а не Красное.

Конечное море — там, где заканчиваются предыдущие ступени. Затем войти в пустыню, то есть, приобрести экран, который позволяет не работать с эгоистическими желаниями, с «египетскими» желаниями. Для того чтобы отдавать, нужно прийти к горе Синай (*Синай* — от слова *сина*, ненависть) и получить на вершине этой горы, на вершине ненависти к предыдущим своим состояниям, Тору (*Тора* — от слова *ор*, свет).

Тора — это уже методика получения света. Начиная с получения Торы и дальше, человек постепенно приобретает альтруистические келим и получает свет. А для того, чтобы выйти из Египта, Тора совершенно не нужна. Так как человек еще не получает никакого света, никакого раскрытия Творца. Раскрытие Творца, Его величия, необходимо, чтобы дальше развиваться.

- **Вопрос: Какие желания подлежат исправлению?**

Какие желания в человеке подлежат исправлению, а какие — нет, человек не знает. Только в процессе внутренней работы он понемногу начинает понимать, что свою природу, определенные свои свойства, с которыми он родился, он не может изменить. Человек просто должен перестать ими пользоваться, а затем он постепенно увидит, каким образом можно их использовать правильно.

- **Вопрос: Какие действия надо совершать?**

О плохих или хороших действиях идет речь, я не знаю. Но есть такое правило, что если человек ошибается один раз, то это не считается ошибкой, потому что это ему сверху так посылается. Если же он вновь совершает эту ошибку, считается, что он делает это по своему выбору, и тогда это считается уже прегрешением. Об этом мы узнаем из рассказа о грехопадении Адама.

В первый раз ему дается огромное наслаждение в виде яблока. Это наслаждение приходит сверху, и на него еще нет экрана. Оно входит вовнутрь, и это порождает кли, свет создает для себя желание. И если человек самостоятельно решает пользоваться этим желанием, то это называется прегрешением.

Поэтому никогда не следует разочаровываться, ругать себя за то, что впервые поддался вдруг каким-то слабостям, если, конечно, они не намеренные. Это происходит специально, свыше, чтобы научить человека. Но со второго раза и далее, если человек сознательно, самостоятельно решает совершить какой-то поступок, то этот поступок уже считается его поступком, человек этим понижает свой уровень.

Поэтому в Торе сказано, что если сделал и повторил, то спустился на ту ступень, на которой совершил вторично этот проступок. То есть, со второго раза и далее — человеку принимать решение. Хотя до этого было свыше спущено ему желание.

- **Вопрос: Моше воевал с Амалеком, что это означает?**

От своего Учителя я научился всегда придерживаться простого принципа: рассказывать людям то, что они могут на сегодня понять. Пройдет немного времени, может быть, один-два дня, неделя, две, может быть, год, неважно, и можно будет еще добавить. Но так человек учится естественным образом. Если я расскажу то, что будет совершенно непонятным, это не даст никакого положительного результата. Поэтому мне лучше даже сказать, что я не знаю, как-то уклониться от ответа, чтобы человек не думал, что я чего-то не хочу говорить или скрываю.

Нет в Каббале и, вообще, в мире ничего такого, что хотели бы скрыть. Все делается для того, чтобы мы раскрывали и, наконец, раскрыли Творца. Больше нечего будет потом раскрывать. Но проблема в том, чтобы делать это методически, правильно, чтобы человек приобретал от этого возможность дальше самостоятельно понимать и самому развиваться. Поэтому, просто все рассказать — это неправильный метод.

Настройка на восприятие света

- **Вопрос: Насколько мое духовное продвижение зависит от понимания материала?**

Я говорю одни и те же слова, но они могут восприниматься вами по-разному, потому что каждый ощущает по-своему. И в том, что говорится, есть различные глубины восприятия. Один воспринимает это более глубоко, другой — менее. В зависимости от состояния вы воспринимаете по-разному. Но, в итоге, это не имеет значения.

Ваше нынешнее восприятие зависит от вашего конкретного состояния. То, что вы слышите в данный момент, как-то может действовать на сердце. Но это ни в коем случае не определяет ваше духовное восприятие, а только чисто физическое. Духовно на вас воздействует в это время Высший свет. Я вас направляю, настраиваю на восприятие этого света.

В то время, когда вы слышите меня, Он воздействует на вас. Я как бы просто своей информацией настраиваю вас, кручу ручку настройки, и вы все воспринимаете и настраиваетесь.

Когда вы слушаете меня и совсем не понимаете, о чем я говорю, или, наоборот, прекрасно понимаете, духовный результат будет одним и тем же. Даже если бы вы не знали языка, на котором я вам объясняю, но стремились бы к пониманию, вы бы получили то же духовное воздействие и тот же духовный результат. А может быть, даже и больший, потому что вы бы приложили больше усилий, и ваш разум не мешал бы духовному стремлению.

Некоторые себя успокаивают, что вот они знают, понимают, ну и хорошо, большего, может, и не надо пока. Они находятся в состоянии самоуспокоения. А кто-то даже хочет снять наушники (для синхронного перевода), чтобы лучше на него воздействовало. В этом есть очень большая внутренняя логика.

Бааль Сулам преподавал одно время на идиш. И у него был один ученик, выходец из Йемена, который совершенно не знал этого языка. И Бааль Сулам говорил своим ученикам: «Вы не обращайте внимания, что он не понимает меня, что не знает, и я не обращаю внимания на то, что он не понимает меня, и он пусть не обращает внимания на то, что не понимает меня. И вы увидите, насколько он будет внутри себя чувствовать Высший мир. Откуда к нему это приходит? Приходит свыше».

А как вообще к нам приходит все это? Мы слушаем, слушаем и вдруг внутри начинаем понимать. Что, это пришло через ухо? Нет. Это приходит и строится внутри человека. Поэтому все наши действия здесь чисто вспомогательные. А связь приходит непосредственно от Творца. Поэтому неважно, что я говорю. Совершенно неважно. И кому я говорю. Главное — настройка человека на духовное восприятие.

Чтобы люди не убивали...

Прогресс в нашем мире, на всех его уровнях и во всех его формах — литература, искусство, наука, медицина, социальная помощь, гуманизм, просто отношения — любой вид человеческой деятельности существует только для того, чтобы раскрыть зло человека через вроде бы правильное и хорошее, доброе использование этого зла, этой природы.

В итоге человек должен убедиться в том, что ничего хорошего для себя из своей природы он получить не может. Это окончательное разочарование в самом себе приводит его к Каббале. Но чтобы привести массы к необходимости раскрытия Творца, нужны еще очень большие потрясения.

Своей духовной работой мы притягиваем Высший свет на нас, на наш мир, и, таким образом, мы ускоряем время развития человечества, то есть, сокращаем период страданий, переводим страдания из животных в страдания духовные. Чтобы люди не убивали, не погибали, не голодали, а искали причину и выход из этих страданий к спасению. Чтобы они начали понимать, что существует лучший, Высший мир. Для этого надо только увеличить интенсивность Высшего света на наш мир. Что мы и делаем уже своими занятиями.

Каббалисты призывают всех изучать Каббалу для притяжения в наш мир Высшего света. И чем больше в какой-либо стране будет людей, интересующихся этой наукой, тем больше Высшего света будет нисходить на ту страну, на тот народ, среди которого эти люди находятся. Поэтому желательно, чтобы это действительно распространилось, и многие бы захотели раскрыть Творца, раскрыть все, что есть, в Каббале.

Вся моя задача — это помочь каждому человеку раскрыть Творца. Явственно, научно, осознанно, управляемо. По мере того, как человек теряется в этом мире, Каббала становится ему все более необходимой. Мы увидим в ближайшие годы, как во всем мире люди вдруг сами начнут искать ее.

- **Вопрос: Насколько надо спешить?**

Мы уже очень запаздываем, очень! Бывают разные периоды, определяющие, насколько надо спешить. Если бы на сегодняшний день десять процентов населения земли даже не занимались бы, а просто интересовались постижением Творца, мир бы выглядел совершенно по-другому. Десять процентов.

Этот процент сделал бы нам Цимцум на Малхут, а все остальные девять частей под воздействием света сверху начали бы меняться. Это говорится о количестве. Но здесь есть еще и большое качественное наполнение. Из этих десяти процентов могут быть единицы, занимающиеся учебой, и примыкающие к ним, помогающие им, то есть, активно участвующие, и этого достаточно. Надо пытаться распространять Каббалу, а дальше — как получится.

Скрытые праведники

- **Вопрос: В нашем мире существуют люди, достигшие духовного уровня?**

В нашем мире существует множество различных душ, облаченных в тела. Сколько людей, столько и душ, только находящихся на разных уровнях. Есть люди, которые находятся на больших духовных уровнях, и мы их не знаем, они скрыты. Они не раскроются никогда. Они никогда о себе не заявят. Они существуют в этом мире для большего притягивания в этот мир духовного света, большего, чем этот мир заслуживает. Иначе этот мир не имел бы права на существование. Что значит — право на существование?

Эгоизм существует, потому что может наполняться светом. Свет в кли называется жизнью человека, жизненными силами, оживляющими силами. Если кли не наполнится светом, оно исчезнет само. Свет создал кли и обязан в нем находиться для того, чтобы кли существовало. Поэтому уровень существования нашего мира определяется количеством света, который светит на нас.

Необходимо, чтобы в этом мире находились такие души, которые притягивали бы духовный свет в наш мир. И такие души есть, они существуют и этим занимаются. Но они только этим и занимаются. Им не надо приходить сюда и обучать нас каким-то премудростям. Их задача — притягивать Высший свет в наш мир.

Кроме этого, существуют еще учителя, допустим, как я, которые уже явно раскрываются миру и могут обучать людей методике постижения Высшего мира. Скрытые тайные каббалисты могут находиться как на очень высоких уровнях, так и на более низких. Они работают по указанию Творца, в связи с Ним. Поскольку они находятся в теле и одновременно в высокой душе, то через них существует связь между духовным миром и нашим миром, и они могут ее осуществлять.

Если бы они находились вне тела, а только в своей душе, они не могли бы сверху проецировать свет на наш земной уровень. Об их работе нам ничего не известно, об их работе я ничего не знаю, поэтому больше я ничего сказать не могу. До того, как они раскроются, никто о них не может узнать. Они друг о друге тоже не знают. Каббалист может увидеть других каббалистов, а может и не увидеть, если те ему не раскроются. Не все раскрывается. Потому что существуют определенные области и зоны работы в духовном мире.

Однажды мы с моим Учителем были у одного каббалиста в Петах-Тикве, и Рабаш с ним разговаривал. А по дороге домой я у него спрашивал, кто этот человек. Рабаш говорил, что немножко почувствовал, но не уверен. Я знал, на каком уровне находился мой Учитель, но он не мог определить, увидеть каббалиста даже более низкого уровня.

Любое кли, которое делает на себя экран, защищает себя не потому, что оно чего-то боится, (такие проблемы тоже есть), а потому, что это указание Творца — действовать таким образом: изолированно, обособленно, самостоятельно. Тогда кли обладает такой Высшей силой, против которой никто не сможет ничего сделать, и даже не будет этого делать.

Поэтому Рабаш не мог понять точно, какого уровня был тот каббалист; он себя не раскрыл. Поговорили о каких-то общих деталях, о чем-то что им было интересно друг с другом обсудить, но это один раз, и все. Я был свидетелем еще многих таких случаев, но это просто пример того, что существуют такие люди. То, что они делают, не наше дело, мы не можем им ни помогать, ни мешать. У каждого есть своя цель, своя точка в Конце исправления, вот этой точки нам надо достичь.

- **Вопрос: Могут ли скрытые каббалисты жить за границей?**

Сегодня практически все великие скрытые каббалисты живут в Израиле. А открытых каббалистов — чтобы просто сказать, что эти вот люди находятся в духовных мирах, на определенных уровнях, этот там, а тот вот там — таких явных сегодня нет. Я расскажу еще другой очень интересный случай. У нас до того, как мы переехали в новый Центр полгода назад, в Бней-Браке был маленький домик.

Я шел оттуда после занятий к себе домой, и когда до моего дома оставалось метров триста, я вдруг встретил семью: муж, жена и ребенок в коляске. Мужчина был одет в черное, как верующий — в меховой шляпе, какую носят в субботу. Мы с ним обменялись несколькими словами, хотя я его вообще не знал до сих пор. Оказался скрытым каббалистом. Другой человек, с которым встречался Рабаш, с виду был просто похож на хозяина киоска или простого рабочего, в шортах. Я думаю, что он и дома так же просто себя вел.

Я хочу только подчеркнуть, что нам не должны быть интересны эти вещи, и не надо искать таких встреч. Просто Творец поставил таких людей, и они это делают. Они сами по себе не представляют ничего, кроме силы Творца. Абсолютно незаметные, о них никто ничего не знает. Это неинтересно.

Намного интереснее качественная работа человека снизу, как у нас, когда мы исправляемся и поднимаемся. Это Творцу желательнее, чем скрытые каббалисты. Какими бы большими они ни были, они просто выполняют Его желания. А свобода воли — она у нас. Поэтому не надо им завидовать, не надо вообще ими интересоваться; хорошо бы их было больше, но это от Творца зависит. А чтобы нас стало немного больше — это уже от нас зависит.

Черти, ведьмы, вурдалаки...

- **Вопрос: Должны ли исправляться животные, растения, ведь и они страдают?**

Во «Введении в науку Каббала» Бааль Сулам пишет, что в духовном мире тоже есть неживой, растительный, животный и человеческий уровни: облачения, святые животные, ангелы и души.

В нашем мире вся природа: неживая, растительная, животная, человек зависит от наивысшего уровня, в котором существует свобода воли, от человека. У неживой, растительной, животной природы свободы воли не существует. Поэтому с них нечего спрашивать. А страдают они оттого, что человек не выполняет свои функции.

Бааль Сулам пишет во «Введении в науку Каббала», что в той мере, в которой мы опускаемся или поднимаемся, вся остальная природа, кроме человека, опускается или поднимается вместе с нами, то есть, полностью зависит от нас.

Так же, как в духовном мире все духовные силы человека, которые иногда у нас называют чертями, ведьмами, вурдалаками (положительные или отрицательные — неважно), зависят от нашего внутреннего состояния, так и в нашем мире, который является проекцией этих сил на наш мир, животная, растительная и неживая природа зависит от нашего духовного состояния.

И потому, если человек будет исправлять себя, то исчезнут все проблемы с экологией, все автоматически будет правильно воспроизводиться и правильно себя содержать. Человек не должен будет думать о том, как прокормиться. Все создано таким образом, что кроме оптимального устремления к Творцу, человеку ни о чем больше думать не надо. Я говорю об идеальном состоянии — не нашем. В нашем состоянии надо выполнять все, что требуется в этом мире.

- **Вопрос: Кто такие ангелы или черти?**

Все духовные силы, кроме человека, являются абсолютными силами, находящимися в управлении Творца. Нет ни одной силы, кроме той, которая находится в нас, которая бы имела какую-то самостоятельность. То, что мы называем ангелами, чертями и так далее — это все духовные силы, качества, но в них нет никакой самостоятельности, это просто влияние Творца на нас.

Так называемые ангел жизни, ангел смерти, добрый или злой — это Его влияние на нас. Единственное относительно свободное существо — это человек. Он может сознательно выбрать, каким образом расставить эти силы вокруг себя и направить эти силы себе на пользу.

Творец специально создал человека таким образом, чтобы он разобрался во всей этой системе внешних сил, понял, какое взаимодействие, равновесие, соединение, существует между ними, и установил бы такое соотношение этих сил, чтобы постоянно, максимально эффективно, с добром, с подобием Творцу использовать их.

Творец желает, чтобы человек изучил, овладел и использовал оптимально, как Он, всю эту систему, созданную Им и находящуюся вне Его, в которой находятся миры, все силы, все, кроме Творца, который является окружающим светом вокруг этой системы. Творец не делает этого за нас.

Потому что, если человек самостоятельно максимально и правильно это сделает, то вдвойне выиграет, окажется на самом высшем уровне. Творец, напротив, вводит человека в противоположное состояние, вынуждая этим постепенно осознать, насколько это состояние нехорошее.

Что значит нехорошее? На каждой ступени ты всегда приходишь к осознанию недостатков этой ступени, чтобы их исправить и таким образом подняться на более высокую ступень. Тебе раскрываются только те отрицательные качества, которые в данный момент надо исправить, чтобы подняться повыше. Поднялся повыше, раскрываются другие отрицательные качества, чтобы поднялся еще повыше.

Отрицательные качества, страдания, раскрывающиеся тебе, посылаются специально. Они носят избирательный характер, чтобы ты, пытаясь изменить их, преодолевая их, убегая от них, изменился в определенном четком направлении. Изучая страдания, ты, практически, изучаешь тот путь, который должен проделать. Поэтому ни в коем случае нельзя их просто избегать, стирать, аннулировать. Надо их осознать: от кого, для чего и так далее. Поэтому и называется наше первичное состояние акарат а-ра. Осознание зла — это постижение в себе кли, его свойств.

Смысл страданий

- **Вопрос: Какого уровня могут достичь страдания людей, если не будет достаточного количества людей, занимающихся Каббалой?**

Какого уровня могут достичь страдания мира и народа Израиля, если не будет критической массы? Такого уровня, чтобы эта масса создалась. У меня нет другого ответа. Я говорю серьезно. Страдания должны привести к желательному результату, если человек не обгоняет страдания.

Допустим, все идут вперед, должны достичь определенной цели. Если я запаздываю, то сзади меня подгоняют, если я иду впереди, то я не чувствую, что меня подгоняют. Но как я могу идти, стремиться вперед, если меня только тянут?

Я должен постоянно усиливать свою заинтересованность, представлять величие духовного, чтобы оно меня притягивало, и тогда я не буду чувствовать никаких страданий. Как только я отстаю от общего темпа, который задается сверху, я сразу чувствую страдания, имеющие одну задачу — подтолкнуть меня к цели. Степень наших страданий зависит от того, насколько мы будем дальше или ближе к темпу, необходимому для достижения цели.

Какие страдания? Какие угодно. Потому что тело в расчет вообще не принимается. Это мы на нашем уровне ведем расчет с телом. А на духовном уровне тело вообще не рассматривается, как что-то, с чем надо считаться. Если бы вы находились в данный момент в ощущении души, в ощущении вечности, совершенства Творца, то вы бы смотрели на свое тело сверху-вниз, как на что-то совершенно никчемное.

Вы бы поняли, что по сравнению с вечностью ваши семьдесят лет, которые вы проживете, ничего не значат. Это неприятно говорить, но миллионы убитых и все катастрофы, происходят только потому, что необходимо произвести какое-то духовное действие в душах.

Мы не понимаем, насколько духовные законы абсолютны и незыблемы, насколько малейшая неточность или отступление превращаются почти в противоположность, в нарушение. Поэтому страдания могут быть по нашим земным меркам огромными. С точки зрения духовного — это то, что необходимо для направления души к исправлению, и все. Я пишу об этом немного в книге «Духовный поиск».

Ничего не поделаешь. Поэтому и надо работать. Бааль Сулам в «Предисловии к Книге Зоар» пишет, что тот, кто не изучает Каббалу, является причиной всех страданий в мире. Потому нам и надо сделать так, чтобы больше людей изучало эту науку.

Этапы духовного роста

В начале своего пути человек просто никто и ничто. Он думает, что он прав, немножко виноват, все, как в обычной жизни. Затем, под воздействием Каббалы, он начинает ощущать себя грешником, начинает осознавать свое зло, свою природу, свой эгоизм.

После того, как он осознает свой эгоизм, человек начинает ощущать, насколько не в состоянии избавиться от него. Затем он получает Высшую силу и избавляется от этого. Что значит избавляется? Нейтрализует эгоизм, делает сокращение на него — и это называется переходом махсома.

Затем он получает состояние *ибур* — зародыш, подобное состоянию зародыша внутри матки матери. Он полностью себя аннулирует, и мать его растит, воспитывает. Что значит аннулирует? Ему добавляется все больший и больший эгоизм, а он делает на него все больший и больший Цимцум, не использует эгоизм: и это не хочу, и это не хочу. Это называется девятью месяцами внутриутробного развития.

Затем, когда он достигает определенного уровня, он получает экран на авиют Алеф, на первый авиют. До этого был нулевой экран. Он просто аннулировал себя и отталкивал все, существовал в слиянии с Высшим, находился как бы внутри Высшего, как в нашем мире внутри матери находится плод.

Авиют Алеф означает, что он рождается, выходит из Высшего в самостоятельное существование. Начинается двухлетний период вскармливания. Это все описано в ТЭС. Описание каждого из этих периодов занимает сотни страниц. Период вскармливания — это использование определенной части своего эгоизма, но с условием отдачи.

У него уже есть очень маленький экран на авиют Алеф. Поэтому он уже может использовать Высший свет ради Творца. Но этот свет еще очень слабый, этот свет особый, как молоко для младенца. Это особый вид питания, полностью под контролем Творца. Это продолжается, пока он не достигает экрана с авиютом два.

Получая этот экран, он становится уже наполненным свойствами отдачи. Отдавать ради отдачи, леашпиа аль менат леашпиа, свойства Бины. Это уже взрослый уровень, подобно взрослому человеку в нашем мире. Всеми своими желаниями он может управлять, но только ради отдачи. И этот период роста длится до тринадцати лет, условно. Тринадцать лет — это так называемый возраст *бар-мицва* — владеющего заповедью. *Мицва* — заповедь.

Что значит, владеющий заповедью? После «тринадцати лет», начиная с этого духовного уровня, он может брать любое свое желание, постепенно, начиная с маленького и переходя к большему, и начинать получать ради Творца. Это уже называется взрослый уровень — с тринадцати лет и далее до семидесяти.

И тут тоже существует градация: Нефеш, Руах, Нешама, Хая, Ехида, то есть, постепенное выполнение заповедей. Семьдесят лет соответствуют семи сфирот З"А. Этим духовным периодом полностью заканчивается то исправление, которое он должен осуществить. Это путь души, у которого в нашем мире есть копия.

В духовном мире есть Аба вэ-Има, духовные отец и мать, есть понятие семени, понятие трех первых дней существования семени, сорока дней развития (до уровня Бина), затем до девяти месяцев. На десятом месяце не может уже развиваться, потому что это — десятая сфира. Мы говорили уже о том, что ею нельзя пользоваться. Все эти процессы изучает ТЭС. Это огромный материал с подробным описанием всех этих процессов.

Все каббалистические источники состоят из двух частей. Первая часть — это статьи, письма. Они рассчитаны на то, чтобы помочь нам в первом основном этапе — подготовительном, до перехода махсома. Следующий этап, когда мы переходим махсом. А далее идем по ступенькам до окончательного исправления. Это описано в ТЭС. Любые духовные ступени, которые человек проходит, описаны в ТЭС. Но ТЭС мы на самом деле сможем понимать, когда перейдем махсом. А письма и статьи понятны и до и после этого.

ЦАРСТВО ЖЕЛАНИЙ

О пяти стадиях, свете и желании

Изначально существует только Творец, желающий дать добро. Кроме Него, ничего нет. Когда Творец существует сам по себе, Он еще не называется Творцом, а называется *Ацмуто*. Ацмуто в переводе с иврита означает «сам по себе».

— Следующей стадией является возникновение у Творца Замысла творения: Творец хочет создать творения (души) и дать им наслаждение.
— Третья стадия — создание творения.
— Четвертая стадия — приведение творения к его Цели.
— Пятая стадия — собственно Цель творения.

Сначала появляется Замысел творения, а в конце — его исполнение, Цель творения. В Каббале мы изучаем только стадии, относящиеся к средней части схемы, (стадии 3 и 4). Стадии, предшествующие указанным и следующие за ними, мы не изучаем.

Целью творения является желание Творца, называемое корень — *Шореш*, а достижением Цели творения является постижение его корня. Каббала учит, что Цель творения заключается в том, чтобы дать наслаждение созданию.

Создание творения является следствием Цели творения. Процесс создания творения включает в себя четыре последовательных состояния, называемых четыре стадии прямого света. После их завершения образуется творение, которое называется *кли* — сосуд или *Малхут* — царство. Малхут — это царство желания. Кроме желания, нет ничего, поскольку Творцу, желающему дать наслаждение, необходимо создать только желание получить это наслаждение.

Такое состояние Малхут называется миром Бесконечности. Самым главным в изучаемом материале является продвижение творения к его Цели. Оно состоит из двух частей: нисхождения творения до стадии, называемой Этот мир, и его подъема из этого мира обратно. Нисхождение в наш мир происходит еще до нас. А подъем из нашего мира обратно в Высший мир осуществляем мы.

Самое главное — рассказать человеку о том, что он должен сделать в своей жизни, что он должен достичь на протяжении отпущенных ему лет. А должен он, всего-навсего, в течение этой жизни пройти исправление. Поэтому каббалисты объясняют, как непосредственно осуществлять это исправление, немножко рассказывают о том, что было до нас, о нисхождении сверху-вниз, и даже немного о нашем мире.

Все каббалисты пишут только для того, чтобы объяснить нам, что мы должны делать. То есть, Каббала — это сугубо практическое знание, наука, опыт. Каббалисты передают нам то, что прошли сами, описывают, как раскрывался им этот путь в течение их жизни в этом мире. Этот опыт они излагают в своих книгах и объясняют нам, каким образом мы можем воспользоваться им, если захотим.

Вот эту схему пути, пройденного каббалистами, мы, практически, и изучаем. Как мы ее изучаем? В первой части Талмуда Эсер Сфирот (ТЭС) или во «Введении в науку Каббала» мы изучаем стадии до Ц"А — до первого сокращения. Все остальные части ТЭС посвящены нисхождению сверху-вниз. Но Бааль Сулам объясняет нам не то, как келим практически снизошли сверху-вниз, а то, каким образом мы должны тем же путем, по тем же ступеням подняться снизу-вверх на четвертой стадии развития творения. Вот этот путь мы и изучаем.

- **Вопрос: Видимо, существует соответствие между нисхождением светов и келим и обратным подъемом душ?**

Верно, поэтому, хотя мы и изучаем путь нисхождения душ сверху-вниз, третью стадию развития творения, из его параметров мы узнаем, каким образом мы можем продвигаться к Цели творения на четвертой стадии его развития, то есть, как мы можем подняться. Ведь мы должны пройти тот же самый путь, те же самые ступени. Нет никакого различия между нисхождением сверху-вниз и аналогичным подъемом снизу-вверх. Разница в направлении, в векторе движения.

В Каббале «нельзя» означает «невозможно»

Почему мы не изучаем последнюю, пятую стадию развития творения — Цель творения? Самая последняя стадия не изучается потому, что, во-первых, мы знаем о ней только то, что там Творец осуществляет свою Цель — дать творению максимальное наслаждение, а постигающие описывают нам примерную картину того, что мы в состоянии понять.

В какой мере человек вообще может понять то, что написали каббалисты? Лишь в том объеме, в каком его мозг, его чувства способны абсорбировать его внутренние состояния. То есть, от уровня человека, от степени его внутреннего исправления зависит, насколько он в состоянии постичь природу духовности.

Поэтому в Каббале есть такое правило: «нельзя» эквивалентно «невозможно». Я могу говорить своей собачке с утра до вечера какие-нибудь умные вещи, но она меня не поймет. Если эту собачку изменить и дать ей уровень развития человека, она начнет понимать меня. То есть, невозможно ей навязать ту информацию, которую мне хотелось бы ей дать.

То же самое и здесь, в Каббале: каждый раз, когда мы меняемся, мы претерпеваем изменения намного большие, чем были бы на пути развития от собачки до человека. В нас все время появляются совершенно новые внутренние возможности, келим, сосуды, и поэтому с каждым разом мы видим и начинаем раскрывать для себя все большие и большие духовные ощущения, видение, вплоть до того, что мы уже начинаем видеть духовный мир.

А до того, как мы его увидим, до того, как мы приобретем новые органы чувств, он для нас совершенно закрыт. Не потому, что я не хочу рассказывать, а потому, что еще нет у вас тех внутренних *келим* — духовных сосудов, то есть, условий, ощущений, подготовки, когда вы сможете меня правильно понять и, главное, исходя из моего объяснения, немедленно начать видеть и ощущать.

Каббалисты не рассказывают нам о пятом, последнем состоянии, стадии реализации вселенского Замысла потому, что когда мы, поднявшись и полностью исправившись, приходим из нашего мира в пятое состояние творения, в мир Бесконечности, то внутри нас создаются такие внутренние условия, такие ощущения и понятия, что мы думаем, мыслим, чувствуем совсем по-другому, не так, как сейчас.

У каббалиста, постигшего пятую стадию развития творения, нет никакой возможности никакими словами передать нам то, что человек ощущает при этом. Поэтому каббалисты не касаются этой части, мы ее не изучаем, и она практически нигде не описана. Каббалисты пишут о ней чуть-чуть тут и там, тонкими намеками не потому, что они не хотят сказать, а потому, что выразить это нашим языком невозможно.

Даже общаясь между собой посредством книг, два каббалиста, пытаясь описать пятое состояние, состояние окончательного исправления, просто оставляют намек, описывая его иносказательно.

Объяснить его нашим человеческим языком нельзя, потому что наш язык описывает только такие состояния, когда еще существует кли, в которое с помощью экрана или без него входит свет, и происходит частичное исправление сосуда, парцуфа, а часть его остается неисправленной.

И вот из такого состояния, на таком условии создан наш язык. Потому что любая буква любого языка, будь то иврит, русский или литовский, состоит из черного цвета, то есть, из еще неисправленной части и белого пространства, на котором она написана, и все построено на контрасте между черным и белым.

Черные буквы желания на фоне белого света Творца

Каждая буква является выражением того, насколько в нашем сознании свойства Творца отличаются от свойств творения: свойства Творца — абсолютно «белые», не воспринимаемые нами; а свойства творения мы градуируем и передаем относительно Творца в соответствии со своим ощущением Его. Из этого состоят буквы, из этого состоят символы, из этого состоит наше понимание. Только таким образом мы можем ощутить себя, нашу взаимосвязь с окружающим и отличие от него.

Состояния, когда есть только черное (и мы видим только себя) или только белое (и мы видим только Творца), мы ощутить не способны. Если мы присмотримся, то увидим, что все наши чувства, любые наши ощущения построены на контрастах, одно против другого. И потому на основе алфавита любого языка можно описывать наши состояния, подъемы и спуски.

Вообще всю Каббалу можно переписать на любой язык. Но все равно, это язык, который действует в четвертой стадии, когда мы поднимаемся из нашего мира в мир Бесконечности. По достижении мира Бесконечности буквы пропадают, потому что черное свойство в буквах, свойство творения, становится таким же, как свет, как свойство Творца. Потому что желание, обладающее экраном, отражает от себя все. На иврите экран называется *масах*.

Итак, любое эгоистическое желание, созданное Творцом, проводится из мира Бесконечности и далее — через наш мир — обратно в мир Бесконечности только потому, что оно снабжается экраном. А когда желание снабжается экраном, оно становится полностью равным свету. И поэтому, когда творение возвращается в мир Бесконечности, оно обладает полным экраном.

Такое состояние творения полностью подобно свету и называется окончательно исправленным. Оно просто целиком растворяется в свете, и поэтому буквы исчезают. Они исчезают внутри человека, который начинает постигать мир Бесконечности. А это значит, что разница между человеком и Творцом вообще пропадает.

Поэтому человек в таком состоянии уже не может выразить свои ощущения на нашем языке. Ведь мы воспринимаем любые свойства только по контрасту: черное-белое, сладкое-горькое и так далее. И потому каббалист, находящийся на высочайших духовных ступенях, просто не может передать нам свои ощущения.

По этой же причине все книги по Каббале описывают только четвертую стадию развития творения. Нам разъясняют только периоды подъема из нашего мира в мир Бесконечности, и Каббала определяется, как наука, которая занимается раскрытием Творца людям, находящимся в нашем мире.

Человек, находящийся в белковом теле, живущий в нашем мире (не умерший и не тот, кто еще не родился), должен достичь духовного состояния, называемого Этот мир. Это не просто мир, который мы ощущаем нашими пятью органами чувств, это такое духовное, внутреннее состояние, ощущение человека, которое начинается с точки.

Точка в сердце — это такое состояние, когда человека тянет к Высшему, когда впервые он ощущает потребность в слиянии с Творцом, потребность раскрыть для себя Творца. Это стремление называется точкой в сердце, с этого человек начинает свое продвижение. Это состояние называется Этот мир. И когда человек развивает в себе это состояние, то он способен достичь Бесконечности.

Каббалист проходит исправление четвертой стадии развития творения именно в этой жизни, находясь, как и мы, в биологическом теле. Все книги по Каббале написаны только для подъема человека.

Буквы находятся на уровне мира Ацилут

- **Вопрос: Имеет ли выбор языка существенное значение для передачи каббалистической информации?**

Смысл вопроса очевиден: можно ли изображать другими буквами, на другом языке и передавать словами различных языков духовные понятия и содержащийся в них смысл?

Нет никакой разницы в том, на каком языке передавать указанную информацию, потому что при этом передаются ощущения человека, а для них неважно, на каком языке это делается. Возьмем, к примеру, коровье мычание, и попробуем понять, почувствовать, что корова пытается сказать. Что означает ее язык? А он на животном уровне передает ощущение природы, ощущение Творца. И сегодня мы в общении между собой (при помощи наших песен, слов, выражений, вскриков, окликов, вздохов) передаем ощущение Творца в нас.

То, что ощущает человек, и есть свет, его ощущение Творца. Если человеку кажется, что он ощущает его через другого человека, через третьего или просто где-то внутри себя, неважно, откуда исходит это ощущение, то это порой верное ощущение. Ведь и внутри человека и снаружи — это все Творец. Это все проявления общей, единственной существующей, кроме кли, силы, и только о ней мы и говорим.

Человек выражает только то, что он ощущает. Поэтому неважно, на каком языке, и какой человек выражает свои ощущения. Любой из нас выражает то, каким образом на него воздействует Творец, каким образом он воспринимает и ощущает Творца, свою реакцию на Его воздействие. У Бааль Сулама и у Рабаша, есть статьи, в которых они говорят, что не имеет значения, на каком языке написана книга.

Книга Зоар написана на арамейском — это разговорный язык древней Персии. Вавилонский Талмуд написан на арамейском языке, который уже немного отличается от арамита Книги Зоар, потому что это уже был язык другой эпохи. Просто каббалисты того времени жили в Вавилоне, и это был их разговорный язык.

Посмотрите, сколько книг написано на чужих языках, то есть, не на *лашон кодеш*, не на иврите. А для людей, писавших эти книги, он не был чужим, они на нем разговаривали. Также и я разговариваю по-русски, потому что родом из России. Незнание иврита не мешало каббалистам всех времен и народов описывать в своих книгах такие вещи, которые говорят только о духовных мирах, и не имеют никакого отношения ни к периоду их жизни, ни к тому народу, среди которого они проживали, ни к тому языку, которому они научились.

Так что, очевидно, что для передачи информации об устройстве духовных миров, язык не имел решающего значения. Когда древняя Иудея была покорена греками, очень много греческих слов перешло в иврит, и мы пользуемся многими греческими терминами, и не только словами, но и определениями. То есть, ключевые слова заимствованы из греческого языка, но передача информации, повествующей об устройстве духовных миров, от этого не теряет цельности. У нас просто нет ключа к этой информации, поскольку мы не каббалисты, мы не находимся на уровне букв.

Мир Ацилут		
Уровень Бины	**Уровень З"А**	**Уровень Малхут**
Алеф (1) — א	Юд (10) — י	Куф (100) — ק
Бет (2) — ב	Хаф (20) — כ, (ך)	Рейш (200) — ר
Гимел (3) — ג	Ламед (30) — ל	Шин (300) — ש
Далет (4) — ד	Мем (40) — מ, (ם)	Тав (400) — ת
Хэй (5) — ה	Нун (50) — נ, (ן)	
Вав (6) — ו	Самех (60) — ס	
Заин (7) — ז	Аин (70) — ע	
Хет (8) — ח	Пэй (80) — פ, (ף)	
Тет (9) — ט	Цади (90) — צ, (ץ)	

Мы изучали, что буквы находятся на уровнях Бина, З"А и Малхут мира Ацилут. На уровне Бина находятся буквы с первой по девятую, от *Алеф* до *Тет*. На уровне З"А находятся буквы с гематрией с десяти по девяносто включительно (имеется в виду гематрия, числовое значение буквы, в таблице приводится в скобках) — от *Юд* до *Цади*. На уровне Малхут находятся четыре последние буквы: *Куф, Рейш, Шин, Тав*.

Все буквы находятся на уровне мира Ацилут. И есть еще дополнительные, так называемые «конечные» пять букв, замыкающие слово, пишущиеся в конце ивритских слов (в таблице размещены в круглых скобках). Каббалисты передали нам в этих буквах свои знания, и даже иностранные слова они писали этими буквами. Но они могли бы взять любые другие обозначения и совершенно в других символах изобразить взаимодействие между светом и кли.

Возникает вопрос, — каким образом можно это сделать? Ведь свет и кли вроде бы находятся между собой в каком-то определенном состоянии, значит, это состояние можно изобразить строго определенным образом. Мы просто пока не знаем, каким образом на других языках изображалось бы то или иное понятие, внутреннее ощущение, которое мы желаем передать, насколько точно буква одного алфавита соответствует букве другого.

Буквы любого алфавита состоят из одних и тех же элементов: точек, линий, окружностей и их сочетаний. В любом языке они свои, и Бааль Сулам пишет, что, в принципе, только исторически сложилось так, что весь код духовных ощущений нам передан на иврите. Но каббалист, находящийся на уровнях З"А и Малхут мира Ацилут, может переписать любую книгу по Каббале на любом другом языке и изобразить все, используя совершенно другой алфавит.

- **Вопрос: Так что же представляет собой буква: желание, ощущение, состояние?**

Зоар описывает все свойства и сочетания между светом и кли, и из каббалистических книг мы можем узнать, что значит каждый элемент любой буквы. Каждая буква представляет собой какое-то законченное состояние. Допустим, состояние конкретного человека в конкретный момент времени.

Человек может чувствовать, например, усталость, он может испытывать различные ощущения, у него могут быть какие-то мысли, проявляющиеся на животном уровне; он может чувствовать себя здоровым или больным, в духовном состоянии более возвышенном или менее. Если он все это в себе проанализирует и захочет описать свое состояние, то сможет выразить его определенным символом, и вот этот-то символ и называется буквой.

В мире Бесконечности отличия исчезают и буквы растворяются

В мире Бесконечности, в конце исправления, когда Малхут полностью исправлена, не существует практически никакого отличия между ней и Творцом. Тогда чем же она отличается от Творца? Ведь намерение Творца, цель творения, Замысел состоит не в том, чтобы нивелировать человека и сделать из него нечто абсолютно несуществующее, которое исчезло бы в Нем. Наоборот, Цель Творца в том, чтобы человек стал абсолютно равным Ему.

Поэтому свет, который исходит из Творца во второй стадии, строит в итоге под себя кли, сосуд, желание. И это желание полностью равно свету, полностью эквивалентно ему, потому что свет создает его под себя. Изначально есть свет — это Творец, и сосуд-желание — это творение. Они абсолютно равны, но противоположны друг другу. Они созданы с абсолютной точностью, как печать и оттиск.

Намерение Творца, его Цель состоит в том, чтобы ни в коем случае не нивелировать, не уничтожить это желание, а сделать его равным Себе. Потому что в начальном состоянии, если желание зависит от света, оно абсолютно ущербно, оно несовершенно, оно ощущает только себя, то есть, незаполненное желание, как таковое, и ничего больше.

Все творение ощущает себя как огромное, бесконечное, не ограниченное ничем желание без наполнения (то есть, в нем нет ни одного хорошего состояния), или стопроцентное страдание. Это начальное состояние. Творение должно прийти к такому состоянию.

Оно должно не только наполниться, ведь даже в наполненном состоянии творение не стало бы равным Творцу, а просто утолило бы свое желание. Исчезли бы боль и страдание, но ничего другого оно бы не достигло. Но желание создано не для того, чтобы просто наполнить себя и избавиться от страдания. Желание создано Творцом для того, чтобы теперь можно было поднять это желание на уровень Творца.

Если использовать это желание с экраном, то есть, если творение будет отдавать в той же мере, в какой отдает Творец, тогда они будут абсолютно равны друг другу. Равенство означает ощущение того, что ощущает Творец. То есть, человек может совершить то же действие, что совершает Творец, желания человека, посредством которых он совершает действия, становятся равными желаниям Творца, и тогда творение начинает ощущать себя так же, как ощущает себя Творец.

Таким образом достигается совершенство. При этом творение полностью сохраняет свои желания, они не исчезают, не нивелируются — творение дополнительно приобретает экран, то есть, свойства, равные Творцу. Поэтому в мире Бесконечности желания не исчезают.

Теперь вы можете спросить: если желания не исчезают, как же исчезают буквы (о чем мы говорили выше)? Это происходит потому, что буква построена на ощущении отличия Творца от творения. Отличия исчезают, поэтому буквы растворяются. Что значит «растворяются»?

Буквы — это информация о Творце. Когда она становится бесконечной, абсолютно полной, ее уже невозможно изобразить в виде какого-либо ограничения, в виде букв. Это не растворение и исчезновение, наоборот, это настолько объемное знание, что его невозможно изобразить или объяснить на нашем ограниченном языке, поскольку и язык тоже построен на ограничениях.

Передача духовной информации

- **Вопрос: Буквы, символы, речь — как они служат передаче духовного знания, постижения?**

В каждой букве любого алфавита есть свой духовный смысл, потому что люди передают через буквы свои ощущения. Любое ощущение — неважно, чье оно, человека или животного, — это неосознанное ощущение Творца. Допустим, человек пишет стихи или прозу. Он пишет о своей любви к женщине, детям, солнцу, свету, он описывает свои страдания, но, в принципе, он таким образом выражает свои ощущения света, который на него воздействует.

Эти ощущения могут выражаться разными словами. Их можно описать на любом языке. Просто в родном языке человек знает эквивалент этим ощущениям. Допустим, выпив воды, человек может описать свое ощущение, потому что у других людей существуют ощущения, адекватные ощущениям этого человека.

Когда человек говорит, что он выпил стакан холодной воды, другие люди понимают, о чем идет речь. Они знают, что такое «стакан», какое это количество, что такое «вода», что значит «холодная». В ответ на эти слова у них возникают определенные ощущения. То есть, человек передает информацию, которая вызывает в других людях определенные ощущения.

Именно это объясняют нам каббалисты, только мы не понимаем их язык. Читая каббалистические книги, мы не понимаем, что хотел сказать их автор. То, о чем говорится в этих книгах, мы представляем себе приблизительно. Но на самом деле мы представляем себе совершенно неверные вещи, потому что еще никогда не ощущали того, что ощущают каббалисты.

Схожая ситуация могла бы возникнуть, если бы кто-то, рассказывая окружающим о своем путешествии на другой конец Вселенной, пытался описать то, что он там повидал и чего в нашем мире нет. Таким образом и каббалисты разговаривают с нами. Но тогда возникает вопрос: для чего они рассказывают нам о том, чего мы никогда не видели и даже не можем себе представить?

Бааль Сулам объясняет это в 155 пункте «Предисловия к ТЭС», в котором говорится о том, что каббалистические книги, практически, предназначены не для того, чтобы ознакомить нас с изложенными в них фактами. Воспринять эту информацию сейчас мы не можем. Мы сможем сделать это только тогда, когда у нас будет экран. Когда мы будем получать свет, тогда то, что мы сможем ощутить с помощью света, который войдет в наше кли, в наш сосуд, в нашу душу — это и будет являться нашим знанием. А до тех пор мы читаем каббалистические книги не для знания. Знания при этом мы получаем весьма ограниченные.

Все равно мы не можем вообразить, что представляет собой духовный мир. Но когда мы занимаемся его изучением, то вызываем на себя излучение Высшего, окружающего света. И этот свет исправляет нас, изменяет так, что в нас постепенно возникает ощущение Высшего мира, то есть, не опосредованное ощущение Творца, через какие-то определенные объекты, а его непосредственное ощущение.

Мы воспринимаем окружающий мир посредством наших пяти органов чувств: зрения, слуха, обоняния, вкуса, осязания. И пока делаем это только через них. И получается, что разнообразные впечатления, полученные через эти пять органов чувств, создают в человеке картину окружающего мира, его мира. Они дают человеку всю информацию, которую он называет: «мой внутренний мир», «мир, окружающий меня», «Я».

Точка в сердце
может ощутить свет напрямую

С помощью чтения каббалистических книг мы можем достичь такого состояния, когда начнем воспринимать свет не через свои пять органов чувств, а непосредственно от самого Творца. Мы можем достичь этого благодаря тому, что начнем развивать свою точку в сердце, которая не относится к имеющимся у нас органам чувств и может ощутить свет напрямую. Вот из этой точки человек и создает кли, десять маленьких сфирот, в которые с помощью экрана входит свет.

В той мере, в которой свет войдет в них, человек становится восприимчивым к его свойствам, перенимает их. Он принимает свет с помощью экрана, то есть, становится подобным ему. Таким образом, человек узнает, кто Он. Когда человек уподобляется Творцу, это означает, что он уже понимает Его именно в мере своего подобия Ему: он начинает осознавать, узнавать, что такое свет, что такое Творец.

Как же в таком случае человеку описать свои ощущения? Каббалисты нашли для этого язык, исходя из того, что каждому ощущению в Высшем мире соответствуют определенные следствия в нашем мире. То, что человек может ощутить в точке в сердце, в своей душе, называется «Высший мир», и параллельно с этим он может ощущать следствия своих пяти органов чувств, которые называются для него «этот мир», «мой мир».

Ощущаемое человеком в точке в сердце или в сосуде, который он создал из этой точки, является исходным, определяющим, Высшим. Затем это ощущение нисходит на несколько понижающихся ступеней и воспринимается в пяти органах чувств человека, в том, что он называет «наш мир».

Человек сопоставляет эти два вида ощущений — в своих пяти органах чувств и в своей душе. Ту форму, которая прошла через призму его пяти органов чувств, он называет «этот мир», а другую, прошедшую через душу — будущий, Высший, духовный мир.

На основании зависимости между этими двумя формами ощущений строится язык, который называется «языком ветвей». Ощущения, полученные через пять органов чувств, адекватны или являются следствием ощущений в душе, в точке в сердце, в духовном мире, каким он является человеку. Из этих причинно-следственных связей каббалисты и создали язык для описания духовных миров.

Но если у человека нет точки в сердце, если он еще не развил ее до состояния, при котором появляется возможность почувствовать в ней все следствия, ощущаемые им в этом мире, если он не может ощутить их в душе, то он этого языка не знает, не понимает и не может им пользоваться.

Средство приобретения души

Языком ветвей владеют только те, у кого есть душа, желание с экраном, в который они получают определенные ощущения света Творца и могут сопоставить воспринимаемое ими в своей душе с тем, что они ощущают посредством пяти органов чувств. И это свидетельствует о том, что человек знает язык ветвей, владеет им.

На таком языке каббалисты пишут свои книги. Если человек развил свою душу до размера души автора, книгу которого он читает, и в своем духовном сосуде ощущает то же, что и автор, тогда все ощущаемое автором в его теле через пять органов чувств существует так же и у читателя. А значит, он способен понять автора.

Но если читатель воспринимает описание каббалистом своих духовных состояний только в пяти органах чувств, то, конечно, эта книга является для него всего лишь вспомогательным средством для подъема до уровня автора, средством приобретения души. А затем человек начнет понимать автора книги.

То есть, каббалисты пишут свои книги, в том числе и для тех, у кого еще не создана душа — *кли с экраном*. В этом случае человек, читающий такие книги, вызывает на себя Высшую энергию, Высший свет, который его исправляет, создает в нем источник света, десять сфирот, кли. Если человек уже находится в каком-то мире со своим более или менее развитым духовным кли, тогда изучение каббалистических книг помогает ему развиваться дальше, до уровня каббалиста, произведения которого он изучает.

Теперь понятно, что на самом деле неважно, на каком языке изучается Каббала. Потому что самое главное —

вызвать в человеке развитие духовного кли на основании сопоставления ощущений в духовном сосуде, в душе и тем, что он ощущает в пяти органах чувств. Я не раз слышал от своего Учителя, и Бааль Сулам также говорит, описывая состояние конечного исправления, что человек при этом может не измениться, сохранив свои язык и уклад жизни, это не имеет никакого отношения к ощущению Творца.

Развитие желания

Любое творение, называемое в нашем мире человеком (и женщина, и мужчина, независимо от происхождения и прочих параметров) имеет точку в сердце. Только развивается человек постепенно. Сначала в нем развиваются животные потребности: к еде, противоположному полу, детям, семье, дому и так далее. Такие наслаждения называются «животными» не потому, что они низкие, а потому, что они существуют и у животных.

Второй вид наслаждения — стремление к богатству. В принципе, речь идет об ощущении уверенности, безопасности, которое называется богатством, о том внутреннем ощущении, которое деньги способны дать человеку. Ведь речь идет не об ощущении внутренним желанием человека каких-то бумажек. С их помощью человек получает внутреннюю психологическую уверенность, надежность, ощущение безопасности.

Третье желание, которое ощущает человек по мере своего роста, развития — желание власти, славы, известности. И, наконец, четвертый вид желания, являющийся как бы наивысшим из всех перечисленных, это желание к наукам, познанию, «просвещенности», то есть, даже не к конкретным знаниям, которые непосредственно нужны человеку, а к знаниям абстрактным.

Итак, сначала у человека развиваются те виды потребностей, которые люди получают через объекты нашего мира: через еду или противоположный пол, через детей или деньги. Это могут быть и более тонкие вещи, такие, как известность, влияние, власть, когда человек нуждается уже в окружающих, а не только в еде или сексуальном партнере.

Затем в нем проявляются потребности в знаниях и власти. Они свойственны лишь человеку, у животных этих потребностей нет. Только первый уровень желаний присутствует у животных в чистом виде. Желания второго уровня — к богатству, третьего уровня — к славе, почестям, власти, и тем более, четвертого уровня — к знаниям — у животных (в присущем человеку понимании) практически отсутствуют.

У каждого человека создается определенная, свойственная именно ему, комбинация всех этих стремлений, и вместе они называются «сердцем человека», то есть, совокупностью его желаний. Внутри этих желаний есть наиболее внутреннее, возникающее в наше время уже у многих. И это говорит о том, что в процессе своего развития человечество уже достигло такого состояния, когда начинает осознавать, осваивать желание к познанию духовного мира.

Стремление к познанию духовного мира, возникающее внутри всех остальных желаний нашего мира, называется точкой в сердце. То есть, это еще одно дополнительное желание, которое возникает так же, как все остальные желания — автоматически. Потому что все желания тянутся одно за другим. Животные наслаждения, богатство, власть, известность, тяга к знаниям и духовное желание к Творцу — все они возникают одно за другим, по цепочке.

У кого-то определенные желания возникают раньше, у кого-то позже. Желания появляются, пропадают, меняются местами. Сегодня человек хочет одно, завтра другое, через десять лет у него совершенно другие желания. Желания человека зависят от его возраста, от общества, в которое он попадает. Для смены желаний существует огромный механизм управления душами. Мы не в состоянии властвовать над желаниями или каким-то образом определять их, командовать — какое желание мы хотим вызвать у себя сегодня.

Свобода воли и наш единственный выбор

Человек может управлять своими желаниями, но не самостоятельно, а посредством окружающего его общества. Вот тут-то и возникает единственная возможность проявления свободы воли человека, его свободы выбора. Если все зависит от желания, то как человек может изменять их? Они либо вызываются в нем свыше, либо он может осознанно войти в такое общество, которое перестроит в нем систему предпочтений.

Например, общество может внушить человеку желание к здоровому образу жизни, соблюдению диеты, свежему воздуху, к жизни на природе. И он увидит, что это предпочтительнее жизни в городе. Или он поймет, что занятия каким-то видом искусства важнее, чем инженерная профессия и так далее. Мы все очень сильно зависим от общества и от общественного мнения. И это сделано специально, чтобы человек мог сознательно менять себя, каждый раз выбирая определенное общество, определенную группу влияния.

Это единственная сфера, в которой возможно проявление свободы воли. Вопрос только в том, каким образом человек «пожелает» вдруг войти в то или иное общество? Хотя бы это в его силах и возможностях, или нет? Конечно, нет. Желание изменить себя в определенном направлении дается свыше, но возможность изменить себя в соответствии с таким желанием — это уже во власти человека.

К примеру, у человека сейчас есть возможность выбора: начать учить Каббалу или идти изучать, допустим, театральное искусство. Эти две возможности дают ему свыше. Далее человек делает выбор. Он выбирает Каббалу вместо театра. Это его желание или не его? Это тоже не его желание, оно тоже дано ему свыше. Теперь человек начинает заниматься Каббалой. До тех пор, до того места, как человек вошел в класс и начал заниматься, все продиктовано свыше.

Но когда он уже находится внутри ситуации, у него есть возможность со своей стороны, от себя сделать дополнительные усилия. Эти дополнительные усилия не являются выбором между одним направлением приложения усилий и другим. Когда человек уже сделал выбор, когда его свыше уже выбрали из «стаи», положили перед ним то, что ему совершенно точно необходимо, вот тогда он может приложить в этом направлении максимум усилий, с тем чтобы быстрее продвигаться. В этом заключается свобода воли человека.

Поэтому развитие точки в сердце производится очень точно и происходит только под управлением свыше. В этом совершенно однозначно нет ничего от нашего желания или усилий. Точка в сердце может проявиться у любого человека в мире. И от человека не зависит, проявилась она или нет. Но вот когда она у человека возникла, и его приводят туда, где он может начать учиться тому, как развить эту точку в сердце, после этого у него есть свобода воли в том, чтобы укрепиться в учебе, чтобы быстрее развиться, но не более.

Поэтому вся наша реклама и распространение сугубо пассивны. Мы занимаемся этим для того, чтобы показать, что есть, такая наука Каббала. Если человек хочет духовно развиваться, пожалуйста, он может развиваться, но ни в коем случае не насильственно. Потому что, если у человека есть точка в сердце, то он и так почувствует, что мы ему предлагаем, а если точки в сердце нет, то ему это не надо. То есть, Каббала предназначена только для тех, у кого желание к духовному уже сформировано.

Проблема в том, что если человек получает желание к духовному, то это желание изначально очень маленькое, его надо развить, взрастить, и затем направить к определенной цели. Поэтому, когда мы заводим речь о духовном, очевидно следующее: в мире есть столько «околодуховных» групп, методик и направлений, и все говорят о том, что уж они-то стопроцентно направлены к духовному, и искренне убеждены в этом. А это не так, и о критерии проверки мы говорили уже не раз.

Желание к духовному надо четко сформулировать, придать ему определенный вектор устремленности, начать различать в нем какие-то внутренние, составляющие его части, увидеть, как оно согласуется с жизнью человека, с тем, что такое в его представлении Творец, с тем, что человек представляет собой относительно других людей. То есть, необходимо начать это желание развивать, ощущать в нем составные части, работать с ним.

И человек, оказавшийся в группе, занятой тем же, что и он, то есть, своим внутренним развитием, должен эту группу сам под себя развивать. Потому что в той мере, в какой он разовьет группу, группа будет воздействовать на него.

Мы все знаем, что если человек хочет, чтобы его, к примеру, убедили в необходимости соблюдать диету, чтобы он стал вегетарианцем, то ему нужно быть в контакте с вполне определенной группой людей. Он должен убедиться, что они очень важные для него люди, что они руководствуются неким уставом и принципами, которые он готов принять.

Человеку нужно слышать разговоры именно этих людей, именно на эту, и ни на какую другую тему, он должен быть как можно ближе к ним. То есть, в этой ситуации человеком движет естественная потребность: это нужно ему для того, чтобы воспринять от группы как можно больше. Внутренне он к этому уже готов, то есть, сформировал о группе определенное впечатление. И все это человек должен создавать сам.

Бывает, встречает человек своего приятеля, который ходит куда-то заниматься, слушает какие-то лекции. Он рассказывает о небольшой группе людей, которые собираются, говорят, допустим, о театре, или о каком-то течении в живописи (неважно о чем), и человек не представляет себе, что приятель там нашел.

А приятель говорит об этом с таким воодушевлением! Таким образом, человек сам себе создал такие условия, когда даже небольшая компания и какая-то очень узкая тема дают ему вдохновение. Это зависит от человека, поэтому неважно, большая группа или маленькая.

Когда я говорил Рабашу, что группы создаются с большим трудом, и этот процесс очень тяжело идет, он всегда отвечал: «Что такое группа: ты и я, мы уже группа». В духовном существует такой закон, ведь в принципе, кроме Творца и творения — этой единственной группы — больше ничего нет.

Что представляет собой группа: не только я, но и все члены группы, за исключением меня и включая меня? Через остальных членов группы мы хотим получить впечатление о Творце, хотим возвысить Его в наших глазах. Поэтому достаточно еще одного или двух человек, неважно, сколько их будет, все зависит только от того, насколько человек себя к этому подготовит.

Все зависит только от самого человека. Нет ничего в духовном продвижении, что зависело бы от других. Ничего! Все зависит только от вас. Никогда вы не сможете сказать, что не продвигаетесь потому, что у вас нет каких-то определенных внешних условий. Я вас уверяю, всегда только вы окажетесь виноваты в том, что у вас что-то не получилось. И никто другой. Несмотря на то, что у вас не было такой группы, как Бней Барух, и таких условий, как в Израиле. Вы увидите, что это означает лишь одно — что вам они не нужны, поэтому вы и не находитесь здесь.

Ощущение Творца —
это единственное, чего хочет человек

Человек ищет наполнения светом. В принципе, мы все ищем только ощущения Творца. Все наши стремления, песни, романы, романсы, стихи, музыка свидетельствуют о том, что мы ищем наполнения светом Творца. Это наше самое внутреннее желание, и это наше самое желаемое наслаждение. Оно находится внутри. Снаружи, в нашем мире мы это ощущаем в виде обычных желаний — воды, пищи, секса, покоя и так далее. Но, каждый раз наслаждения представляются нам в различных облачениях. А в итоге все это только одно ощущение — ощущение Творца. Это то, чего хочет человек.

Теперь вы можете спросить: если есть всего несколько основных видов желания, а на деле все это одно — желание к Творцу, то почему же оно в нас проявляется в таких разных вариациях: животные желания (те же, что и у животных) — пища, секс, свой очаг; затем желания к деньгам, славе, власти и знаниям? Возможно, если бы у нас были другие желания, то это изображалось бы по-другому. И что эти желания сами по себе, в принципе, отображают? Они отображают собой четыре стадии развития кли: от самой примитивной стадии до высшей, духовной.

Точка в сердце является точкой относительно Кетер, самой Высшей стадии. Любое кли состоит из пяти частей: Малхут, Зеир Анпин, Бина, Хохма и Кетер. И мы растем изнутри от Малхут, от самой низшей стадии. Это желание самое примитивное, то, что мы называем «животное желание». Затем в нас возникают желания к богатству и к безопасности, желания к почестям, славе и власти, знаниям.

Желания Малхут — это животные желания. Они относятся только к телу человека, к тому, что он ощущает через тело, как-то: еда, свет, очаг, покой. Желания Зеир Анпина — это уже желания более высокой стадии. Это желания, которые относятся к безопасности, уверенности. Они уже зависят от осознания того, кто мы, от понимания, называемого нами «человеческим». Не у всех они одинаковые.

Животные желания практически все одинаковые. А желания к богатству уже намного более разнообразные. Но это желание все равно еще не зависит от других людей: Для его реализации мне остальные люди не нужны, я просто хочу себя обеспечить. Я хочу обезопасить себя. Это еще тоже не «человек».

На первой стадии человек, как «животное», на второй стадии он еще тоже не нуждается в других людях, не выходит на стадию межчеловеческого общения. Поднимаясь на третий уровень, уровень Бины, человек уже выходит на ту стадию, когда он нуждается в других людях.

Почему эта стадия эквивалентна Бине? Потому что на этой стадии человек уже начинает обращаться к другим людям, он обязан отдавать им для того, чтобы получать от них. Человек нуждается в себе подобных, в том, чтобы они его уважали, и в том, чтобы он ими командовал, неважно, каким образом.

Следующий уровень — желание к знаниям, Хохма — наиболее абстрактное желание. Человек не нуждается даже в обществе, он может ни в чем не нуждаться: ни в богатстве, ни в славе. Его интересует, по сути, абстрактное, иногда совершенно оторванное от его жизни, наполнение знанием. Это стремление, хотя еще не духовное, но оно уже выше нашего мира.

Затем у человека появится точка в сердце, Кетер, стремление к Творцу. Оно находится уже совершенно не в нас, исходит не от нас. Точка в сердце и вызывает все остальные желания. Она вызывает все процессы изменения желаний ради того, чтобы быстрее поднимать человека по свойственным ему стадиям, чтобы точка в сердце могла проявить себя сама.

Это — элементарная «стезя», простое психологическое развитие человека в течение тысячелетий.

У каждого человека свое предназначение

Так развиваются все люди, одни быстрее, другие медленнее. У каждого человека свой путь развития, характерный именно для него. Потому что все мы являемся частичками одной души, которая называется Адам.

Творец создал в мире Бесконечности одну цельную душу, один сосуд. Затем этот сосуд разбился на много частей, и каждый из нас в нашем мире является определенной маленькой частичкой этого сосуда. У каждого из нас совершенно разный набор желаний.

То есть, желания одинаковые, но их сочетания, их соответствия между собой, различны. И, естественно, у каждого человека свой путь развития, поэтому Каббала относится к развитию человека очень щадяще. Нельзя давить на человека, нужно дать ему свободно развиваться.

Сегодня человек может находиться в плохом состоянии, а завтра оно изменится к лучшему. Сегодня хочет заниматься больше, завтра немного меньше. В Каббале считается, что человеку необходимо дать свободу развития. Мы должны учитывать в своем подходе к людям то обстоятельство, что мы не понимаем душу человека, стадию ее развития.

Есть такие люди, которые вдруг пропадают на несколько месяцев, потом возвращаются. Есть люди, которые спят на уроках и потом снова пробуждаются к занятиям. Есть люди, воспринимающие учебный материал так, что находятся большую часть времени в депрессии. А есть и такие, которым нравится учиться, и они в течение долгого времени не могут успокоиться и находятся в воодушевлении.

Нужно относиться к этому очень терпимо, как к данности. Потому что в этом отношении одному человеку понять другого практически невозможно. Все люди совершенно разные. Каждый из нас происходит из разных частей общей души, общего сосуда. Посмотрите на человеческий организм, — разве возможно указать в нем все взаимосвязи и взаимозависимости?

Сравните функционирование двух клеток, двух разных органов: печень и легкие, например — насколько они различны между собой, как отличаются их функции и цели! Так и у разных частичек души, у каждого человека свое предназначение, свой метод созревания, свой период инкубации, роста и так далее.

Свет или тьма?

Мы не в состоянии контролировать возникновение наших желаний и не властны над проявлением того или иного желания в какой-либо момент времени — в следующую минуту, через день или через два месяца. Мы можем только увеличивать или уменьшать темп, скорость развития, с которой эти желания будут в нас возбуждаться. Но какие именно желания мы будем ощущать — это запрограммировано полностью.

По тем же ступеням, по которым душа нисходит из Высшего мира, из мира Бесконечности в наш мир, она должна подниматься обратно в мир Бесконечности. Человек не может ничего менять, кроме темпа, скорости своего подъема. Он может совершить этот подъем в течение своей нынешней жизни, а может сделать это и в течение нескольких жизней.

Человек может пройти этот подъем более или менее болезненно, а может ощущать его более или менее приятным. Он может услышать, что ему нужно делать, и выполнить это быстро, а может упрямиться и получать тогда много ударов и неприятностей, пока все-таки не поймет, что лучше самому сделать то, что от него требуется. Так, собственно, мы учимся и в нашей жизни. Но выбор ступеней, по которым человек должен подняться, от него не зависит.

И никоим образом человек не может, находясь в каком-то состоянии, заранее определить свое будущее состояние. Он не знает, каким оно будет, но он может определить свое отношение к этому состоянию — так, чтобы воспринять его положительно, правильно, как приятное.

Ведь кли воспринимает свое состояние в зависимости от того, есть у него экран или нет, а ощущения в первом и во втором случае абсолютно противоположны. Без экрана человек воспринимает приходящий к нему свет, как тьму, потому что действует Ц"А (первое сокращение).

Творец создал кли, Малхут — Малхут мира Бесконечности. Он наполнил мир Бесконечности светом. Малхут почувствовала свою противоположность Творцу и решила достичь такого состояния, в котором она была бы подобной Ему. Для этого Малхут должна обрести экран — *масах*, и весь свет, который Он дает, получить в себя. Но получение света с экраном будет эквивалентно отдаче, и поэтому по сути своего действия Малхут может стать равной Творцу.

Первое действие Малхут называется первое сокращение. Что же она делает? Она себя полностью опустошает, изгоняет из себя свет и остается пустой.

На следующей стадии Малхут решает никогда не принимать свет. Она всегда будет отталкивать его, и оставаться пустой. Но если у нее будет экран, то, оттолкнув вначале приходящий свет, она сможет затем вычислить, какое количество света можно получить ради Творца, ради хозяина (как в примере «Хозяин и гость»). Таким образом, Малхут может получить некоторую часть света, а в другой ее части она все равно останется пустой. То есть, во всех этих случаях Малхут пустая.

Если у нас сегодня нет экрана, то мы не ощущаем Высший свет. Почему? Малхут в мире Бесконечности ощущала Высший свет и была целиком наполнена им без экрана. Но после того, как она решила совершить Ц"А, то есть, никогда не получать наслаждение просто так (чтобы оно не было для нее «хлебом стыда»), то это решение для всех нижестоящих по отношению к ней является уже законом. Поэтому мы находимся под действием закона Ц"А.

Человек желал бы получить весь свет, все наслаждение, но никогда не сможет этого сделать, потому что Малхут, которая осуществила Ц"А, находится между человеком и источником света, перекрывая доступ к его получению. И чем больше человек желает, тем меньше у него возможности получить желаемое, тем больше он ощущает себя пустым. И чем больше его желания, не сбалансированные экраном, тем большую тьму он ощущает.

А если у человека будет экран, то, наоборот: чем больше у него будет желание с экраном, тем больший свет с его помощью он сможет получить в себя. Таким образом, Творец остается Творцом, свет, который нисходит на человека, остается тем же светом, и все зависит от того, будет у человека экран или нет.

Человек развивается не по своей воле. Творец развивает его по определенным стадиям, ступеням, от начала до конца творения. Творец проводит человека через различные ощущения, которые уже расписаны, запрограммированы в его душе. От человека каждый раз зависит лишь то, будет у него экран или нет, то есть, как он ощутит каждое состояние — как свет или как тьму. Вот и все. Сами состояния, то есть, то, что каждый раз происходит с человеком, он изменить не может. Он может изменить только свое восприятие нового состояния.

Мы говорим: вкуси и убедись, насколько прекрасен Творец! Но проблема в том, как вкусить Творца. Если сделать это неправильно, то можно вкусить Его так, что Он будет казаться горьким, и ничего с этим не поделаешь. Так развивается все человечество. Каждый из нас доходит до такой степени горечи, что убеждается в необходимости какими-то средствами изменить в себе этот вкус с горького на сладкий. И это зависит только от экрана.

Когда мы видим людей в плохих состояниях, то понимаем, что с экраном они могли бы быть в абсолютно противоположных состояниях. Нисходящий на них свыше свет — это один и тот же свет, но без экрана он воспринимается как тьма, а с экраном — как свет. А сколько света на человека снизойдет свыше, это решается уже человеком.

Поэтому наша задача состоит в том, чтобы объяснить людям, что они могут ощущать абсолютно противоположное тому, что ощущают сейчас. Все зависит только от того, каким образом создать в себе экран. Поэтому Каббала называется «наукой получения». Она учит, как правильно получать свет, который нисходит на человека от Творца. И как действительно ощутить, что это свет, а не тьма.

Правильное намерение — в соединении мысли и сердца

- **Вопрос: Методика изучения Каббалы одна для всех или индивидуальна?**

Поскольку каждый человек находится в своем кли, внутри определенного сосуда, с определенным набором именно ему свойственных желаний, то, очевидно, каждому нужна особая, личная методика. Это так и есть. Почему же мы тогда изучаем одно и то же?

Дело в том, что мы изучаем не одно и то же. Каждый из нас изучает совершенно разные вещи. Мы читаем один и тот же текст одного и того же автора. При чтении книги по Кабале, на учащихся нисходит окружающий свет, но каждый человек воспринимает его согласно своему кли. Допустим, собираются вместе двадцать человек, или сто двадцать, и на каждого нисходит Высший свет, но процесс учебы проходит совершенно индивидуально.

Потому что Высший свет нисходит на каждого индивидуально. Например, один человек сидит на занятии с намерением на действительное исправление, он хочет духовно подняться и исправиться. А другому, скажем, просто чего-то не хватает, он что-то забыл, например, какую-то информацию о каком-то парцуфе. То есть, в данный момент он не думает о своем исправлении с помощью света. Он думает о каких-то технических данных в Каббале. Соответственно, на него Высший свет воздействует уже по-другому. Поскольку его кли отличается от кли человека, желающего духовного возвышения, то он воспринимает свет иначе, с другим желанием — с желанием знать, а не с желанием исправиться.

Или человек может думать о том, что его сегодня целый день ждут неприятности, в суд его, например, вызывают или еще какие-то проблемы. И вот он вспоминает о том, что у него есть Каббала, и если сейчас он будет заниматься, то это наверняка поможет ему добиться облегчения своих проблем.

Значит, человек уже по-другому использует эти занятия. Не для того, чтобы исправиться, и не для того, чтобы понять, что там происходит в духовном мире, а для того, чтобы ему в этом мире было легче. То есть, в каждом человеке ежесекундно меняются келим, потребности — чего именно он желает от своих занятий Каббалой.

Каждый из нас не только отличается от других своим желанием, своим кли, своей точкой в сердце, но еще и сам все время меняется. Поэтому наша самая главная задача состоит в том, чтобы правильно настроиться, сориентироваться на правильное получение света, чтобы думать о своем исправлении светом, чтобы выкачать максимальную пользу, энергию для исправления.

А все остальное необходимо только для того, чтобы во время занятий, во время учебы у человека было бы намерение, требование того, чего он сейчас хочет добиться с помощью чтения. Чтобы намерение было максимально направлено к свету, к Творцу, к цели, которой он должен достичь.

Если человек во время учебы будет устремлен не точно к цели, а немножко в сторону, то соответственно, он не будет воспринимать истинную энергию, которая есть в окружающем свете, направленном на него.

Значит, его задача состоит в том, чтобы настроить себя, подобно тому, как настраивается на волну радиоприемник. Его можно настроить очень точно, а можно где-то близко, но не совсем точно. Так и здесь. Вот это и является нашей задачей. Необходимо идти точно по курсу, по которому мы должны прийти точно к Цели творения.

То есть, самое главное в процессе учебы — выдержать правильное намерение. Каждый должен точно знать, что он желает от своей учебы, от того света, который на него светит. А значит, во время учебы человек должен постоянно думать, кроме учебы как таковой, еще и о том, для чего он занимается.

Поначалу ему кажется, что это совершенно разные действия. Занимаясь, он через мозг, разумом, воспринимает определенную информацию, науку, какие-то магические цепочки знаний. И тут же он должен сердцем требовать, чтобы в результате учебы на него воздействовал некий свет, о котором человек не имеет никакого представления, он должен требовать, чтобы свет исправлял его.

Сделать это одновременно очень трудно. Но постепенно в итоге ваших занятий вы почувствуете, что эти знания, вся ваша работа — в голове, в разуме — и ощущения в сердце, начинают сближаться настолько, что потом просто соединятся вместе, и между ощущением в сердце и работой мозга не останется никакого отличия. Почему?

Потому что вообще Творцом создано сердце, ощущение, желание, а наш мозг, разум развился только для того, чтобы обслуживать, реализовывать это желание. И если бы вы во время изучения Каббалы точно знали, какие желания в вас исправляются, если бы вы представляли себе духовный мир, то вам было бы нетрудно думать о нем и чувствовать его.

Вы бы делали это одновременно, так же, как в нашем мире. Допустим, человек прочитал о ком-то, кто хочет пить, и у него возникло ощущение жажды, желание выпить воды. Значит, и действие, о котором он сейчас прочитал, и его желание находятся внутри одного и того же объекта — воды. Таким образом, вся наша проблема состоит в том, что мы еще не находимся в духовном. И читая и рассуждая о духовном, своим сердцем человек думает пока совершенно о других вещах, о земных. И он не может сопоставить, совместить свои животные, земные наслаждения или потребность к ним с тем, что он читает в книге.

Человек не видит в книге того, что может его наполнить. Получаемая им информация слишком абстрактна, слишком далека. Он воспринимает ее чисто умозрительно, но не чувственно. А с помощью своего намерения, когда человек хочет, чтобы свет пришел и исправил его, он как бы силой воли сближает в себе сердце и мозг. То есть, он как бы приводит себя к такому состоянию, в котором они уже соединяются вместе.

Сегодня мозг и сердце человека находятся далеко друг от друга, а когда он войдет в духовное пространство, они соединятся. Если человек думает о земных желаниях, то они у него соединяются. Человек воспринимает духовные объекты головой, а его сердце их еще совершенно не чувствует. В этом и заключается проблема.

Поэтому усилия, которые прилагает человек, называются качеством намерения, а не количеством. Количество намерения — это сколько часов или сколько минут во время учебы человек пытается соединить в себе сердце и мозг, и мысль о духовном. А качество выражается в том, насколько велико в нем это противоречие между ними. Если человеку очень тяжело это сделать, но он пытается, то это значит, что он максимально использует свои возможности во время учебы, дабы соединить мысль и сердце.

Человек как бы насильно сближает их в себе до точки, в которой он начнет ощущать их вместе. Если у человека совпадут мысль (производное мозга) и ощущение в сердце, если они сольются воедино, в этот момент он начнет раскрывать духовное, начнет видеть и ощущать его явно — так, как он ощущает этот мир, и даже еще больше.

- **Вопрос: Как определить, происходят ли изменения в мозгу или в сердце?**

Изменения происходят в мозгу, а не в сердце. Человек не может заставить сердце делать что-либо, а мозг является «приспособлением», обслуживающим сердце, и поэтому человек постоянно должен в намерении, то есть, пока еще в своем мозгу, возвращать себя к мысли о том, что ему необходимо исправление, необходим свет.

То есть, человек все время заставляет свой мозг мыслить в правильном направлении, ведь заставить сердце невозможно. Человек может направить свои мысли четко по определенному руслу. Каким образом? С помощью группы, с помощью предварительного обдумывания вопроса — для чего ему нужна учеба, с помощью прослушивания материала. То есть, человек в состоянии что-то сделать только со своими мыслями, но не с желаниями.

Качество намерения

Работа с качеством намерения во время учебы заключается в том, чтобы намерение человека использовать Высший свет было наиболее сильным и эффективным. Эта работа в основном построена на самоограничении: то есть, человек ограничивает свое желание ко всяким другим объектам наслаждения, ко всему, что ему интересно, и думает только об одной цели.

В книге «При хахам» Бааль Сулам пишет (стр. 63-64), что намерение должно быть выстроено очень просто, оно, практически, строится в соответствии с Целью творения.

В этом процессе можно выделить три точки:
1) «Я» человека;
2) его путь (учеба, книга);
3) цель (устремление к Творцу).

Если человек выстроит в себе эти три точки так, чтобы иметь возможность соединить их в себе, то ему удастся достичь желаемого результата. То есть, «Я» человека через учебу, книгу должно быть устремлено к Творцу.

«Я» — это точка в сердце. Под книгой подразумевается все, что мы изучаем в Каббале о свойствах Творца и Его действиях. В каждом действии Творца, в том, что человек читает, он желает видеть себя. Он хочет сопоставить это с собой, делать все так, как делает Он. В книге все действия и свойства Творца для того и описываются, чтобы мы смогли уподобиться Творцу, соединиться с Ним.

Человек может продвигаться только при условии, что он максимально четко настроен на правильную линию к Цели творения. И все-таки человек должен каждый раз, каждое мгновение контролировать себя. Тогда он ни в коем случае не упустит ни одной секунды, ни в учебе, ни в своей жизни.

Вектор направления человека определяется тремя точками: «Я», книга, Творец. А больше ничего и нет. Все остальное — это вспомогательные вещи, которые могут быть как положительными, помогающими, так и отрицательными, как бы мешающими. Мешающие моменты указывают человеку на обратную сторону его натуры, «закоулки души», где в нем находятся еще неисправленные свойства, помехи. В этих своих отрицательных неисправленных желаниях человек воспринимает положительные воздействия Творца как помехи.

Когда мы увидим, мы будем потрясены...

- **Вопрос: Как в человеке откладывается духовная информация?**

Информацию о своих состояниях человек накапливает на разности ощущений. То есть, наиболее эффективное накопление информации происходит после того, как человек выходит из падения. Есть время, когда человек работает сердцем, и есть время, когда человек работает разумом, мыслями, мозгом.

Нужно пытаться извлечь максимальную пользу из того, что нам дается. Весь наш путь — это путь самопознания, самоизучения. Человек изучает себя, ведь он ощущает все внутри себя. Духовный мир так же, как и этот мир, воспринимается человеком внутри. Мы не знаем, что существует снаружи, это нам только кажется, будто там что-то существует. А в принципе, это все существует только внутри нас. Поэтому нужно больше заниматься именно самопознанием. Духовное возвышение — это, в общем, только процесс самопознания.

- **Вопрос: есть ли какое-то подобие между силой воли в нашем мире и Сокращением в духовном?**

Усилия и Сокращение подобны в том, что они обратны друг другу. Все усилия направлены на то, чтобы достичь выполнения Сокращения. Человек достигает выхода в Высший мир тогда, когда он выполняет условия Сокращения. Продвигаясь снизу-вверх, человек достигает махсома и переходит его только в том случае, если он сможет сделать сокращение на свои желания, сможет управлять ими. В этот момент он выходит в Высший мир, начинает ощущать его.

- **Вопрос: Я много читаю каббалистической литературы, но затрудняюсь связать все прочитанное воедино...**

Человек, который пока еще находится в ощущениях нашего мира, то есть, воспринимает все через пять органов чувств, а не через точку в сердце, не знает, как воспринять все, что написали в своих книгах те, кто обладает такой точкой. У каббалистов эта точка обратилась в законченную душу, в кли, в большой сосуд. И в нем живет его душа так же, как мы живем в нашем мире.

Каббалисты ощущают наш мир, но это ощущение в духовном сосуде подавлено. И, естественно, то, что они описывают, мы никак не можем воспринимать правильно. Мы воспринимаем эту информацию только в виде каких-то аналогий, которые никогда не будут соответствовать истине.

Вы слышали уже не раз самый известный пример с гостем и хозяином. Но в нашем мире, как вы на него ни посмотрите, все равно получится, что и гость эгоист, и хозяин эгоист, и все наслаждения животные, и расчет ведется только на то, как бы не испытать неприятных ощущений от получения «ради себя», а хозяин — да наплевать, в общем-то, на хозяина, и так далее. Но, как бы то ни было, опираясь на такие общечеловеческие понятия ценности, есть хоть какая-то возможность что-то рассказать. А иначе, в принципе, и рассказать было бы невозможно.

Любая духовная структура, находящаяся ниже середины уровня мира Ацилут, имеет отображение в нашем мире. Она отображается в эгоизме, в нашей материи, но, тем не менее, отображается. Поэтому мы можем говорить о ней и обсуждать ее посредством понятий нашего мира. Но всегда надо помнить, что, конечно же, это совершенно не то, с чем мы столкнемся, когда нам раскроется изучаемое в его настоящем виде.

И когда мы увидим это, то будем потрясены. Оно явится нам неожиданным открытием, хотя мы говорили об этом, может быть, десятки лет. Человек может годы говорить о каких-то духовных действиях, ставших для него уже такими ясными и простыми, но когда он их почувствует, это все равно будет совершенно не тем, что он представлял себе раньше. Потому что одно и то же действие с экраном и без экрана воспринимается совершенно по-иному.

Власть света

- **Вопрос: Каким образом человек, который поднимается снизу-вверх, достигает сокращения, чтобы перейти в Высший мир?**

Наши усилия в учебе, в работе группы, в том, что мы делаем на подготовительном этапе, приводят к тому, что в тот момент, когда мы, пройдя все наши животные желания, достигаем настоящего желания только к Творцу, и все остальное становится неважным, — мы переходим махсом, рождаемся в Высшем мире, начинаем ощущать его. И тогда все наши усилия направляются на сдерживание получения «ради себя», на сокращение своих эгоистических желаний.

Дело в том, что это — результат действия света, что, в свою очередь, является следствием учебы, нашей работы в Каббале, занятий в группе, общения с товарищами. Все это делает свет, а не мы сами. В четырех стадиях прямой свет формирует, создает, порождает желание. Затем свет входит в это желание, наполняет его. И желание понемногу стремится из получающего стать отдающим, быть таким, как свет.

Затем, под воздействием света, оно снова желает получать. Впоследствии, также под воздействием света, делает Ц"А, развивается дальше, происходит Ц"Б (*Цимцум Бет* — второе сокращение), разбиение экрана и так далее. Существует еще великое множество всевозможных деталей. То есть, все делает свет, кли не делает ничего. Кли является стопроцентной функцией света, изначально полностью зависимой от него, от самого начала творения и до его конца.

Нет такого состояния, в котором бы ни властвовал свет. Но от нас зависит, каким образом мы его воспримем, каким образом он на нас будет действовать. С нашей стороны есть некоторая избирательность. Мы своими усилиями, сознательно или подсознательно, каждый раз желаем достичь того, чтобы это свойство света сработало по отношению к нам и сделало в нас сокращение. На что произошло сокращение? Сокращение произошло только на одно — на желание наслаждаться ради себя, а на желание наслаждения ради Творца сокращения нет.

Как только кли находит способ получения света с помощью экрана, оно сразу может получать сколько угодно света. То есть, первое сокращение произошло не на то, чтобы творение никогда больше не получало свет. Такого условия нет. Сокращение произошло не на свет, не на получение света, а на намерение — для чего творение получает свет. Получение для самонаслаждения — вот на это было сокращение. А если творение получает свет для того, чтобы отдавать, то на это намерение сокращения нет.

То есть, сокращение произошло на намерение, а не на само получение или отдачу света. Поэтому мы и говорим о своей науке, о своем методе как о методе, который меняет намерение. Каббала — это наука о намерении, о том, как мы можем в себе изменить намерение — *кавана*. А в соответствии с намерением мы уже пользуемся нашим желанием, как хотим — больше или меньше.

Естественно, что чем больше у человека намерение, тем больше он может использовать желание. Но использовать желание можно только в виде намерения, только в той мере, в которой есть намерение ради Творца. Это и есть метод исправленного, правильного использования желания, который мы изучаем и желаем освоить.

Жизнь останется жизнью

Человек не должен ничего менять в своей жизни. Он должен заботиться только о том, чтобы у него было правильное намерение, помнить, для чего он существует, и больше ничего. Человек живет, работает, рожает детей, занимается, спит, отдыхает — неважно, что он делает. По внешнему виду каббалист совершенно не должен ничем отличаться от других людей.

И даже когда человечество придет к тому, что все будут на высоком духовном уровне, все равно люди не перестанут работать, рожать детей, строить семью, что-то создавать и делать. Изменится только намерение. Мы же видим, что намерение полностью меняет восприятие мира. В меру того, насколько правильным будет его намерение, человек начнет ощущать Творца, Высшее управление, он видит, каковы его действия, что они за собой влекут. Он начинает вмешиваться в управление собой и всем окружающим миром, то есть, он становится равным Творцу, со всеми вытекающими отсюда последствиями.

Поэтому естественно, что его восприятие мира меняется. Изменится отношение человека к труду, к обществу, но жизнь останется той же жизнью. Мы должны изменить только свое намерение.

Искусственно созданный народ

Общее *кли* — сосуд, желание, творение, созданное Творцом, состоит из нескольких частей. Эти части называются Г"Э (Гальгальта вэ-Эйнаим), АХАП или АХАП дэ-Алия, и лев а-эвен. Г"Э — это келим с *авиют* — величина желания от нуля и до двух, авиют *Шореш-Алеф-Бет*. АХАП — это келим — желания с авиют *Гимел и Далет* (3, 4), но такие, которые можно смешать с альтруистическими, поднять их к Гальгальта вэ-Эйнаим. В таком случае они приобретают статус, называемый АХАП дэ-Алия. И лев а-эвен — это часть, имеющая авиют из третьей и четвертой части, которые невозможно исправить. Изначально созданное Творцом кли состоит из этих трех частей.

Почему оно состоит из этих трех частей? Когда после всех предварительных стадий образовалась Малхут, созданная Творцом и начавшая получать свет, она принимала внутрь себя свет из предыдущих стадий: третьей, второй, первой и нулевой. Сначала она приняла в себя весь этот свет, а затем ощутила саму себя. Вот на эту стадию, в которой Малхут ощутила себя, и произошло сокращение, потому что там она почувствовала себя полностью эгоистичной.

В предыдущих стадиях сокращения не было, но свет ушел и из них, потому что невозможно воспринимать свет какой-то одной частью кли. Ц"А произошел только на самую последнюю часть кли. И эту часть, которая является материалом самой Малхут, исправить невозможно. Это и есть то, что создано Творцом из ничего. Желание насладиться исправить нельзя, оно называется *лев а-эвен*, каменное сердце, не поддающееся исправлению.

Как обстоит дело с остальными желаниями, откуда они происходят? Остальные желания — это девять первых сфирот. Они — следствие того, что Малхут ощутила предыдущие стадии, ощутила, что она получает свет от третьей, второй, первой и нулевой стадий. И поэтому, когда та самая Малхут, которую нельзя исправить, желает уподобиться предыдущим стадиям, то она уподобляется им по своим действиям.

Эти полностью отдающие действия располагаются до середины уровня сфиры Бина и называются Г"Э, то есть, действия очень слабо эгоистические. Существуют также действия более эгоистические, которые называются АХАП. Это такие келим, которые уже занимаются получением.

Итак, существуют такие действия:
— Г"Э — это только отдача;
— АХАП — это получение, получение с отдачей;
— остается еще часть, которую исправить невозможно, на которую было сделано сокращение.

В соответствии с этим, Малхут после нескольких стадий развития называется уже не просто Малхут мира Бесконечности, а Адам (*Адам Ришон*). Адам — это такое же кли, только прошедшее еще несколько стадий развития.

Общая душа Адам делится на те же три части.
— Первая часть — Г"Э — называется *иехуди*, от слова *ихуд*, соединение с Творцом, близость к Творцу. Это самая легкая часть общей души в плане эгоизма, ее наименее эгоистическая часть.

— Другая часть общей души называется *народы мира*. Она как бы выпадает в осадок, с этой частью ничего сделать нельзя, с ней мы не работаем.

— Третья часть, не поддающаяся исправлению, называется *Амалек*. В истории нашего мира в определенный период существовал такой народ. В духовном мире — это просто та часть общей души, которую исправить нельзя.

Итак, произошло разбиение Адама Ришон, его грехопадение. Все названные келим разрушаются и падают с высокого духовного уровня на самый низкий. В нашем мире происходит облачение этих келим в тела, и таким образом различные части общей души, облаченные в различные тела, появляются в нашем мире.

Те тела, в которых существуют души, относящиеся к первой части общей души (Г"Э), принадлежат к одной группе людей. Тех же людей, чьи души относятся ко второй части общей души, к АХАП, мы относим к другой группе людей. Первая группа людей условно называется *иехудим*, а вторая — *народы мира*. Люди с минимальным эгоизмом развиваются в первую очередь, потому что авиют, желание в их душах — 0, 1 или 2, то есть, исправлению такие души поддаются легче, чем души с уровнем авиют 3 или 4.

Поэтому в первую очередь исправление проходит группа людей с меньшим эгоизмом — иехудим. Однако в ходе исправления их эгоизм и все их желания выходят наружу, и поэтому они кажутся более эгоистичными. Но, с другой стороны, через этих людей можно передать всем остальным методику исправления. В чем, в принципе, заключается исправление?

Исправление заключается в приобретении экрана на желания с авиютом — 0, 1 и 2. Приобрести экран на эти желания намного проще, чем на желания с авиютом 3 и 4. Поэтому Тора вручается иехудим. Что значит — Тора вручается? Это значит, что этой группе людей дается методика исправления, а затем она переходит ко всем остальным людям. И поэтому, не перемешавшись между собой, ни первая, ни вторая группы людей с этой задачей справиться не могут.

Этим и объясняется, во-первых, существование еврейского народа в течение многих тысяч лет истории человечества, и, во-вторых, его расселение среди всех остальных народов. В духовном мире существует аналогия этого расселения. Когда происходит разбиение души, оно проходит в четыре этапа, потому что авиют с уровнем 0 не считается (это уровень Кетер). В расчет принимается только авиют уровней 1, 2, 3 и 4.

Так же и в нашем мире происходили четыре этапа изгнания: изгнание-возвращение, изгнание-возвращение. Но в итоге самый большой свет принимается в получающих келим. То есть, с одной стороны, через иехудим, через еврейский народ, приходит методика исправления, а с другой стороны, когда эта методика начинает воплощаться, то она воплощается именно в келим дэ-АХАП, в остальные народы, и тогда раскрывается подлинное знание.

Это происходит потому, что самые большие желания — *авиют* существуют именно в остальных народах. В Торе иносказательно говорится о том, что Творец приходил к каждому народу и всем предлагал Тору, но ни один из них не захотел принять ее. А Каббала, по сути, объясняет, в соответствии с какими законами в духовном мире этого не могло случиться.

Почему нельзя дать методику исправления сразу в третий и четвертый авиют? Потому что не существует плавного перехода от отдающих келим к получающим. Поэтому нужно было искусственно создать такой народ, который бы имел только отдающие келим, Г"Э, и через него передать эту методику остальным народам. Если бы не было Торы и необходимости передать методику исправления всему остальному миру, то не было бы никакой предпосылки для существования еврейского народа.

И мы видим, что исторически такого народа не существует. Авраам, основоположник этого народа, является жителем древней Персии, который выделился из своего народа, когда в нем заговорила точка в сердце. И по генам и по многим другим признакам еврейский народ — это древний персидский народ. Обособленно существовавшего еврейского народа не было. Авраам жил там же, где жили все его соплеменники.

Он выделился из них тем, что начал получать свыше каббалистическое знание, вследствие чего отошел от своего народа, воспитал учеников и имел множество последователей. Это и стало началом отделения первых каббалистических групп и их сторонников от остальной массы народа.

- **Вопрос: Другим народам исправление передается через знание?**

Методика исправления, в принципе, предназначена именно для других народов. Она и создана для них — для получающих келим, для АХАП, а не для Г"Э. Кли, созданное Творцом еще в мире Бесконечности, состоит из двух частей, из отдающих сфирот и получающих сфирот. Отдающие сфирот получают просто впечатления от света, им самим не нужно исправляться, у них даже нет никакого права на существование, кроме того, чтобы передавать методику исправления остальному миру или остальным сфирот.

- **Вопрос: Передача знания должна осуществляться в виде словесной или печатной информации?**

Она должна осуществляться в виде информации. Пока те люди (из любого народа), у которых есть или появляется точка в сердце, могут воспринять для себя эту информацию, ничего, кроме чисто информационного восприятия методики быть и не может.

- **Вопрос: Но народ меняется...**

То, что народ меняется, не имеет значения. В человеке происходит развитие желаний: от животных к богатству, почестям, знаниям и к Творцу. Появление в человеке истинного желания к Творцу никак не зависит от религии (это чисто социальное отправление различных необходимых культовых мероприятий). Духовное постижение не имеет отношения к религии, я имею в виду, что важно лишь одно — чтобы помыслы и устремления человека были направлены именно к Творцу.

Каббала тоже ни к одной религии не относится. Но если у человека появляется внутреннее желание к духовному, то для него эта методика становится жизнью. Тогда он знает, для чего он существует, — именно для того, чтобы себя преобразовать. А если точки в сердце нет, то и евреи, и неевреи живут по нормальным животным законам, вот и все. И мы можем обращаться только к тем евреям и народам мира, у которых есть точка в сердце. Для этих людей, для этих душ уже есть методика, которая помогает и тем, и другим реализовать их предназначение.

- **Вопрос: Выходит, что евреи получают Тору, Каббалу, методику единения с Творцом в целом для передачи, а не только для собственного пользования?!**

  Верно, так об этом и сказано в Торе.

- **Вопрос: ...и не для собственного исправления?**

  В итоге, да. В конце исправления, когда мир начинает исправляться, становится ясно, что вся Каббала создана не для евреев. Сказано, что Творец предлагал Тору всем народам мира, но никто из них не захотел ее принять. Они спрашивали: «А что, согласно ей, надо будет выполнять?» Получив ответ, что надо выполнять такие-то духовные законы, они отвечали: «Нет, мы не хотим принимать такие законы»... Почему? Потому что получающие келим не могут воспринять идею отдачи.

  И поэтому Он пошел и обратился к евреям, и спросил: «Вы хотите?» И они ответили: «Да, мы хотим, мы готовы получить эти законы и будем выполнять их». Почему? В соответствии со структурой их коллективной души. Но сейчас не это имеется в виду. Я говорю о духовном кли. По структуре своей души евреи находятся в авиюте отдающих келим. Через них посредством разбиения, расселения среди народов и обратных процессов исхода, постепенно происходит перемешивание и передача таким образом искр святости — альтруизма — остальным народам.

В Каббале изучается все это с технической точки зрения на многих сотнях страниц. Мы смотрим на народы своими глазами, но мы не видим души. И поэтому мы воспринимаем все только внешне, как исторический процесс. Нам очень трудно разглядеть внутреннюю картину происходящего с душами. Но если вы будете смотреть на общее кли, на душу, на Адама, в деталях, а еще лучше — с позиции собственного постижения, то сможете увидеть и почувствовать все, о чем мы говорим.

Почему существуют две части кли — Г"Э и АХАП в девяти первых сфирот? (О третьей части общей души мы не говорим вообще, потому что ее исправить невозможно, ее просто не воспринимают. В нашем мире это равносильно уничтожению, есть такой закон относительно Амалека.) И каким образом передается исправление?

Сначала исправляется Г"Э. Каждая душа создана по одной и той же схеме. Неважно, что один человек является евреем, а другой нет. И в первом, и во втором существует полная внутренняя картина. То есть, в любом человеке существуют и еврей и нееврей, и каждый должен исправлять себя в том же порядке. И частное, и целое абсолютно подобны, в них работают одни и те же законы. Когда человек изучает их и видит, каким образом они действуют, то внешняя картина начинает растворяться. Человек начинает видеть, почему те или иные процессы должны происходить именно так. Тут уже ничего нельзя сделать. Постепенно это придет.

Разрыв между материальным миром и духовным

Никакие внешние изменения не имеют отношения к внутренним изменениям человека. Бааль Сулам пишет, что даже по достижении Конечного исправления внешне народы останутся без изменений, со всей своей атрибутикой, традициями, даже с религиями.

Все это относится к социальной сфере, и никоим образом не связано с духовным возвышением человека. Бааль Сулам пишет об этом в статье «Последнее поколение». У него есть еще отдельные записи, в которых сказано о том, какой разрыв существует между внешним миром и духовным миром. Разрыв такой, что в этом мире человек может оставить все существовать как угодно, в любом виде, а в духовном мире он существует по духовным законам.

Все, что бы мы ни делали в этом мире — не более чем намеки, знаки, или указания на то, что существует в духовном мире в виде сил, в процессах исправления, движения с уровня на уровень и так далее. В нашем мире у мужчины отрезают кусочек кожи, вследствие чего он становится евреем. Или окунают женщину в микву, и она становится еврейкой. Как будто что-то меняется в человеке от выполнения материальных ритуалов!

Мы понимаем, что через внешние действия на исправление души мы повлиять не можем. Окунут женщину в микву или не окунут, от этого ничего в ней не изменится, душа не меняется. Возможны, конечно, чисто психологические изменения. Изменится отношение человека к миру, он начнет иначе его воспринимать, но это никоим образом не поведет его прямым путем к духовному исправлению. То есть, налицо очень четкое разграничение.

Нет такой привязки души к телу, чтобы тело своими изменениями могло бы влиять на душу. Ведь если кому-то отрезало ногу, это же не значит, что у него отрезается правая или левая конечность души. Душа тоже состоит из тех же частей, которые мы называем по именам органов человеческого тела. Но существует парцуф, в котором есть только тох и соф, иными словами, у него нет головы (парцуф, находящийся в малом состоянии — *катнут*), или парцуф, находящийся в состоянии духовного зародыша. Это же не говорит о том, что у человека при этом не отсутствуют какие-то части тела.

Духовное и материальное не имеют никакого отношения одно к другому. Никакими внешними, земными движениями, действиями, кроме работы с экраном, человек в духовном ничего изменить не может. Если экран есть, то в меру его величины человек изменяет мир, если

- **Вопрос: Души, относящиеся к АХАП, не начнут продвижение к духовности прежде, чем эту работу не начнут души, относящиеся к Г"Э?**

Совершенно верно, сначала работают келим с авиютом 0, 1, 2, потом — с авиютом 3, 4. Поэтому евреи в первую очередь должны освоить каббалистическую методику, а потом передать ее другим народам. И поэтому, естественно, взаимоотношения между всеми строятся в соответствии с тем, выполняет ли человек то, что от него требуется, или не выполняет.

«Мужской» и «женский» путь в Каббале

- **Вопрос: Можно ли сказать, что мужские и женские души тоже состоят из Г"Э и АХАП?**

И мужские и женские души, естественно, делятся на Г"Э и АХАП. И не только мужские и женские. Есть очень много градаций — все, что в нашем представлении находится в творении, то есть, неживая, растительная, животная и человеческая природа делится на Г"Э и АХАП. Вы хотите спросить, а где разница в методике? Разница в методике — внутри самой методики. То есть, среди Г"Э есть мужские и женские части души и среди АХАП есть мужские и женские части души.

- **Вопрос: Отдающим и получающим келим требуется различная методика исправления?**

Нет. Методика исправления Г"Э и методика исправления АХАП, в принципе, одинаковая. То есть, та же самая Каббала, которая существует для евреев, она предназначена и для остальных народов.

Но методика исправления для женщин и для мужчин разная, как у евреев, так и у других народов. То есть, любой мужчина может изучать Каббалу с любыми другими мужчинами в мире, и это будет одна методика. Они могут учиться вместе в группе по одной и той же книге, и все они будут изучать одинаково. У конкретного человека будет, может быть, немножко другой путь исправления, чем у других, но незначительно. Но в то же время для женской и мужской части души нужны разные методики.

- **Вопрос: Разные методики исправления мужских и женских душ существуют как для душ, происходящих из Г"Э, так и из АХАП?**

Да. То есть, любые женщины всех народов и любые мужчины всех народов, включая евреев, разделяются четко. Женщины отдельно, а мужчины отдельно. Потому что управление исходит из системы, называемой ЗОН мира Ацилут, то есть, З"А и Малхут мира Ацилут.

Существует мир Бесконечности, затем идут миры Адам Кадмон, Ацилут, Брия, Ецира, Асия и наш мир. В мире Ацилут существует Высшая система управления, называемая ГАР (*гимел ришонот* — три первые высшие сфирот) и ЗАТ (*заин тахтонот* — семь нижних сфирот). Последняя является системой, из которой нисходит Управление к нам.

Души находятся в мирах Брия, Ецира, Асия. ЗАТ мира Ацилут состоит из парцуфа З"А (мужской части) и парцуфа Нуква (женская часть). И из этих двух парцуфов исходит управление к нам вниз, и уже внизу делятся сами души. Так реализовано Высшее управление. И оно очень четко, явно делится на мужское и женское.

А сами души внизу делятся на Г"Э и АХАП (еврейский и остальные народы), и лев а-эвен. То есть, деление на мужскую и женскую части коренится в Высшем управлении. И Высшее управление изначально исходит различным для мужчин и для женщин. А деление на народы происходит уже здесь, на низших уровнях. Это зависит уже от того, кто исправляется раньше, а кто помогает другим.

- **Вопрос: Что происходит дальше?**

Свыше исходят два потока управления: на женщин и на мужчин. А уже внизу эти потоки управления делятся на различные народы по авиюту, по величине эгоистического желания в каждом. Это уже не имеет значения. Каждый воспринимает управление сверху по величине своего желания. Но кто воспринимает — мужчина или женщина — в этом есть кардинальное отличие.

Любой мужчина может учиться со всеми мужчинами в мире, и они будут одинаково понимать, принимать и действовать. Но учиться с женщинами, даже из своего народа, он не может, это не тот сорт душ. Управление по-разному действует на мужчин и на женщин. Не хуже и лучше, а иначе. У женщин всегда есть ощущение, что они хуже. На самом деле они не хуже.

В любом из народов, при любом укладе, даже, скажем, при матриархате существует четкое разделение в отношении места, занимаемого в данном обществе женщинами и мужчинами, в отношении их статуса, предпочтительных работ для каждого из полов. Существует дифференциация и в вознаграждении за труд, и у каждого свои, признаваемые в данном обществе нормальными, обязанности.

Эти различия выстраиваются самой природой. Это исходит, в итоге, изнутри, из нашего естества, из наших душ. Тогда возникает вопрос, почему так происходит? Это сделано свыше: каждый должен выполнить свое предназначение и дойти до своего исправления.

- **Вопрос: И другого выхода нет?**

Другого выхода нет. В Гмар Тикун все одинаковы — и мужчины, и женщины, и евреи, и народы мира. Какие у вас претензии? Разве человек должен упрекать Творца за то, что Он дал ему такую душу, а не другую?! Разве человек может понять замысел Творца? Человек должен исправлять себя — и все.

- **Вопрос: Существует ли методика исправления, предназначенная конкретно для женщин?**

Такая методика есть. Вы уже и сами чувствуете, что если вы не берете пример с мужчин и не оглядываетесь на них, а начинаете изучать Каббалу, то сами для себя и определяете, что вам ближе. И это будет отличаться от того, чем занимаются мужчины. Как и в этом мире, роль женщины во вспомогательных действиях: дети, семья, дом, обслуживание других людей, так и в Каббале, вы увидите, что это не изучение Талмуда Эсер Сфирот, а изучение статей, вспомогательного материала, ради помощи, ради распространения. И это не вторичная работа. В этом — исправление женщины.

В дальнейшем вы увидите, что ваши функции ни в коем случае не меньше. Как в нашем мире: возможно ли существование мира, если мы не будем рожать детей. Кто это делает — мужчина или женщина? И в Каббале то же самое. В Каббале выясняется, что, в итоге, все делается тоже ради женщины. Все построено на взаимном сочетании. Ни в коем случае не на борьбе. Если каждый думает об исправлении, то вы увидите, как все начнет правильно и гармонично сочетаться.

Человек должен принять, что все, кроме него, совершенно, а несовершенен и подлежит исправлению только он, и тогда все будет хорошо.

- **Вопрос: Что меняется в душе при переходе через махсом, и меняется ли вообще?**

До прохождения махсома совершенно все души — эгоистические. После махсома все души — альтруистические. Они приобретают экран. Иехуди до махсома — это тип душ с авиютом 0-1-2, без экрана. После махсома — это души с авиютом 0-1-2 с экраном. Остальные души до махсома с авиютом 3-4 без экрана, после махсома — с авиютом 3-4 с экраном. Никогда не может быть изолированного действия, иехудим без народов мира и народы мира без иехудим. Потому что невозможно существование не целого кли, а половинки. Вся разница только в намерении: есть намерение — душа выше махсома, нет намерения — душа ниже махсома, вот и все.

Теперь относительно Цели творения. В первую очередь махсом должен пройти иехуди, потому что у него маленький авиют, и затем он сможет помогать авиюту 3-4. Поэтому в первую очередь свыше толкают именно эти души вперед к исправлению, а затем все остальные. С другой стороны, желание исправиться, в принципе, в остальных душах должно быть больше, потому что у них больше авиют — 3-4.

Поэтому сказано, что все остальные народы подталкивают евреев к тому, чтобы они выполняли возложенное на них, исправлялись, а иначе они готовы их уничтожить. Потому что, если другие народы не чувствуют возможности получить от евреев то, что им необходимо, то в евреях как бы и нет никакой надобности. Так написано в предисловии к Книге Зоар.

Все построено на взаимном сочетании, и одно без другого невозможно. И до махсома, и после махсома намерение у обоих одинаковое — или ради себя, или ради Творца. Но до махсома взаимного понимания, естественно, быть не может, потому что неизвестна Цель творения и не ощущается взаимная потребность друг в друге.

А после махсома существует абсолютное сочетание, взаимопомощь в исправлении, в сближении с Творцом. Поэтому каббалисты, в принципе, являются большими интернационалистами. В своих книгах и статьях Бааль Сулам прямо пишет о проникновении Каббалы в среду других народов, о том, что евреи должны для них делать и так далее.

- **Вопрос: Существуют ли различия в переходе махсома евреями и народами мира?**

Есть различие, и заключается оно в том, что у евреев проход махсома осуществляется легче, потому что авиют у них меньше. Но они, заканчивая свой переход махсома, прокладывают этим дорогу для остальных. То есть, авиют 3-4 без авиюта 0-1-2 пройти махсом не может, это понятно.

Но, с другой стороны, когда проходят махсом 0-1-2, отдающие келим, то получающие келим должны только соединиться с ними и получить от них уже готовый экран. Потому что это один и тот же экран. Экран на авиют 3-4 определяется экраном, который есть на авиют 0-1-2. Его дополнять практически не надо. Потому что эта система называется АХАП дэ-Алия, включение получающих келим в отдающие келим.

Это достаточно сложная схема. Метод исправления этих двух видов келим в мире Ацилут таков, что если у человека есть правильные, исправленные келим Г"Э, или в общей системе есть уже исправленные келим Г"Э иехуди, то АХАП должен только подключиться к ним и сразу получить весь экран. То есть, исправление АХАП происходит не самостоятельно, а добавлением Г"Э, иначе исправить их было бы вообще невозможно. Поэтому они называются АХАП дэ-Алия, а настоящие келим, в общем-то, исправить невозможно.

С одной стороны, возникает необходимость в том, чтобы вначале исправились Г"Э, то, что мы называем иехуди, а потом остальные — АХАП. С другой стороны, без того, чтобы АХАП подталкивали Г"Э, тоже невозможно исправить Г"Э, потому что они не ощущают в себе достаточной потребности исправляться. Авиют-то маленький, 1-2. По этой причине мы и наблюдаем давление всех народов на евреев.

А в итоге это давление продолжается до конца исправления, до нашего времени, и оно еще не воспринимается всеми евреями, как подталкивание к исправлению. Иными словами, еврейский народ не понимает, чего от него требуют все остальные народы мира. Они не понимают, почему на них давят, почему их ненавидят. Ведь причины этого находятся на подсознательном уровне. Народы мира не получают исправления, не получают от евреев того, что необходимо. И сами евреи не понимают, чего от них хотят.

Поэтому Каббала и должна распространиться в первую очередь для того, чтобы узнали и те и другие, что можно извлечь из этой ситуации. Потому что от противостояния никуда не деться, и эти взаимоотношения будут продолжаться до конца исправления. В конце исправления Г"Э и АХАП сливаются в полные десять сфирот, сливаются вместе в одну и ту же душу Адам, и между ними не существует никакого различия, в том числе между женщинами и мужчинами.

Но методика, вплоть до конца исправления, для мужских и женских душ, конечно, различна.

«Странствия» душ

Существует так называемый кругооборот душ. Зарождение, перемещение, изменение, смена душ в каждом животном теле. Что это значит? Каждый раз, когда в человеке немножко меняется его желание, то есть, набор всевозможных желаний, он как бы перемещается из одной души в другую. Он и физически при этом немножко меняется, но мы не ощущаем соответствия одного другому. Ежесекундно в каждом из нас меняются желания, намерения. Это является следствием более внутреннего изменения душ, которые происходят в нас постоянно. То есть, происходит перемена духовных желаний.

Кроме изменения внутреннего духовного потенциала души, которое происходит постоянно и в каждом (именно таким образом человек духовно движется вперед, даже не замечая этого), каждый человек тоже движется к концу исправления. Так работает общий механизм Управления.

Существуют еще и вспомогательные вселения более высоких душ в низшие, чтобы продвигать человека по особому пути, по особым ступеням. Имеются в виду не сказки о том, что в человека будто бы вселяется какая-то плохая или хорошая душа, и с ним что-то происходит, какое-то сумасшествие...

Нет, это значит, что человека желают поднять вверх больше, чем другого обычного человека. Может быть, по каким-то определенным причинам, от него зависящим или не зависящим, возможно, потому, что он делал что-то особенное, или в соответствии с каким-то другим планом. Ведь все мы являемся какими-то органами в общем теле: есть более важные, менее важные. Один орган должен сейчас работать больше, другой меньше, и так далее, это общая система.

Но если человека желают продвинуть, то ему посылают еще и так называемую дополнительную душу, дополнительный источник желания, дополнительную, более высокую связь — обычно альтернативную, а не прямую — с Творцом. Такое случается. А практически, по сути действия, подняться с одной ступеньки на другую, действительно подняться, а не просто изменить состояние, без помощи какой-то более высокой души невозможно. Для этого необходима другая душа, которая просто взяла бы человека, будто за руку, и показала ему, как подняться, помогла бы, подтолкнула бы сделать это. Такое действие называется ибур нешамот. Ибур — это зарождение особой, дополнительной души в человеке. Те души, что помогают нам, это, как правило, очень высокие души.

- **Вопрос: По-видимому, еврейские и нееврейские души могут смешиваться между собой?**

А это постоянно происходит: перемещение и смешение. В нашем мире мы видим следствия расселения, смешения, взаимного влияния — желаем мы того или нет. Две тысячи лет назад народ был изгнан из своей земли, со своего места, он начинает расселяться по другим странам. Неважно, что евреи жили изолированно в гетто или по укромным местечкам.

При этом происходит взаимное слияние, и на духовном уровне это оказывает большое влияние. Так что, исправление без взаимного проникновения Г"Э в АХАП и АХАП в Г"Э невозможно. При этом взаимное проникновение должно быть и в каждом частном случае, в каждой частной сфере. Все равно эти две части, Г"Э и АХАП, должны взаимно перемешаться.

Бааль Сулам в своих рукописях даже производил количественные расчеты, связанные с численностью евреев относительно всех других народов и потребностью в относительном исправлении между теми и другими. Он выводил, почему существует именно такое сочетание, такое числовое соотношение и так далее. Это интересные расчеты, можно сказать, чисто демографические.

НЕОЦЕНИМЫЙ ПОДАРОК

Задача человека

Духовный мир в наших земных органах чувств не ощущается. Земное тело, пока мы в нем существуем, подавляет наше восприятие, ограничивая его только пятью органами чувств, которые интровертно направлены внутрь. Поэтому нам кажется, что именно та картина, которую мы ощущаем, то, что предстает перед нами — только это будто бы и существует.

Но если мы сможем подавить свои пять органов чувств и пожелаем использовать наши желания в обратном направлении, то есть, наружу, а не внутрь, то мы ощутим совершенно другой мир: тот мир, в котором мы существуем вне тела, до нашего рождения и после нашей смерти. Мир вечный, по сравнению с теми десятками лет, которые мы существуем в теле. Совершенный — потому что все, что ощущается в наших пяти органах чувств, построено на противопоставлении страдания и наслаждения, а также очень ограничено и по глубине восприятия.

Люди, которые ощутили другой мир, назвали свою методику «Каббала», от слова «получать». То есть, получать истинное восприятие мироздания, существующего вне нас, а не просто ощущать, как мы сейчас, наши реакции на какие-то внешние воздействия.

Они говорят, что пока мы существуем в телах, нам представляется, будто каждый из нас существует отдельно от другого, потому что мы разделены между собой этими биологическими телами. Вернее, не самими телами, а этой интровертной восприимчивостью, восприятием.

Как только мы аннулируем желание тела, направленное внутрь себя, и пожелаем ощутить внешний мир, так сразу же начнет пропадать ощущение индивидуальности, обособленности, изолированности, и человек почувствует себя связанным с остальными душами. Ощущение внешнего мира происходит в органе чувств, называемом «душа». Человек мгновенно ощущает себя соединенным с огромной массой таких же, как он, душ.

Каббалисты объясняют, что сверху духовные силы толкают нас к тому, чтобы мы вышли из наших ощущений и начали воспринимать внешний мир, истинное мироздание. Эти Высшие силы заставляют нас страдать от нашего же тела, от наших желаний, обращенных внутрь себя. Постепенно с помощью этих страданий в нас возникает их осознание, так называемое осознание зла — зла восприятия внутрь себя, к себе.

Если человек изучает каббалистическую методику, то есть, метод, позволяющий выйти из этого состояния, то свыше он получает силу, называемую «окружающий свет», который его преобразует. То есть, инверсирует его возможность ощущения окружающего мира с обращения в себя на обращение вне себя, с эгоизма на альтруизм — *аль менат лекабель* на *аль менат леашпиа*.

Период изучения человеком этой методики, когда он еще находится в своих земных ощущениях, называется периодом подготовки — *зман ахана*. В течение этого времени человек должен пытаться производить такие действия, искусственно ставить себя на такой уровень, как будто он уже находится в духовном мире, в том виде, в котором он его себе представляет.

Каббалисты нам говорят, что человек, желающий выйти из нашего мира в Высший мир, уже в том периоде, когда только желает этого, но еще не достиг, должен вести себя определенным образом.

Поскольку мы действительно существуем в слиянии в одной общей душе, то самое главное заключается в том, что человеку необходимо в нашем мире выбрать группу единомышленников и пытаться с ними организовать свою жизнь таким образом, как будто тел не существует, как будто все уже находятся в духовном мире.

Для чего это нужно? Существует очень простой закон — закон подобия, единственный закон мироздания. В той мере, в какой два объекта, два явления подобны друг другу, в той же мере они близки и воздействуют друг на друга. И, наоборот, в мере того, насколько они отличаются друг от друга, настолько они друг от друга удалены. Говоря об удаленности или близости объектов, мы имеем в виду не расстояние, а степень воздействия.

Поэтому, если мы даже искусственно, уже сейчас в нашем мире создадим такое объединение между собой, как будто наших тел не существует, то этим вызовем на себя большее воздействие окружающего света — в той мере, в какой мы можем искусственно поставить себя в такое подобие ему.

Все это изучает Каббала. Она изучает духовные законы, а также то, каким образом в различных обстоятельствах действует духовное кли: в каком виде отдает или в каком виде взаимодействует с другими келим. Но все построено на отдаче.

Если мы даже не всему миру, а лишь в ограниченном объеме, с такими же, как мы, будем проводить подобные действия, то вызовем на себя огромное влияние окружающего света. Это поможет нам не только быстро выйти в ощущение внешнего мира, наслаждаться вечностью, бесконечностью, совершенством и познанием, но даст и нечто большее.

Это даст нам возможность влиять на общее Управление, на нас и на все остальные души, облаченные в тела и не облаченные, то есть, в итоге у нас появится возможность взять на себя Управление мирозданием. Это и является задачей человека. Человек должен полностью уподобиться Творцу, то есть, взять на себя выполнение всех действий Творца.

А пока еще Творец представляется нам абсолютным злом. Он скрывается от нас и представляется нам таким образом именно для того, чтобы мы взяли на себя управление и изменили бы зло на добро.

И, естественно, все страдания, как вы уже понимаете, являются следствием нашего несоответствия тому духовному состоянию, в котором в данный момент мы уже должны находиться.

Написано в Талмуде, что если человек хочет достать из кармана 10 агорот, а вынимает 20 агорот, то это уже является наказанием. То есть, любое мельчайшее действие, которое происходит не по твоему желанию — это уже наказание свыше. Притом оно может быть не только отрицательным, но и положительным — хотя денег у меня оказывается больше, но это все равно не соответствует моему желанию.

Мы, конечно, не можем сейчас рассматривать вопросы о мерах наказания и его видах, о том, почему именно те или иные наказания приходят к каждому из нас, в определенные времена и моменты... Это уже относится к кругообороту душ и рассматривается в особом разделе Каббалы. Но если бы мы точно видели и знали это, то поняли бы, почему каждый раз, каждое мгновение мы ощущаем на себе то или иное давление: или возвышение, или понижение.

Почему Высшее Управление вызывает внутри нас какое-то определенное чувство? Потому что оно по тому же принципу, по тому же закону соответствия свойств и форм давит на нас, вызывая этим движение к самому комфортному и самому наилучшему для нас, наивысшему состоянию.

Когда сердце становится «каменным»...

Есть еще один положительный момент в таком объединении людей, когда они ведут себя так, будто находятся в духовной среде и между ними не существует тел, то есть, когда люди ощущают единую духовную связь между собой.

Дело в том, что каждый человек, находясь в состоянии подготовки к выходу в духовный мир, к началу ощущения духовного мира, может вызвать на себя очень маленькую порцию очищающего и изменяющего его Высшего света, посредством которого в нем происходит внутренняя инверсия с ощущения внутри себя на ощущение вне себя.

Если же люди объединяются вместе и представляют собой единое тело, то в той мере, в какой им это удается сделать, в той же мере они вызывают на каждого общий окружающий свет.

Это подобно тому, как мы здесь готовили обед. Кто-то занимался картошкой, кто-то — подготовкой мяса, лука и так далее. А в итоге каждый из нас получает готовую порцию всего. Из приведенного примера понятно, что аналогичным образом человек получает и от своей работы в группе по объединению душ, несмотря на существующее различие тел. Причем, насколько различны люди, насколько силен антагонизм между ними, в этой же мере они выигрывают и получают больший окружающий свет в том случае, если Цель превышает все мелкие телесные расчеты.

В этом заключается причина ужесточения условий по мере продвижения вперед. Сердце становится более неживым, каменным, товарищи — более удаленными, безразличными, противными, отталкивающими...

Так происходит потому, что из преодоления именно этих противоположных свойств и возникает та сила, которая притягивает Высший, исправляющий свет.

Поэтому перед нами стоит самая главная задача, которая не утратит своей актуальности до практического вовлечения в этот процесс миллионов людей. Наша задача заключается в организации групп с дальнейшим их соединением между собой во все более крупные объединения, в установлении связи между собой, налаживании процесса взаимодействия, взаимопомощи так, чтобы духовная энергия переливалась из одной группы в другую, и таким образом приподнимала всех.

Иногда я вижу человека, которому становится плохо, он как бы падает в своем духовном продвижении, у него нет сил. Мы читаем об этом в Агаде: каждый раз, когда Моше, вроде бы, выигрывает у Фараона очередную схватку, Творец говорит: «Я ужесточу сердце Фараона, а ты иди к нему. Я еще больше ужесточу его, а ты снова иди к нему!» Почему так происходит?

Потому что путь состоит из непрерывных этапов постепенного ужесточения сердца человека до полного раскрытия нашей силы — так называемого эгоизма, который тянет внутрь. Но то, что мы знаем — это еще не эгоизм. Эгоизм ощущается и определяется только в противоположности Творцу, это не наш бытовой, животный эгоизм.

Поэтому группа должна работать над тем, чтобы каждый возбуждал в своем товарище стремление к Высшему. И делать это нужно не в состоянии духовного возвышения и воодушевления, а именно тогда, когда сам находишься внизу, в падениях. Необходимо научиться играть перед другими так, чтобы своей игрой возбуждать их, подобно артисту, к духовному возвышению. То есть, искусственно показывать друг другу, что вы стремитесь вверх.

Наше тело устроено таким образом, что когда мы, например, слушаем ритмичную музыку, то начинаем раскачиваться в такт, подпрыгивать, у нас изменяется настроение и так далее. То есть, в итоге мы реагируем в соответствии с тем, что наши чувства, наши органы восприятия передали в мозг. Это мы и воспринимаем.

Мы должны навязывать это друг другу искусственно, вопреки тому, что Творец делает против этого. А Он ужесточает наше сердце, и мы должны вопреки этому постоянно с Ним воевать, потому что внутри Фараона находится Творец — это просто лицевая и обратная стороны той же Высшей силы.

И это главная задача в группе — постоянно находиться на таком уровне, чтобы максимально соответствовать Высшему свету, который в данный момент нисходит на тебя.

Если я сейчас поднимаю себя на уровень воодушевления, стремления к этому свету в той же мере, в какой он стремится в данный момент исправить меня, то я нахожусь с ним в духовном равновесии. Со мной ничего не может случиться: я пребываю в состоянии уверенности и безопасности.

То есть, это — наикомфортнейшее состояние. Через секунду оно изменится, потому что сердце получит ужесточение, то есть, больший эгоизм раскроется в нем, более сильный, более низкий. Свет тоже усилится по своей интенсивности, и в соответствии с этим разница между ними увеличится. Не меняется одно без другого, оба, претерпевая изменения, как бы удаляются друг от друга, и я снова должен приподнять себя вверх уже на двойной уровень: на сколько повысился эгоизм, на столько же увеличился и свет.

Работа эта не прекращается до перехода махсома. После махсома начинается другая деятельность, уже на духовных ступенях. Но хочу сказать, что человек, в принципе, должен чувствовать себя некомфортно только первое мгновение, когда в нем раскрылся эгоизм и увеличилась интенсивность света. И тут же он должен включиться в работу и приподнять себя, сразу же поставить себя в соответствие Высшему свету.

Необходимо постоянно выполнять закон равновесия — *ашваат цура*, тогда не будет никаких проблем. Этого желает Творец. Он желает, чтобы мы продвигались только таким методом, посредством непрерывных движений. Поэтому все страдания, даже самые маленькие (как в примере с вынутыми из кармана деньгами), которые были, есть и возможны в будущем, происходят только из-за несоответствия нашего состояния Высшему свету.

Закон духовной пирамиды

Какие еще есть возможности для увеличения Высшего света, как увеличить его исправлением — если не качеством, так количеством? Я уже не работаю один или с маленькой группой, как это делали древние каббалисты, не сижу с двадцатью своими единомышленниками в каком-то хедере, в ешиве или пещере. Мы уже выходим к людям и пытаемся вызвать подъем у масс. Пусть даже и не подъем, но хотя бы осознание причины страданий — почему они так плохо себя чувствуют.

Даже одна только внутренняя готовность воспринять этот закон равновесия уже будет подсознательно приподнимать человека, он будет уже внутри производить какие-то маленькие действия. И в огромной массе людей это создаст огромнейший эффект, потому что в каждом человеке есть душа. Но всегда будет существовать пирамида, наверху которой стоят отдельные, особые личности, а по мере нисхождения к ее подножию, массы будут находиться во все большем удалении от самой идеи, от понимания ее, может быть, в каком-то неосознанном исполнении.

Поэтому нам не нужно изменять всех, как себя. Но мы должны сделать так, чтобы эта идея, понимание того, что я сейчас рассказываю вам, в элементарном виде было воспринято массами. И тогда весь мир изменится.

Если население будет знать или хотя бы примерно представлять себе, что Высший свет именно в мере несоответствия с нами вызывает в нас страдания, и хотя бы одну секунду в течение дня люди будут думать в этом направлении, вспомнят об этом, слушая новости или что-то еще, то это уже огромнейшее исправление. А сколько в течение дня мы думаем о духовном? Здесь мы уже переходим от работы в группе к работе буквально со всем миром, с массами. И в наше время это настоятельно требуется от нас, так как мы подходим к такому моменту, когда Высшее Управление должно поднять практически всех на уровень внешнего восприятия.

То есть, в нашем поколении основная масса людей на земле, пусть не миллиарды, но, по крайней мере, миллионы, уже должны начать жить в этом мире вне всяких помех со стороны тела, отождествляя себя с душами, а не с телами, воспринимая мир в его внешнем объеме, а не внутреннем.

Поэтому мы стремимся к проведению вот таких общих трапез, праздников, совместных занятий, к распространению. А когда проходим все эти подготовительные этапы, то выходим на уровень, называемый выходом из Египта. Но это происходит после многих и многих ударов, при условии, что мы слушаем, куда ведет нас Моше, то есть, наша точка в сердце, стремление к духовному, если мы устремляемся за этим вопреки всему тому, что имеем в Египте.

Говорится, что в Египте евреи имели хорошую пищу, кров, размножались. Сначала это была маленькая семья, а за 200-300 лет из семьи в 70 человек образовалось несколько миллионов.

Если мы вопреки всему, что жизнь преподносит нам специально, — вопреки тому, что нисходящий Свет ввиду нашей противоположности ему все время рисует нам материалистические картины мира, которые захватывают нас, — устремимся, используя этот эгоизм, вслед за точкой в сердце, то окажемся среди тех, кто в ближайшие годы выйдет во внешнее ощущение, достигнет вечного существования. Иначе страдания просто захлестнут мир.

По мере ощущения человеком своей души он начинает понимать, что извне совершенно не производится расчет с телами. Потому что по сравнению с бесконечностью наша жизнь является таким маленьким погружением души в эгоизм — на мгновение, а затем она опять освобождается из него. Просто относительно души тело совершенно не имеет значения.

Если мы хотя бы ненадолго будем принимать во внимание этот духовный принцип, эту духовную истину, то поймем, насколько наша оценка действительности неверна, и нам необходимо обращать внимание только на душу.

Мы, то есть, те, кто сегодня стремится выйти в Высший мир самостоятельно — это индивидуумы, это особые души, каждая из которых является корнем (Кетер) от какой-то системы в общей душе Адама. И нам необходимо изучать методику, обучаться ей во всех ее тонкостях, чтобы мы могли поднимать те желания, которые приклеиваются к нам от всех остальных душ, а потом и работать вместо них.

Это действует так же, как и в любой другой системе. Например, в медицине: я же не должен знать медицину для того, чтобы выздороветь. Я должен прийти к врачу, каким-то образом оплатить его услуги, каким-то образом, даже пассивно, участвовать вместе с ним в процессе лечения. Но процесс излечения производит за меня врач.

Так поступаем и мы. Люди должны для этого просто обратиться, прийти к нам, прилепиться к нам своими душами, как бы предоставить свой эгоизм в наше полное распоряжение — то есть, абсолютно пассивно, и этого будет достаточно для того, чтобы мы смогли их исправить, поскольку эгоизм масс очень мал. Таким образом происходит подключение к нам низших уровней, а мы являемся поднимающими МАН.

Благодатные свойства —
зависть, ненависть, страх

Возникает вопрос — если снизу возрастает мой эгоизм, а сверху свет усиливает свою интенсивность, то теперь противоположность между мной и светом, которую я ощущаю, увеличивается вдвое? Какая разница между мной и светом?

Может быть, в прошлом состоянии я сравнялся со светом, и поэтому теперь у меня увеличился эгоизм и увеличился свет. Потому что свет увеличивается пропорционально тому эгоизму, который мне сейчас добавился. Мне добавили, допустим, десять граммов эгоизма и, естественно, свет против этих десяти граммов светит мне и ощущается мною, как тьма.

Откуда я возьму силы, чтобы сейчас двинуть рукой или ногой? Свет создал эгоизм таким образом, что он сам в себе находит ресурсы действовать против себя. Каким образом? Для этого в нас есть очень особые, благодатные свойства, называемые зависть, ненависть, страх. Все присущие нам отрицательные свойства в момент возникновения противостояния между мной и светом могут быть использованы мною как положительные.

Чувство зависти помогает мне преодолеть разницу, которая ощущается между мной и Высшим миром, только из страха, из зависти, что все остальные находятся в лучшем, чем я, состоянии. Тот же эгоизм, который тянет к себе все, и вроде бы противоположен свету и ничего не хочет, он же, относительно других, действует во мне как источник энергии.

Бывают состояния, дающиеся сверху, когда человек находится в абсолютно полной прострации. Он таким образом падает внутри себя с уровня человек на животный уровень, на растительный и на неживой. То есть, для него уже не существует вопросов зависти, ревности, ненависти, любви, питания, вообще каких бы то ни было страданий. Для него все исчезает. Могут человека понизить на такой уровень, когда перед ним стоит только вопрос жизни и смерти, и ничего другого не существует.

Такие моменты даются нам для того, чтобы мы познали природу собственного эгоизма. Но не в самом наинизшем состоянии, из которого мы выйти самостоятельно не можем. А во всех других состояниях, кроме самых низших, мы именно при помощи наших, казалось бы, «отрицательных» свойств, таких, как зависть, ненависть и другие, можем выйти на самый Высший духовный уровень, но только при условии правильного их использования.

Поэтому мы можем начинать играть в этом состоянии перед другими, даже хотя бы из того же чувства стыда, или чувства ревности. «Я не могу себе позволить выглядеть перед другими вот таким», или — «Я не могу позволить, чтобы другие меня обгоняли». Таким образом, человек может выйти из этих состояний и начать действовать относительно других так, как будто он находится на более высокой ступени, чем на самом деле. Показывать себя с лучшей стороны для того, чтобы удостоиться уважения, лучшей оценки со стороны товарищей и так далее.

Таким образом, человек делает это, используя эгоизм. И очень хорошо, пусть использует. Пусть желает быть самым лучшим, чтобы ему сказали: «Лехаим, Вася! Какой ты молодец!». Очень хорошо. Главное, что это его поднимает к свету, а кроме эгоизма, у него все равно ничего нет. И очень хорошо, что он его правильно использует.

Поэтому самое главное для нас — играть друг перед другом, чтобы этой «игрой» друг друга приподнимать. Я играю перед другим и этим вызываю его ответную игру на себя. Сам себя я никогда не смогу вытянуть за ухо со ступени, на которой в данный момент нахожусь.

Я могу передать свое неискреннее воодушевление кому-то другому, а он, в свою очередь, передаст свое неискреннее воодушевление мне, и у меня оно будет уже искренним. Потому что наше тело не ощущает, что — правда, а что — ложь. Оно воспринимает внешний вид другого тела, как истину. И этим нужно пользоваться.

И раскрываются небеса

Я вижу по ученикам, и не только сейчас, а вообще в группах, что бывают такие периоды, когда никто ничего не хочет делать вообще. Это самый благодатный момент, когда в группе понижается общий уровень, общее состояние. Это же самая благодатная вещь: именно после такого понижения всегда начинается подъем.

И необходимо прилагать даже маленькие усилия, хотя они, может быть, и не увенчаются успехом. Вот мы сейчас видим: эти маленькие усилия собираются постепенно, складываются. Песах — это значит скачок. Творец считает усилия человека. Человек падает... Снова прикладывает усилие... Снова падает.

Когда все эти усилия в сумме достигают критической массы, раскрываются небеса — и человек начинает ощущать Высший мир. Это и есть выход из Египта. Он осуществляется только путем последовательного накопления усилий. А усилия совершаются только в состоянии падения, для выхода из него. Поэтому продвижение происходит таким образом: ожесточение сердца — выход, еще ожесточение — снова выход и т.д.

- **Вопрос: Распространяя знания о Каббале, нужно ли слишком углубляться, рассказывая о сфирот, о тех механизмах, с помощью которых строится кли? Или же для широких масс достаточно чего-то общего? А те, кто захочет пойти дальше, углубятся в эту тему сами, если в них есть эта точка?**

Каким образом распространять Каббалу? Наверное, по тому же принципу, по которому у нас вообще происходит обучение человека. Маленького человечка начинают обучать, преподнося ему какие-то общие, близкие ему идеи, мысли, факты. Потом углубляются, показывая ему более тесную связь между все более противоположными вещами, которых он раньше не видел и так далее естественно, подход должен быть очень простой. Именно в этом и заключается большая сложность.

Преподавать для самых маленьких — самая трудная проблема. Человек взрослый, будучи более умным, сам домысливает, связывает различные вещи, и с ним проще — он улавливает, угадывает твои мысли. А ребенок... Просто очень тяжело найти элементарное изложение.

Но надеюсь, что молодое поколение сможет это лучше объяснить. Нужно начинать с самого элементарного. Книги должны предлагаться по нарастающей. И не только книги, но и фильмы, кассеты, статьи, устные объяснения и так далее. И каждый останавливается на каком-то определенном виде подачи материала.

Есть люди, занимающиеся во внешних группах, которым достаточно одного-двух занятий в неделю. Каждый останавливается на каком-то своем уровне. И не нужно его толкать. В соответствии с этим он делает свою работу. То есть, человек поступает всегда в соответствии с тем желанием, которое в нем есть.

А мы должны ему это просто преподнести. И он сам, согласно тому желанию, которое свыше в нем вызывают, выберет для себя наиболее подходящий источник информации. Но ни в коем случае нельзя ничего делать насильно. Необходимо только показать это людям.

Но когда показываешь это в подходящем на данный момент виде, когда человек действительно ощущает, что это является каким-то средством излечения, лекарством от его страданий, то, конечно, он это берет и действует. Каждый из нас знает по себе, как мы не любим и забываем принимать лекарства. И если я чувствую в данный момент боль, то принимаю лекарство, а когда она проходит — забываю делать это.

То же самое происходит и здесь. Пока человек не перейдет махсом и не выйдет в духовный мир, он всегда действует таким образом, что у него все стирается, все забывается, и с каждым разом становится все хуже и хуже.

- **Вопрос: если начинающие считают, что эта методика поможет им в семейной, материальной жизни, стоит ли их отговаривать?**

Мы должны пользоваться объяснениями, утверждающими, что Каббала является панацеей от всех бед. Потому что Высший свет исправляет душу для того, чтобы ее полностью наполнить, и в таком случае удовлетворяет нас полностью.

И неважно, что при этом наши желания изменятся и будут направлены не к тем объектам, что привлекают нас сегодня. Цель творения заключается в том, чтобы целиком наполнить душу. И если вы говорите человеку, что он получит то, что ему сейчас представляется как счастье, как насыщение, как радость, как наивысшее наслаждение — то вы при этом ему не лжете.

Потому что в действительности это может быть, только в другом виде — в измененном, в более высоком, более совершенном. Человек, естественно, получит наполнение всех своих желаний. Поэтому, когда мы говорим о том, что он выиграет и пойдет вперед — это на самом деле так и происходит. Другое дело, что, приступая к занятиям, он начинает чувствовать себя хуже. И тут должно быть постоянное сопутствующее наставление, объяснение, сопровождение.

Развитие методики

- **Вопрос: Наверное, нужен систематический учебник, в котором говорилось бы, что если вы прошли эту ступень, то за ней может наступить другая — и вы не должны этого бояться.**

Я начал заниматься у своего Учителя в 1979 г. В тот момент была Книга Зоар — 21 том, ТЭС, «Сефер Акдамот» — в основном, то, что было в этих двух книгах.

Книга «Матан Тора» появилась позже. Мы считали, что это такая книга, что, прочитав ее, весь мир побежит за нами... Никто, конечно, и не открыл ее. И так продолжалось до 1985 года, когда младший сын Рабаша издал книгу «При хахам». Вот только тогда появились дополнительные статьи, письма Бааль Сулама — такие мощные.

«Шамати» — это основная книга по методике, по идее самой внутренней духовной работы. Я ею пользовался, так как находился рядом с Рабашем, а больше о ней никто не знал. Ближайшие его ученики, которым в то время было около 70 лет, не знали о ее существовании.

Выход Каббалы наружу, к людям — это огромное событие, это был прорыв после тысячелетий сокрытия. Кроме Книги Зоар, ТЭС и еще нескольких книг, в том числе «Эц Хаим», в магазинах были и очень редкие книги, но их никто не требовал.

То, что сделано за последние годы — это, может быть, не так уж и много. Но дело в том, что методика развивается постепенно.

Надеюсь, что в ближайшие годы мы сможем изложить материал по нарастающей, в таком виде, как в учебниках для 1, 2, 3 классов и так далее. Это должны быть учебники, рассчитанные на каждого. Знаете, как приходят в школу дети, и одного больше тянет к математике, другого к литературе и так далее. То есть, нужно сделать так, чтобы знание о мире каждый получил в близком ему виде, облачении.

- **Вопрос: Есть ли среди Вашего окружения люди, которые смогли бы изложить это в виде учебника?**

Я думаю, что у меня здесь находятся, по крайней мере, десятка два учеников, которые хорошо представляют себе практически и, тем более, теоретически тот путь, который должен проходить человек до махсома.

Во внешних группах мужчины и женщины занимаются вместе. Их общий уровень невысок, поскольку занятия проводятся не ежедневно, а не по причине того, что преподаватели находятся на недостаточном уровне. Они могут преподавать то же, что и я, у нас в центре. Но дело в том, что сама интенсивность занятий такова, что вообще просто невозможно выйти на серьезный уровень с настоящим преподаванием ТЭС.

Поэтому во внешних группах могут заниматься мужчины и женщины одновременно. А желающие заниматься дополнительно могут делать это через Интернет ежедневно с 3.00 до 6.00 часов утра. Есть диски, фильмы, мы выставляем в записи утренний урок, который уже через несколько часов появляется в Интернете. Вы можете его повторить или учить, если ночью не можете встать. Мы делаем все зависящее от нас, чтобы любой человек, где бы он ни жил, мог повышать свой уровень по сравнению с той группой, в которой он находится. Но опять-таки, следуя тому же принципу добровольности, мы не можем никого принуждать.

У вас есть возможность задавать мне вопросы через Интернет. Минимум два раза в сутки я захожу в Интернет и отвечаю на все имеющиеся там вопросы.

Таким образом, с нашей стороны, мне кажется, мы провели гигантскую работу, чтобы сделать информацию о Каббале доступной. Мы в это столько вкладываем... Я говорю не о средствах, а о силе. Ежедневно над этим работают десятка два людей. Мы содержим нескольких людей на зарплате, потому что невозможно в течение одного-двух часов свободного от других занятий времени обработать весь необходимый материал.

В группе сама жизнь, развитие душ, которые находятся передо мной, вызывают изменения методики, ее коррекцию. Человек, который находится своими ощущениями и силами выше махсома, может только абсолютно пассивными методами воздействовать на остальных, на тех, кто этот барьер не перешел.

Потому что исправление иным путем, кроме пути самоосознания, невозможно. И вообще, все духовные ступени — это процессы внутреннего постижения самим человеком. В мере постижения человеком своего отличия от Творца, при том, что он ощущает его как отрицательное и стремится преодолеть, он изнутри себя может вызвать такое воздействие Высшего света, которое бы исправило и наполнило его.

То есть, каждый раз показывать ученику следующий этап, объяснять, в каком состоянии он находится, поддерживать его, «подбрасывать» тот или иной материал почитать, послушать, посидеть вместе с ним даже за общей трапезой — все это является не более чем средством, которым располагает высший относительно низшего.

Мы это видим даже из того, как устроены духовные ступени. Аба вэ-Има — это духовная ступень, ожидающая поднятия МАН, то есть, настоящей молитвы из глубины сердца от ЗОН. В свою очередь ЗОН ждут поднятия МАН от душ. Только таким образом построено все.

Это аналогично работе транзистора: существует большой перепад в транзисторе между плюсом сверху, допустим, и минусом внизу. Сигнал на входе создает в транзисторе большое изменение. Но без этого сигнала он заперт. Маленький сигнал преобразуется в огромный за счет энергии, которая исходит из Высшего Парцуфа, но эту энергию открывает низший. И в этом ничего нельзя изменить.

Поэтому Высший сидит и ждет, влияя на низшего всевозможными, так называемыми окружающими воздействиями. Окружающий свет вызывает отрицательное ощущение, потому что низший другого не понимает. Только таким образом его можно поднять, подогнать.

Мы рождаемся с вопросом: «Кто «Я»?

Всем известный вопрос, который даже дети задают — «Откуда я? Как я родился? Откуда я произошел?». Этот вопрос является самым естественным, и мы сами себе задаем его. Этот вопрос — сопровождает человека с младенчества и до старости. Вопрос о своем происхождении, об Источнике жизни, о Творце... Объяснить его ребенку — значит, естественным образом открыть ему глаза на мир, в котором он живет. И дети воспринимают эти сведения очень естественно, очень просто, без всякого внутреннего сопротивления. Вопрос лишь, — в каком объеме ему необходимо преподносить их?

Здесь действует тот же закон, что и относительно взрослых людей: никакого насилия в развитии. Иначе это будет уже не развитие, а наоборот — ограничение, понижение. Бааль Сулам показывает это на примере развитых народов по отношению к так называемым отсталым. Развитые, цивилизованные народы, колонизирующие так называемые нецивилизованные народы, тем самым вызывают в их развитии огромные проблемы и трагедии, которые веками еще будут исправляться очень болезненными методами.

То же самое и в отношении ребенка — ни в коем случае не толкать, не принуждать. Только пассивными методами можно давать эту информацию ребенку. А дальше все будет зависеть от меры созревания его души. Если он еще на таком уровне, что практически не понимает, зачем это нужно, и его интересует только маленький круг вопросов, тогда оставьте его в покое. Значит, это то, что необходимо для его развития. Через одну или несколько жизней он по-другому будет воспринимать это.

- **Вопрос: Может быть, тогда стоит оставить массы в покое и заняться детьми?**

Нет. Мы не имеем права оставлять в покое массы людей. Потому что душа, находящаяся во взрослом, и душа, находящаяся в ребенке, — это одно и то же, это та же душа. Внешний вид тела ни о чем не говорит и не имеет к этому отношения. Мы не имеем права оставлять в покое массу людей также и потому, что малейшее желание, которое мы можем вызвать у человека, уже приводит к развитию души. И в следующий раз, в следующем воплощении он родится уже совершенно другим.

- **Вопрос: И неважно, есть у него точка в сердце или нет?**

Неважно, есть у него эта точка или нет. Эта точка появляется после того, как человек проходит определенные стадии. Сначала это животные желания, затем следуют желания к богатству, знатности, власти, знаниям, и после этого выходит эта точка в сердце — желание к духовному.

Во-первых, если мы не подтолкнем человека, то эта точка проявится у него только через две-три жизни. А если его подтолкнуть, то, возможно, уже в этой, а может быть, в следующей жизни она проявится.

Во-вторых, даже при отсутствии точки в сердце и минимальном ознакомлении с материалами по Каббале, человек в следующей жизни рождается уже с полученными в этой жизни знаниями, как со своими свойствами. Об этом Бааль Сулам пишет в статье «Свобода воли».

Например, если сегодня я начал заниматься компьютерами, то все равно для меня компьютеры — это что-то постороннее, но существующее во мне в виде знаний, которые в следующем кругообороте будут естественным образом находиться внутри меня.

Мы это явно видим на детях, на их отношении ко всем новым современным игрушкам. Для нас это не так естественно, как для них. Ребенок же рождается, и это все прямо перед ним, для него, и он не представляет жизни, устроенной по-другому. Почему так происходит? Так получается не потому, что он родился уже в этом мире, а потому что прошлые, накопленные им знания перешли в свойства. И это очень важно понимать.

Поэтому нам важно хоть немножко, хоть в каком-то виде подтолкнуть человека, дать ему хоть какое-то, пусть самое минимальное количество знаний. Если в него сейчас войдет хоть немножко знаний о Высшем мире, то в будущем кругообороте они будут в человеке уже как свойства. И вы ему делаете этим неоценимый подарок.

В прошлых поколениях каббалисты, кроме своего маленького внутреннего круга учеников, создавали вокруг себя более широкий круг людей, которые помогали им, поддерживали, хотя и не были связаны с Каббалой, но уважали, каким-то образом воспринимали их идеи.

Так был создан хасидут. Великий каббалист Бааль Шем Тов, набирая себе учеников, размножил, так сказать, рассеял знания о Каббале, о сфирот, о мирах, среди всего населения Польши, России. И те, кто этим заинтересовался, начали разными путями приходить к нему. Из этих учеников Великий каббалист организовал свою школу, из которой в итоге вышли все адморим, рабаним, все большие каббалисты, которые, действительно, были каббалистами. Так было в течение нескольких сот лет, пока это все не угасло.

Как надо действовать сегодня?

Я не думаю, что сегодня возможно распространение Каббалы в таком виде, как было у Бааль Шем Това. Уже не те условия. И потом, это и не нужно, потому что сегодня процесс постижения Высшего мира более сознательный. Бааль Сулам пишет об этом в статье «Послесловие к Книге Зоар».

Сегодня мы находимся в состоянии, близком к Концу исправления. И поэтому не должны создавать в массах какие-то иллюзии духовных действий, подобно тому, как это происходило в хасидизме. Сегодня никто не поверит тому, что соблюдение какого-то ритуала является совершением духовного действия.

Нам необходимо распространять саму идею, притом в максимально научном, серьезном виде. Сегодня мы видим это даже относительно других религий: есть либо фанатики, либо неверующие, а посередине — нет никого. Это потому, что эгоизм возрастает таким образом, что человек может его использовать только двояко, в крайних его выражениях. А на такие вопросы, как соблюдение или несоблюдение евреями или неевреями обрядов, я, как правило, не отвечаю.

Если мы будем читать каббалистические книги, то встретим в них только один термин: желание и *масах* — экран, который ему противодействует, больше ничего. Ни в коем случае не говорится о руках и ногах, или о каких-то исполнительных органах, механизмах. Говорится о желании — вот этим Каббала и оперирует. Все, что не относится к желанию человека, относится к нашему миру, с которым Каббала дела не имеет. Каббала — это наука, а не религия.

Более того, Бааль Сулам пишет, что в конце исправления мира, то есть, исправления душ, будет такое состояние, что народы мира внутренне потянутся к Творцу. Но останутся еще среди них и такие люди, которые все же будут не в состоянии выполнять все только в духовном виде, и им нужно будет дать что-то в чисто механическом, ритуальном виде. И Бааль Сулам пишет, что в таком случае каждый из них сможет остаться при ритуалах своей религии. К примеру, кому-то нравится ходить с крестиком — пусть ходит. Насколько не имеет отношения к Каббале внешний обряд — просто удивительно.

Мы не можем это воспринять. Нам кажется, что это нечто совершенно противоположное. Это потому, что люди таким образом на протяжении веков вдруг привязали потребность в уверенности своей жизни к ее значимости, а не к связи с Творцом. Это чисто психологическая потребность человека быть привязанным к каким-то «игрушкам» Бааль Сулам так и пишет: «Оставайтесь при ваших игрушках». Если есть такие недоразвитые слои, они останутся. Каждый может остаться при своей религии, настолько религия не имеет отношения к Творцу и постижению Высшего.

Так что ни о каком обрезании, ни о каких обрядах нам ни с кем говорить не нужно. Мы говорим только о постижении Творца. Он один для всех, и ведет каждого согласно корню его души. И каждый чувствует в этом связь только с Ним, а не через кого-то, так как нет в этом никаких проводников. Я — проводник в том смысле, что предлагаю вам методику. А как только вы эту методику получаете, то тогда уже связь идет только от Творца.

Мы отстаем от того темпа развития, которого требуют от нас свыше и качественно и количественно — это с одной стороны. С другой стороны — мы говорим, что распространение Каббалы должно быть чисто пассивным, не насильственным. Бааль Сулам подчеркивает это много раз. Вот на сопоставлении этих двух условий мы и должны работать. То есть, дать принудительно кому-либо статью в газете я не могу, но должен сделать так, чтобы во всех газетах были статьи, написанные как можно доступней, понятней и привлекательней. Но навязывать ее человеку насильно нельзя.

Допустим, человек находится в таком состоянии, что для него на сегодняшний день самое главное — футбол. Но завтра он получит «удар» сверху и эта статья окажется для него ответом на удар, который он получил. Нам необходимо подготовить для человека ответ на те страдания, которые ему даст Творец. А Творец сделает это, не сомневайтесь. Вот в этом-то мы и запаздываем.

КАББАЛИСТИЧЕСКОЕ ОБЪЯСНЕНИЕ ЗАКОНОВ ПЕСАХА

Песах олицетворяет переход махсома. Когда мы говорим, что человек находится на уровне нашего мира, то имеем в виду состояние человека, изучающего Каббалу и начинающего понимать, что он полностью погружен в эгоизм. Если он так себя ощущает, то это уже осознание зла эгоизма.

Ощутить это можно только под воздействием окружающего света. Посредством этого ощущения человек достигает такого критического состояния, когда видит, что его эгоизм является той помехой, которая отделяет его от всего лучшего. Ор Макиф дает человеку ощущение Творца, позволяющее ему достичь состояния, которое приводит его к сокращению на все его предыдущие земные желания. И это называется переходом махсома.

Запрет на употребление хлеба и предписание есть мацу в Песах олицетворяет собой неиспользование эгоистических желаний. А впоследствии, в течение остального времени года — после перехода махсома — можно пользоваться хлебом, что означает использование эгоистических желаний с альтруистическими намерениями. То есть, сам этот факт — переход махсома, сокращение желаний олицетворяется тем, что не используется никоим образом сопряжение между пятью видами злаков (относительно наших пяти уровней) с водой, когда они становятся забродившими — *ахмаца* — прорастающими желаниями.

Все законы Песаха основаны только на соблюдении этого условия — осознание зла, выход из Египта на свободу. Буквально на любое условие, касающееся Песаха, есть объяснение. Приемы кашерования сосудов и наполнения их пи-

щей, ее потребление, способ прочтения сказания и так далее — все это говорит только об условиях перехода махсома.
После перехода махсома обретается нулевой экран. Затем возвышающийся двигается в этом первичном желании, в котором также есть пять уровней. И, таким образом, он достигает полного уровня мира Асия, включающего в себя Малхут, Зеир Анпин, Бина, Хохма, Кетер. И все это называется ибур. Обретается нулевой экран, что означает чистую отдачу.

Следующий вид экрана — единица. Он также подразделяется на уровни: ноль, один, два, три, четыре. Это уже мир Ецира — тоже отдача, но уже с большим авиютом, который становится равным единице. Такое состояние называется катнут (малое состояние).

Следующий этап — это мир Брия, с авиютом, равным двум. Этот период действительно является периодом катнут. Здесь существуют те же уровни: ноль, один, два, три, четыре. Тут уже происходит активная отдача, не построенная на самоограничениях. Что значит активная? Осуществляемая методом неполучения, здесь речь идет о достижении полного свойства отдачи, не ограниченного, как в Бине, то есть, отдача идет уже от самой природы.

Когда полностью заканчивается период катнута, считается, что экран находится в мире Ацилут, это уже АХАП дэ-Алия, гадлут (большое состояние). Тоже 0, 1, 2, 3, 4 ступени мира Ацилут, и это получение ради отдачи. Здесь уже присутствуют желания авиюта три и четыре. Все эти исправления происходят под постоянным воздействием окружающего света, но каждый раз он иной. В итоге этот окружающий свет обращается светом Бесконечности. В принципе, можно изобразить всю нашу структуру, как наш мир: мы сами и вокруг нас — все остальные миры.

Этот окружающий свет Бесконечности действует на нас через все остальные миры, являющиеся стадиями сокращения света, для того, чтобы мы в нашем мире могли существовать и постепенно, под воздействием этого света, развиваться, выходя на более внешний, более высокий уровень существования.

Каббалистическое объяснение законов Песаха

По мере того, как мы выходим на различные уровни существования, все наши предыдущие ступени поднимаются вместе с нами, и духовно ощущаются уже на других уровнях. То есть, мы постоянно как бы делаем АХАП дэ-Алия. Все время мы поднимаем самый низший уровень до Высшего, то есть, тянем за собой всю природу мироздания. Как говорит Бааль Сулам в начале «Введения в науку Каббала», что, поднимаясь, человек поднимает вместе с собой все — неживую, растительную и животную природу.

- **Вопрос: В каких случаях свет, действующий на нас — это ор Макиф, а в каких случаях этот свет называется АБ-САГ?**

Окружающий свет, действующий на нас, исходит из мира Бесконечности, но на каждой ступени он воспринимается по-своему. Это все тот же свет Бесконечности, но в зависимости от кли он воспринимается на каждом уровне, в каждом состоянии кли по-разному. То есть, мы видим, что из Творца исходит свет, который строит кли, желание — *рацон лекабель*. А потом он начинает входить в это кли, и, войдя в него, начинает его преобразовывать в отдачу.

Тот же самый свет, в зависимости от того, на какое кли он действует, в соответствии с этим вызывает определенную реакцию со стороны кли. Вот и получается, что все зависит не от света, а от кли, на которое он действует.

Свет — он всегда один и тот же, это Творец своим присутствием воздействует на кли. Но если мы находимся в состоянии, когда еще не обладаем экраном, то мы не ощущаем свет, воздействующий на нас, он — неощущаемый. Если бы мы его ощутили, мы бы полностью лишились всякой свободы воли и возможности что-то от себя добавить и сделать. Поэтому этот свет не ощущается нами напрямую. Он раскрывается только по результату, который мы неожиданно в себе ощущаем. Продвигаемся немножко, вдруг что-то понимаем, достигаем каких-то новых ощущений, в нас неожиданно открываются какие-то новые возможности, происходят изменения.

Мы этот окружающий свет ощущаем по нашей реакции на него, как подъем или падение, то есть, каждый раз по-разному, в зависимости от нашего намерения на получение или на отдачу. Эти стадии так нас все время и строят. А затем, когда у нас уже есть экран, мы проходим махсом, в зависимости от того, какие действия мы должны произвести с экраном в данный момент, каким образом он должен у нас развиваться, этот свет уже перестает быть окружающим. Поскольку у меня уже есть экран, свет начинает воздействовать на меня явно. И я вижу величие Творца или, наоборот, Его падение в своих глазах уже более явно.

Сейчас мы можем ощутить только воодушевление по отношению к духовному — это эквивалентно тому, что Творец нам видится как бы большим, — или падение духовного, когда происходит противоположная оценка Творца.

Кроме того, мы видим, что когда свет строит кли, он является в виде ор Хохма, потому что вызывает в кли желание получать его, наслаждаться им. А затем, когда им уже создано желание получать, он наполняет его наслаждением. По мере наполнения кли наслаждением свет начинает внутри него вырабатывать следующее свойство — свойство отдачи, и поэтому по своему характеру он называется ор Хасадим. Один и тот же свет, а кли воспринимает его по-другому.

Если мы находимся внизу, и нет в нас еще никаких желаний, то мы видим, что вначале, когда мы переходим махсом, у нас должно быть желание, направленное на отдачу — желание отдавать. То есть, вначале мы должны получить свойство Бины — обретение экрана. Желания, имеющие авиют ноль, один, два, развиваются под свойством Бины, это — ор Хасадим. Такое воздействие на нас оказывается свыше.

Здесь можно провести аналогию с отношением взрослого к зародышу, к вскармливанию — к состоянию катнут, которое соответствует отношению *Хасадим* — отдаче, милосердию. Свет Хасадим, нисходя свыше, вызывает такие отношения и воспринимается нами именно так.

А затем, когда начинается работа с эгоистическими желаниями — авиют 3 и 4, мы, говоря о свете, уже имеем в виду ор Хохма. Ор Хасадим — это 0, 1, 2, а затем авиют

Каббалистическое объяснение законов Песаха

3, 4 — это уже работа с эгоистическими келим. Вначале приходит свет парцуфа Аба, но в итоге — это свет АБ-САГ, нисходящий свыше. То есть, окружающим светом называется свет, который нисходит на нас до того, как мы получили экран. Этот свет нами не видим, не ощущаем, мы чувствуем только его следствие.

А когда уже переходим махсом, то свет, который мы ощущаем, называется ор АБ-САГ. В нем имеются различные сочетания ор САГ и ор АБ, света Хохма и света Хасадим. Но это — свет, исправляющий нас. Тот же свет, кроме того, что он исправляет и создает кли, он же его и наполняет, то есть, ощущается, как ор Хохма или как ор Хасадим, ощущается творением, как наслаждение от отдачи или от получения ради отдачи.

Так же происходит и в жизни, в каждом состоянии наслаждение должно иметь для нас строго определенную форму.

- **Вопрос: Какова дистанция между осознанием зла и переходом махсома?**

Осознание зла и переход махсома — это, практически, одно и то же. Как только человек видит, что находится во власти своего эгоизма, во власти Фараона, он понимает, что его природа ограничивает его, не позволяет действительно ощутить вечность и совершенство, является его злом. Как только он ощущает это, — он входит в ощущение египетского пленения.

В Пасхальной Агаде повествуется о том, что вначале человек ощущает голод в своей стране — в своем состоянии. Рассказывается, как все семейство Якова, со всеми его сыновьями, сначала Йосеф, поскольку это — сфира Есод, а затем все остальные братья, нисходят в Египет, потому что ощущают голод.

Египет кажется им в начале обетованной страной. Они видят возможность существования; согласно историческому рассказу они занимают там большие посты. Проходит семь хороших лет, то есть, все сфирот кли постепенно наполняются. И кли чувствует себя в своем развивающемся эгоизме комфортно и хорошо.

В начале занятий Каббалой в человеке под воздействием этих занятий растет эгоизм. И он чувствует удовлетворение в этом эгоизме, способном наполнить его потребности. Затем наступают семь лет голода, когда бывшее состояние оценивается, как состояние голода.

Мы ведь, в принципе, ничего не меняем, мы постоянно находимся в одном и том же состоянии, в котором нас создал Творец. И только наше отношение к этому состоянию, наша оценка Творца, меняет то, что мы называем наш мир. Те же самые состояния, которые в прошлом казались такими комфортными и хорошими, сейчас оцениваются как семь лет голода.

Как только они достигают своей максимальной, истинной оценки, предстает в общем виде источник этого состояния, так называемый Фараон. Почему я его так ощущаю? И я уже не просто констатирую этот факт, а начинаю раскрывать причину того, почему мне плохо. Это происходит уже в конце семи голодных лет под воздействием Моше — точки в сердце человека. И именно на фоне этой точки в сердце человек оценивает свои прошлые свойства и делит их на категории, с которыми он должен воевать.

Оценив свои неисправленные свойства, свою природу как зло, и пытаясь каким-то образом вопреки ей начать ощущать Высший мир, он видит, что это невозможно. И проходит через десять ударов — *макот* по каждому из качеств, которые проходит Фараон. Каждый раз человек, в принципе, видит, что каким-то образом он может и желает совладать со своим эгоизмом и именно в нем увидеть Высший мир, но не в состоянии сделать это.

Что означает каждый удар? Каждый удар — это наша попытка, с помощью какого-то природного естественного качества, прорваться в Высший мир. А затем следует осознание того, что это невозможно — это и есть удар.

После того, как человек испытает все эти десять ударов, происходит полное осознание того, что нет в нем ничего, что могло бы послужить основой существования в Высшем мире. То есть, для ощущения Высшего мира у него нет ни одного инструмента, ни одного качества. Вот это состояние

Каббалистическое объяснение законов Песаха

называется полным осознанием египетской тьмы. И если человек полностью достигает такого состояния, то эта тьма уже является обратной стороной (ахораим) того духовного кли, экрана, который он получает. Это и называется выходом из Египта.

Этот процесс в человеке может протекать несколько лет. Бааль Сулам в «Предисловии к Талмуду Эсер Сфирот» пишет, что это может продолжаться от трех до пяти лет. Так указывается в Талмуде. Я думаю, что это минимальный срок. Я, по крайней мере, не видел никого, кто бы мог преодолеть этот период за такой промежуток времени.

Пять лет — это хорошо, но я вижу по темпу развития новых учеников, что этот период, наверное, можно значительно сократить, и он, вероятно, будет сокращаться. И приходящие новые люди будут со временем воспринимать эти изменения в себе намного быстрее. Ведь, в принципе, весь процесс — это процесс адаптации, привыкания, осознания. А у новеньких он протекает очень быстро. Они начинают жить с этими идеями и мгновенно схватывают то, что во мне происходило как постепенный процесс осознания, даже отторжение вначале, неприятие.

У новеньких это происходит очень быстро, мгновенно. И я думаю, что это займет не три-пять лет, а намного меньше времени. Но в любом случае это берет какое-то время, поскольку так устроен наш мир. Мы находимся в нашем сегодняшнем состоянии, до получения экрана, в такой материи, которая не может проходить быстрые изменения. Наши земные ощущения, психологические предпосылки, возможности, построены на привыкании, на постепенном абсорбировании новых свойств, новых чувств.

Известно, что если мы хотим что-то изменить в человеке на кардинально новое, то должны создать методику, позволяющую постепенно ему это изложить, показать что-то какими-то альтернативными методами. Постепенно он это осознает и только потом ощутит, увидит...

То есть, наш организм не в состоянии произвести очень быстрые изменения. Бааль Сулам пишет в «Предисловии к Талмуду Десяти Сфирот» о том, почему это так происходит, он называет это процессом привыкания биологического тела. Я не думаю, что на сегодняшний день возможно пройти этот процесс в более сжатые сроки, чем несколько лет.

Под сроком от трех до пяти лет подразумевается не период от осознания зла до махсома, а весь процесс осознания зла. Он пишет, что три-пять лет отсчитываются с того момента, как человек начинает осознавать протекающий в нем процесс выхода из ощущения нашего мира в Высший мир, и начинает создавать в себе осознанное намерение, осознанное желание, направленное на выход из нашего мира. Вот когда в человеке начинает создаваться это желание, то с этого времени и ведется отсчет этих трех-пяти лет.

Мы видим, что события развиваются очень быстро, не так, как это было раньше. Ведь были времена, когда желания развивались геологическими периодами, миллионы лет. Когда происходило развитие низших уровней, этот период длился миллионы лет. Бааль Сулам пишет, что, например, расширение и сжатие земной поверхности, рождение ее, создание условий, пригодных для жизни, то есть, все, что касается неживой природы — происходит в течение миллионов лет.

Каждый период сжатия и расширения соответствует протекающим в нас периодам духовных подъемов и падений. У нас падения и подъемы могут происходить в течение секунд. Значит, в зависимости от того, насколько эгоистическое желание более развито, настолько и более быстротечны все протекающие в нем процессы.

Поэтому все наши предположения о том, как будут изменяться наша история, политика и пр., сегодня реализуются таким образом, что это невозможно описать. Но как бы то ни было, с течением времени общая точка напряженности сконцентрируется в Израиле, и мы сейчас это видим. Ненависть всех народов обратится именно к Израилю, как к абсолютно ненужному, чужеродному в этом мире телу, от которого всем плохо. Не будет противостояния Америки с Россией, арабов с кем-то еще, а именно — с Израилем.

Каббалистическое объяснение законов Песаха

Такое осознание у всех остальных народов должно проявиться ярко, и оно проявится очень быстро. Мы сейчас это видим по тому, насколько европейские и другие государства начинают вообще отвергать сам факт существования государства Израиль, как абсолютно ненужную вещь. Осознание зла уже происходит и очень резко, очень круто.

Политики, которые еще полгода назад, вне зависимости от своих взглядов, заявляли о каком-то либерализме, симпатии — сегодня в открытую говорят о неприятии, об абсолютно отрицательном отношении к Израилю. Это хорошие признаки того, что должно проявиться, то есть, развитие событий происходит в очень быстром темпе.

Следующий этап уже зависит от нас. Это будет война на духовном уровне, но также и на физическом. На духовном уровне она уже давно идет. На физическом возможны различные ее варианты, никто это заранее не может сказать. Это зависит от нескольких ступеней, которые отделяют нас от Гмар Тикуна. Это такие ступени, которые просчитать невозможно, и в принципе, нет разницы в том, каким образом это воплотится материально.

С духовной точки зрения взгляд на наш мир таков, что совершенно не принимаются в расчет наши биологические тела. Это только мы заботимся о них, для нас это является самым главным потому, что мы еще не отождествляем себя с душой, не находимся под ее властью. Только иногда в периоды подъема нам как бы становится неважно все, что касается нашего тела, и кажется, что оно не имеет никакого значения. Но это только временные, мгновенные ощущения. В духовном же мире, конечно, низшая ступень ни в коем случае не воспринимается как серьезная, как, вообще, для чего-то существующая, кроме поддержки верхней ступени.

Поэтому просчитать вниз эти вещи невозможно, и никто этим не занимается, то есть, никого из каббалистов это не интересует. Интересует только общая тенденция и возможность максимально сократить срок развития всех этих событий. Ведь общее раскрытие зла может произойти очень быстро, как происходит внутри нас созревание на уровне духовном, или, если это на более низких уровнях, то, как мы уже сказали, этот процесс занимает миллионы лет. Иными словами — если это телесно, то происходит в течение многих лет, а если духовно, то это может осуществиться в течение нескольких мгновений.

Наша задача в том и заключается, чтобы перетащить развитие событий с более низкого уровня на более высокий. Это зависит от того, где мы будем находиться, то есть, где мы желаем находиться, — там эти события и произойдут. Ради чего мы сегодня здесь учимся, занимаемся распространением, расширением круга интересующихся Каббалой? Что мы практически делаем, к чему это приводит, и чего мы хотим?

Мы хотим поднять мир, поднять развитие событий с животного уровня, где происходят тотальные уничтожения миллионов людей, мировые войны и так далее, на духовный уровень, где осознание зла происходит в течение нескольких мгновений, и мгновенно в человеке меняются все келим. Вот это — желательный процесс.

Поэтому каббалисты и дали нам — еще не каббалистам — методику, с помощью которой мы можем влиять на события и поднимать этот уровень принятия решений, протекания событий, их ощущений, на более высокий уровень. А иначе, если бы нам не дали такой возможности, так бы мы и оставались на животном уровне.

Единственный инструмент, с помощью которого мы можем влиять на Высшее управление, — это наши намерения, наши желания. Когда мы можем наиболее эффективно влиять нашими желаниями на Высшее управление? Во время учебы. Потому что во время учебы мы связываемся с тем уровнем, от которого исходит источник света (окружающего света). Связываемся через автора, который находился на уровне этого источника. Если наше желание направлено соответственно желанию автора, то оно четко попадает в тот же источник и вызывает в нем желательный результат по отношению к нам.

Чем больше желаний к изменению будет у нас во время занятий, тем быстрее они осуществятся в нас и в окружающем мире.

Каббалистическое объяснение законов Песаха

Количество переходит в качество. Поскольку каждый из нас имеет очень маленькое желание к духовному изменению, то мы стремимся не только увеличить внутри себя это желание, но и взять количеством. То есть, привлечь к этому как можно большее количество людей, чтобы от каждого маленького человечка эти желания в итоге суммировались и создали бы нужный эффект.

- **Вопрос: Точка в сердце и** *лев а-эвен* **— это одно и то же?**

Нет, наше сердце — это все наши эгоистические желания. И внутри этого сердца существует точка, которая не относится к нашему уровню, — это зародыш будущего кли Гальгальта вэ-Эйнаим. А все наше сердце относительно него, это, допустим, АХАП. Г"Э называется Моше, от слова *лимшох* — вытягивать. А все остальные желания — это народ Израиля, те, кто может примкнуть к этой точке.

Весь этот АХАП делится на две части — есть лев а-эвен и есть АХАП дэ-Алия. АХАП дэ-Алия, который может в итоге присоединиться к этой точке — к Моше — и выйти вместе с ней из Египта, это есть, Песах. А лев а-эвен остается, с ним ничего нельзя сделать. Каменное сердце — *лев а-эвен* тоже делится на несколько частей, но все равно на весь лев а-эвен нужно сделать Сокращение и не принимать в него свет.

Точка в сердце — это решимо от разбиения келим — *швират а-келим*. Когда-то на Высшем уровне наша душа существовала с экраном, в виде общей души Адама, и потом она раскололось. В каждом находится осколок — *ницуц* от этого бывшего экрана — искра — это и есть точка Моше, зародыш Г"Э, зародыш будущего духовного кли. Это не лев а-эвен.

Лев а-эвен — это та точка, которая создана изначально Творцом из ничего — *еш ми айн*. Это исконное желание, которое поэтому и невозможно изменить, оно не связано ни с какими остальными желаниями. Все остальные желания затем происходят от этого исконного желания насладиться, появившегося из ничего...

Мы говорим, что из Творца исходит свет, который постепенно выстраивает желание. Нулевая стадия, затем стадия Алеф — это уже создание желания получать. Это то желание, которое в итоге выделяется в чистом виде из всех остальных желаний. Затем следуют стадии вторая, третья, четвертая. Четвертая стадия начинает принимать в себя свет и обнаруживает свое состояние, состоящее тоже из четырех стадий — 0, 1, 2, 3, 4.

Рацон лекабель — это исконное желание, оно представлено здесь в виде стадии четыре, а все остальные появляются в итоге воздействия света на это желание.

Творец создал желание из ничего, эта стадия называется первой, а затем воздействием света на это желание Он создает в нем различные добавки, вариации, наслоения желаний. Вот это желание, бывшее желанием получать в первой стадии, во второй стадии вдруг становится желанием отдавать. Кто желает отдавать во второй стадии? Тот, кто в первой стадии желал получать.

Внутри находится то же самое желание получать, но сейчас оно желает отдавать, то есть, это — наслоение на первоначальное желание. Можно сказать так, что первое желание — это точка, а желание второе — это точка, на которую есть еще дополнительное желание. Третье желание является не только желанием отдавать, а, получая — отдавать. И четвертое желание — это желание получать, затем желание отдавать, затем желание, получая, — отдавать, а потом снова — желание получать.

То есть, наслоением одних желаний на другие создается в итоге полное кли. Когда мы это кли рассматриваем, то видим, что все эти желания — дополнительные, это не желания самого кли, этого исконного создания, а наслоившиеся на него, одевшиеся на него под воздействием света.

Поэтому есть девять первых сфирот и десятая — Малхут. И эта десятая часть Малхут — неисправима, с ней ничего не надо делать. Потому что Творец ее сделал из ничего, нет ей никакого эквивалента. А все остальные девять сфирот созданы под воздействием света в создании, в Малхут, поэтому они эгоистичны.

При виде света, разных наслаждений, в соответствии с вашей природой, вы желаете их эгоистически, но зато эти желания можно исправить с эгоизма на альтруизм, на от-

Каббалистическое объяснение законов Песаха

дачу. Потому как свет породил их своим воздействием на рацон лекабель, так же с помощью света вы можете научиться проделать этот путь обратно.

То есть, свет вам создал эгоистические желания, а вы можете сейчас от света получить силы для преобразования этих желаний в альтруистические, потому что они не ваши, они созданы вторично, уже наслоением на вашу естественную природу. А с Малхут невозможно ничего сделать — это лев а-эвен. Она находится в мире Бесконечности и не оценивается нами, как лев а-эвен — еще нет клипот, еще нет разбиения келим, это произойдет позже.

Поэтому вся наша задача по исправлению состоит в том, чтобы полностью ограничить эту десятую часть кли. Никаким образом с ней не работать — это называется — исполнение запретительных заповедей. А работать только с девятью первыми сфирот, которые состоят:
— из отдающих келим Г"Э;
— из получающих келим, которые называются АХАП дэ-Алия, то есть, те келим, которые можно перевести на отдачу.

Поначалу мы исправляем Г"Э — это стадии 0, 1, 2. Затем исправляем АХАП дэ-Алия — это стадии 3, 4. А лев а-эвен вообще не используем.

Лев а-эвен — это Малхут дэ-Малхут, которую невозможно исправить, потому что она появилась из ничего. Каким образом ее можно исправить? Когда мы все исправляем, то мы как бы поднимаемся снизу до того состояния, где возникло творение, и тогда Творец сам исправляет лев а-эвен. Он его создал из ничего, только Он его может исправить, переделать так, чтобы этой точке, которая является желанием насладиться, дать экран, посредством которого она бы работала на отдачу. Мы не в состоянии до нее дотронуться, мы не в состоянии самих себя исправить.

Исследование замысла Творца

Творец, воздействуя на нас (первичное желание получить) различными положительными воздействиями — отдачей, создал в нас первые девять сфирот. Его желание — создать в нас дополнительные свойства и насладить, наполнить их. Так же и мы, изучая работу Творца в себе, должны уподобиться этим первым девяти сфирот. Свыше приходит свет, кли отражает его и создает из себя подобие этому свету, то есть, воздействует в обратном порядке соответственно своим внутренним ощущениям.

Выходит, что вся наша работа заключается в уподоблении Творцу. Для этого надо познакомиться с Творцом, ощутить Его работу в себе, осознать, что и каким образом Он делает. В той мере, в какой осознаешь, понимаешь, ощущаешь — появляется желание делать то же самое в направлении к Нему. Это желание является МАН — просьбой, молитвой о получении возможности отдавать. В той мере, в какой человек отдает, он становится равным Творцу, становится подобным Ему, и в этой мере происходит слияние, соединение между ними по принципу подобия. Поэтому человек называется Адам, *домэ* — подобный.

Как только человек доходит до такого состояния, когда первые девять сфирот снизу-вверх он делает подобными девяти сфирот сверху-вниз, то есть, полностью сравнивает девять свойств прямого света с девятью свойствами отраженного света и достигает восемнадцати свойств в себе, замыкает их в себе, то последнее свойство, лев а-эвен, исправляется Творцом. Это называется *Гмар Тикун* — окончательное исправление. Но это уже не наше действие, мы не в состоянии его произвести. Мы в состоянии сделать то, что сделано в нас, но не в состоянии проникнуть в то, как и из чего сделаны мы.

Это не говорит о несовершенстве Творца или творения. Это просто говорит о том, что Творец первичен, а творение вторично. И поэтому творение не может само себя исправить. Оно создает для этого все предпосылки, можно сказать, что оно этим себя исправляет. Но это последнее действие эквивалентно действию создания из ничего. И уже после того, как творение исправляет и свое десятое свойство, оно поднимается на уровень Творца и выходит на те уровни, на которых прежде не существовало.

Каббалистическое объяснение законов Песаха

То есть, говоря о существовании Ацмуто в прямом свете (сверху-вниз), мы должны понимать, что Творец сам по себе еще не назывался Творцом, потому что не было никакого творения, не было даже и Замысла творения. Речь идет о таком уровне существования Высшей силы, который мы не понимаем, но со слов каббалистов знаем, что он существует.

Затем возникает намерение создать творения для того, чтобы их насладить. Вслед за этим происходит претворение замысла в действие: создание самих творений. И когда само действие становится творением и работает уже само по себе, исправляя себя, творение поднимается в обратном направлении снизу-вверх на такой уровень, на котором оно при распространении света сверху-вниз не существовало. То есть, творение, исправляя себя, достигает состояний, которые существовали до его создания, потому что оно приобретает свойства Творца, Его мысли, Его замыслы — все то, что относится не только к самому творению.

Он воздействует на меня. Я изучаю все Его действия, направленные на меня. Я могу полностью уподобиться своими действиями Ему и благодаря этому в итоге постигаю Его — то есть, поднимаюсь на уровень, где Он существует как бы сам по себе, без какой-либо связи со мной. Вывести творение с его уровня на уровень Творца — в этом и заключается замысел Творца.

Поэтому, если бы не было этой нашей работы, в процессе которой мы должны полностью уподобиться Творцу, если бы не происходили все эти метаморфозы, мы никогда не смогли бы достичь уровня Творца, самого по себе. Так и оставались бы всегда получающими, даже будучи при этом отдающими, мы все равно находились бы в таком положении, когда я — снизу, а Он — сверху. Даже если я уподоблюсь Ему, буду как Он, рядом с Ним, с Тем, который проявляется относительно творений.

А замысел — создать нечто, что было бы, в принципе, равно Ему. То есть, тут существует качественно абсолютно другая задача. Если наше возникновение происходит, начиная с этой точки вниз, то Он желает, чтобы мы, пройдя какой-то путь, поднялись не до той точки, в которой Он нас создал, а выше этой точки. Это невероятная задача — быть Творцом самого себя еще до своего сотворения. И достичь этого мы способны именно благодаря тому, что проходим весь этот путь по собственному исправлению.

Исправление каменного сердца

Творению дана возможность исправить лев а-эвен, но метод его исправления — не активный. Я не работаю с ним в попытке его исправить так, как я могу работать с девятью первыми сфирот. Девять первых сфирот во мне — Кетер, Хохма, Бина, Хесед, Гвура, Тиферет, Нецах, Ход, Есод — активно создал Творец, влияя на меня определенными действиями. Он воздействовал на Малхут, и таким образом она получала. Вследствие того, что Малхут создана до этих девяти первых сфирот, она желает насладиться. Творец своими воздействиями каждый раз создавал в ней определенные желания.

Желая насладиться, я ищу различные источники наслаждения: пробую один плод, другой, разную еду, питье, что-то еще, и во мне возникают желания — девять основных желаний. Они возникли потому, что у меня внутри существует общая предпосылка к наслаждению, называемая Малхут.

Сама Малхут не имеет какого-либо оттенка, предпочтения — чем наслаждаться. Первые девять сфирот строят в ней различные вариации наслаждений, различные вкусы. Поскольку я воспринимаю эти девять видов наслаждений, то я имею возможность видеть, Кто и как мне их дает, а также то, каким образом я наслаждаюсь.

В соответствии с методикой знакомства с Творцом, в соответствии с твоим ощущением Творца, ты, видя работу, которую Он делает (*аводат а-Шем*), начинаешь ей уподобляться. Ты не можешь сделать самостоятельно ни одного духовного действия прежде, чем увидишь, какое действие Он производит по отношению к тебе. Так и написано: «*Ми мааseха икарнуха*» — «Из Твоего действия я познаю Тебя». После того, как я познаю Тебя, я смогу быть подобным Тебе.

Каббалистическое объяснение законов Песаха

Итак, я могу уподобиться Ему только в этих девяти действиях. Но если я полностью им уподобляюсь, то этим я как бы реализую и десятое — самое первое, исконное Его действие по собственному созданию. Почему? Потому что все действия реализуются в первых девяти действиях. Не в состоянии Малхут сделать больше, чем воспринять эти первые девять сфирот в себя. Это трудно выразить словами, но в этом — вся Малхут.

Мы можем говорить об этом сколько угодно, все равно это нам не поможет, мы не сможем этого понять. Но сама идея проста. Она заключается в необходимости создать творение, целиком построенное на недостатке, неудовлетворенности, чтобы это творение само оценило свою неполноценность относительно Творца, чтобы оно захотело исправиться, подняться до уровня Творца. Все это происходит для того, чтобы, поднявшись до уровня Творца, творение продолжило подъем и достигло более высшей точки, чем та, в которой она была создана. Эту идею надо осознать. В принципе, в этом и заключается замысел Творца, поэтому это действие не похоже на то, как мы рождаем себе подобных. Сама идея состоит в том, чтобы породить не подобное себе, а нечто выше себя, то есть, выше той точки отсчета, с которой начинал.

- **Вопрос: В чем принципиальное отличие зивугим в мире Адам Кадмон?**

Малхут мира Бесконечности после того, как получила Высший свет, ощутила себя противоположной этому свету. Так же, как в стадиях прямого света, стадия Алеф ощутила себя противоположной свету и захотела быть отдающей. То же самое произошло и с Малхут, которая в итоге совершает Сокращение, после которого она начинает постигать первые девять сфирот.

Малхут начинает ощущать, что эти сфирот представляют отдачу в противоположность ей, и постигает, что такое отдача. Она ощущает это в каждой из своих девяти первых сфирот (от Малхут до Кетер), и начинает постигать действия Творца относительно нее.

Что значит — начинает постигать? Она делает Сокращение на свою десятую стадию — Малхут — и начинает постигать — Есод, Ход, Нецах, Тиферет, Гвура, Хесед, Бина, Хохма, Кетер. По достижении стадии Кетер снизу-вверх она достигает осознания того, Кто ей дает, и что именно Он дает, с какой целью Он это делает, каков Его замысел.

В ней возникает ощущение огромного различия между ею самой и стадией Кетер. И когда она накапливает все эти знания, поднимаясь постепенно от себя, Малхут, точки своего Сокращения, до Кетер девяти первых сфирот, которые ей предшествуют, она получает осознание, благодаря постижению работы Творца и воздействию на нее прямого света.

Поднимаясь в обратном порядке, она начинает осознавать, каким образом можно достичь уровня Кетер, и что означает этот уровень относительно нее. В ней возникает идея, план — каким образом она может уподобить себя стадии Кетер. И в тот момент, когда она достигает, поднимаясь снизу-вверх, через все сфирот, из Малхут мира Бесконечности, стадии Кетер, — она уже знает, что будет делать дальше.

Решимот, остающиеся в пустых сфиротах от Малхут до Кетер, которые она постигает после сокращения, — это собранные ею в себе решимот по осознанию своего пути. Это то, что происходит в Малхут мира Бесконечности.

Экран возникает в ней вследствие того, что она постигает Кетер, на все эти решимот. И она начинает смотреть, что можно сделать дальше. Таким образом, рождается парцуф Гальгальта — после того, как Малхут мира Бесконечности сократила себя, и свет удалился из всех первых девяти сфирот, то есть, она не желает ощущать воздействие Творца на себя.

И только поднявшись до уровня Кетер, она начинает ощущать его воздействие на себя. Теперь она строит от уровня Кетер до своего собственного уровня Малхут рош парцуфа. И в соответствии с этим разделяет себя на две части — тох и соф.

Все происходит под воздействием решимот, которые она собирает, исследуя эти девять первых сфирот — отношение к ней Творца. Именно отношение к ней Творца,

Каббалистическое объяснение законов Песаха

которое она сейчас изучает, позволяет ей произвести действия, аналогичные действиям Творца. Так появляются первые пять парцуфим в мире Адам Кадмон.

Если бы Малхут мира Бесконечности смогла полностью уподобиться действиям Творца, быть как Творец, то она бы достигла конца исправления — *Гмар Тикун* за эти пять действий в мире Адам Кадмон. Она этого не в состоянии сделать, потому что точка Малхут в ней создана до нее, — она создана желающей насладиться. Поэтому Соф парцуфа, от табура до сиюма, и называется распространением Малхут, то есть, это — сами ее свойства, и потому эти свойства исправить невозможно.

Мы говорим, что невозможно исправить свойства самой Малхут. САГ туда спускается для того, чтобы заполнить эти свойства своей отдачей — ор Хасадим. То есть, Малхут начинает использовать свои свойства — Соф парцуфа Гальгальта — хотя бы ради отдачи, подобно тому, как это делает САГ. И в итоге происходит второе сокращение — *Цимцум Бет*, смешение, разбиение. Происходит соединение — в плохом ли, в хорошем ли смысле — неважно, но происходит соединение первых девяти свойств с последним.

Для чего? Все равно ведь Малхут не исправляется, ее невозможно этим исправить. Все эти разбиения с последующими исправлениями — это не исправление Малхут. Это осознание различия между свойствами Малхут и первыми девятью сфирот.

Поэтому в мире Адам Кадмон и в остальных мирах происходят совершенно разные зивугим дэ-акаа. Потому что во всех остальных мирах, кроме мира Адам Кадмон, Малхут принимает активное участие. А в мире Адам Кадмон она вообще не принимает никакого участия, так как она изначально отстраняется и работа всех пяти парцуфим мира Адам Кадмон строится на девяти сфирот. А Малхут, от табура вниз, в этом деле не участвует.

Поэтому мир Адам Кадмон называется мир Кетер. Он только показывает отношение Творца к творению, или отношение творения к Творцу. А Малхут совершенно не принимается в расчет, все строится выше нее. А все остальные миры — Ацилут и нижестоящие (Ацилут еще не совсем), создаются на сопоставлении между свойствами самой Малхут и первыми девятью сфирот.

Малхут при этом не исправляется совершенно, но эти миры построены на разнице между ней и каждой предыдущей сфирой. То есть, каждый из этих миров является показателем отличия между Малхут и первыми девятью сфирот, а не в чистом виде девятью сфирот и не в чистом виде Малхут — именно разницы между ними.

Поэтому, чтобы подняться по ступеням этих миров, человеку надо побывать в левой линии, в правой линии и сделать между ними исправление. И тогда он оказывается в одной из сфирот, на одном из уровней в этом мире. Потому что каждый из этих миров является именно средним, полученным в результате сопоставления между свойствами Творца и свойствами творения.

- **Вопрос: Почему только при изучении мира Адам Кадмон мы так подробно изучаем «зивуг дэ-акаа»?**

Потому что это самый простой вариант обьяснения этого процесса. Все, что происходит в мире Адам Кадмон, не происходит в творении. Творение — это то, что рождается вследствие разбиения сосудов — *шеират а-келим*, после этой общей души, работа в трех линиях совершенно не имеет отношения к Адам Кадмон.

О мире Адам Кадмон мы говорим тогда, когда в чистом виде нам показывается отношение Творца к творению, отношения света и желания. Внутри нас такого не происходит, это только подготовительная система, образованная сверху-вниз для того, чтобы воздействовать на нас в соответствии с пятью уровнями авиют, которые находятся в нас.

Иными словами: надо предложить нам пять видов наслаждения. Это, собственно, и делает Адам Кадмон — все это дифференцирует, подготавливает, создает отношение к нам со стороны Кетер, Хохма, Бина, З"А, Малхут. А в дальнейшем, после того, как создано отношение к нам, Некудот дэ-САГ, Бина, начинает нисходить и наполнять НЕХИ дэ-Гальгальта, саму Малхут. И вот на соединении свойств

Бины и Малхут, Некудот дэ-САГ и НЕХИ дэ-Гальгальта, возникает связь между Творцом и творением. Между свойствами Творца — Некудот дэ-САГ, Бина, и свойствами творения — Малхут, НЕХИ дэ-Гальгальта.

Но это происходит только в мире Адам Кадмон. Весь мир Некудим мы считаем включенным в мир Адам Кадмон, в него включены и Некудот дэ-САГ, и разбиение этого кли. Все это еще относится к миру Кетер, к Замыслу творения. Только после разбиения, падения вниз и последующих процессов начинается подготовка к созданию настоящих душ. То есть, мы на все эти процессы в мире Адам Кадмон, в мире Некудим, включая мир Ацилут, должны смотреть как на действия Творца, предваряющие создание творения.

Потому что мир Ацилут — это тот же мир Некудим, а мир Некудим — это мир, относящийся к миру Адам Кадмон.

Механика воздействия Творца на творение

Эти три мира — Адам Кадмон, Некудим и Ацилут — являются системой воздействия Творца на творение. Отличие одного мира от другого — в методе соединения. Допустим, чистый замысел Творца относительно нас — это мир Адам Кадмон. Замысел не может быть без связи с творением: в мире Некудим произошла связь между Творцом и творением. В мире Ацилут, еще более низком мире, замысел воплощается в механику, в систему, через которую Творец действительно воздействует на нас.

Если в мире Адам Кадмон Малхут практически нигде не участвует, то в мире Некудим она разбивается, проникает в мир Некудим, происходит Второе Сокращение. Что это значит? Малхут поднимается и делает Сокращение в Бине, в Творце. То есть, Творец сокращается, вбирая в себя свойства творения, его ограничения, чтобы в мире Ацилут из всего отрицательного, что Он впитал в себя от творений, создать соответствующую систему, посредством которой Он смог бы строить свое отношение к ним. Он как бы заранее может знать, каким образом относиться к будущим творениям, учитывая их слабость. Это и есть отличие мира Ацилут от мира Адам Кадмон.

Мир Ацилут — это тот же мир Адам Кадмон, только после того, как он вобрал в себя все слабости, все отрицательные качества творения и поэтому уже знает, как относиться к ним. Поэтому мы говорим, что выше мира Ацилут — мир Бесконечности. Там вообще один свет. Мы изучаем Цимцум Алеф, разбиение, огромное количество процессов — это процессы вбирания в себя Творцом, системой мира Бесконечности, всех слабостей, всех отрицательных свойств творения, чтобы затем выстроить правильное отношение к нему. И только внутри миров БЕА начинается область, в которой существует душа.

Любое духовное действие в человеке происходит вследствие предварительных предпосылок. Нельзя сделать что-либо просто потому, что я так хочу — такого не бывает. То есть, я являюсь результатом действия Творца. И это действие я не совершаю сам, это действие делает на мне свет, который нисходит свыше. Но я могу вызвать этот свет, ускорить его развитие.

Ты можешь сказать, что ты сам осуществляешь сокращение, или Творец это делает на тебе — это неважно. Просто необходимо четко различать, что мы являемся результатом воздействия, и не в состоянии сами что-то делать.

Не надо ничего выдумывать, да мы просто и не в состоянии что-либо выдумать. Единственное, что в наших силах — это вызвать большую интенсивность окружающего света, который только ускоряет темп нашего развития, но ни в коем случае не меняет нас. В нас, конечно, это ощущается как изменения. Я изменяюсь от состояния к состоянию, но я бы и так изменился, пусть медленней, но все равно прошел бы эти состояния.

Я изменяюсь и качественно: если я вызываю на себя повышенное воздействие окружающего света, то этим я создаю в себе иное отношение к изменениям. То есть, те отрицательные изменения, которые происходят без приложения к этому усилий с моей стороны, сейчас воспринимаются мною положительно.

Каббалистическое объяснение законов Песаха

Иными словами — если я ожидаю изменений и стремлюсь к ним, то они ощущаются мной положительно. Если я их не ожидаю, не стремлюсь к ним, не прилагаю усилия — они все равно происходят, но ощущаются во мне отрицательно.

После произошедшего в мире Некудим разбиения информационно ясно, что ор Хохма не может войти в эгоистическое желание. С другой стороны, ясно, что невозможно исправить чистое эгоистическое желание на альтруистическое. То есть, мир Ацилут, в первую очередь, делает безопасное ограничение, препятствующее нисхождению свету Хохма вниз на эгоистические желания, разбитые келим.

Разбиение сосуда необходимо для того, чтобы четко отделить эгоистические желания от альтруистических. После того, как сосуд разбился, видно, что он представляет собой в действительности. Что значит — разбился? Это значит, с него сняли экран. И первое условие исправления кли — не допустить к нему ор Хохма.

Еще в голове парцуфа Арих Анпин — самом первом парцуфе мира Ацилут происходит четкое разделение: все зивугим, которые произойдут в Рош, распространяясь в тело, а затем через него в следующие, более низкие парцуфим, могут быть какими угодно, но только не на прямой ор Хохма.

Это говорит о том, что саму Малхут после разбиения сосудов исправить невозможно. После разбиения келим в мире Некудим и рождения мира Ацилут это становится очевидным, поэтому мы должны просто отделить в сторону эту часть от Малхут.

Эта сепарация и производится с помощью разделения на зоны в голове парцуфа Арих Анпин в мире Ацилут. Там происходит очень четкое разделение. Все желания этого парцуфа, которые могут работать с ор Хохма, сокращаются, перекрываются, с ними не работают. Работают только с желаниями Бины и ниже. То есть, работать с масахом 2, 1, 0 (Бет дэ-авиют, Алеф дэ-авиют, Шореш дэ-авиют) — нет проблем, но с большими масахами работать нельзя. С ними можно работать только по принципу Цимцум Бет. Что это значит? Принцип Цимцум Бет означает подъем Малхут до уровня Бины, а не спуск Бины до уровня Малхут.

Потому что, когда Бина спускается до уровня Малхут, то, несмотря на вроде бы имеющуюся возможность получить ради Творца, ради отдачи, на самом деле этого не происходит, и происходит разбиение. Мир Ацилут устроен таким образом, что ты можешь работать с келим, имеющими авиют Шореш, Алеф, Бет. С авиют Гимел-Далет (3, 4) работать нельзя, это возможно, только если Малхут, получающие келим, поднимутся до Бины.

Этот принцип называется АХАП дэ-Алия. Поэтому самая первая система мира Ацилут, называемая рош Арих Анпин, устроена таким образом, что все эти ограничительные законы, условия, создаются прямо в голове этого парцуфа.

И в соответствии с этим, когда мир Ацилут воздействует на души, находящиеся внизу, в мирах БЕА, под ним, то он воздействует светом, который проходит через голову Арих Анпина.

Свет, проходя через эти системы фильтров, приобрел определенное излучение, как бы чистоту. На него накладывается определенная модуляция, которая вызывает в душах понимание того, что исправление (тикун) должно быть только таким. Я работаю с отдающими келим, а работать с получающими смогу, только поднявшись в мир Ацилут. Каким образом свыше смодулировано воздействие, соответственно этому оно вызывает в кли желание произвести также и свое исправление.

- **Вопрос: есть ли ор Хохма в мире Ацилут?**

В мире Ацилут ор Хохма перекрывается в голове самого Высшего парцуфа. Во всем мире Ацилут есть ор Хохма.

Мир Ацилут состоит из пяти парцуфим: Атик, Арих-Анпин, Аба вэ-Има, З"А и Малхут.

Атик — это Цимцум Алеф, промежуточный парцуф.

Арих Анпин — в его рош Кетер, Хохма, Бина отделены так называемой *крум* — перекрытием от Зеир Анпин и Малхут, которая препятствует распространению света вниз.

Каббалистическое объяснение законов Песаха

Ор Хохма остается наверху. Этот свет не исправляет келим, а наполняет их.

Дальше идут Аба вэ-Има, затем З"А и Малхут. А потом — миры Брия, Ецира, Асия и наш мир. Души находятся в мирах Брия, Ецира, Асия. Поднимаясь исправлению в мире Ацилут, они исправляются в зивуге З"А и Малхут мира Ацилут. Рождение души происходит только благодаря свету ГАР дэ-Хохма. Это не тот свет Хохма, который наполняет келим, а тот, что их исправляет, рождает келим. Здесь можно провести параллель с нашим миром. Чтобы рожать детей, надо много ума? Нет, мы знаем, что все рожают. А для того, чтобы наполнить голову — надо много ор Хохма. То есть, это совершенно разные виды воздействия света. Кстати, это пример точный.

Что необходимо для того, чтобы родить души (родить в них экран)? Что называется рождением парцуфа — ведь решимот есть всегда? Для этого есть ор Хохма, а для того чтобы наполнить — нет. Маленькое кли родилось с помощью ГАР дэ-Хохма (очень сильного света), а вот наполниться можно только немножко светом Хасадим.

Если же ты хочешь наполниться светом Хохма, тогда поднимись над Парсой, и здесь наполнишься и светом Хасадим и светом Хохма. Наполнение возможно только в подъеме, поэтому говорится — АХАП дэ-Алия. У Высшего парцуфа всегда есть возможность родить низший с помощью света Хохма.

А вот низшему для того, чтобы наполниться светом Хохма, надо подняться на тот уровень, где этот свет находится. То есть, если какой-то Высший парцуф имеет свет Хохма, то он может с этим светом находиться на любых нижних ступеньках. А низший для того, чтобы получить этот свет, уже обязан подняться к его источнику. Есть, конечно, разница между созданием парцуфа и наполнением. В Каббале это называется *ор шель тикун Брия* — свет исправления и *ор шель матарат Брия* — свет наполнения или свет Цели творения.

Если мы говорим о том, что в соф Гальгальты не может быть никакого света Хохма, каким образом существуют внутри нее целые миры — мир Ацилут, в котором есть ГАР дэ-Хохма, и все остальные низшие миры? Каким образом существуют миры Брия, Ецира, Асия, находящиеся под парса, куда вообще не проходит свет Хохма? А в этих парцуфим в мирах Брия, Ецира, Асия, есть так же Атик, Арих Анпин — в них есть ор Хохма или нет?

Нам необходимо помнить — Высший и в нашем мире может действовать с ор Хохма. Это Его дело, что он совершает в нашем мире. «Я, Творец, нахожусь в них, во всей их нечистоте».

То есть, у Высшего есть экран, он может находиться на любом уровне эгоизма, и на него это не действует. Если надо вызвать в нас какие-то действия, это происходит под влиянием света Хохма. Например, выход из Египта происходит под воздействием ГАР дэ-Хохма, разделением Конечного моря, как это говорится в нашем мире. Но о каком свете Хохма может идти речь — это же происходит в Египте, на таком низком уровне, под всеми мирами БЕА, под миром Ацилут? Для Высшего не представляется никакой проблемы воздействовать там, где Он пожелает.

Мы говорим об ограничениях только относительно душ, относительно низших. Для них, действительно, есть ограничения, все эти ступеньки существуют для низших. Если ты хочешь занять какую-то другую позицию — пожалуйста, поднимись. Ты хочешь чувствовать себя лучше? На этой ступеньке ты не можешь себя чувствовать лучше, это возможно только при подъеме на более высокую ступень. Хочешь почувствовать себя еще лучше — выполни определенные действия, получи сверху свет, который приподнимет тебя на следующую ступеньку.

То есть, ограничения существуют только в нас, в зависимости от того, каким экраном мы обладаем. Но если я поднялся на какую-то ступень и обладаю экраном, это значит, что все ступени, расположенные подо мной, находятся во мне и снабжены экраном. И я могу на них действовать так, как я захочу. Они уже являются моей природой, находятся во мне.

На любой ступеньке, если в этом есть необходимость, я могу спуститься и действовать. Так воздействуют каббалисты на все остальные души — если надо кому-то помочь подняться. Неважно, на какой ступени находится каббалист, ему ничего не стоит вселиться в определенную душу, то есть, дать дополнительную энергию еще одной частичке общей души, которой необходимо в данный момент выполнить какую-то миссию — и поднять ее.

Даже если он находится, например, на восьмидесятой ступени, а спуститься ему надо на пятую ступень — это для него не проблема. Как для нас не является проблемой объяснить что-то первокласснику, если мы занимаемся уже в университете. Поэтому необходимо разделять наличие света в парцуфе.

Парцуфим — это не души, это ступени. В них есть все, что надо — и ГАР дэ-Хохма, и остальные света. В рош, в тох и в соф — не важно, где. Мы говорим только относительно низших. Такие ограничения существуют на каждой ступени. То есть, со стороны правой линии вообще нет никаких ограничений.

Желание, родившееся из ничего

Теперь мы сможем понять, что такое десять сфирот от табура и ниже. Было бы неправильно сказать, что там есть только ор Хасадим без присутствия ор Хохма, так как ор Хасадим не может полностью отделиться от ор Хохма. Обязательно должна быть маленькая подсветка ор Хохма, которая называется *ВАК бли рош*. В любом парцуфе есть десять сфирот: ГАР — это Кетер, Хохма, Бина, в которых есть ор Хохма во всем своем величии, ВАК — это Хесед, Гвура, Тиферет, Нецах, Ход, Есод, имеющие как ор Хасадим, так и в небольшом количестве ор Хохма, десятая сфира — Малхут — остается незаполненная светом.

Что значит ор Хасадим? Если творение создано желающим насладиться, каким образом оно может наслаждаться от отдачи? Есть желание насладиться, которое одевает сейчас на себя другой вид желания — желание отдавать, наслаждаться от отдачи. Первоначальное наслаждение остается внутри и на него надевается исправление — *левуш* — верхнее одеяние. А потом это желание отдавать преобразуется в какое-то другое желание. Это тоже — желание отдавать, но уже с каким-то другим условием. Отдавать при условии, если это будет какой-то определенный свет, допустим, ГАР дэ-Хасадим.

Что же это будет тогда за объект? Это будет объект, в котором существует первоначальное желание насладиться, получившее экран и ставшее желанием отдавать, которое приобрело дополнительный экран, и сейчас оно пожелает отдавать только в том случае, если у него будет ГАР дэ-Хасадим. И так далее.

То есть, если ты будешь углубляться внутрь каждого желания, то дойдешь до желания, родившегося из ничего в самом верху творения. Поэтому, если мы говорим о желании отдавать, это значит, что желание получить желает сейчас отдать. На основании чего оно работает на отдачу? Что оно хочет отдать? Оно хочет отдать свое бывшее наслаждение от желания получить.

Когда я могу проверить, что ты мне хочешь дать, допустим, 100 долларов? Когда у тебя эти 100 долларов есть, то есть, ты ими владеешь, они наполняют твое кли, и ты их отдаешь. Отдача с твоей стороны мне света Хохма называется процессом, в котором ты излучаешь свет Хасадим относительно меня. А что значит отдавать? Если кто-то отдает, значит, кто-то получает. То есть, невозможно отдавать, если нет света Хохма.

И Бина тоже целиком наполнена светом Хохма. Как ты можешь сказать, что Бина — это Хасадим? Она все отдает. А что ей отдать, если у нее нет света Хохма? Это как сказать: «Я тебе желаю всего хорошего». Но в духовном это не действует, если ты желаешь, значит — дай. Поэтому мы говорим, что Бина внутри себя — чистая Хохма.

После того, как первая стадия наполнилась светом Хохма, она решает, что хотела бы отдавать. А если бы у нее не было этого света Хохма, ей не на чем было бы строить свою отдачу.

Каббалистическое объяснение законов Песаха

Поэтому Бина состоит из трех частей. Первая ее часть — это желание получать, и в нем есть свет Хохма. Вторая часть — это желание отдавать, и в этой ее части есть свет Хасадим, ГАР дэ-Хасадим. И третья часть — это свет Хасадим и свет Хохма из первой и второй части вместе, здесь она уже решает, сколько, для чего, кому и как она, действительно, отдает.

Что же она отдает? Она отдает ор Хохма, а не ор Хасадим. Хасадим нечего отдавать. Это все равно, что у тебя, например, ничего нет, а у меня есть все, что хочешь, и я тебе говорю, что это ничего — все в порядке. Так ты желай другим, чтобы и у них было так же, как у тебя. Отдача представляет собой отдачу света, отдачу наслаждения. Под наслаждением имеется в виду Хохма.

Поэтому, естественно, в любом состоянии, где бы мы ни видели кли Хасадим, возле него обязана быть Хохма — ВАК дэ-Хохма, аярат Хохма, то есть, слабенькие виды света Хохма, наслаждения. В духовном не может быть обмана — это точно должно быть внутри наслаждения, из которого ты уже отдаешь.

В принципе, отдача — это то же самое твое желание насладиться, которое ты исправляешь на противоположное. Но это желание насладиться у тебя должно существовать. И оно должно быть наполнено наслаждением, тогда можно говорить о том, что ты его каким-то образом инверсируешь, обращаешь в отдачу. Если у тебя в кармане ничего нет — ты ничего не можешь отдать.

Правая и левая линии

Эти два свойства исходят от Творца. Ни в правой, ни в левой линии ограничений нет. То есть, эгоистические желания или альтруистические свойства, силы, — все это постоянно существует, всегда представлено перед душой.

Насколько душа может вобрать в себя из этих двух свойств — свойства Творца (девять первых сфирот, правая линия) и свойства Малхут (левая линия) — и совместить в себе, чтобы взяв нужное из левой линии, быть подобной примерам, которые она видит в правой линии, настолько она может на этом совмещении выстроить свой образ — взаимодействие между своими внутренними свойствами.

В своем начальном состоянии, перед вхождением на любую духовную ступень, душа представляет собой только информацию, подобно зародышу, семени. В соответствии с этой информацией (*решимо*) она берет из левой линии — желания, из правой линии — силы и пример работы с этими желаниями, и начинает себя формировать.

Ни в правой, ни в левой линии ограничений нет, потому что в них нет творения: и то и другое — свойства Творца. Только эти свойства Творца отличаются относительно творения тем, что представляются либо девятью первыми сфирот, либо десятой частью — Малхут. Но они только нам так представляются, а на самом деле в них отличия нет, это тот же Творец, разделяющийся относительно нас на девять сфирот и Малхут. И ограничения в этих линиях нет, так как они не являются нашей природой. Ограничение только в нас, в том, каким образом мы можем эти две линии в себе сопоставить, связать и сформировать конструкцию, которая называется душой.

Суббота — власть Творца над душой

Все так называемые субботние ограничения — это ограничения относительно души. Но вы можете мне напомнить, что я только что говорил: находясь на восьмидесятой ступени, я могу просто выйти на пятую ступень и делать там все, что угодно, поскольку у меня есть экран восьмидесятой ступени.

А сейчас для примера говорится, что в состоянии, называемом субботой, ты уже не можешь выйти с восьмидесятой ступени на пятую, а только, допустим, с восьмидесятой на пятидесятую, и не ниже. Ты прав. Но и я прав. Потому что суббота называется возбуждение свыше. Это дополнительное условие, нисходящее на души вне зависимости от того, на каких ступенях они находятся, и если ты хочешь быть в состоянии субботы, ты обязан соблюдать его.

Каббалистическое объяснение законов Песаха

Объясняется это так. То, что ты заслужил восьмидесятую ступень — очень хорошо. И вдруг выходит какой-то дополнительный для тебя свет, который поднимает тебя с восьмидесятой ступени, допустим, до сто десятой. Вот эта разница между восьмидесятой и сто десятой ступенями и называется — подъем субботы.

Если ты хочешь воспользоваться этим дополнительным светом, ты должен при этом соблюдать определенные условия, что называется — хранить субботу — *шмират шаббат*. Почему? Потому что ты не заслужил своими исправлениями подъем на эти тридцать ступеней, с восьмидесятой до сто десятой. Просто свет, который нисходит дополнительно сверху, поднимает тебя, если ты выполняешь определенные условия. Но если ты их не соблюдаешь, он тебя не поднимет.

Причем, еще заранее, до этого состояния, необходимо произвести особую подготовку, которая называется шесть будних дней недели. И кто в эти дни работает по подготовке к субботе, того и поднимает этот свет в субботу. Имеется в виду не наша календарная суббота — это вообще происходит не на нашем уровне. Если ты поднялся на сто десятую ступень, то в каких-то определенных своих действиях, желаниях, в определенных рамках ты можешь быть свободным.

Но только в определенных рамках. Почему? На любой другой ступени, завоеванной тобой своим собственным исправлением, тебе ничего не грозит, потому что ты сам заработал этот экран. А во время субботы тебе свыше дали экран, как подарок, на некоторое время. Поэтому, если ты не будешь его ограничивать, если не будешь ограничивать свои желания и захочешь пользоваться этим экраном, данным тебе на время, так, как ты захочешь, то ты сразу же можешь выйти из состояния субботы и упасть.

В обычном состоянии душа находится в мирах БЕА. Суббота — это такое состояние, когда мир Брия поднимается в Ацилут, это называется *эрев шаббат* — канун субботнего вечера, первый подъем. Второй подъем — это поднятие мира Ецира в Ацилут. Естественно, мир Брия тогда поднимается выше. И третий подъем, когда мир Асия поднимается в Ацилут. Мир Ецира при этом поднимается выше, и мир Брия — еще выше.

Душа существует внутри миров Брия, Ецира, Асия подобно тому, как мы (наше тело) существуем в нашем мире. При подъеме миров, естественно, вместе с ними поднимается и душа. Допустим, она поднялась вместе с мирами и находится в каком-то месте — это ее состояние называется шаббат. До подъема ее состояние называется будни.

Что значит шаббат? Это значит, что сверху из Зеир Анпина снизошел свет, назовем его, допустим, «свет шаббат», который и вызвал подъем наверх миров Брия, Ецира, Асия вместе с душами.

Получив дополнительный свет, я хотел бы с его помощью что-то сделать, как-то воспользоваться полученной дополнительной энергией, духовной силой. Я могу либо ничего не делать, либо как-то себя дополнить, использовать эту возможность для пользы дела, чтобы не остались во мне какие-либо неисправленные свойства.

Для этого я должен с этим светом работать. Мне дается условие работы со светом, которое заключается в том, что я могу работать во всем диапазоне своих желаний со своего местонахождения только до хазе мира Ецира. То есть, можно спускаться в своих желаниях лишь до определенного места, ниже которого отдаляться запрещено. Это — желания, с которыми я могу или не могу работать.

Парсой называется граница города. Затем до хазе дэ-Ецира есть еще, допустим, 70 метров. Это очень узкий участок вне городской стены, за границей города, как бы *тхум шаббат*. В переводе на желания это означает, что я могу использовать существующие во мне альтруистические желания любой величины, и свет субботы даст мне достаточно силы для работы с ними, но только альтруистические под хазе дэ-Ецира. Далее начинаются эгоистические желания.

Субботний свет меня поднимает. У меня есть возможность примкнуть к Высшему парцуфу и делать там то, что я могу, получая от него на альтруистические желания любые силы. А эгоистические желания не поднимаются в субботу.

Каббалистическое объяснение законов Песаха

Поднимаются только альтрустические. И поэтому существует ограничение: не выходить за пределы тхум шаббат.

Вернемся к рассматриваемому нами примеру. Находясь на 80-й ступени, вы можете спуститься и на пятую, и на первую ступень, потому что они все находятся в вашей власти. На каждую из них вы приобрели экран, и этот экран находится в вашем распоряжении.

В субботу вы получили дополнительный экран, он не является вашим, вы его не заработали. Эту дополнительную силу вы получаете как подарок, временно. Для чего? Есть такие виды исправления желаний, которые требуют предварительного знакомства с ними, сначала надо их увидеть, ощутить, а потом уже начинать их самостоятельно исправлять.

Вы не можете спуститься ни на какую другую ступень потому, что в это время вы находитесь не в своем экране. Вы его получили сверху как подарок, поэтому должны действовать только в тех ограничениях, при которых вы находитесь в Субботе. Если вы не хотите находиться в Субботе, это другое дело.

Допустим, вы не принимаете этого Высшего излучения, пребывая на своем обычном уровне, — тогда вы находитесь в состоянии будней. Спускайтесь вниз и делайте, что хотите, на своих обычных ступенях. Но никто в духовном мире так делать не будет, потому что повышение всегда предпочтительней по альтруистическим меркам. Большее подобие Творцу всегда предпочтительнее, чем любые другие действия. Суббота, праздники, новолуние, есть еще другие подъемы — это *итарута дэ-лиэла*. Не относите это к экрану. Это не ваш экран. Это — пробуждение свыше.

Затем, после Субботы, когда происходит понижение до нормального уровня, вы можете использовать те знания, те постижения, тот экран, которые вы получили в Субботу. Вы уже знаете, чего именно вам надо добиваться, каким образом вы можете подняться, что перед вами находится. Поэтому заряд энергии, знания, осознания процессов, полученный в Субботу, вы уже используете в буднях следующей недели для того, чтобы полученное в подарок обрести самим.

- **Вопрос: Что это за духовный объект — граница города?**

Границей города называется та граница внутри моих желаний, в которых я нахожусь в абсолютно полной связи, слиянии с Творцом. Все ограничения в субботу, действия, которые нам нельзя выполнять, исходят из того принципа, что исправления в субботу быть не может, поскольку вся суббота проходит под воздействием дополнительной внешней, Высшей силы.

В чем, собственно, заключается исправление? В том, что я получаю свыше силу, с помощью которой исправляю свои эгоистические желания. Эта работа называется работой будней. Получаю Высший свет, окружающий свет. С его помощью строю в себе экраны. Делаю ибур, еника, мохин, строю в себе различные духовные действия, произвожу разные зивугей дэ-акаа. Это — работа будней.

В субботу запрещено производить *бирур келим*, то есть, анализ, выяснение с какими келим я могу работать, а с какими — нет. Почему это запрещено? Потому что я не получаю на это свыше никаких условий. Я нахожусь под воздействием Высшей силы. Как зародыш пребывает внутри матери, и она полностью им владеет и обеспечивает его всем необходимым, а он находится полностью под ее влиянием, так и в субботу душа, которая поднимается под воздействием дополнительной силы в мир Ацилут, находится во власти только этой силы.

Суббота — это как бы власть Творца над душой. Единственное, что душа может при этом делать — соблюдать субботу, то есть, пытаться не нарушить эту связь, потому что это — изъявление желания Творца дополнительной связи с творением. Суббота дает душе подъем, и возможность впоследствии достичь этого подъема самому. Поэтому каждая суббота — это повторение через семь дней после того, как вы подготовили себя и все шесть сфирот в течение шести дней.

Суббота — это как Малхут, которую вы не можете самостоятельно исправить, поэтому этот процесс осуществ-

Каббалистическое объяснение законов Песаха

ляется именно возбуждением свыше. Малхут мира Бесконечности исправить невозможно. Вы исправляете свои шесть сфирот: Хесед, Гвура, Тиферет, Нецах, Ход, Есод, а Малхут вы не можете исправить. То есть, вы не можете закончить ступень для того, чтобы перейти на следующую, более высокую.

Малхут так и останется неисправленной. Для того чтобы ее исправить, и существует Суббота, то есть, после того, как вы сделали все возможное, Творец сделает то, что вам невозможно сделать.

Он поднимет вас, и таким образом Малхут исправляется в силу того, что вы соблюдаете Субботу, то есть, выполняете только то, что требуется в исполнительных и в запретительных заповедях. Исполнительные и запретительные заповеди — это точный набор того, что вы должны выполнять, чтобы не нарушить итарута дэ-лиэла. И тогда вы заканчиваете эту ступень.

В каждый день недели тоже есть разная работа — уподобление таким свойствам Творца, как Хесед, Гвура, Тиферет, Нецах, Ход, Есод. Это работа разная, как у Малхут, но уподобление свойствам Творца у самой Малхут возможно только подъемом свыше, который называется Суббота. Самостоятельно войти в этот седьмой день, исправить саму Малхут вы не можете. Творец создал Малхут, только это и есть Его создание. Если Он приподнимает вас на тот уровень, который Он создал, тогда вы выявляете остальное, и как бы свое желание, свои исправления. Это называется соблюдением субботы.

- **Вопрос: Так же, как в состоянии ибур?**

Очень похоже на ибур. Все запретительные заповеди относятся к эгоизму, с которым в субботу работать нельзя, потому что экран не ваш. Вас подняли, как поднимают на какой-то уровень ребенка. Мать берет его с уровня земли, на котором он находится. Подняться с земли он сам не может, она поднимает его к груди и начинает кормить. Приподнимает его сама, подносит к своей груди сама, кормит его тем, что создала сама. Никакого участия он в этом не принимает.

В Субботу вы получаете дополнительный свет *еника* — вскармливание. Вы получаете дополнительный свет, к появлению которого вы не создали никаких предпосылок. Вам говорят: «Хотите получить эту дополнительную энергию? Она даст вам на следующую неделю, на следующую ступень, что исправлять». Она вас поднимает на следующую ступень, потому что после субботы начинается новая неделя.

Что значит новая неделя? Совершенно новая ступень. Вы на нее поднимаетесь, только если заканчиваете исправление этой шестой части. Исправить ее можно в том случае, если вы не будете нарушать. Одним из нарушений является работа с землей, работа с огнем. Есть 39 основных работ, то есть, действий Малхут, которые делать нельзя. Может быть, вы хотите знать, какое действие в Малхут какому названию в нашем мире соответствует?

Например, работа со светом Хохма называется *эш* — огонь в чистом виде. Это один из самых основных запретов. А всего их — 39. Есть из них производные, но это дополнительные, вторичные сфирот. Это вам ничего не даст. Я не могу всем привести другие названия, кроме тех, которые даются нашим обиходным языком, что значит — соблюдать или не соблюдать субботу.

Но когда вы начнете разбираться в своих желаниях, то инстинктивно изнутри вы почувствуете названия каждого желания. Это называется «не зажигать огонь», это — «не тушить огонь», «не вспахивать», «не сеять» и так далее. Это называется «не писать», это — «не собирать», то есть, что означает любой из этих запретов, вы почувствуете в своем желании.

- **Вопрос: Заповеди являются желанием?**

    Конечно, желанием.

- **Вопрос: Расскажите подробнее о Стене Плача, о ее внутренних объектах?**

    Что значит внутренние ее объекты? Есть стена вокруг города. Какой она толщины? Какой она высоты? Есть ли на ней башни?

Каббалистическое объяснение законов Песаха

Это все интересно. Это — легитимные вопросы. Эти вопросы, кстати, разбираются в Книге Зоар. Дальше, что бы ты хотел из этих сведений узнать? Как можно все-таки пролезть?

- **Реплика: Да.**

Через эту стену можно только перепрыгнуть. Перепрыгнуть через нее — это все равно, что пройти сквозь нее. Бааль Сулам пишет, что есть стена, в ней есть дверь. Можешь стоять около двери, ждать, пока она откроется. Значит — когда-нибудь она откроется. А ты в своем предварительном продвижении к входу должен приблизиться к двери. Должен ждать и каким-то образом воздействовать на эту дверь, чтобы она открылась.

В духовном пространстве этой стены с дверьми нет, есть только одна стена — бесконечной длины, бесконечной высоты. Просто стена, и все. Вдруг открывается место, через которое ты проходишь. Существует другое символическое объяснение: Творец берет тебя и вместе с тобой перескакивает через эту стену.

В любом случае это происходит неожиданно и под непосредственным воздействием Творца, которое воспринимается именно так, как будто Он производит с тобой, как с маленьким, вот это действие. В принципе, это ощущается, как победа над Творцом. По принципу *ницху ли банай* — победили меня мои сыновья.

Он все время как бы ограничивал их, давал им все более и более трудные задачи. А они, несмотря на это, преодолели все. В итоге преодоления мы рождаем в себе экран, и как только он становится равным этой стене — она растворяется, она уже не существует.

Когда человек находится выше этой стены, внутри нее, то он может входить и выходить свободно. Он уже не замечает этого барьера. Для него эти низшие желания с более высшим экраном уже не представляют никаких проблем, и опуститься ниже, выйти за пределы города он уже не может.

Даже если он и выходит, то только для того, чтобы поднять еще большие желания выше парсы. То есть, падения в духовном мире не бывает. Если человек занял какую-то духовную ступень, он может спуститься с нее, но этот спуск осуществляется им либо сознательно, либо происходит специально под влиянием свыше для еще большего подъема.

- **Вопрос: Когда происходит подъем?**

Подъем возможен, только если мы будем во время учебы очень серьезно, настоятельно требовать его. А это возможно при условии, что каждый из нас серьезно будет готовиться к каждому занятию. Потому что весь свет, который действует и дает нам силы, приходит, спускается на нас в основном во время занятий. А для этого мне необходима группа, чтобы я получил такое стремление к духовному, которого у меня нет изначально. То, что есть, у меня изначально, дает Творец. С помощью этого я не поднимусь.

Творец изначально создает во мне маленькие желания. А обрести вместо них большие желания я могу только в том случае, если я слышу, проникаюсь ими от других. Вот это и есть моя работа. То есть, если во мне лично есть желание, устремленное к духовному, надо сразу же признаться себе, что это желание — не мое. Если оно возникло во мне — это желание Творца. От меня самого ничего возникнуть во мне не может.

В соответствии с приобретенным мной желанием, мне дадут пропуск в Высший мир. И если я хочу, чтобы это желание было моим, я должен знать, что приобрести его можно только от общества, от окружающих. Так пишет Бааль Сулам в статье «Свобода воли». То есть, работа с группой является единственной возможностью создать свое личное желание, с помощью которого я могу войти в Высший мир. Вот отсюда и исходи.

- **Вопрос: Зависит ли свет, приходящий в праздники, от нашей работы?**

Свет, который нисходит в праздник, не зависит от нашей работы, потому что праздник, называемый Песах, является общим праздником. Интенсивность этого света, которую воспримешь ты, я, он и вся группа в целом, зависит

Каббалистическое объяснение законов Песаха

от нашей работы. А свет, который нисходит, если говорить объективно, от нас не зависит. Он не имеет никакого размера — он просто светит.

Высший свет оценивается только самим кли. Поэтому, если мы сейчас хорошо подготовились к Песаху, то, начиная с сегодняшнего вечера и далее, точка отсчета берет начало с момента *срефат хамец*, так называемого уничтожения хамеца. Это происходит примерно в десять часов утра, то есть, начинается еще до ночи.

Так же, как и суббота начинается с пятого часа пятницы. К этому времени надо символически сжечь хамец. И после этого не иметь его больше нигде, потому что таким образом ты начинаешь вступать под воздействие Высшего света, который называется Песах. Его интенсивность начинает все больше и больше возрастать.

И, начиная с того вечера и далее, в течение семи дней, над человеком проходит полная ступень, когда он переходит через эгоистические келим, отделяющие его от использования альтруистических келим. А при последующем использовании им альтруистических келим уже не возникает никаких проблем, он снова может возвращаться к так называемому хамецу, потому что там уже находится под властью Высшей альтруистической силы и идет дальше. Там начинается *зман катнут* — время малого состояния — время до получения света Торы, создание кли, 49 дней *сфират а-Омер*.

- **Вопрос: Почему 49 дней?**

Потому что мы должны создать в себе семь сфирот, каждая из которых состоит из семи сфирот. Всего $7 * 7 = 49$ сфирот. Пятидесятая — это уже законченное кли, Малхут, которая создается автоматически в связи со светом, который называется «дарование Торы». И вместе с этим светом приходит и «свет дарования», то есть, и кли, и ор вместе на пятидесятый день поступают к человеку.

- **Вопрос: А что с эгоистическими свойствами?**

Субботний подъем не сопровождается высвечиванием эгоистических свойств. Потому что это итарута дэ-лиэла.

Все клипот при этом падают. Когда входит Суббота, все миры БЕА вместе с душой, то есть, с исправленным экраном, с желаниями, поднимаются вверх, а все эгоистические желания, все клипот падают вниз.

Все клипот группируются ближе к махсому, а все чистые келим поднимаются в мир Ацилут, выше парса. Происходит их разделение, отделение одного от другого. Этим и определяются те запреты и то отдаление от работ, от многих обычных обязанностей, которые мы выполняем в будние дни. Происходит отделение и возникает огромное расстояние между нечистыми и чистыми желаниями внутри души. Душа разделяется на эти части. Вот это — все строение души.

- **Вопрос: Когда нужно производить дополнительные исправления?**

Дополнительная сила Торы необходима для того, чтобы исправить *кав смоль* — левую линию.

Есть возбуждение свыше, и есть возбуждение снизу. Возбуждение свыше происходит по определенным законам, над которыми мы не властны, которые мы сейчас не знаем и не изучаем. Это все изучается в ТЭС. Песах как общий праздник не зависит от нас.

Есть Песах индивидуальный, который вы можете устроить себе летом, зимой, когда хотите. Это ваш личный выход из вашего личного Египта. И есть Песах, который называется *клали* — общий, для всех душ, который действует в соответствии с нашими земными ветвями. И мы им тоже можем пользоваться.

Жалко его пропускать, поэтому каббалисты тут еще кое-что добавили. Мы это чувствуем на себе. Если бы мы не придерживались в Песах условий Бааль Сулама, было бы так спокойно, хорошо. Одноразовая посуда, пошел в магазин, купил все, что ты хочешь. Но посмотрите, что каббалисты сделали. И сделали они это специально для того, чтобы, работая физически, человек мог получить большую интенсивность духовного света.

Каббалистическое объяснение законов Песаха

Какая есть связь? Связь есть, потому что этот духовный свет — он также общий, массовый. Он относится именно к этому физическому проявлению в нашем мире. Духовный корень связан с земной ветвью именно таким образом. И поэтому, чем больше я к этой земной ветви привязан с помощью более строгого соблюдения, приложения больших усилий, физической работы, тем больше я способен впитать этот Высший свет, даже без особых намерений. Кто из нас способен на эти особые намерения? Но в этом случае мы даже с самыми маленькими нашими намерениями уже впитываем эту общую энергию.

Как победить Фараона

ОГЛАВЛЕНИЕ

«Благословен, что сотворил мне чудо в месте этом»,
в духовной работе 193
«Авраам состарился, приумножив дни»,
в духовной работе 209
«Тора называется средней линией», в духовной работе 228
«При единении Творца и Шхины все грехи
исправляются», в духовной работе 240
Различие между истинным и ложным милосердием 250
И обратил Хезкияу свое лицо к стене 271
Почему праздник мацы называется «Песах»? Урок 1 282
Какова связь между Песахом и мацой, и марором 303
«Если проглотил марор — не исполнил свой долг»,
в духовной работе 338
«Ибо Я ожесточил его сердце», в духовной работе 349
Почему праздник мацы называется «Песах»? Урок 2 356
Пойдем к Фараону 374
Пойдем к Фараону (2). Урок 1 398
Пойдем к Фараону (2). Урок 2 413
Пойдем к Фараону (2). Урок 3 426
Какой ступени должен достичь человек,
чтобы более не перевоплощаться 439
Врата намерений. Урок 1 455
Врата намерений. Урок 2 465
В чем необходимость одалживания келим у египтян? 470
И построили нищие и несчастные города 485
Условие слияния 504

«Благословен, что сотворил мне чудо в месте этом», в духовной работе

Шлавей Сулам, том 4, стр. 99
Урок 3 марта 2002 года

Сказали мудрецы: «Указано человеку, с которым случилось такое чудо, что спасся он от льва — каждый раз, когда приходит на это место, должен произнести благословение: «Благословен, что сотворил мне чудо в месте этом»...

* * *

Это одна из шести статей из Шлавей Сулам, посвященных Песаху. Попробуем разобраться, что же это за место, что это за чудо и почему нужно его благословлять.

Вся действительность состоит из двух составляющих — Творец, создавший желание получить, и творение. Желание получать в творении — это тоже действие Творца. Все это с целью привести творение к свободному и независимому состоянию, чтобы познало, поняло и насладилось. Чтобы пришло к состоянию, когда оно — творение — существует.

Существовать означает стать таким, как Творец: состояние, меньшее, чем это, нельзя назвать «существованием», это просто означает быть результатом действий, совершаемых свыше.

Существование — это независимость. Чтобы уподобиться Творцу, нам недостаточно желания и свойств, которые Создатель создал в нас. Это еще не называется творением. Творение — это тот, кто сам создает в себе какое-то желание. Поэтому Творец — желание леашпиа, сотворивший желание получать, больше не может вмешиваться в дела творения. Есть действия, которые творение обязано выполнить и пережить само. Этим творение строит что-то, что действительно будет называться особенным, индивидуальным и независимым творением — таким, как Творец.

Желание получать, добавляющее к себе стадию, называющуюся творение — Адам, и называется Адам — человек. Предоставить человеку такую возможность — особенное действие со стороны Творца. Он все время скрывает себя, воздействуя на творение различными способами и в разных формах: раскрывая и скрывая себя, раскрывая в нас всевозможные желания, давая нам силы и, наоборот, ослабляя человека, чтобы создать настоящее творение, правильное кли.

- **Вопрос: Что имеется в виду, когда говорится о выходе из Египта?**

В то время, когда человек находится в процессе своей работы, он находится в состоянии темноты, — Творец специально скрывает себя, чтобы дать человеку возможность приложить усилия и самому продвинуться по направлению к Нему, развить целенаправленное желание к Создателю. И если человеку, находясь во тьме, когда Творец сокрыт от него, удается развить это стремление к духовному — новое желание, тогда Творец раскрывает себя и наполняет это новое кли.

Это и называется «сотворил мне чудо в этом месте». Весь этот процесс называется *Галут Мицраим* — египетское изгнание. Выход же в духовное называется «исход из Египта». Чудо состоит в том, что у человека нет ни малейшего соприкосновения с духовным миром, за исключением подготовки духовного кли. А выход из мира материального в мир духовный устраивает Творец. Потому это и называется чудом.

Творец, сотворивший желание получать, сейчас ждет, чтобы оно развило стремление к духовному, что-то независимое внутри себя. А иначе не будет наслаждаться, не ощутит особенность состояния, положения, Творца. Человек должен развить желание, стремление к духовному, самостоятельно, а не получить это свыше.

Творец скрывает себя. Когда Творец скрывает себя, откуда мы можем получить силы? Для этого вокруг человека создается еще один мир — окружение, общество. И если человек строит для себя правильное окружение, чтобы достичь духовного — это и есть работа человека.

Общество воздействует на человека вместо Творца. Поэтому вся наша работа заключается в том, чтобы подставить себя под влияние группы, общества. А это: книги, товарищи, учитель — то есть, все, что может повлиять на нас и развить в нас желание достигнуть уровня Творца, уподобиться Ему. В этом и заключается наша работа над собой: приобрести себе товарища, сделать себе учителя, учиться с правильным намерением, прилагать усилия качественно и количественно. Вот и все.

Все эти вещи и называются окружением. Построить его означает, что не важно, где находится человек. А важна сама попытка построить что-то, что повлияет на него в направлении цели — это и есть усилие. Ведь во время скрытия нет ничего, что бы влияло на нас больше, чем наше окружение. Если сумеет построить такое окружение, то будет продвигаться. Если же не будет стараться подставить себя под влияние общества, то даже если человек будет находиться в самом лучшем окружении, к цели не придет.

У рабби Шимона и Ари тоже были ученики, которые крутились вокруг, приходили и уходили, только прикасаясь к этой идее. Но как они вошли, так и вышли, не придя к цели.

Человек всегда должен проверять себя на ускорение. Должен каждый день оценивать свою работу и состояние по сравнению с днем вчерашним. Есть ли в нем что-то большее, чем в дне предыдущем. В духовном работает тот же принцип относительности — можно двигаться с огромной скоростью, даже со скоростью света, но если эта скорость постоянна и неизменна, это значит, ты стоишь на месте, и только ускорение (добавление скорости) принимается в расчет и сдвигает тебя с мертвой точки.

Так это в нашем мире, так же это и в духовном. Ведь постижение определенной ступени в духовном означает, что человек движется с постоянной скоростью. И чтобы подняться на следующую ступень, необходимо ускорение, пока не ускорится до бесконечной скорости.

- **Вопрос: Что движется? Мы говорим об изменении скорости чего?**

Изменение степени моего стремления к духовному. Я должен выбрать общество только относительно этого параметра. Насколько это общество влияет на меня и тянет меня вперед, в направлении цели. Кроме этого, мне нечего получить от общества. От общества я получаю желание к духовному — *хисарон*, а все остальное приходит свыше от Творца. Общество — это и когда я нахожусь с моей группой, и дома или на работе, не важно где. Общество — это то, что влияет на меня в данный момент.

Я должен построить общество. Что это означает? Я должен настроить себя так, чтобы на меня влияло только то общество, которое я выбрал, а не все, с кем я общаюсь. В зависимости от их желаний. Я должен оградить себя от нежелательного влияния.

Скажем, я попал в общество, которое любит футбол и от этого получает впечатления. Тогда я должен сделать так, чтобы мое впечатление от них было нулевым. Но у меня нет выбора, я вращаюсь и в этом обществе. И тогда мое сопротивление их влиянию строит во мне правильное *кли* — желание. То есть, я использую «плохое» общество с выгодой для себя.

Так же и дома, бывает, жена ворчит — это все только помогает нам в борьбе с эгоизмом. Это называется помощью в борьбе с ним. Поэтому ничего не происходит зря, и мы только должны использовать любую ситуацию правильно, чтобы не стоять на месте, а ускоряться по направлению к цели. Поэтому человек должен беспокоиться о том, что происходит. И если изо дня в день он смотрит на себя критически и объективно и видит, что стал меньше времени уделять занятиям, меньше времени уделять группе, то у него есть причины для беспокойства. Поэтому человек всегда должен проверять себя.

- **Вопрос: Но состояния сменяют одно другое, как же правильно выбрать свое отношение?**

Не важно, что состояния изменяются. Человек тоже всегда и все время изменяется. Мы говорим о наших действиях так же, как Бааль Сулам говорит в «Предисловии к ТЭС» (пункт 4), что есть усилия количественные, а есть усилия качественные. Количественные усилия видны каждому невооруженным глазом. С качественным усилием дела обстоят сложнее. Поэтому, прежде всего человек должен прилагать количественные усилия. Это проще поддается измерениям в рамках нашего мира.

Я могу подсчитать количество учебных часов, количество суббот, проведенных в группе — тут я хотя бы вижу, где находится мое физиологическое тело, вижу, какая вода льется из душа, под который я себя подставляю. И когда я уже нахожусь в месте, где я должен быть, поскольку Цель творения обязывает меня выбрать правильное общество, качество моих усилий зависит от меня.

Человек может впечатляться в меньшей или большей степени. Это уже зависит от того, сколько человеку дают свыше. И это принимается в расчет свыше. Но человек должен выжать максимум, на который способен. Но тут человек уже не может проверить, продвигается он или нет. Иногда свыше делают так, что очень трудно приложить качественные усилия. И если такой человек во время учебы в группе хотя бы пять минут будет думать о Цели творения, для него это уже очень большая работа.

А с другой стороны, есть люди, которые постоянно горят желанием, но это не является приложением усилий, и им это не принимается в расчет, потому что у них совсем другая ситуация, это два разных состояния. Поэтому мы не в состоянии точно измерить качественное усилие. Но количественное — да (в соответствии с количеством часов, например). Поэтому на общество возложена обязанность побудить человека, прилагающего количественные усилия, прилагать усилия качественно. Это относится к человеку, который уже находится в обществе и прилагает количественные усилия.

- **Вопрос: Какой ущерб может причинить себе человек, если он посещает компанию любителей футбола, и какой ущерб он этим может нанести каббалистической группе, в которой находится?**

Бааль Сулам пишет в статье, посвященной окончанию написания комментария к Зоар, что есть необходимость и есть как бы выбор — излишества, добавки, скажем так.

Я обязан работать, служить в армии, жениться и так далее — это необходимость. Я должен поступать в соответствии с принятыми нормами и по законам этого мира. Это общепринятая система. Если я функционирую в этой общей системе, значит я в верном направлении и на правильной позиции. Я не уединяюсь, не ухожу в какой-то там монастырь, не воображаю себя праведником и так далее. Все должно быть в рамках общей системы, которую установил Творец. То есть, в рамках Высшего Управления — общего Управления. И уже из общего Управления ты начинаешь подниматься к частному, личному.

Я нахожусь в этом мире в рамках общей системы, выходит, что я имею семью, родственников, жену, работу, начальника на работе и еще много проблем и обязанностей в семье, отнимающих уйму времени. То малое, что после всего этого остается — это мое свободное время. И тут уже идет расчет, как и чем я наполняю свое свободное время.

Получается, что человек всегда вращается одновременно в нескольких обществах: семья, работа, группа. И где бы человек ни находился на данный момент, он должен стараться, чтобы его впечатление от общества было максимально направлено к Цели. Ведь хочет человек того или нет, но то общество, та группа, где он находится в данный момент, всегда как-то влияет на него. Значит, на работе я должен думать только о работе, а в отношении всего остального, там происходящего, слушать в пол-уха.

«Благословен, что сотворил мне чудо...», в духовной работе

То есть, все, что связано с работой, необходимо делать максимум хорошо. Но свое свободное время я не обязан с ними проводить, я не должен идти со своими сослуживцами на футбол, например. То же самое касается семьи, я обязан выполнять все свои обязанности по отношению к ней. Но именно здесь, в группе ты должен отдать все, а взамен этому ты получаешь желание к духовному, к Высшему. Значит, мы должны быть осмотрительны в своих действиях, когда находимся вне группы. В группе же мы должны выложиться по максимуму, отдать группе все.

- **Вопрос: Как отдать группе максимум того, на что способен?**

Рабаш пишет об этом в своих статьях. Прежде всего, попытайся посмотреть на товарищей со стороны и увидеть их работу. Даже если товарищ просто пришел сюда и сидит, это тоже есть усилие и работа с его стороны, и видимо это ему не так просто. Начни ценить усилия товарищей по группе, попытайся увидеть, что их усилия намного превышают твои. Это возможно. И я объясню почему.

Почему я могу увидеть на примере других — вещи, которые сам не способен сделать? Это вытекает из духовного корня души. Мое и его кли — это два разных кли. То есть, его качества, свойства, условия его духовного развития отличны от моих. Он прилагает усилия в ситуации, отличной от моей. Поэтому на его примере я могу увидеть то, что сам не могу сделать.

Если бы я оказался на его месте, то и я бы смог работать с той же отдачей. Он такой же человек, как и я, и его силы той же человеческой природы, как и мои. Но поскольку корни его и моей души происходят из разных частей души Адам Ришон, его действия могут казаться мне невыполнимыми. И этим необходимо пользоваться. Если ты начнешь хвалить общество, впечатляться от своих товарищей, увидишь, как это отразится на тебе.

- **Вопрос: Непонятно, как кли могут отличаться одно от другого — ведь это то же намерение на отдачу?**

Из-за отличия в корне души.

- **Вопрос: Что имеется ввиду?**

  То, как ты воспринимаешь окружающее, Творца, твое отношение к окружающему. Эти свойства присущи только тебе и они неповторимы. Все это результат сочетания свойств, которые определяют твою природу. У каждого свой состав и строение души, и поэтому каждый из нас неповторим. Я не могу быть твоей копией, это невозможно. Поэтому, смотря на твою работу, я впечатляюсь. Ведь мне никогда не представится возможность сделать что-то в точности так же, как ты.

  Я вижу людей на уроке, вижу, что каждый стремится к духовному по-своему, действует по-своему, и ни один на другого не похож. И потому это неистощимый источник зависти. То есть, основа для зависти, для соперничества, для впечатления друг от друга.

- **Вопрос: Так что же я получаю от товарища, когда впечатляюсь его действиями? Его свойства?**

  Нет, чужие свойства ты не можешь получить. Впечатляясь от него, ты получаешь силы для работы, заряд энергии.

- **Вопрос: есть ли тут взаимность? Получает ли и мой товарищ силы оттого, что он отдает мне?**

  С точки зрения духовного, мой товарищ выигрывает оттого, что придал мне силы. Если он служит мне положительным примером, даже если ему это неизвестно, он все равно выигрывает. Без сомнения. Мы же учим, каков порядок входа светов в кли. Если свет переходит из одного кли в другое, то в первое кли входит еще больший свет.

- **Вопрос: В чем выражается его выигрыш?**

  В том, что он постигает больше.

- **Вопрос: Но ведь он не знает, что я у него взял, тем, что впечатлился от него. Он сделал хорошее дело, но не приложил усилия, чтобы передать мне впечатления о нем. Он даже не знает, что помог мне. Почему же он выигрывает, ведь он не приложил к этому никаких усилий?**

«Благословен, что сотворил мне чудо...», в духовной работе

Есть общая система души, и там мы все взаимосвязаны. И прежде, чем какой-то орган получает наполнение (подпитку) посредством какого-то другого, необходимо, чтобы наполняющий орган наполнился значимостью прежде и тем самым поднялся.

Скажем, мы распространяем знания о Творце, но мы не знаем точных последствий и результатов своей работы. Да это и не важно. Если вдруг в Австралии образовалась группа, которая занимается по нашим материалам, книгам, через Интернет — мы от этого получаем возвышение. Ведь по сути дела, это мы их наполняем. Это вытекает из общего строения души. И это никак не связано с тем, как конкретный человек к этому относится.

Дающий — *машпиа* пробуждает и наполняет нижние ступени. Его ступень сама по себе пробуждает нижние ступени. И нет необходимости, чтобы он для этого целенаправленно производил зивугей дэ-акаа, получал для низших свет и тому подобное. Хотя в духовном высшая ступень должна произвести различные духовные действия — *зивуг дэ-акаа*, с намерением и так далее, но для нас достаточно и этого. Важен сам принцип.

- **Вопрос: Как тот, кто впечатляется от товарища, может увидеть, что что-то добавляет, дает дающему (товарищу)?**

  Тем, что он видит, что впечатляется от него.

- **Вопрос: То есть, если впечатляющийся не показывает, что это с ним происходит, тогда это действие для самого себя?**

  Мы обязаны показать товарищу, как высоко мы его ценим, как он важен для нас. К этому обязывают нас статьи, написанные каббалистами. Рабаш говорит в статьях, что каждый, кто делает хорошее товарищу, обязан показать это, товарищ должен это видеть. Каждый, сделавший полезное для общества, должен рассказать об этом всем, чтобы все знали. Это увеличивает любовь и мир среди товарищей, усиливает связь между ними и чувство совершенства.

  Это наш долг. У нас нет скрытых праведников. Это не у нас. Каждый должен поведать нам о своих хороших делах, о том, какой он хороший: «Ребята! Смотрите, какой я отличный парень!» И этим мы подаем пример другим, придаем им силы. Поэтому товарищи, впечатляющиеся от кого-то, должны в открытой форме показать ему это. Поблагодарить его и заодно показать остальным, что есть, от чего впечатляться. Я увидел что-то хорошее в ком-то, так почему же мне это не рассказать всем. Ведь этим я могу поднять общий уровень и настрой группы. Этим я выиграю новые силы от всего общества.

- **Вопрос: Вопрос в другом, как этому желанию придать правильное намерение? Например, я увидел, что мой товарищ велик и наслаждаюсь этим, мы вместе в группе...**

Не очень понятно, о чем ты спрашиваешь... Ты видишь, что у твоего товарища есть стремление к духовному большее, чем у тебя, и ты, посмотрев на него, хочешь открыть книгу, еще больше заниматься и углубиться. Тогда при чем здесь намерение?

- **Вопрос: Но, тем не менее, это мне хочется открыть книгу, я наслаждаюсь тем, что происходит. Где здесь цель, Творец, как Его присоединить к тому, что происходит, чтобы и Он наслаждался?**

Я не знаю, что ты вкладываешь в понятие «цель» и стремление к ней. Все зависит от твоей интерпретации и того, что ты понимаешь под стремлением к цели. Для тебя это что-то одно, а для меня абсолютно другое. Ты интерпретируешь это в соответствии с определенным состоянием и твоей нынешней ступенью. А цель меняется в соответствии с твоим уровнем. Сегодня одна цель, а завтра у тебя другая цель.

Сегодня твоя цель — постичь Высшие миры, познать духовное. А иногда тебе просто хочется чувствовать себя комфортно. Потом ты видишь цель в том, чтобы наполниться бесконечными силами. А иногда цель для тебя — это Творец.

Что мы называем Творцом? Творец — это отдающий — Машпиа, и я должен стать таким, как Он. Машпиа — означает отдавать все. Попробуй углубиться в это, и посмотрим, на что ты способен.

«Благословен, что сотворил мне чудо...», в духовной работе

Наука Каббала говорит словами, но каждый воспринимает сказанное в соответствии со своим состоянием. Ты постоянно меняешься, становишься другим человеком. В соответствии с изменением в тебе, меняется и твое восприятие и интерпретация. Согласно этому и намерение меняется.

- **Вопрос: В статье говорится о благодарности, что имеется в виду?**

Благодарность, это когда мы сердцем говорим спасибо, а не только на словах. Да, Тора говорит, что человек должен благодарить. Ну, скажут мне 1000 раз, что я должен благодарить, я соглашусь и скажу «спасибо», что еще мне остается делать? Когда Тора обязывает нас благодарить, имеется в виду, что человек обязан прийти к ступени, на которой его сердце почувствует благодарность.

Это проблематично. Прежде всего, как я могу преднамеренно прийти к этому состоянию, как я могу подтолкнуть себя к этому состоянию? Это совсем не просто. Но когда я прихожу к этому состоянию — это значит, я благодарю. Все наши действия заключаются не в самом действии, а в том, чтобы сделать так, чтобы данное действие произошло, в том, чтобы вызвать его.

В Торе, в Каббале, говорится о самих действиях, которые ощущаются в наших подготовленных келим, когда они проходят через эти различные действия. Если у меня есть желание — *кли*, есть экран, то я ощущаю Высший свет, который приходит и совершает со мной зивуг дэ-акаа. Если есть желание и экран, то это действие тут же происходит. Тут уже не надо каких-то дополнительных указаний к действию. Так же, как человеку не нужно говорить, что он должен благодарить. Если он чувствует благодарность, то это и называется, что он благодарит.

Невозможно приказать любить, и невозможно приказать благодарить. Как вообще можно принудить желать чего-то? Ведь все действия, изучаемые нами в Каббале — это действия желания. Как вообще можно обязать желать? Ты не можешь сказать — «Желай!». И все время нам это говорят. Но когда говорят «Желай!», имеется ввиду — «произведи различные действия, чтобы это желание у тебя появилось, приобрети такое желание». Используй различные средства, сделай так, чтобы у тебя было это желание.

Мы все время работаем над средствами, которые могут нас привести к определенному состоянию. А не над тем, что делать, когда у тебя уже есть желание. Тогда все происходит автоматически и естественно. И так это в нашем мире, где все направлено на эгоистическое получение, и так же в Высших мирах, где во всем есть намерение аль менат леашпиа. Об этом не нужно писать и объяснять. Это называется «душа человека учит его». Как только ты приходишь к какому-то желанию, ты видишь, что происходит с тобой. Для тебя это открытие чего-то нового.

Вся наша работа заключается в подготовке себя к желанию. Ты спрашиваешь, что означает состояние благодарности? Оно наступит — такое состояние, когда ты приобретешь определенное желание, и в нем ты почувствуешь это состояние, называемое благодарностью.

- **Вопрос: В статье говорится, что в хорошем состоянии, когда я наслаждаюсь, я должен сравнивать его с состоянием, когда я ощущал страдания. Но ведь в минуты наслаждения я забываю страдания, и наоборот. Так, когда же я должен делать эти сравнения?**

Есть свет, и есть кли. Кли постоянно желает, и поэтому ощущает все по отношению к желанию. То есть, чувство — это реакция кли на наполнение. Если есть наполнение, мы говорим, что кли находится под властью этого наполнения. Если наполнение отсутствует — кли находится под влиянием этого состояния.

Ты спрашиваешь, как я, находясь в наполненном состоянии, могу сравнивать это состояние с предыдущим, когда я был пуст? Мне надо вернуться к прошлому состоянию и опустошиться? Нет. Может быть, попытаться возбудить какие-то решимот из прошлого состояния? Как это повлияет на меня, если я сейчас наполнен.

И действительно, человек не способен сделать это, если у него есть только одна природа — желание получать.

«Благословен, что сотворил мне чудо...», в духовной работе

Чтобы действительно сравнивать состояния, нужно сравнивать намерения, а не просто ощущения наслаждения или страдания. Это очень примитивные вещи — чувствовать только наслаждение или страдания. Это животное ощущение. А животное почти не помнит прошлого, и тем более, не может сделать предположение на будущее. Только человек способен на это, потому что сравнения такого рода находятся за пределами желания получать, выше его впечатления от наполнения или его отсутствия наполнения.

Это сравнение происходит, если мы начинаем отождествлять себя с намерением, думать о себе только как о намерении по отношению к Творцу, только о векторе, стреле в направлении Него. Только это и есть «Я», а не мое желание и не то состояние, которое я сейчас себя ощущаю. Мне не важно, что со мной происходит сейчас, происходило в прошлом и будет в будущем. Только этот вектор, это направление к Творцу — это и есть «Я».

В таком случае я могу сравнивать то, что происходит со мной, с другими состояниями. Потому что намерение при этом как бы не связано ни с желанием, ни с его наполнением. Возможно любое наполнение и желание, а намерение я строю себе сам. Это крайне важно — слепить вместе мое «Я» и намерение. Немного отдалиться от животных чувств и сосредоточиться только на намерении. Намерение не ощущаемо нашим животным телом, а пока только в нашем сознании. И только потом уже — в Отраженном свете.

- **Вопрос: В статье говорится, что мы должны развивать «келим дэ-ашпаа». Но как я могу это сделать, если даже не знаю, что это такое?**

Это не вопрос, потому что мы всегда переходим со ступени на ступень, даже не имея никакого представления о следующей ступени. Это незнакомое для меня состояние, еще неизведанное, я не знаю, какие там цвета, оттенки, отношения, какие там действуют законы.

Любая последующая ступень, даже духовной лестницы — это еще не мои ощущения, желания или разум. Все это отрезано от меня совершенно, словно совершенно другой мир. Поэтому каждый раз, когда мы должны подняться на следующую ступень, мы задаемся этим вопросом: как меня могут обязать перейти из нынешнего состояния в следующее, когда мне ровным счетом ничего о нем не известно. Нет ни представления, ни желания, ни намерения, и нет понятий о нем. Нет ничего.

Это правильный вопрос, но не сейчас. Он задается на протяжении всего подъема по духовной лестнице, до самого Гмар Тикун. Поэтому мы говорим, что посредством приложения усилий человек получает помощь свыше. Эта помощь называется АХАП Высшего. И эта помощь приходит, чтобы поднять человека (на следующую ступень).

Но она не может прийти явно и в четко выраженной форме. Это потому, что у тебя определенная природа, и ты находишься на определенной ступени в каком-то состоянии. Скажем, в том, котором ты находишься сейчас. И все данные и свойства, которые присущи тебе на твоей ступени — они сейчас твои и ничьи больше. Как же можно тебя, из этого состояния, со всеми его данными (желаниями, келим, светами, решимот) поднять на следующую ступень и внести в тебя всю суть этой ступени, сделать твоим внутренним содержанием? Ведь это будет означать, что ты принадлежишь уже не своей настоящей, а более высшей ступени. Какие же существуют средства, для перехода со ступени на ступень?

Нам дают ощутить следующую ступень, но в виде темноты. Дают келим, а свет не дают. И если ты согласен на такие келим — условия, это значит, что ты хочешь приобрести следующую ступень, подняться на нее, для возможности отдавать еще в большей мере. И тогда ты получаешь эти пустые келим, и говоришь, что согласен на них.

Ты получаешь только келим следующей ступени. И если ты получил эти пустые келим, это значит, что ты действительно желаешь следующую ступень, как возможность леашпиа. И тогда ты получаешь силы и света. Значит АХАП Высшего и есть это средство, помогающее нам подняться со ступени на ступень.

- **Вопрос: Получается, что вся работа человека — это согласие на условия, предлагаемые свыше?**

  Вся наша работа заключается в том, что мы должны соглашаться с тем, что посылается нам свыше. Если это приходит от Творца, я соглашаюсь с этим, не важно, что это такое. Если я сомневаюсь, что это приходит ко мне от Творца, то я не готов с этим соглашаться. Я хочу знать, от Него ли это. То есть, я смотрю только на Творца, а не на то, что приходит ко мне.

- **Вопрос: А как же подготовительный период?**

  Весь твой предыдущий стаж, подготовка и прошлый опыт не поможет тебе. Ведь каждый раз то, что ты получишь, будет намного больше прошлого раза, опыт более обширный, темнота еще более сильная и густая и АХАП еще больший. И ты всегда будешь нуждаться в новых силах, чтобы впитать АХАП Высшего, согласиться с ним, соединиться и войти в Него. Никогда человек не найдет на своей ступени силы принять, а вернее сказать — вобрать в себя АХАП Высшего.

- **Вопрос: Как я могу приготовить себя к этому?**

  Никогда я не могу быть к этому готов. Это невозможно.

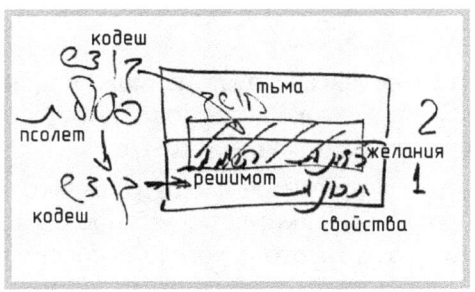

Скажем, сейчас я нахожусь на определенной ступени (на рис. — «**1**»). Есть «Я» со всеми моими свойствами, желаниями и решимот. Это «Я» — моя ступень. И есть высшая ступень (на рис. — «**2**»). И эта последующая ступень так же содержит свои решимот, келим, свойства. Но все они абсолютно иные. Настолько, что правильней сказать, что они противоположны мне.

Почему? Говорится, что то, что является отбросами — *псолет* по отношению к Высшему — свято — *кодеш* по отношению к низшему (см. рисунок). На моей ступени я отношусь к этим вещам, как к святым. А высший буквально выплевывает, извергает это. Такова разница между ступенями.

Так как я вообще могу подняться со ступени на ступень? Только посредством АХАПа, который Высший спускает ко мне. Он опускает мне частицу себя. И тогда я чувствую Его. Я чувствую, что для него святостью являются вещи, которые для меня не приемлемы. Если у Высшего есть отбросы — *псолет*, которые на моей ступени являются святостью, то я нахожусь на ступени, где это является святостью.

Теперь он (высшая ступень) дает мне от себя что-то, что свято для него самого. Но то, что ощущается Высшей ступенью, как святость, мной ощущается, как тьма. Я не в состоянии переносить эти вещи. И тогда я должен найти силы верой выше разума — *лемала ми даат*, то есть, выше моих свойств, решимот и желаний (это все и составляет мое знание — *даат*, то есть, меня самого), чтобы принять это вместо того, что есть, у меня сейчас, получить то, что снизошло ко мне свыше. Это промежуточное состояние между ступенями.

- **Вопрос: если человек сейчас не может принять то, что пришло свыше, а потом делает это, когда у него не остается выбора, изменяет ли это что-то?**

Человек всегда принимает что-то только потому, что у него нет выбора. Ты никогда не работаешь по своей доброй воле, потому что ты столь хорош и красив сам по себе.

- **Вопрос: Человек принимает это потому, что ему больше ничего не остается делать или потому, что он хочет еще больше отдавать?**

Я принимаю это потому, что у меня нет другого выбора, так как я хочу отдавать в еще большей мере.

«Авраам состарился, приумножив дни», в духовной работе

Шлавей Сулам, том 1, стр. 344
Урок 4 марта 2002 года

«И Авраам состарился, достиг преклонных дней — а Творец благословил Авраама во всем». (Бытие 24:1)

Сказано в Книге Зоар: «Лучше бедный и умный ребенок, чем старый и глупый царь». «Лучше ребенок» — это доброе начало, называемое «ребенок», — оно пребывает с человеком с малых лет, ведь с 13-ти лет и далее оно с человеком. «Старый царь» — это злое начало, которое называется царем и властелином в мире над людьми. Старый и глупый — конечно же, он стар, ведь с того дня, что человек родился и вышел на свет, он пребывает с человеком, и поэтому он старый и глупый царь. Но «лучше ребенок» — это то, о чем написано: «Мальчиком был я и вот состарился». Этот мальчик и есть бедный ребенок, у которого нет ничего своего. И почему он называется мальчиком? Потому что есть, у него обновление луны, которая всегда обновляется, и он всегда ребенок».

Из сказанного в Книге Зоар вытекает, что «старый» относится к дурному началу. С другой стороны, доброе начало называется «ребенок». Тогда что означает: «И Авраам состарился, достиг преклонных дней»? Что хотят нам показать, говоря: «И Авраам состарился»? В чем достоинство состарившегося и приумножившего дни Авраама, если смысл написанного заключается в восхвалении Авраама?

В «Предисловии к Книге Зоар» комментируется сказанное: «День дню принесет речение, и ночь ночи вынесет суждение». Книга Зоар говорит: «До конца исправления —

то есть, до того, как мы подготовили наш сосуд получения к тому, чтобы получать только ради отдачи наслаждения Создателю нашему, а не для собственной пользы — называется Малхут Древом Добра и Зла. Ведь Малхут — это управление миром согласно поступкам людей.

Поэтому мы обязаны принимать управление добром и злом от Малхут; управление, которое готос к тому, чтобы, в конце концов, исправить наш сосуд получения. И вот, управление добром и злом вызывает у нас часто подъемы и падения; и поэтому каждый подъем сам по себе считается днем, поскольку по причине большого падения, которое случилось у него тем временем, пока он сомневался в основах — выходит во время подъема, как младенец, который рождается. Ведь при каждом подъеме он как бы заново начинает работать на Творца. И поэтому считается каждый подъем особенным днем. И точно так же каждое падение считается особенной ночью».

Исходя из сказанного, надо истолковать то, о чем мы спрашивали. Если написано: «И Авраам состарился, достиг преклонных дней», то в чем достоинство старого Авраама? Ответ: «достиг преклонных дней» (прошел через много дней).

Бывает старец, который является одним состоянием, длящимся долгое время. И продление времени делает это состояние старым, как написано в Книге Зоар: «Почему называется злое начало старым?» И говорится: из-за продления времени, «ведь с того дня, что человек родился и вышел на свет, оно пребывает с человеком», то есть, нет никакого изменения в его состоянии, но со дня рождения он находится в том же состоянии, называющемся: старый и глупый царь.

И надо спросить: разве он не ангел, как написано: «ангелов Своих назначит тебе, чтобы хранить тебя на всех путях твоих»? И объясняет Книга Зоар, что имеются в виду доброе начало и злое начало. Но как можно сказать, что он глуп?

Ответ в том, что каждый ангел называется по своей функции. Отсюда, поскольку злое начало вносит дух глупости в человека, как сказали мудрецы: «Не грешит чело-

«Авраам состарился, приумножив дни», в духовной работе

век, если только не вошел в него дух глупости» — постольку по этому названию именуется злое начало «глупым». Поэтому он называется «старым и глупым царем».

Однако в духовном, когда человек начинает работать на пути достижения слияния с Творцом, то есть, чтобы все его поступки были ради небес — тогда человек должен достичь сначала осознания зла, то есть, познать величину зла, которое в нем есть, как сказали мудрецы: «Злодеям дурное начало кажется тонким волоском, а праведникам — высокой горой». Это потому, что человеку раскрывают от зла, которое в нем есть, не больше, чем есть в нем добра; поскольку добро и зло должны быть уравновешены, и лишь тогда можно говорить о выборе. Как сказали мудрецы: «Всегда будет человек видеть себя наполовину должником и наполовину достойным». Поэтому те люди, которые хотят прийти к работе ради отдачи, проходят подъемы и падения, как было сказано выше в толковании Книги Зоар на слова: «День дню принесет речение, и ночь ночи вынесет суждение».

Получается, что категория старости для того, кто работает ради отдачи, подразумевает, что он стар не из-за продления времени одного состояния, а стар из-за того, что есть, у него много дней и много ночей. Поэтому говорится: «И Авраам состарился, достиг преклонных дней». Смысл «достижения преклонных дней» (то есть, многих дней) в том, что «Творец благословил Авраама во всем». Что значит «во всем»? То есть, поскольку было у него много дней, значит, конечно же, было меж ними и много ночей. Если нет меж ними ночей, не может быть много дней. И Творец благословил Авраама «во всем», то есть, и ночи также были благословлены Им. И это называется: «Творец благословил Авраама во всем».

* * *

Вся наша работа призвана ускорить наше развитие. Программа существует, ее начало, конец, и этапы четко определены, они были установлены в процессе нисхождения творения от Бесконечности до этого мира. На нас же возложено ускорить время развития снизу-вверх.

- **Вопрос: Время называется этапами. Как же ускорить этапы?**

Мы знаем из программирования: можно запустить программу на компьютере с частотой в 100 мегагерц или на компьютере с частотой 200 мегагерц. Точно так же и человек может с различной частотой возвращаться к мысли: «Как я отношусь к себе, к Цели, к Творцу? Где я нахожусь в своем намерении, направленности, устремленности к Нему?» Это выполнимо, главным образом, во время подъема, ибо во время падения человек становится, как животное, болванка: он не способен ни на что, не в состоянии найти силы, и его очень трудно пробудить. Он может посредством группы, товарищей сократить время падения, но требовать при этом настоящего продвижения невозможно.

И действительно, то, что человек делает во время падения, не считается нарушением, поскольку неудачи, трудности, падения ему посылают свыше. Это состояние необходимо почувствовать на себе. С другой стороны, именно во время подъема, когда человек получил силы свыше, он проходит испытание, проверку: что он делает, получив силы свыше, когда свет может возвратить его к Источнику? Свет, возвращающий к Источнику, подразумевает следующее: ты получил силы свыше — теперь используй их для исправления. Если же человек использует эти силы для наслаждения, получает удовольствие от состояния подъема, то немедленно начинает опускаться, падать.

Таким образом, главное усилие заключается в том, чтобы не опускаться, а постоянно подниматься все выше и выше. В идеальном случае, единожды получив подъем, человек должен безостановочно продолжать его без всяких падений. Таковым, в сущности, должно быть его устремление. Наверху есть свои расчеты относительно того, что с ним делать, но он должен держаться только этого и каждое мгновение бояться падения. Причем бояться не из-за ощущения, что сейчас ему станет так плохо, что проберет до костей: подъемы и падения должны измеряться по обращению к Творцу, отношению к Нему, и главное здесь — усилия.

«Авраам состарился, приумножив дни», в духовной работе

Нужно делать всякого рода пометки, чтобы напоминали о работе, о Цели творения, о Творце, об отношении к Нему; нужно направлять себя на такой путь, чтобы все твои действия и Творец были вместе — посредством товарищей, книг, различных напоминаний. И тот, у кого это получается, сокращает время развития.

На форуме в Интернете меня спросили: что надо делать, какие намерения задействовать сейчас, во время подготовки к Песаху? Песах — это выход из Египта, то есть, выход с уровня этого мира на уровень духовный. Что значит «духовный» уровень? Это такой уровень, на котором человек находится вместе с Творцом, когда между ними есть связь, понимание, некое единение, соответствие. Нужно стремиться к состоянию соответствия Творцу, уподобления Ему, так же, как в отношениях с товарищем мы должны держаться за то, в чем достигли согласия, отбрасывая то, в чем не согласны друг с другом, чтобы позже вернуться к исправлению этого.

Необходимо стремиться ощутить это состояние посредством производимого мною сейчас механического животного действия в этом мире — это могут быть действия по подготовке нашего хозяйства к Песаху, приготовлению еды, установке оборудования и так далее Главное: обратить каждое действие на то, чтобы я и Творец жили вместе, чувствовали вместе, находясь в мысли, в желании, в каком-то внутреннем контакте — вместе. Это и есть намерение, в этом весь смысл Песаха: выход из Египта, выход из изгнания, из отрыва от Творца — в избавление. А избавление — это связь с Творцом.

Нужно представлять себе эти вещи как можно проще. Речь идет не о теории, не о далекой от нас абстракции, не о примерах, которых мы не понимаем, не о состояниях, которые лишь описаны, но не имеют ко мне никакого отношения, — нужно как можно ближе связывать это с ощущением человека. Это все.

- **Вопрос: Говорится, что во время подъема человек может вспомнить о состоянии своего падения, чтобы обеспечить материал для работы. Однако это вызвано его ограничен-**

ностью, ведь он один. Как делать это в группе, когда мы видим, что товарищ находится в падении? Можно ли использовать это в дополнение ко всем остальным средствам? Получит ли человек при этом топливо, чтобы остаться в подъеме?

Нет. Если я вижу, что товарищ находится в падении, то я не должен думать о себе, что нахожусь в лучшем состоянии, чем он. Я обязан поднять его, по меньшей мере, до моего уровня. Ведь когда он в падении, это значит, наше общее кли находится в лучшем случае на его приспущенном уровне или еще ниже. Когда товарищ в падении, мне вообще нельзя думать о своем состоянии, я обязан спасать его. Его состояние падения не должно напоминать мне, что и я могу прийти к тому же, и заставлять думать о том, как бы не упасть. Если я вижу его опустившимся, значит, я и сам опускаюсь, я уже нахожусь на его уровне. Так это происходит в общем кли: оно не может быть выше уровня самого низкого из членов общества. Последний отставший определяет, где находится вся группа. Пусть даже кто-то пребывает в хорошем состоянии — это ложное состояние; не может быть одному хорошо, а другому плохо.

- Вопрос: Сам по себе человек испытывает лишь изменения во времени: то он в падении, то в подъеме. Группа — это уже общее кли. Один может находиться в падении, другой — в подъеме; и вопрос: в чем различие, когда внутри этого кли мы помогаем товарищу подняться?

Максимум, что возможно — это помогать товарищу подняться. Больше ничего не сделаешь. Это то же самое, что присоединять время падения ко времени подъема. Как он пишет, во время подъема ты находишь для себя дополнительные мысли, желания, которые можешь присоединить к работе, и с их помощью подняться еще выше. В тебе ли они или в товарище — это одно и то же. Какая разница, если они в другом теле?

- Вопрос: В чем причина разделения на шкалу времени и шкалу объектов, тел? С одной стороны речь идет о едином сосуде, единой душе, только в разных телах — то есть, о группе; с другой стороны — об отдельном человеке, пребывающем то в одном, то в другом состоянии. **Так откуда это разделение на ось времени и ось тел и в чем разница между ними?**

Наше кли из-за падения в клипот ощущает себя не единым в своих частях, а разделенным на множество частных душ, у каждой из которых есть периоды подъемов и падений. Это результат разбиения, обусловившего необходимость разделения кли на самые мелкие части, на какие только возможно его разбить. Грубо говоря, взяли большой экран и стали разбивать его на части, а их — на еще более мелкие части; и далее, до таких элементарных частей, меньше которых не бывает. Они и являются желаниями в этом мире.

Каждое желание ощущает себя обособленным от других и, кроме того, должно прийти к своему частному исправлению, а затем — к соединению с остальными частями в общем исправлении. В духовном частное и общее исправление — это одно и то же. Если человек на самом деле думает о продвижении вверх, он обязан думать и о соединении вширь со всеми остальными душами. Одно зависит от другого. Мы не можем подняться ни на сантиметр, если не укрепим связь со всем миром, со всеми остальными душами, скажем, еще на десять грамм силы, желания, заботы. Одно зависит от другого.

Тот, кто начинает чувствовать связь между одним и другим, действительно начинает ощущать духовные процессы. Да мы и по себе видим: чем дальше продвигается человек, тем больше он заботится о своем окружении — вплоть до того, что, войдя в духовное, вообще перестает ощущать собственное существование, нейтрализует себя и начинает работать уже в отдаче, без каких бы то ни было личных расчетов. Он не думает: существует он или нет? Есть ли ему от этого польза?

Поэтому в период подготовки мы строим общество, чтобы у каждого была возможность думать по мере сил о других и одновременно осознавать свое зло в мере того, насколько он неспособен на это — что и является внутренними определениями свойств — *авханот* напротив духовного. Во время подготовки на человека можно оказывать нажим, чтобы он принудительно формировал эти авханот, находясь под давлением. Этим мы ускоряем его время.

Что такое наш устав? Это режим, диктатура. Всякий входящий сюда — хотя он может здесь и не оставаться — попадает под контроль, под власть. И мы делаем это намеренно, чтобы ускорить наше развитие, увидеть, насколько мы не уподоблены духовным рамкам. Здесь в обществе мы должны принудительно устанавливать духовные рамки, духовные законы, духовные отношения между людьми — и видеть, насколько наше внутреннее желание не готово подчиняться этому принуждению, стремясь к обратному.

И тогда у каждого будет понимание того, где он находится относительно духовного, пускай еще не ощущаемого, а лишь представляемого; и у каждого человека будет топливо, у него всегда будут притязания против его состояния — состояния открытого зла — если, конечно, он действительно хочет взять на себя то, что называется *оль Малхут Шамаим* — иго Малхут Небес или *оль Малхут квуца* — власть Малхут группы.

Если же человек, находящийся здесь, не хочет взять это, или берет лишь частично, то и мера продвижения соответствующая.

- **Вопрос: Когда человек работает в группе, то и подъемы его, и падения — они уже для группы? Это, в сущности, вовсе и не для него?**

Нет. Мы говорим, что в период подготовки, если человек продвигается, то все-таки продвигается сам. Только потом, когда он переходит в духовное, ему открывается, что вся его работа была не для себя, а для общего. Однако пока что мы не можем так себе говорить, иначе у нас не будет никакого топлива для работы. Это скрыто от нас и, что бы ты ни говорил, тебе не дадут ощутить это по-настоящему. Твой уровень не соответствует раскрытию истинного

«Авраам состарился, приумножив дни», в духовной работе

состояния, заключающегося в том, что и сейчас ты работаешь ради общества.

В конечном итоге, мы получаем меру раскрытия совершенного состояния, в котором пребываем. Нам раскрывают его в той степени, в какой мы можем его выдержать; настолько, насколько мы можем использовать это раскрытие в правильной форме. Мы постоянно находимся в подготовке сообразно тому, сколько способны выдержать — причем дело не в том, чтобы выдержать собственные страдания. Мера наших страданий выявляет, насколько мы не способны вытерпеть ту долю духовного, которая уже должна была присутствовать в нашем состоянии.

Допустим, я должен находиться сейчас на десятом уровне в духовном, а нахожусь только на третьем. Возникает разрыв в семь уровней, которые я и терплю, ощущая от них страдание. Мера моего страдания — это боль, удары, войны — неважно, что именно: так я сейчас ощущаю разницу между тем, где должен был находиться, и тем, где я есть.

Величину своих страданий я могу воспринимать двояко. Она свидетельствует о том, насколько я, с одной стороны, отстаю в своем развитии относительно духовного; а с другой стороны, насколько я не способен выдержать ту духовную ступень, на которой уже должен был находиться. Это одно и то же.

- **Вопрос: Если человек работает в группе и получает удовольствие, говорит ли это об уровне его продвижения, или же речь идет о клипе?**

Если человек работает в группе и получает удовольствие, это очень хорошо. Мы пребываем сейчас в получении ради получения, в *ло лишма*: как в материальном — относительно наслаждений этого мира, так и в духовном. И мы еще обязаны достичь самого высокого уровня ло лишма.

Поэтому мне не нужно говорить себе: «если я не пребываю в намерении ради отдачи, то не хочу ни к чему прикасаться. Не буду работать, чем меньше буду делать, тем лучше». Так, вместо того, чтобы развиваться, я постепенно приведу себя к неживому состоянию — *домем*: перестану есть и пить, буду сидеть на месте без движения, остановлю свои мысли, чтобы не думать, и превращусь в образцового йога. Возможно, я и почувствую что-то духовное, ведь я подавил все свое желание получать; однако ощущение это не будет иметь развития — наоборот, из него я не смогу прорасти.

Мы должны работать с группой, пользуясь всеми средствами, которые она нам предоставляет. Пусть даже во время работы с обществом я испытываю хорошие ощущения в своих сосудах получения и получаю от этого удовольствие — я должен в этом работать, я должен это использовать. Выхода нет, я должен сейчас принимать похвалы, выслушивать благодарности, тешить чувство собственного достоинства и лицезреть «замечательные результаты собственной деятельности». Прежде всего — действие, ведь намерение все равно остается ради получения. Вкладывай как можно больше — это работает.

- **Вопрос: А где же здесь осознание зла?**

Осознание зла приходит не от твоей работы. В результате всевозможных усилий с твоей стороны — приходит свет свыше, и тогда ты осознаешь свое зло — разницу между тобой и этим светом. Осознание зла не может произойти только в плоскости этого мира. С чем хорошим ты можешь себя сравнить, чтобы осознать зло, которое в тебе? Только со светом, приходящим свыше. А приходит он благодаря усилиям: в соответствии с тем, сколько усилий с тем или иным качеством намерения ты приложил. Помнишь, ты много работал, потом получил удар и ходил здесь, как в воду опущенный, не понимая, почему это случилось. Такова духовная плата за усилия. В первый раз ощущения кошмарны, человек не понимает, что с ним происходит, он никогда такого не чувствовал.

- **Вопрос: Что значит, ощущать Творца, как товарища?**

Я говорил о том, чтобы не ощущать Творца, как товарища, а стараться ощутить Его в той же мере, в какой ты ощущаешь товарища. Не надо ощущать Творца, как товарища. Правда, бывают и такие состояния, но мы должны стремиться не к этому.

Несмотря на то, что я ощущаю товарища отдельно от себя, я все-таки вижу, что мне стоит быть с ним и соединяться с ним, что это дает мне силы для продвижения, дает мне еще большую возможность быть мыслями в духовном. Если я связан с товарищами, я могу через них, с их помощью дольше удерживать свои мысли, свою душу чуть более направленными на духовное. В такой же форме, которая «подогревала» бы меня, я должен стараться ощущать и Творца. Пусть связь с товарищами дает мне пример того, как я могу приблизить Творца к себе. В чувства, которые ты испытываешь к товарищам, в уголки души, где ты ощущаешь, что соединен с ними, что тебе хорошо с ними, что вы вместе — введи туда и Творца, потому что это правильные чувства для ощущения Творца.

- **Вопрос: Как можно измерить состояния подъемов и падений в период подготовки?**

Только по тому, насколько человек в состоянии абстрагироваться от личной выгоды. Это наша единственная основа, на которой мы стоим обеими ногами.

- **Вопрос: Почему общее состояние общества измеряется по самому низкому из его членов?**

Мы сейчас совершаем забег на десять километров и должны достичь цели. В соответствии с чем мы измеряем это достижение? В соответствии с последним, кто пришел к финишу. Тогда все кли пересекает финишную черту и получает оплату. Пока последний не добежит, кли не завершено и не получает никакой оплаты. В духовном необходима полная норма. Вот почему зачет производится по самому слабому. Ничего не поделаешь, перед всеми вами стоит задача и она не будет выполнена, пока последний еще в пути. Вы можете протянуть ему руку — работать для него, помогать ему. Тот, кого тащат на носилках, тоже добирается до цели.

- **Вопрос: Это можно сделать посредством физической работы?**

Что значит «физической»? Внутренняя работа уже по самому определению не может считаться физической. Она внутренняя. К примеру, сейчас, во время подготовки к Песаху, работая физически, «руками», человек должен стараться постоянно присоединять к этому мысль — вплоть до привнесения желания в каждое свое движение: «Я хочу это сделать! Я хочу это сделать! Я хочу это сделать!» А затем в каждое желание внести понимание того, чего я хочу добиться с его помощью. На что направлено мое желание? Ощутить Творца, быть с Ним вместе. «Я хочу, чтобы Он сдвинул мою руку». Это называется: «Конь и всадник движутся сообща», как сказано в статье «Ахор вэ-кедем цартани» — «Своим скрытием и раскрытием Ты сотворил меня».

- **Вопрос: В статье приводятся слова: «День дню принесет речение, и ночь ночи вынесет суждение». Что это за состояния: «речение» и «суждение»?**

Нам трудно различить, что мы получаем от подъемов, а что — от падений, поскольку состояние само по себе, а время оплаты само по себе. Возможно, что падение, полученное мной во время подъема, — это оплата. А что тогда является оплатой в падении? Ты можешь сказать — подъем: это кажется наиболее логичным. Но нет. В конечном итоге, мы получаем прибыль в оба своих келим: моха вэ-либа, в ощущении и в понимании.

Если я нахожусь в падении, это не значит, что я плохо себя чувствую и удаляюсь спать. Период падения подразумевает, что в это время, в этом состоянии я сражаюсь, чтобы все-таки быть в Святости, быть соединенным с Творцом, раскрывать Его, несмотря на то, что Он сокрыт. Ведь падение — это Его сокрытие. И тогда я получаю *авханот* — внутренние определения, постижения — на различные состояния, а из этих состояний — на свои желания, свою внутреннюю часть, свое внутреннее строение, на меру отношения между мной и Творцом. Именно в период падения,

«Авраам состарился, приумножив дни», в духовной работе

во тьме, я разъясняю все эти связи, все точки трения и соединения между нами. Тьма как раз и предоставляет мне такую возможность, она не притупляет моих ощущений.

Когда же я, насколько смог, понял все это, то затем, во время подъема я наполняю все эти связи, все точки трения и соединения — любовью, чувством, тем, что называется *либа* — сердце.

- **Вопрос: Как человек может избежать состояний, в которых он чувствует, как будто сражается на стороне злого начала против Творца? Как присоединить Творца к борьбе со злым началом?**

Иногда мы сами не осознаем состояния, когда, пребывая в желании получать, судим себя, Творца, само состояние исходя из этого желания. И вдруг происходит скачок, раскрытие: «Да ведь я должен рассуждать совсем с другой точки зрения!» Это приходит извне. Например, слышу, что говорит мне товарищ, который находится на более высоком уровне, а, следовательно, его состояние по отношению к моему состоянию — это свет по отношению к тьме. Ведь кли, находящееся на более высокой ступени, подобно свету относительно кли, находящегося на ступени более низкой. Или же это может прийти свыше.

- **Вопрос: Но человек часто словно бы сражается с чем-то. Как же избежать того, чтобы сражаться не на той стороне?**

Невозможно избежать ничего, если ты не получишь силы против этого состояния. Ты спрашиваешь: «есть ли способ вытащить себя за волосы из любого состояния?» Для этого у тебя в руках должна быть внешняя сила.

- **Вопрос: Я спрашиваю, как человеку, вместо того, чтобы сражаться против Творца, сражаться против злого начала вместе с Творцом?**

Если я вместе со злым началом против Творца, значит я сейчас Фараон. Или же я внезапно перехожу со стороны Фараона на сторону Моше...

- **Вопрос: Значит, я как Фараон, который как бы переходит на сторону Моше?**

Не «как бы». Так это называется в рамках этого мира.

- **Вопрос: Значит, держаться стороны Моше, хотя это еще не тот Моше?**

Почему мне должно быть это важно? Если до того, как войти в духовное, весь я пребываю в желании получать, мои разнообразные расчеты, тем не менее, остаются эгоистичными — я откладываю это в сторону. Ну и что, если они эгоистичны. Мне сейчас в своем состоянии надо как можно дальше продвинуться: в эгоизме — так в эгоизме, не имеет значения.

К тому же, в конце меня ждет наибольшее состояние «ло лишма», когда я буду стремиться к Нему так, что в системе *Олам-Шана-Нефеш* это называется: «Не дает мне уснуть». Что может быть более эгоистичным? Так причем тут эгоизм, если это нужно? Я обязан развивать себя, я себя развиваю. Иначе, как я уже говорил, я буду сидеть, подобно йогу, максимально нейтрализуя желание получать, то есть, эгоизм: почти не дышать, почти не есть и почти не думать. Полнейшее ничто. Пусть меня закапывают в землю на две недели, я все равно останусь жив.

- **Вопрос: Я думал, что в таких состояниях единственное, что может получить человек, действительно приходит извне. Может быть, ему посылают эти состояния для того, чтобы, даже зная, что ему надо, он понимал, что может получить это лишь извне: от друзей и вообще от сил, на первый взгляд, воздействующих на него снаружи. Так ли это?**

Думаю, что само направление, ведущее к подобным исследованиям, нежелательно. Это не позволяет человеку заниматься хорошей стороной.

«Есть множество мыслей в сердце человека, но поднимется лишь совет Творца». Что это означает? Как он пишет на 64-й странице в «Письмах», мы должны постоянно осуществлять взаимопроникновение между собой, тем, что я делаю, и Творцом — чтобы все были вместе, в едином

«Авраам состарился, приумножив дни», в духовной работе

ощущении. Ради получения или ради отдачи — это неважно: что мне дают — то и дают. Главное, чтобы три этих фактора были вместе.

Если же я погружаюсь чуть глубже, то теряю эту точку. Речь идет о своего рода стерильности в работе. И хотя человек не отвечает за все мысли, которые в нем пробуждаются — но, несмотря на все мысли, он должен держаться именно за эту связующую точку. Это главное сейчас, в период нашей подготовки. Много работая во время Песаха, мы должны стараться удерживать вместе три этих фактора. Наша работа называется: *Орхин дэ-орайта* — пути Торы; я — это Исраэль; а Творец — это Тот, Кого я хочу раскрыть, с Кем я хочу установить связь посредством своей работы. И если, исходя из этого, у кого-то появляется шанс действительно что-то сделать, — пусть постарается сделать это и руками, и сердцем.

В конечном итоге, это очень просто. Есть творение, есть Творец; и творение должно стараться в каждом состоянии, которое ему посылают, устанавливать связь с Творцом. Посмотри, сколько об этом написано, сколько мыслей у тебя ежесекундно возникает, и сколько ты еще ощутишь в каждом из состояний во всем многообразии форм. Есть вещи, о которых просто нет смысла говорить — нужно выполнять и все. На вопрос, заданный сегодня, человек может получить ответ через год-два. Правда в том, что есть множество тем, на которые не стоит говорить — каждый должен раскрыть это сам, им нет четкого разъяснения, выраженного словами. Сколько бы мы ни говорили, это не поможет. Придет какое-нибудь состояние, и все твои премудрости, то, что ты читал, знал — ничего не сработает.

В группе есть люди, пребывающие в отличном от общего состоянии. Группа проходит махсом совместно — каждый в своей мере, каждый со своим кли, но, по сути, она проходит махсом совместно. Поэтому-то она и группа, где есть иткалелут — взаимопроникновение свойств.

Что значит, пройти махсом? Это означает, что в твоих желаниях, в твоих мыслях, в твоих намерениях возникает способность быть соединенным с другими в мере *авиют дэ-Шореш* — эгоизма нулевой стадии. Это называется пройти махсом. У меня множество желаний, и вот они приходят к состоянию, когда на них есть экран с авиют дэ-Шореш — это значит, что я прошел махсом.

Что такое авиют дэ-Шореш? Это означает, что я могу отменить свое «Я» и быть соединенным с другими, со всей реальностью, со всем миром в такой форме, когда я упраздняю себя и думаю о них, как зародыш. Я не могу ничего им дать, но могу присутствовать пассивно — только из-за них, только для них, чтобы использовали меня, сколько захотят. Я пассивен — это называется зародыш. Я нахожусь в группе, и у меня нет ни одной мысли о себе. Я ничего не могу сделать для них с истинным намерением ради отдачи, но я предоставляю им то, что у меня есть, чтобы они использовали мои силы, мое тело, мою душу, все, что захотят. Это и называется: находиться в *авиют дэ-Шореш* — быть зародышем. По отношению к товарищу, группе или по отношению к Творцу — это одно и то же. Это и означает — пройти махсом.

Возможно ли, чтобы я удостоился этого в одиночку, поднялся на уровень самоупразднения, равнозначный хотя бы первой духовной ступени — в то время как группа все еще пребывает в этом мире? Нет. Каждый в той или иной степени, которую я не могу здесь оценить, также должен в этом участвовать. Неважно, сколько частей ТЭС ты изучал. Пусть одну, первую или вторую, или четверть ее — количество знаний совершенно не относится к делу. Вы увидите, что в группе малый и большой, старожил и новичок, в конечном итоге, сравняются за очень короткое время. Они будут говорить на одном языке, понимать друг друга и объединяться в свойствах без всяких различий.

Различие может быть в разуме: сколько времени требуется тебе в этом мире, чтобы наполнить себя всем тем, о чем написано. Но это никогда не определит твой духовный уровень. Поэтому группа, в конце концов, будет более-менее однородной.

В ней тоже будут различия, вытекающие из строения души каждого ее участника: бывают более «неживые», бо-

«Авраам состарился, приумножив дни», в духовной работе

лее «растительные», более «животные» или более «человеческие» свойства — но все они будут относиться к духовному. Один более активный, другой менее, но все — относительно духовного, в духовном.

- **Вопрос: Все равно, что коллективно открыть глаза?**

Да, в той или иной степени раскрытие глаз коллективно. Иначе и быть не может, ведь речь идет о едином теле, едином механизме.

Как ты устраиваешься в этом мире? У тебя есть костюм, рубашка, ботинки — ты заплатил кому-то деньги и получил от него равный им эквивалент. Благодаря этому ты можешь жить, обеспечивать себя.

В духовном мире ты тоже получаешь от других все эти одеяния, все эти вещи — посредством того, что платишь им духовными усилиями и берешь у них духовные сосуды. Мы говорили, что духовное раскрытие происходит не в самой душе, а в том, что душа, точка собственного «Я», точка в сердце, приобретает у остальных душ, устанавливая с ними связь. Ведь все части твоей души присутствуют во всех.

- **Вопрос: Стоит ли слабому участнику группы прилепиться к более сильному товарищу?**

Нет, работа группы должна строиться не на том, как брать пример с сильных, а на том, как поднимать слабых. Ты должен работать в своей группе, обращая внимание на общее продвижение всех ее участников и стараясь вызвать в них еще больший подъем.

- **Вопрос: Если я начну работать с тем, кто, по моему мнению, более слаб, то он и сам уверится в собственной слабости...**

Вопрос в подходе...

- **Вопрос: Может быть, делать это коллективно? Как вообще поднимать общий уровень группы?**

Начните. Ты думаешь, у меня есть решения для каждого возникающего у вас вопроса? У Рабаша было иначе: участники группы не успели достичь нашего нынешнего состояния. Еще не было работы в такой форме. Время было не то, да и хасидское окружение сыграло свою роль. К тому же было еще окружение родственников.

- **Вопрос: А статьи, которые он писал?**

Он писал их как бы для товарищей, для групп, однако вовсе не в соответствии с тем уровнем групп, который тогда был. Это ясно. Не было такой работы, мы совершенно не говорили о такой работе. Мы разговаривали поверхностно, совершенно не разъясняя те детали, которые всплывают сегодня. Мы просто еще не достигли этого в то время. Поэтому у тех групп нечему научиться. Можно пойти посмотреть, в каком состоянии они находятся. Правда, после смерти учителя ученики всегда претерпевают падение. Потом они приходят в себя. Прошло уже 11 лет. Но такого, конечно же, не было.

Эти статьи тогда были уже написаны, но он писал их для будущих поколений. Это практическая система, которую раньше каббалисты устно передавали ученикам. Согласно необходимости, к которой приходил ученик, он получал соответствующее направление от учителя. А о том, чего он не достигал, пока не говорили. И поскольку Рабаш действительно последний из всех поколений каббалистов, он написал это так, чтобы все остальные поколения получили это, как письменную Тору. Каждый по собственной необходимости, по собственному уровню сможет увидеть в любой из этих статей точки продвижения, объяснения своего состояния. Но человек, не дошедший до этого, что сможет увидеть?

Будем надеяться, что мы еще достигнем состояния, в котором сможем в соответствии с толкованием Бааль Сулама видеть работу в трех линиях и выполнять ее; не просто говорить: «Правая, левая, средняя», но видеть в деталях, что там происходит, в частях души. Три линии... Есть, о чем говорить, если есть внутренние «авханот».

Так вот, там уровень выше, чем в этих статьях, которые являются как бы трамплином посередине, в период подготовки, а также после махсома. Не надо пренебрегать статьями Рабаша. Однако после махсома, когда человек начинает производить направленные духовные действия, то в дополнение к Талмуду Десяти Сфирот он видит, о чем писал Бааль Сулам.

Рабаш, с другой стороны, обращал большее внимание на книги, которые помогают и в наше время, в нашем состоянии, перед махсомом.

Однако, если говорить о группе: я привел новых учеников, скажем, в 1983-м году. В те времена семь лет были, как сейчас два года, год. Они не достигли реализации этих вещей. Да и вообще, с его стороны даже не было посыла к этому, он не давил в этом направлении. Только поверхностное обучение с подготовкой на будущее. Возможно, в начале еще была некая надежда, что с новыми учениками все-таки можно что-то сделать; однако думаю, очень быстро стало ясно, что это непросто. Мне кажется, здесь есть вопрос санкции свыше. Я не собираюсь винить людей, они были таким же материалом, как и мы. Лучше меньше говорить...

«Тора называется средней линией», в духовной работе

«Шлавей Сулам», том 1, стр. 353
Урок 5 марта 2002 года

В Книге Зоар написано: «Приди и увидь: каждый день, когда приходит свет, просыпается одна птица на дереве, что в райском саду, и кричит три раза, и возвещает глашатай с силой. Кто из вас зрячий, но не видит. Кто находится в мире, но не знает, зачем в нем находится. Не всматриваются они в величие Владыки их. Тора стоит перед ними, но не усердствуют они в занятиях ею. Лучше для них, вообще не быть сотворенным...»

Цель творения — чтобы все творения ощутили Творца как абсолютно доброго управляющего ими, чтобы человек ощутил, что получает от Творца только хорошее, и всем остальным творениям Творец дает только доброе. Исправление творения в том, чтобы не ощущать стыда при получении наслаждений, исправление необходимо, чтобы наслаждение не ощущалось в эгоистических желаниях, а ощущалось только в том случае, если человек может получить его с намерением ради Творца.

Но чтобы человек мог существовать до того, как приходит к исправленному состоянию получать наслаждения ради Творца, — а без получения наслаждения человек не в состоянии существовать, потому что создан Творцом в желании получать наслаждения, потому как цель Творца заключается в усложнении творений — произошло разбиение духовных келим.

Возможность получать необходимые для существования наслаждения, до достижения исправления, произошла

«Тора называется средней линией», в духовной работе

вследствие разбиения духовных желаний-сосудов в мире Некудим: получение альтруистическими духовными желаниями эгоистических намерений.

В результате этого падения желаний с духовного уровня в эгоистический, бывшее в них наслаждение-свет возвратилось к своему Источнику, но его маленькие искры света — нер дакик остались в разбитых эгоистических желаниях и оживляют их до момента исправления.

В результате название желания-творения изменилось с духовного, чистого альтруистического желания — клуша, кли — сосуда, на материальное, нечистое эгоистическое желание — клипа. Оставшаяся в эгоистических желаниях частичка света подобна искре по сравнению со светом в альтруистических желаниях.

Порядок исправления начинается с правой линии. Правая линия всегда называется совершенной, но в чем совершенной — это имеет всегда разные значения, и поэтому название «правая линия» имеет разные значения.

Если человек отдален от Торы и заповедей, считается что находится в левой линии, потому как отдален от духовного, являющегося совершенством человека. Естественно, что мы не говорим вообще о тех, кто не имеет никакого отношения к Торе, неверующих, как их называют, а начинаем говорить о тех, кто соблюдают Тору и заповеди, пока еще только в действии, поэтому называются их действия «одна линия», потому как невозможно говорить о правой линии, если нет еще у человека левой, или наоборот.

Поэтому те, кто начинает работу в действии, называются работающие в одной линии, потому что только начинают, но относительно не выполняющих в действии заповеди, не имеющих никакого отношения к религии, они называются работающими в правой линии, потому что ощущают свое совершенство, а нерелигиозные называются относительно них левой линией.

Но если мы говорим о тех, кто желает работать над изменением своего намерения «для себя» на «ради Творца», то те, кто работают только в выполнении заповедей действием, называются несовершенными, и потому называются левыми, не имеющими совершенства, а те, кто желают приобрести намерение работать ради Творца, — правыми.

Но в ощущении самого человека, не истинного его духовного уровня, а только выполняющего заповеди в действии, он сам ощущает себя совершенным в своем выполнении, и его состояние оценивается им как правая линия, совершенство, а по работе в исправлении намерения ощущает себя несовершенным, потому как не в состоянии выйти из-под власти эгоизма, и такое состояние оценивается им как левое, как все, что нуждается в исправлении, называется левым.

Поэтому тот, кто желает работать ради Творца, чтобы было совершенство в его действиях, но во время контроля своей работы видит, что еще не достиг совершенства, оценивает это состояние как левое относительно его работы в исполнении действий без намерений.

Но если человек даже не в состоянии совершить что-либо ради Творца, все равно он ощущает себя совершенным в своих действиях, говоря, что есть, у него большое счастье в жизни, что может хотя бы сделать действие, желательное Творцу, даже без намерения, что это Творец возвысил его тем, что дал ему мысль и желание заниматься Торой и заповедями в действии без намерения, называемом правым, потому что ощущает себя в совершенстве, что надо воздать большое благодарение Творцу за это, то он входит постепенно в правое состояние.

Поэтому, когда переходит к намерению и видит все свои недостатки, то остается ему только просить Творца о помощи дать силы исправить свои намерения и делать ради Творца — и это называется левым состоянием, относительно предыдущего правого. Но когда удостоился помощи Творца и может действовать альтруистически, но только «отдавая», потому как только отдавать, не получая, легче, чем получать ради Творца.

Когда действие и намерение противоположны, такое состояние называется правой линией относительно прошлого состояния, когда желал, но не мог работать ради Творца, что явилось причиной молитвы Творцу о помощи.

«Тора называется средней линией», в духовной работе

Но сейчас, когда Творец уже помог ему, и он может отдавать ради Творца, он благодарит Творца за совершенство, которого достиг, это называется правым состоянием, а свет, получаемый им, называется ор Хасадим — исправления творения, дающий силы исправить намерение.

Но это состояние совершенно только относительно исправления творения, но относительно Цели творения это состояние еще не совершенно, потому что человек должен достичь Цели творения. Потому это состояние совершенно и считается правой линией, потому что дает благодарность Творцу за достигнутую возможность отдавать ради Творца, но потому как еще отсутствуют силы получать ради Творца, это состояние определяется как несовершенное.

Поэтому если удостоился сил получать ради Творца ор Хохма, то это состояние определяется как совершенное относительно прошлого, когда удостоился только ор Хасадим, света исправления творения, именуемого сейчас левым и несовершенным относительно Цели творения.

Но получение ор Хохма ради Творца также считается несовершенным, левым, поскольку требует постоянного контроля, ведь действие «получение» и намерение «отдача» противоположны, и потому необходимо состояние, называемое средней линией — ор Хасадим, включающий ор Хохма.

Ор Хохма — для выполнения Цели творения и ор Хасадим — для исправления творения. Средняя линия называется Тора, сочетает в себе левую и правую линии и позволяет использовать свет Цели творения, наслаждение, уготованное Творцом для человека, ор Хохма, раскрытие величия Творца, самого Творца.

Но до сочетания ор Хохма с ор Хасадим не может ор Хохма ощущаться, светить в кли человека, потому как может ощущаться только как бхинат Тора, что означает совместно с ор Хасадим, средняя линия. Тора называется средней линией. Зеир Анпин, соединяющий, включающий в себе две линии: левую линию, Цель творения, ор Хохма, раскрытие Творца творению (гилуй Элькуто ле-ниврaав) в облачении в правую линию, исправление творения, ор Хасадим.

Только соединение двух линий позволяет ор Хохма светить, проявляться, ощущаться человеком, и достигает он состояния Тора — получаемый свет, Исраэль — человек и Творец — Источник — одно целое.

Ханука олицетворяет собой праздник наличия света ор Хохма, пришедшего к людям, но которым нельзя пользоваться ввиду отсутствия ор Хасадим, исправленного намерения, ввиду отсутствия средней линии, сочетающей наслаждение ор Хохма с правильным намерением его получения — ор Хасадим. Пурим же олицетворяет собой наличие ор Хасадим, называемый МАН, полученный от молитв и поста. Шавуот — средняя линия, получение Торы.

* * *

Тора называется «Наукой жизни», так как она дает жизнь — раскрытие света Хохма в желании получать. Это может быть, только если рацон лекабель получает исправление светом Хасадим, намерение отдавать. Только если левая линия может соединиться с правой и быть как средняя.

Что такое средняя линия? В природе нет средней линии, такого не существует, есть Творец и творение, природа Творца и природа творения. Средняя линия — это то, насколько творение может исправить себя и стать подобным Творцу. То есть, средняя линия находится в творении. На языке сфирот это называется, что есть тет-ришонот — свойства Творца и Малхут — свойство творения. И насколько Малхут может быть подобна девяти первым сфирот в своих действиях — это будет называться средней линией.

В соответствии с исправлением Малхут у нас есть праздники — *хагим*. Хаг — от слова *мехуга* — циркуль, как бы кружащий, который возвращается на каждой ступени. Это состояние продлится до Гмар Тикун, конечного исправления, и тогда прекратятся все праздники, и наступит постоянное состояние, а до тех пор у нас есть этапы соот-

«Тора называется средней линией», в духовной работе

ветствия между тет-ришонот и Малхут, между левой линией и правой.

В Гмар Тикун не будет средней линии, ведь не будет ни правой, ни левой, а будет только одна единая линия. Степень раскрытия света Творца внутри творения, степень одеяния Творца в творение называется средней линией. После конечного исправления это раскрытие Творца и получение света будет безграничным.

- **Вопрос: Правая и левая линии — это относится к намерениям или желаниям?**

Мы говорим о двух типах природы — природе Творца и природе творения. Мы не можем изменить природу, но мы можем уподобить природу творения природе Творца с помощью намерения отдавать — намерения аль менат леашпиа использовать природу Творца.

У Творца нет разделения на деяние и намерение, у Него есть только действие. Мы и о Его действии говорим, что это действие отдачи — *дэ-ашпаа* с намерением ради отдачи. Но если нет ничего, с чем бы можно было это действие сравнить, то даже невозможно сказать, что это *аль менат леашпиа*, а просто это действие, направленное на творение, в котором нет никакого намерения получить что-то обратно, взамен.

Мы не можем этого себе представить. Но если творение использует свое желание получать, для того чтобы сделаться подобным Творцу, уподобиться Ему по конечному действию, по результату действия, то в творении будет и действие, и намерение.

Первоначально в творении не создано намерение, а есть у него только действие — получать, наслаждаться, и оно называется животным действием. Неживая, растительная, животная стадии производят это действие без осознания намерения. Медабер — уровень говорящего, человек, начинает ощущать чуждость этого действия, и поэтому есть у него зависть, животная страсть, желание к почестям, то есть, остальные стадии развития желания получать.

И самое главное, что у него есть ощущение Дающего. В той мере, в которой человек ощущает Дающего, и развивается у него намерение. Если бы мы не чувствовали Дающего, то было бы у нас намерение насладиться, как у всех, находящихся в этом мире.

Желание наслаждаться мы называем *лекабель аль менат лекабель* — получать с намерением получать. Но на самом деле, это даже не *аль менат лекабель*, ведь аль менат лекабель — это клипот, которые знают, что такое леашпиа, но при этом они хотят получать.

Намерение отдавать или намерение получать может быть только в ощущении Дающего, ощущении Хозяина, когда ясно человеку, чего он хочет: получить или отдать. И тогда есть у него удачный случай и возможность использовать свое желание получать или так, или так.

До того, как мы приходим к состоянию ощущения Хозяина, нет у нас ни аль менат лекабель, ни аль менат леашпиа, а только детские игры, время подготовки, которое мы должны пройти, чтобы накопить различные решимот на будущее. А намерение получают от ощущения Дающего, от ощущения чужого, другого, отличного от себя.

В этом мире, пока я не перейду махсом, я не чувствую другого, я не ощущаю вне себя ничего, настолько мой рацон лекабель не развит. Когда я не чувствую ничего, что вне меня, то у меня нет никакого развития намерения.

Относительно кого оно будет развиваться — намерение аль менат лекабель или аль менат леашпиа — если я вне себя никого не чувствую? Это подобно младенцу, которого не заботит никто другой, и он не в состоянии почувствовать никого, кроме себя. Так и мы, действительно не в состоянии почувствовать другого, как дающего или как получающего. Поэтому мы и не можем развить намерение аль менат лекабель или аль менат леашпиа, нет у нас понимания этого, мы просто погрязли в своей природе, природе получать.

С точки зрения намерения... Мы вообще не находимся в намерениях, ни в аль менат лекабель, ни в аль менат леашпиа, и в этом наше состояние подобно точке, сотворенной Творцом из ничего. Он также создал желание наслаждаться без всякого намерения, а намерение началось

«Тора называется средней линией», в духовной работе

в Малхут мира Бесконечности, когда она начала ощущать Дающего.

Но это было в мирах и на стадии шореш, а до нашего мира, при распространении парцуфим сверху-вниз, была произведена подготовка. Еще нет творения, нет намерения, нет желания. Мы начинаем снизу-вверх с тем, что есть, у нас желание насладиться, без намерения, а после махсома мы начинаем приобретать намерение аль менат лекабель в левой линии, в клипот, и напротив этого аль менат леашпиа в правой линии, в святости, и в средней линии — насколько мы в состоянии быть подобными Творцу по намерению в действии получения.

Снизу-вверх — мы сейчас находимся в состоянии, когда мы начинаем творение с точки. Что это за парцуф, который начинается с точки? Этот парцуф — это степень намерения аль менат леашпиа.

Спрашивается, что такое желание и что такое намерение? В духовном не принимается во внимание желание, а только намерение аль менат леашпиа. Размер парцуфа, его высота — это высота его намерения. И по степени намерения он уже получает аль менат леашпиа. Поэтому в нашей области, до махсома «нет суда и нет судьи», каждый делает то, что ему нравится, действительно нет заповедей и нет прегрешений. Ведь все заповеди и прегрешения — это только в намерении. Ради себя — называется прегрешением, а ради отдачи — заповедью.

Мы еще находимся внизу, в так называемом воображаемом мире, ниже линии жизни и линии смерти. Выше махсома, когда душа погружена в клипот — это называется линия смерти, состояние смерти, а когда погружена в правую линию, то это называется — линия жизни. А мы — ниже этого. Нам необходимо понять из этого, что намерение, направление, связь, страстное желание к Творцу — это, в сущности, мера человека в духовном.

Имеется в виду не желание, а насколько оно направленно к Творцу, до какой степени его сердце страстно стремится, жаждет Творца. В соответствии с этим измеряется его состояние в духовном.

- **Вопрос: Как можно измерить намерение? Оно либо есть, либо его нет.**

  Намерение измеряют в ступенях, в килограммах, в чем угодно. У нас есть желание, которое поделено на четыре стадии, или, в общем, на пять, учитывая нулевую стадию, и эти пять стадий делятся еще на пять, и еще на пять. В соответствии с тем, на какую стадию желания я могу одеть вместо намерения аль менат лекабель — намерение аль менат леашпиа, согласно этому я измеряю свой уровень.

  А я ведь должен сначала приобрести намерение аль менат лекабель, это тоже не просто, все это за махсомом. Если я могу перейти махсом, приобрести намерение аль менат лекабель, исправить его на аль менат леашпиа, то в зависимости от того, на какое желание я могу одеть это намерение аль менат леашпиа, — величина этого желания говорит мне о величине намерения.

  Скажем, я хочу выпить чашку чая. Желание мое может быть один грамм, а может быть сто килограммов. Мы знаем по себе, что желания к одним и тем же вещам все время меняются. Допустим, я сейчас хочу выпить чаю с величиной желания, с наслаждением приблизительным десять килограммов. Я хочу это аль менат лекабель, с намерением получить. Если я в состоянии изменить использование того же желания, после Сокрашения, после подготовки — *ахана*, на аль менат леашпиа, то величина моего намерения аль менат леашпиа — десять килограммов.

  Намерение не может быть без желания, намерение измеряется по весу, по мере желания. Мы говорим, что приходит Высший свет к Малхут, у которой есть пять типов авиют, она производит *акаа* — соударение с Высшим светом, и из нее выходит пять типов отраженного света, каждый в соответствии с авиютом, с которым Малхут отталкивает прямой свет. Прямой свет приходит единым, в нем нет никаких различий, но поскольку у Малхут есть пять различий по уровню авиюта, то она делает птья типов отраженного света.

  И в каждом из них она проверяет, сколько она может получить аль менат леашпиа: помидор — так, огурец —

эдак, рис, мясо; и в соответствии с этим получает. Поэтому мы говорим, что в парцуфе есть пять сфирот.

Что такое сфирот? Это пять типов соответствия Творцу, так как моя природа разделена на пять частей, мы все измеряем с помощью авиюта, у нас нет другого способа измерения, другой меры, я отдаю с помощью своего авиюта и получаю через свой авиют, наслаждаюсь в своем авиюте, нет у меня, кроме авиюта, никакого другого инструмента измерения.

Авиют — это степень наслаждения, которое есть в моем желании получать. Иногда я нахожусь в хорошем настроении и готов проглотить большой обед — суп, курицу, питье, в общем, все. А иногда я в таком настроении, что даже если есть передо мной красивый обед, и я голоден, то все же не в состоянии есть. Значит, мы не проверяем авиют по тому, насколько я голоден и по тому, сколько передо мной наслаждений, а насколько я тянусь к ним. И это мера измерения, и только так я могу ответить Хозяину.

Поскольку я нахожусь перед Хозяином, у меня возникает такой стыд, что я начинаю ненавидеть эти угощения вместо того, чтобы почувствовать наслаждение от них. Я чувствую от них боль, ненависть к ним. У меня начинается состояние, когда я продлеваю свой авиют для Хозяина, ведь чтобы у меня была возможность отдавать Ему, мне необходим аппетит. Есть здесь много вариантов отношений между светами и сосудами.

- **Вопрос: Так авиют — это максимальная степень наслаждения, которое я могу получить?**

Авиют — это степень ощущения наслаждения в желании получить. Если я сижу рядом с едой, но не хочу ее, то у меня есть нулевой авиют. А если я вдруг захочу ее, то у меня будет столько авиюта, насколько я хочу ее.

Как ты это измеришь? Измерь это в килограммах пищи, которую я могу проглотить, или измерь, если ты можешь, величину наслаждения, которое я получаю. Но все эти вещи — желания, а как измерить желание? Может быть все так, а может и нет...

- **Вопрос: Почему вообще авиют изменяется? Почему он может уменьшиться...**

Авиют, величина ощущения наслаждения, может все время изменяться и действительно все время изменяется в соответствии с тем, какие типы связи с Хозяином я могу раскрыть с помощью этого авиюта. Все для того, чтобы привести меня к связи с Хозяином и поэтому я не должен обращать внимание на то, что мне сейчас раскрывают, хочу ли я кушать больше или меньше, насладиться этим или тем, так или эдак; я не должен об этом думать, это не моя проблема.

Мне раскрывают это в соответствии с высшим расчетом, а я должен все время направлять себя в нужном направлении, а почему сейчас мне раскрыли одно — падение, а затем на мгновение — другое, подъем, или что-то еще с помощью того или иного желания — этого я, конечно, не узнаю. Сейчас, когда я нахожусь на этой ступени, я не узнаю причин. А эти причины — это более высокая ступень.

- **Вопрос: Когда человек, который испытывает жажду, наконец, получает воду, то он пьет, и даже вообще не ощущая никакой связи с Творцом, испытывает наслаждение. И есть у него при этом огромный авиют, так как наслаждение его велико.**

Ты говоришь о том, что животное, которое хочет пить, наслаждается во время питья. Это не предмет Каббалы. Наука Каббала говорит о намерениях, а не о том, как получить животным образом, без намерения. Наука Каббала говорит о том, как работают выше махсома, а то, что ниже махсома, называется «природа», и об этом нечего говорить, оставь это психологам, какое нам дело до того, как существует животное.

Почему нам все равно? Оно существует всецело во власти природы, и нет у него от этого никакой пользы, никакой возможности изменения. А если у меня нет никакой возможности изменить сейчас свою природу, то зачем я должен ею заниматься?

«Тора называется средней линией», в духовной работе

Это как машина, посмотри на это так. Скажем, есть какая-то машина, она работает и вот начинает думать: «Как я работаю? Почему я работаю? Ради чего я работаю?» А если она не может изменить себя (а мы точно так же), то для чего об этом думать, если есть возможность думать о состояниях, когда она действительно может себя изменить.

Достаточно того, что есть, семь миллиардов человек, которые занимаются этой жизнью и думают, что они могут что-то изменить, так если я не буду как они — ничего страшного. Это все, чем занимается человек в этой жизни — он думает, что может что-то изменить. Пока его не похоронят... Зачем же этим заниматься? Это не просто остановить себя в определении того, что может дать результат, и чем стоит заниматься — и в чем нет никакой пользы, и чем заниматься не стоит.

Ничего, кроме того, что будешь себя есть: «Почему я такой? Почему мир такой?» И что? Будешь ругать Творца и останешься таким, как есть, получишь только от этого головную боль, язву и прочее...

Таким образом, я не думаю о своей сегодняшней природе в этом мире, о том, как я устроен, как функционируют мои клетки, печень, голова и так далее. Я это не в состоянии изменить, жалко тратить время. Лучше я буду учить, как я могу изменить себя, поднять себя, насладить себя — это предпочтительней.

«При единении Творца и Шхины все грехи исправляются», в духовной работе

«Шлавей Сулам», том 1, стр. 361
Урок 6 марта 2002 года

Все прегрешения человека происходят от желания самонасладиться, единственного творения. Поскольку Цель творения, услаждение человека-творения, определяется мерой его стремления насладиться, — ведь мера желания определяет величину наслаждения — то создано Творцом творение — Малхут, сумма всех желаний насладиться светом, уготовленным Творцом.

Творец в соответствии с тем количеством наслаждения, которое желал дать творениям, создал Малхут — желание получить именно это наслаждение. Но чтобы творение не ощущало стыд при получении наслаждения, Творец скрыл Себя — свет, наслаждение, покинул Малхут, ввиду того, что сама Малхут сократила свое получение света, свое желание наслаждаться.

После сокращения и сокрытия Малхут получает свет только в мере своего намерения получать его ради Творца, потому что при этом ощущение стыда обращается в ощущение почета. Вследствие разбиения келим — желаний получать ради Творца и прегрешения Адама — общей души всех творений — маленькая порция света проникла в эгоистическое желание самонаслаждаться, и желание получать самонаслаждение оживляется от системы нечистых, эгоистических миров АБЕА вне связи с Творцом.

Чтобы вызволить творения из этого бесконечного удаления от Себя, Творец сотворил систему чистых, альтруистических миров АБЕА и противоположную ей систему нечистых, эгоистических миров АБЕА, придал эгоистические желания системе нечистых сил, отняв это от системы чистых сил, которой взамен дал альтруистические желания.

Пока человек не вышел из из-под власти эгоистических сил, обязан грешить и быть отделенным от духовности, чистоты. А чем больше грешит, тем больше удаляется от чистоты, кдуша, и погружается в нечистые желания, вызывая этим все большее удаление своей части, корня своей души — *шореш нешмато* в Малхут мира Ацилут, — которая является соединением всех душ и называется *кнесет Исраэль* — собирающая Исраэль, — от Творца.

Малхут называется также Шхина, потому как в исправленном состоянии всю ее должен заполнить свет Творца, а сам Творец, именуется Шохен, или Зеир Анпин мира Ацилут. Шохен наполняет Шхину только в мере их схожести, соответствия, подобия свойств, то есть, в мере подобия Малхут, желания получить наслаждения, свойствам Зеир Анпина — желанию давать наслаждения.

Отсюда видно, что все прегрешения исходят из желания человека наполнить свое желание получить, свои эгоистические желания самонасладиться, чем он вызывает отдаление себя от корня своей души в Малхут. А если человек желает возвратиться — тшува, чтобы все его намерения были только ради Творца, ради Цели творения, совпадали с желаниями Творца — от чего он сам уподобляется по свойствам Творцу — это приводит к тому, что корень его души в Малхут станет альтруистическим, подобно Зеир Анпину, называемому Творец. Это приводит к слиянию, единству Творца с душой человека, потому как оба имеют одно желание наслаждать друг друга, и Творец, Высший свет, заполняет Малхут — души людей.

От слияния З"А и Малхут аннулируются все прегрешения, эгоистические желания, что и называется возвращением к Творцу — хазара бэ-тшува: поскольку источник всех прегрешений — эгоистические желания человека, и каждый человек, вследствие использования своего эгоизма, вызывает все большее отделение корня своей души в Малхут от Творца, З"А, и перемещение его во власть нечистых сил, клипот.

Но если человек решает все свои действия производить только с альтруистическими намерениями, падение корня его души исправляется, потому что он поднимается из клипот и воссоединяется с Творцом, вновь, как и в начале творения, наполняясь светом. Если человек делает альтруистические действия, это вызывает в общей системе чистых миров приток новых сил, и они возвышаются над нечистыми и властвуют в управлении миром, и, наоборот, — при эгоистических действиях человека.

Поэтому все зависит от поступков человека, и если он приводит свои действия в подобие действиям Творца, то получает все, что есть, в Творце, поскольку соединяется с Ним. И если человек желает уподобиться Творцу, но чувствует, что желания его тела не позволяют ему это, то только молитва, просьба к Творцу о помощи, поможет ему.

И хотя уже много раз просил и не получил ответа, будто Творец не существует или не слышит, или не в состоянии помочь, отчего пропадает сила молитвы в человеке, он обязан верить, что появление в нем в данный момент мысли о просьбе к Творцу пришло от самого Творца, что Творец дал ему ощущение необходимости соединения с Ним и веры в Свое управление.

И ни в коем случае не должен человек думать, что это он начал сам свое сближение с Творцом, а именно Творец начал приближать человека к себе, тем, что дал ему желание просить помощи. И потому человек не может утверждать, что Творец не желает его, хотя еще не получил ответа на свои просьбы.

Как сам Творец начинает свою связь с человеком, возбуждая в нем ответные желания к Себе, так сам и заканчивает этот процесс. Постоянная вера в это и приводит человека к цели.

* * *

В этой статье Рабаш объясняет нам, что причины всего исходят от Творца. Причины наших мыслей, действий, изменений, анализа, перестройки, молитвы — все находится в Нем. Это значит, что формула «Я первый и Я последний» — правильна и относительно частных действий, и относительно Пути, в общем, то есть, общее и частное равны друг относительно друга.

Тогда получается, что человек ничего не должен делать, а просто ждать? Нет, это не так. Человеку необходимо действовать тем, что он обращает внимание на происходящее с ним. И, исходя из этого, человек может понять, что является его частью, как он может участвовать в этом процессе. И более не нужно ничего.

Мы думаем, что Каббала это нечто искусственное: наука, которую необходимо специально учить, в которой существуют различные техники, и их необходимо изучить в деталях и вызубрить. И тогда, чем более искушенным в них будет человек, чем более опытным и мудрым он станет. И, исходя из своего опыта, сможет обучать других — подобно тому, как это происходит в науках и методиках, изобретенных человеком в этом мире.

Но это не так. Каббала — это естественное знание, которое развивает душу человека. Здесь нет общего опыта. Это очень личное. Опыт личный и специфичен для каждого человека, и каждый раз он новый. Здесь нечего учить.

Но если это полностью естественное явление, тогда в нем не может быть системы, получается, что необходимо формироваться естественным образом. А также нет необходимости в личном участии. Если процесс развивается сам собой природно, то что же я — со своим разумом, руками, моей головой — могу сделать? Разве есть у меня инструменты, с которыми я мог бы вмешаться в этот естественный процесс?

Изучая какие-то природные процессы, разворачивающиеся естественным путем, мы можем наблюдать за ними. И видим, что все развивается само по себе, по какой-то внутренней программе. Должно быть какое-то «топливо» и программа — и тогда все происходит. Так развивается вся природа. Так же развивается и человек.

Когда человек растет, он не обучается (и нет необходимости обучать его) тому, как вырасти еще на один сантиметр и еще на один. Ребенок не знает, каким образом он растет, и знание этого не поможет ему вырасти.

Также и в духовном процессе — у нас нет необходимости изучать, как происходит духовное развитие. Это естественный процесс, у которого есть начало, конец и середина. В нем есть аксиомы и все известно заранее, то есть, предопределено заранее. Тогда для чего же мы, тем не менее, все это учим? Зачем мы все это делаем?

Мы изучаем эту систему для того, чтобы ускорить развитие. И именно это нам дано. В природе есть множество развивающихся процессов — клетки, тела, различные системы, включая системы, существующие во вселенной, звезды и так далее. Есть системы внутри человека и на поверхности (в недрах земли) Земли. Но у нас нет никакой возможности участвовать в развитии всех этих систем. В них все определено изначально — начало, конец, ступени развития и время развития.

Так же и у нас. Все, что связано с нашим развитием в животном мире — *олам а-бееми* — происходит так же, как и со всеми остальными. И нет никакой возможности изменить что-либо, да и необходимости такой нет. Кроме одного — духовного развития. Здесь мы можем ускорить развитие, но только ускорить темп (а не изменить что-то). И это при помощи притяжения к нам топлива — энергии свыше.

Для развития необходимо топливо и программа, и все это есть, для естественного (в соответствии с нашей природой) развития. Но если мы хотим развития выше, чем наша природа, тогда необходимо добавить топлива. И это то, что мы делаем во время обучения, при помощи намерений в процессе учебы.

Но кроме этого все предопределено заранее и окончательно, и ничего невозможно изменить — ни сам процесс, ни его темп, ни формы, которые он принимает. Это предрешено изначально — «Я первый и Я последний».

- **Вопрос: Для чего тогда нужно ускорение этого процесса?**

При единении Творца и Шхины все грехи исправляются

Есть связь между душой человека и ее источником, к которому человеку необходимо прийти. И эта связь между душой и ее источником никогда не бывает такой, как все остальные связи между корнями и ветвями.

Есть духовный мир, где есть корни, или, иначе говоря, духовные объекты. Каждый из этих духовных объектов — это желание, результатом которого в нашем мире являются материальные (реально осязаемые) объекты. Между ветвью в нашем мире и корнем в духовном есть связь. Корень определяет все, что происходит с ветвью, и отношение между ними постоянно. Его невозможно изменить.

Например, у всего, что есть, вокруг меня, есть корень, и это сочетание может быть и в высшем. Поэтому оно и существует здесь. И я не могу ни усилить, ни ослабить связь между ветвью и корнем. Чем сильнее эта связь, тем лучше чувствует себя ветвь. Идеальной является ситуация, когда ветвь соединяется с корнем: чтобы духовная сила, заключенная в корне, и материал, имеющийся в ветви, — объединились вместе.

И пока этот мир не поднимется духовно, он не будет чувствовать себя хорошо. И все в этом мире так, до малейших деталей.

Эту связь между ветвью и корнем можно изменить только в душе человека. Наверху имеется корень души — *нешама*, а внизу ветвь этой души, и у человека имеется возможность усилить эту связь, укрепить ее. Сделать эту связь более сильной, близкой и каждый раз изменять ее.

Делая это, человек, находясь на высшей ступени развития нашего мира, — а, кроме того, он ближе всего остального к своему корню — изменяет эти отношения, и весь мир идет за ним. Весь мир при этом также получает подпитку и сближается с корнями — каждый со своими.

Мы виноваты в том, что животные, растения и все сущее страдает — что весь мир находится там, где он находится.

Бааль Сулам упоминает об этом и в начале «Введения в науку Каббала», когда пишет, что весь мир зависит от уровня человека. Евреям дана эта методика для изменения степени связи между нашими корнями и ветвями. Ее не дали другим народам и нациям. Это потому, что у нас такой тип душ, который способен изменить эту связь, а весь остальной мир не может. Это одно.

А второе — то, что касается самой методики, позволяющей изменить эту связь. Эта методика сама по себе естественна. Если бы человек умел внимательно прислушиваться к своей душе, тогда в процессе того, что с ним происходит, он бы сам по себе учился, как усиливать и укреплять эту связь с корнем.

И поэтому наука Каббала, на самом деле, единственная, необходимая человеку в этом мире. Если со стороны своей природы я не могу ничего изменить в порядке сотворенного, то тогда мне необходима только одна методика. И только это мне стоит брать и получать от других людей, от предыдущих поколений. Потому что только это — единственное, что я могу изменить в себе.

А человечество развивается по-другому. Оно развивает, на первый взгляд, другие связи между ветвью и корнем, для того, чтобы увидеть в процессе осознания зла, что зашло в тупик и обратиться к тому самому — единственному — пути развития. Пути, по которому человек может продвигаться и изменять что-то. И только этим путем возможно изменить что-либо. Но и здесь «Я первый и Я последний» — то есть, все задано свыше, кроме скорости.

Однако, и в отношении скорости действует этот принцип — «Я первый и Я последний». И когда приходят к тому, как изменить то, что возможно, — и там, все предопределено свыше, и человек должен уже внутри этой методики и своего участия в процессе развития, быть очень точным, чтобы найти эту единственную точку, где может что-либо изменить.

Человек видит, что эта возможность самому изменить что-то все время сокращается и сокращается, пока он не находит ту самую кнопку, то единственное, что он может изменить.

И это требует большого анализа и проверок — *бирурим*.

- **Вопрос: Как человек может развить свою чувствительность — внутренний слух к душе?**

При единении Творца и Шхины все грехи исправляются

Этот слух развивается при помощи усилий и прислушивания. Необходимо с одной стороны работать и делать все, что в твоих силах в этом направлении. А с другой — прислушиваться и быть внимательным к реакции, ответу на твои действия.

- **Вопрос: Что значит «в этом направлении»?**

В направлении сближения с Корнем. Именно в этом направлении необходимо прилагать все усилия, при любой появляющейся возможности. И обращать внимание на реакцию на твои усилия — каков их результат.

- **Вопрос: Как человек может узнать, что и за что он получает, и как?**

Приведу пример: ты сидишь здесь и учишься. Что ты от этого получаешь? Ты сидишь, учишься и совершаешь различные поступки. И на первый взгляд, вне всякой связи с тем, что ты делаешь, ты начинаешь проходить через различные состояния и ситуации — лучшие или худшие, более высокие или более низкие.

С тобой происходят всякие события. Ты не можешь их ни с чем связать. У тебя нет предыдущего опыта. И из того, что с тобой в данный момент происходит, ты не можешь набраться опыта для следующего процесса — этапа.

Но понемногу, исходя из своего опыта, ты начинаешь видеть, что то, что от него остается, это не сам опыт предыдущих состояний. Ты не можешь на них опереться, ведь ты никогда не можешь знать и представить, что с тобой будет далее и каким образом. Какие тебе потребуются силы, как реагировать, будет ли у тебя на это желание и способности. Каждый раз ситуация абсолютно новая и никак не похожа на предыдущую.

Но ты видишь, что твой опыт от всех предыдущих ступеней, — то, что тебе природа оставляет, это не опыт самого процесса, а лишь то, каким образом к этому процессу относиться: какое отношение к нему наиболее эффективно.

Поэтому я и говорю, что если человек обращает внимание на то, как он развивается, он, как сказано: «сам пишет Тору». Он сам пишет Мудрость Каббалы — с начала и до конца. Так как все находится в его кли. От впечатления, от самой первой ступени, до самой последней.

- **Вопрос: Какова связь между развитием человека и тем, что он обращает внимание на то, как он развивается. И вообще есть ли такая связь?** Может быть, я останавливаю себя тем, что я слишком углубляюсь в то, как я развиваюсь и начинаю исследовать себя, копаться в себе, и мешаю своему продвижению вперед?

Наша работа, наше отношение к тому, что происходит, делится на несколько вариантов отношения к происходящему. Прежде всего, нам необходимо знать, что во время учебы намерение определяет все, и это наиболее важно. Это время получения «горючего», духовной энергии, для усиления движения.

Это однозначно. И нет необходимости, чтобы так было 20 часов в сутки. А достаточно того, как сказано было нашими Мудрецами, трех часов утром и, может, еще час-два вечером, если есть такая возможность, или занятия этим какое-то время в течение дня. Все остальное время человеку необходимо жить обычной жизнью.

Ты сомневаешься, что если ты будешь слишком сильно думать о том, что с тобой происходит, ты не будешь продвигаться вперед в своих мыслях. Но что значит «идти вперед»? Ты идешь вперед не посредством раздумий и мыслей, а в меру свечения, которое притягиваешь Сверху.

А мера свечения зависит именно от прилагаемых тобой усилий и их качества — насколько ты стараешься разобраться в том, почему ты делаешь то, что делаешь, задаешь вопросы, почему со мной происходит то-то и то-то. Тем, что ты готовишь свое кли во время урока, тем, что больше углубляешься в эти вопросы, ты убыстряешь свой темп. Тебе кажется, что это останавливает тебя, но на самом деле это не так.

Чем больше мы углубляемся в анализ самих себя, тем больше мы знаем о себе. Например, если я думаю сейчас о чем-то, я воспринял это, проверил и проанализировал. И немедленно возникает помеха, и тогда я еще более углубляюсь в анализ, и еще помеха, еще больший анализ. И я начинаю связывать их в единое целое. Я начинаю копаться в себе и при помощи этого, в конце концов, я готовлю кли.

Мы говорим о качестве усилий. Имеется в виду не количество часов, а насколько ты понимаешь, что нуждаешься в окружающем свете». Что именно тебе необходимо и что это изменит.

Насколько ты ожидаешь, что сейчас, сегодня, ты должен получить ответ на то, что произошло с тобой вчера, и что сейчас это поможет тебе справиться с тем, что произошло, и выйти из сложившегося положения. Как ты сможешь подготовить кли — без того, чтобы углубиться?

Вся наша проблема заключается в том, что как только мы получаем помеху, мы пытаемся сбежать, а не стараемся ее преодолеть. Это клипот. Нам шлют помехи, а мы покоряемся и идем с ними вместе, вместо того, чтобы сопротивляться и идти наперекор им.

Различие между истинным и ложным милосердием

«Шлавей Сулам», том 1, стр. 367
Урок 7 марта 2002 года

«И подошли дни Исраэля к концу, и призвал он сына своего Йосефа, и сказал ему: «если я нашел милость в глазах твоих, то положи руку твою под бедро мое, окажи мне истинную милость: не хорони меня в Египте». (Берешит 47:29)

Сказано в Торе: «И призвал он сына своего Йосефа, и сказал ему: «...окажи мне истинную милость».

Спрашивают толкователи Торы, почему он позвал именно Йосефа и сказал ему: «...окажи мне истинную милость»?

Об истинной милости Раши говорит, что милость к мертвым — вот истинная милость, то есть, когда человек не ожидает ответного вознаграждения.

...Человек должен знать, что есть, действие и намерение. Нам дано исполнять Тору и заповеди на практическом уровне — речью и действием. Однако и у того, и у другого, то есть, и у Торы, и у заповедей есть также намерение, то есть, намерение на то, что я хочу за исполнение Торы и заповедей; что означает: на что я должен строить намерение во время исполнения Торы и заповедей.

И главное, что надо знать, ради кого я должен исполнять их. Это значит, что о людях, относящихся к массе, нельзя сказать: «они выстроят намерения, поскольку из ло лишма придут к лишма, и хватит им одних лишь действий». И поэтому невозможно обязать их, чтобы строили намерения.

И поскольку они выполняют Тору и заповеди на практическом уровне, что принято в заповедях, зависящих от речи и действий — намерение тогда неважно. Потому что

Различие между истинным и ложным милосердием

даже если нет у них никакого намерения, кроме намерения выполнять сейчас то, что Творец повелел нам делать — этого достаточно нам на уровне ло лишма...

«Близок Творец ко всем взывающим к Нему, ко всем, которые воистину позовут Его».

«Близок Творец» означает, что слышит молитвы всех тех, «которые воистину позовут Его». То есть, которые ощущают, прикладывая усилия, желание совершать действия ради отдачи. И все равно они видят, что от намерения ради отдачи они далеки. Это значит, что они видят истину: что большое расстояние лежит между действием и намерением, и что они не могут выйти из эгоистического намерения. И молятся Творцу, чтобы Он вывел их из этого рабства. И в этом все желание их и страсть их. И только этого избавления они ожидают.

Потому что они верят, что все то время, пока человек пребывает в себялюбии, он отделен от Жизни жизней. И об этом сказано: «Близок Творец ко всем взывающим к Нему» — Творец даст им истину, чтобы смогли совершить истинное милосердие, не удовлетворяясь тем, что совершают ложное милосердие, то есть, «ло лишма». И поскольку это молитва с просьбой об истине, тогда Творец помогает им, и они получают от Него меру истины.

...И ответим на вопрос, заданный вначале, почему Яаков позвал именно Йосефа и сказал ему: «И оказал ты мне истинную милость», почему не обратился к другим его братьям. Объясняет Раши: милость к мертвым это истинная милость, которая не ждет ответной платы. И это противоречит тому, как Раши толкует слова «и я дал тебе преимущество в один надел над братьями твоими». Он объясняет: потому, как ты берешься за мое погребение и так далее, и тут есть проблема в том, что он говорит, что Яаков сказал Иосефу, чтобы оказал ему истинную милость, потому что не ожидает награды. Разве не вознаграждает он его за работу тем, что дает на один надел больше, чем братьям его?

На самом деле, тут дается намек на порядок работы от ее начала и до конца, как наказал Яаков сыну своему Йосефу.

Первым делом надо оказывать истинную милость, — ибо работа начинается с того, что приходят к категории ради Творца — лишма, называемой отдавать ради отдачи и не требовать никакой платы за работу. И это смысл толкования Раши, что милость к мертвым, это когда не ждут никакой платы, а оказывают чистую милость, то есть, отдают ради отдачи и не ждут никакой платы взамен. И это связано с тем, что «грешники при жизни называются мертвыми» (трактат «Брахот» 18, 72). В «Предисловии к книге Зоар» говорится, что смысл того, что грешники при жизни называются мертвыми, в том, что они погрязли в эгоизме, желании получить для себя, и этим они бесконечно удалены от Источника жизни, и потому зовутся мертвыми. И это категория, которую мы выше назвали «получать ради получения».

И так как человек создан с желанием получать, которое, как сказано в «Предисловии к Книге Зоар» (п. 11), происходит из нечистых миров АБЕА, он должен стараться оказать истинную милость собственному телу, называемому «мертвым». То есть, он должен направлять его, чтобы пришло оно к работе на отдачу ради отдачи, и это называется истинной милостью, которую человек оказывает собственному телу, называемому «мертвым», — чтобы пришло к работе на отдачу, — ведь мертвый не требует никакой оплаты. И когда достигает этого уровня, называется, что он пришел к третьей категории, которая называется «отдавать ради отдачи», или категория ради Творца. И это смысл того, что сказано: «...и позвал сына своего Иосефа и наказал ему оказать истинную милость».

А затем следует четвертый уровень, называемый «получать ради отдачи». То есть, после того, как достиг уровня ради Творца в отдающих сосудах, наставил его (Яаков) на то, что все же нужно получать, но делать это так, чтобы у него хватило сил работать на отдачу. И это соответствует тому, как Раши толкует слова «и я дал тебе преимущество в один надел над братьями твоими». Раши объясняет: «то, что ты берешься за мое погребение, свидетельствует о совершенстве, и после этого ты уже можешь получать ради отдачи».

* * *

Это очень острая статья. На форуме в Интернете меня спросили, где можно услышать недельную главу? Я ответил, что у нас не принято изучать недельную главу: мы должны изучать систему достижения Высшего по приспособленной для нас методике. Однако, на форуме есть советчики, предлагающие альтернативные сайты в Интернете, на которых можно изучать недельную главу.

Эти многочисленные советчики из милосердия дают человеку ложные советы. «Иди и узнай, — говорят они, — что написано об истории, как благожелательно надо относиться к людям, успокой себя тем, что Творец и сейчас Добр к тебе и Творит тебе Добро, бедняжка». Речь идет о Торе масс, дающей человеку своего рода успокоение, удовлетворение собственными действиями. «Нужно выполнить кое-что здесь и там — и порядок. Шаббат, миква, недельная глава, кашерность — вот тебе и обеспечен будущий мир». Я не понимаю, на основании чего они рассуждают о будущем мире. Что такое будущий мир?

Будущий мир — это следующая духовная ступень, которую ты обретаешь. Не обретешь — не получишь. А люди думают, что если они будут хорошими в этом мире среди других, то после того, как их тело похоронят, это принесет им какую-то пользу, и душа их, будто бы, сразу поднимется в Райский сад. Бааль Сулам пишет просто: продвижение может быть только по направлению к Творцу. Хочешь продвигаться — пожалуйста: есть Каббала, то есть, раскрытие Высшего созданиям в этом мире, посредством чего ты можешь раскрыть Творца согласно уподоблению формы, в мере приближения к Нему, соответствия с Ним — это то, что ты можешь. Это и есть твой будущий мир.

Каждый раз, обретая более продвинутое состояние, ты обретаешь будущий мир. Если приобрел все свойства Бины в Малхут, значит, вошел в Райский сад. Малхут дэ-Ацилут (Малхут мира Ацилут) называется *Ган Эден* — Райский сад, когда приобретает все свойства Бины. И даже более того, когда посредством этого приобретает всю Хохму, настоящее получение ради отдачи. Ган — это Малхут, а Эден — это Хохма.

Но есть люди, которые вместо того, чтобы продвигать человека, пусть даже уже получившего точку в сердце и ищущего сближения с Высшим, говорят ему: «Тебе достаточно недельной главы», то есть, советуют остаться таким, как был, успокаивают его — и этим убивают человека в человеке, снова опуская его на общий неживой уровень.

Когда же человек действительно приходит к состоянию, в котором он нуждается в Творце, к состоянию, в котором продвигается? Для этого он должен быть уже достаточно опытным в проверках самого себя после применения разнообразных средств и совершения многочисленных попыток, должен досконально познакомиться с собственным телом — желанием получать.

Каббала — это самообучение, или как сейчас говорят, самопознание. Человек до Конца осознает, что без вознаграждения он не в состоянии пошевелиться, он не в состоянии обратить внимание на что-либо, не обещающее должного восполнения. И когда увидит, что ни почестями, ни деньгами, ни какими другими подачками, ни сегодня, ни в будущем, ни прямо, ни косвенно, он не получит никакой компенсации — он должен понять, что здесь и остановится, не в силах ничего больше сделать.

Эта точка может раскрыться только в связи с Высшим. Во всем остальном, к чему может апеллировать человек, заявляя о наличии здесь продвижения, связи, хорошего или плохого отношения к окружающему, — он всегда найдет топливо. У человека находится стимул, оправдание того, чтобы добраться до самой далекой планеты, где нет ничего, кроме миллионов тонн металла или скальных пород — в это он готов многое вложить. Он может заниматься вещами, вроде бы не приносящими ему никакой пользы, исходя из принципа «ученье — свет», — такое вот отвлеченное желание — или еще чем-то, как будто совершенно не имеющим отношения к его потребностям, и, тем не менее, находит этому оправдание: «Я человек, я должен идти вперед». Он думает уже о чувстве собственного достоинства всего человечества. Но только

Различие между истинным и ложным милосердием

к Высшему он не обращается, потому что это единственное, что чуждо нам, что находится вне нас, вне сосуда — свет.

Потому лишь приближение к Творцу реально невозможно. Оно мыслимо, только если после всех проверок человек видит, что способен стремиться к любой вещи в мире, находя оправдание для ее существования и приближения к ней, — только не к Творцу. Он видит, что лишь в этом направлении он не в состоянии продвигаться, что здесь он сразу же останавливается, и что тело — то есть, сердце, разум — блокирует его сразу, как только он пытается разъяснять себе связь с Творцом, призванную приближать его к Творцу, а не вытягивать из Него что-то; ведь если связь иная, то это вообще не Творец. Тело немедленно ставит блок на разум и сердце — *моха вэ-либа*, и человек останавливается.

С этого мгновения и далее, человек начинает выяснять, что этот путь для него важнее всех остальных путей, которые предлагают ему изобилие, гарантии, уверенность — все. Он достигает состояния, в котором видит, что не имеет никакого отношения, никакой связи, никакой возможности самостоятельно произвести какое бы то ни было движение — телесное, душевное или движение в своих желаниях. И тогда он приходит к молитве. Он ощущает себя по-настоящему нищим; все бесчисленные возможности и наслаждения, которые предоставляет ему этот мир, представляются ему нищетой, скудостью. Это направление совершенно перекрывается, потому что человек не в состоянии сам пошевелиться — тогда-то он обращается с просьбой к Творцу и получает ответ на свою молитву.

Рабаш говорит в первой части статьи, что мы выясняем это постепенно, только если осознаем, что главное — не действие, а намерение, разбираемся в том, какое это намерение, и что в точности оно собой представляет. Это совершенно особенная статья.

- **Вопрос: Отношения с Творцом перед махсомом — это тоже вид наслаждения?**

Если человек все еще испытывает какие-либо наслаждения в своей, якобы, связи с Творцом, значит, это не настоящий образ Творца, аподмена неким эгоистическим вознаграждением.

Это не Творец. Творец — значит Дающий. Понятие Дающий: если ты имеешь к этому хоть какое-то отношение, вытекающее из возможности быть подобным Ему, то насколько ты можешь Ему уподобиться, в такой мере устанавливаешь связь с Ним и действительно понимаешь, кто есть, ты и кто есть, Он. Только через это пролегает связующая нас нить.

Если же ты воображаешь Творца в качестве поставщика средств удовлетворения собственных потребностей, — пусть даже ты не берешь их просто так, но принимаешь как плату за свои усилия — то это не Творец. Таким предстает Творец в глазах простого народа — посылающим все, дающим жизнь, щедро оплачивающим усилия и так далее, но это не истинное понятие Творца, если мы хотим продвигаться к Нему. Для нас понятие Творца лежит в сосудах отдачи.

- **Вопрос: Но наслаждение от отдачи — это все-таки наслаждение?**

Конечно, но речь идет, в сущности, о наслаждении от получения, а не от отдачи, об отдаче ради получения. Мы же говорим об отдаче в духовном. Духовное начинается с того момента, когда мы перестаем думать о себе, когда человек в состоянии отключиться от всего, что хоть как-то может его касаться. Для нас это невозможно описать, ни сейчас, ни в будущем. Нам абсолютно не за что зацепиться, мы не способны присоединить к этому ни одной мысли. С другой стороны, то, что мы начинаем ощущать и испытывать вслед за этим, и называется духовой жизнью.

Нужно, чтобы мы действительно ощутили, что такое выход из Египта — нечто, превышающее человеческие силы. Написано в Сказании: лишь сам Творец, а не посланник. Высшая сила, которая выше разума, выше природы, выводит человека из этого состояния. Человек сам по себе вообще не способен спланировать, охватить такое, или в какой-либо форме быть здесь действующим лицом. Он должен только достичь состояния выхода из Египта, толкать самого себя, пока не упрется в стену.

Различие между истинным и ложным милосердием

- **Вопрос: Как можно удостовериться, что ты находишься в подобном состоянии?**

  Как выяснить, что я действительно стою напротив Творца и не способен ни на что? Это является конечным состоянием египетского изгнания. Все изгнание, вся подготовка во время него призваны привести к этому состоянию.

  Как его достичь? Нужно работать. Семь сытых лет, семь голодных лет; затем приходит новый Фараон, и ты уже начинаешь ощущать, что твоя природа мешает тебе достичь Высшего — это называется: «И встал новый Царь в Египте». Затем в человеке из желания получать рождается Моше, и этого ребенка потихоньку растят в доме Фараона. Потом ему посылается раскрытие из куста, он убегает, происходят прочие события, пока, повзрослев, Моше не вступает в прямой конфликт с Фараоном. Весь этот процесс человеку необходимо пройти.

  Творец мог бы дать нам только механические заповеди без духовной работы, чтобы мы лишь производили определенные действия. Однако поскольку мы нуждаемся во внутренней работе, то можем выполнять ее согласно тому процессу, о котором рассказывает Тора: от сотворения человека — к выходу из Египта и дальше. Нам необходимо также и это раскрытие.

- **Вопрос: В статье сказано: «Бхина далет — суть ее заключается в том, что человек уже подготовлен к тому, чтобы сказать: «Я хочу получать удовольствие и наслаждение как раз не от того, что отдаю — но хочу получать удовольствие и наслаждение от того, что действительно получаю». Когда же он готов к этому?**

  Есть четыре стадии — *бхины*, присутствующие в каждом состоянии:
  — желание получать ради получения;
  — желание получать ради отдачи, — являющиеся двумя максимально удаленными друг от друга полюсами в использовании желания получать;
  — желание отдавать ради получения;
  — желание отдавать ради отдачи.

Поначалу человек исследует самого себя — кто он и что он? — еще не производя никаких действий с желанием получать; ему незачем совершать какие-либо действия, он лишь изучает это желание. На первых порах ему кажется, что он только отдает, даже получая. Затем постепенно он познает себя и понимает, что желает исключительно для себя и не способен думать о других — даже о близких, жене, детях — все для себя. Он видит свою природу вглубь.

Те, кто не опускается в глубину своей природы, — это относительно хорошие люди. Они знают, что нужно считаться друг с другом, дают и получают, получают и дают: «тебе хорошо — и мне хорошо». Они могут, как говорится, умереть за нашу страну, они способны на многое. Есть предел, до которого им открывают их дурное начало, в соответствии с чем они себя и видят.

Тем же, кто начинает продвигаться к духовному, постепенно открывают все их желание получать, глубже и глубже — и они превращаются во все больших эгоистов. Им все становится безразлично, вплоть до того, что человек понимает: «Пусть провалится сквозь землю весь мир, жена и дети, отец и мать, все-все, лишь бы остался я, и кроме этого «Я» мне больше ни до чего нет дела. Мне совершенно одинаково безразличны как абсолютно чужие, так и самые близкие мне люди». Таково раскрытие этого «Я» — категории «нечто из ничего» в человеке. Это и есть «бхина далет». И тогда человек постепенно начинает производить исправления.

- **Вопрос: Народ Израиля на протяжении поколений изучал недельные главы Торы. По-моему, даже не углубляясь в историю, мы можем изучать недельную главу на примере наших дней. В отрывке этой недели сказано, что народ был распущен. Разве мы не видим сейчас, что народ распущен?**

Более того, без знания недельной главы и вообще простого содержания Торы народ бы, конечно, не выдержал. «Мнение Торы противоположно мнению простолюдинов», мы находимся в противоречии с массами, и поэтому кажется, что пренебрегаем ими. Однако несомненно, что неживой уровень держится именно на прямом смысле источников. «В соответствии с Торой я строю семью, дом, даю образование детям, поддерживаю все наше общество, страну, а также отношение к Творцу, у меня есть свой мир». Разумеется, невозможно без простого смысла — *пшат*, без подобного обучения. Даже те нации, у которых нет Торы, все-таки создают определенные духовные понятия, поддерживающие их, свою тору — учение.

Мы не пренебрегаем этим, но проблема в противоречии. Тому, кто хочет продвигаться к Высшему, нужна другая недельная глава — его глава, которую он напишет сам; и возможно, она будет слегка отличаться от того, что написано на скрижалях.

Никто не спорит с тем, что изучение недельных глав поддерживало весь народ. Отвечая в Интернете на вопрос: «Где можно прочесть недельную главу?», я написал, что и мои дети получили такое же образование, однако нужно сделать выбор. Если ты хочешь идти путем масс, то в Интернете есть для этого многочисленные возможности: почитай, что говорит один сайт, другой, немного истории, преданий.

Однако, если ты хочешь идти личным путем, то есть, относишься к тем единицам, у которых есть точка в сердце, то должен забраться поглубже в наш сайт и искать там.

И я привел в пример своих детей, получивших общее образование и изучавших недельные главы и так далее. Таким образом, я сам понимаю, что это нужно людям, и, конечно же, поддерживаю общий путь в этом образовании. Однако если у человека есть точка в сердце, стремление продвигаться именно к Творцу, а не строить замечательную жизнь в обществе, в массах — что тоже нужно — но если есть желание продвигаться на личном уровне, то это уже что-то другое. Тогда тебе не стоит читать недельные главы.

Комментарии к недельной главе тоже написали люди с постижением, каббалисты. Они сформировали для нас и общее образование. Вот пример: Бааль Шем Тов основал хасидизм в 18-м веке. Он был тоже большим каббалистом (я не говорю здесь о таких, как Ари, Бааль Сулам, рабби Акива). Баль Шем Тов сформировал образование для масс.

И в предыдущих поколениях рабби Акива и другие мудрецы формировали общее образование, они знали, что массы надо держать историями, преданиями, недельной главой и так далее.

Так развивается душа, и ей надо давать пищу в соответствии с уровнем ее развития. Ребенку тоже сначала дают жидкое питание, каши, а затем уже твердую пищу, чтобы мог терпеть и расти. Однако поскольку мы уже находимся в ситуации, когда люди требуют от нас реального продвижения, мы должны произвести разделение: это — массам, обывателям, а это — индивидуумам, личностям.

* * *

В статье написано: «И из сказанного сможем понять, в чем причина того, что человек не может продвигаться в работе ради отдачи. То есть, там, где он не видит, что ему будет плата за его работу, у него кончается топливо и тело отрешается от работы.

Нужно сказать, что это ни от чего другого, кроме как от недостатка веры. И когда человек знает это; то есть, во время, когда человек знает причину, ведущую к тому, чтобы ослабить его, чтобы не было у него сил для работы — есть тогда место надежде, что у него будет способность исправить себя так, чтобы он был здоровым и сильным, чтобы у него была возможность идти к работе.

Если же он, наоборот, не знает истинной причины, вызывающей у него слабость, он может пойти слушать некоторых людей, которые дают ему советы, как выздороветь. Но ничто не поможет ему, потому что каждый говорит ему то, что понимает сообразно своему мнению о его лечении. И на данный момент он принимает от них какое-нибудь лекарство. И он начинает думать, что они что-то смыслят, иначе не стал бы к ним прислушиваться.

И более того, легче поверить им, как будто знают, что говорят — поскольку сами они считают себя большими умниками. Да и лекарства, которые они дают, не подвергают опасности его жизнь — его эгоизм.

Различие между истинным и ложным милосердием

И поэтому во всем мире, когда ощущают какую-либо слабость в работе, идут к ним. И они дают им лекарства, а лекарства эти — есть лекарства для успокоения. То есть, тот, кто ощущает немного страданий в своей работе на Творца, видя, насколько он далек от истины, и не хочет обманывать себя — для этого он идет просить какое-нибудь лекарство, чтобы вылечить свою слабость в работе.

И когда он принимает те лекарства, которые они дают — это на данный момент истинное лекарство. То есть, страдания, которые у него были, удалились от него посредством их лекарств. То есть, у него уже нет страданий от того, что он не идет путем правды. То есть, посредством тех лекарств, которые получил от них, у него уже нет требования правды. Получается, что лекарства, которые получил от них, это лекарства для успокоения, то есть, чтобы не ощущать боли».

* * *

Творец — это отдача. Мы стоим перед этим, как перед стеной, не в состоянии продвинуться, выстроить намерение, вообще сделать что-либо. И если у человека все же есть стремление, тяга приблизиться к Творцу, что и называется точкой в сердце, которую можно успокоить, только наполнив ее ощущением Высшего, наполнив сосуд светом, — то ему нельзя давать ложное лекарство: различные истории, легенды, недельные главы, ритуалы и тому подобное. С их помощью он успокоится, но не исцелится.

Зато тех, кто еще не осознал, чем они больны, и лишь слегка озабочены, можно лечить так же, как лечат детей, давая им каплю одного лекарства, каплю другого, чтобы росли. Так на протяжении всех тысячелетий растет человечество. Ему дают различные ненастоящие лакомства.

Однако в наши дни общество уже заметно подросло, достигнув того уровня, когда многим людям нужна правильная ориентировка. Им бесполезно давать недельную главу, им нужно дать систему раскрытия Высшего; пусть не успокаивают себя тем, что наверху есть Добрый и Творящий Добро Творец, который заботится о них, и поэтому все будет хорошо. Наоборот, нужно открыть им путь, на котором они получат удары, и тот, кто выдержит их ради Цели, достигнет ее.

- **Вопрос: Тогда почему мы не получаем для этого свет свыше?**

Действительно, почему бы свету не прийти сейчас свыше? Небеса разверзнутся, и ты увидишь великого Творца, сидящего на престоле. Как в сказках, Он посмотрит на тебя и скажет: «Дорогой мой, где же ты? Приблизься ко Мне, сын мой». И тогда твое желание получать распахнется, выставив напоказ всю свою мерзость, и ты будешь готов получить наполнение, как любимый сын. Этого ты ждешь?

- **Вопрос: Пусть даст мне избавление...**

Какого избавления ты ожидаешь? Разве тебе плохо? Избавление — это выход из зла. О каком зле идет речь? Если не обманывать себя, то Творец у нас называется отдачей. Так вот, избавление означает, что ты хочешь отдавать, но не способен на это, у тебя нет на это сил. Для любой другой цели тебе дадут все что угодно: хочешь лотерею — пожалуйста, хочешь быть Фараоном — пожалуйста, все, что ни пожелаешь, кроме силы на отдачу. Получить силу на отдачу и означает получить избавление. Ты уже достиг этого состояния?

Не один год мы с Рабашем каждую неделю, максимум — две, совершали прогулки на север. Мы видели множество евреев, кричащих и рыдающих на могилах праведников, прочитывающих залпом, не сходя с места, всю книгу Псалмов. Разумеется, мы не смеялись над ними. Они тоже молятся об избавлении, но о каком? Для каждого оно свое. Свое избавление, свой Творец, мое понятие отличается от твоего.

Для меня избавление означает, что я получу хорошую работу, что мои дети будут здоровы, что у меня будет мир в доме, в стране, — короче, чтобы все успокоилось. А у Творца не так. Ведь это Он посылает мне сумятицу, проблемы,

Различие между истинным и ложным милосердием

арабов, болезни, домашние передряги, беды с детьми. Как же я могу прийти к Нему и сказать: «Дай мне избавление, я хочу избавиться от несчастий, которые Ты мне послал»? Ты бы мог сказать такое другому человеку? Нет. А ведь это то, что происходит. Но народу этого не объяснишь, пусть молятся и просят согласно своему уровню.

Однако если человек смотрит на все, что происходит с ним в жизни, решительно и целенаправленно, если признает, что Творец посылает ему это по определенной причине и с определенной целью, то он не обращается к Творцу с просьбой взять обратно посланные ему страдания. Он просит избавления не от страданий, а от того, на что они ему указывают, — от его внутреннего состояния — он просит выйти из желания получать.

О страданиях же человек говорит: «Очень хорошо, что с их помощью Ты показал мне, где я нахожусь, в каком желании получать я пребываю». Он благодарит Творца за эти страдания, благодарит Его за раскрытие зла и просит: «Исправь меня. Неважно, хорошо мне или плохо. Исправь мои свойства». Ты обращаешься к Творцу для исправления, а не для того, чтобы Он освободил тебя от проблем, которые Сам же и посылает. Поэтому и сказано: «Мнение Торы противоположно мнению простолюдинов». Но об этом невозможно говорить на улице — массы не поймут. Это другой подход.

Каббалисты действительно создали две Торы. Есть Тора для тех, кто еще не достиг состояния, в котором ощущается точка в сердце. Мы в своих предыдущих воплощениях тоже не ощущали этого и нуждались в простой Торе, которая кормила нас кашками: недельная глава, притча, беседа...

Однако есть единицы, у которых появилась точка в сердце. Они называются *ехидей сгула* — избранниками чудесного, потому что ищут чудесного проявления. И у них другая Тора, показывающая, что происходящее с ними совершается для того, чтобы они исправляли себя, а не просили при каждом несчастье просто-напросто избавиться от него. Все поколения были такими, и наше поколение на 99 % тоже такое, что человек при каждой беде, например, едет к Стене Плача молиться, чтобы эта беда прошла, не так ли?

- **Реплика: Я езжу каждые полтора-два месяца.**

Итак, за полтора-два месяца у тебя накапливается столько проблем и несчастий, что ты должен куда-то ехать. Ты говоришь жене: «Дорогая моя, у нас дома небольшой конфликт. Правда, в стране тоже, но главное, дома — с детьми, с тобой. К тому же заработок не так чтобы очень, здоровье иногда пошаливает. Поеду-ка я к праведникам, помолюсь там, поклонюсь Творцу. Зато когда вернусь домой, здоровье наше поправится и у нас будет любовь, здоровые, хорошие дети, мир, покой, и заработок». И она говорит тебе: «Поезжай». Ведь ты собираешься выиграть что-то. И вот ты возвращаешься, показываешь ей, что ты на самом деле любишь ее и детей, и все у тебя замечательно.

Я ни в коем случае не отвергаю этого. Человеку это нужно. И даже продвигаясь на пути к Творцу и стремясь приблизиться к Цели, мы в каждом обращении к Нему, каждое мгновение все-таки убегаем к этой жизни, а Творец сразу посылает нам страдания и заново исправляет нас, ставя на правильный путь, к Себе.

Так зачем ты туда ездишь? Этим ты хочешь аннулировать Творца. Ведь это Он тебе все посылает. Кто устроил тебе проблемы дома с семьей, со здоровьем, с заработком? Не Он? Есть кто-то еще? В этом ошибка всего человечества. Если у тебя есть другие боги, и ты им поклоняешься — то это уже другое дело. Тогда ты идешь к одному богу, чтобы он избавил тебя от другого. Но если Он один, то как ты можешь обращаться к Нему, чтобы он избавил тебя от того, что Сам сделал? Получается, что ты как бы хочешь стереть Его.

- **Реплика: Нет, я хочу, чтобы Он помог мне.**

Что значит «помог»? Ты просишь: «Возьми обратно то, что Ты мне послал».

- **Реплика: Нет. Я прошу у Него не получать больше страданий, но дать мне принять Его путь. Я молюсь утром и вечером...**

Ты составляешь список, что хорошего сделал за месяц-два, сколько прочел из Мишны и Псалмов, сколько молился, сколько заповедей исполнил, и что ты заслужил?

- **Реплика: Нет. Я говорю, что хочу только хлеба для пропитания и здоровья, кроме этого я ничего не хочу, ни денег, ничего другого. И молюсь также за народ Израиля, не за себя. Люди учатся, молятся в синагогах до полуночи, часы молитв были увеличены, но вы говорите, что этого не достаточно.**

Я не пренебрегаю тем, что делает народ. Действительно, таков народ, таким он и должен быть. И именно каббалисты направили народ по этому пути, и так он и должен поступать. То, что ты делаешь, на 100% правильно — правильно для народа. Более того, если бы этого не было, я бы сам по возможности это делал. Для уровня домем это большое исправление. Из примеров Бааль Сулама мы учим, что если даже киббуцники в Негеве могут молиться и получать дождь, то тем более молитвы за целую нацию помогают и приносят благословение. Не надо думать, что это не так, действительно, так и есть.

Но я говорю не об этом, не об отношении Творца к общему — *клаль*, я говорю о связи с частным — *прат* — а это уже совершенно иная система, совершенно иные законы. Еще раз — «Мнение Торы противоположно мнению простолюдинов». Противоположно. Мы и занимаемся противоположным. Сколько таких, как мы, во всей стране — может быть, найдется тысяча человек. И это все. Тысяча из миллионов. Об этой тысяче мы и говорим. На самом деле, есть меньше *миньяна* — десяти человек. Если бы была тысяча, то мы бы выглядели иначе.

Нельзя путать одну систему с другой. Я могу преподавать недельную главу массам, и для масс это будет очень хорошо. Но если передо мной сидят люди, каждый из которых единственный, потому что хочет приблизиться к Творцу, продвинуться, выйти из этой массы, чтобы становиться все ближе к Творцу, все более подобным Ему, — то таким людям нужно давать что-то другое. В этом-то и проблема.

- **Вопрос: То, что пишет Рабаш в статье, можно отнести не только к общему, но и к одному человеку?**

В одном человеке есть общее и частное. Мы часто хотим ускользнуть от этого, «сбежать» от частного пути к общему. Я прихожу домой, немножко балую, развлекаю себя тем и другим, я делаю те же расчеты, как делает их общий уровень: чтобы был мир в доме и тому подобное Я не заостряю своего отношения к Творцу во всем — так, чтобы оно принадлежало только частному. Я начинаю уступать и принимать то, что он здесь называет ложными лекарствами, ложными советами. И так в каждом обращении к Нему.

Человеку очень трудно самому это увидеть, нужны огромные усилия: «В поте лица своего будешь есть хлеб» (Берешит, 3-19). Вроде бы ты не хотел делать ни одной уступки, и вдруг делаешь одну, вторую, третью. Если бы ты ни в чем не уступил, то был бы свободен, увидел бы, как снимаются все ограничения. И для этого надо держаться лишь связи с Творцом. Как только ты привязываешься к какому бы то ни было личному удобству, то этим накладываешь ограничение и начинаешь строить вокруг себя нечто вроде карцера.

- **Вопрос: Как заострить на этом внимание?**

Человек может сделать это только самостоятельно в своей частной работе. Это не каждому показывают, здесь требуются большие усилия. Я рад, что мы, по крайней мере, можем что-то сказать на эту тему.

- **Вопрос: Не может ли наша учеба превратиться в успокоительное, которое потушит желание к Творцу?**

Это проблема. Несмотря на то, что мы изучаем, нам ни в коем случае нельзя считать, что общее вокруг нас и внутри нас ничего не стоит. Есть количество, и есть качество. И хотя, как пишет Рабаш, главное — это качество усилий, количество тоже важно. Ведь я так устроен, что даже если просижу пять лет, ничего не делая, потом все равно спрошу: «Так что же я сделал?» Желание получать само роет себе могилу и начинает пробуждать человека к главному. Поэтому общее развитие, так или иначе, необходимо, и на него надо опираться, не отвергая его полностью. «Без общего у частного нет права на существование», и мы тоже должны заботиться о своем общем.

На высоких уровнях забота об общем превращается в клипу, но для нас это нормально. В духовном система меняется от ступени к ступени, и понятия общего и частного каждый раз приобретают новый смысл. То, что было частным на предыдущей ступени, становится общим на следующей, и появляется новое частное.

- **Вопрос: Как же следить за тем, чтобы не принимать успокоительное?**

Только прилагая усилия к тому, чтобы постоянно держать себя лицом к Творцу. Все заострено на этой точке. Остаются постоянные выяснения: Кто есть Творец? Что есть Творец? — но только в этой точке: Исраэль, пути Торы, Творец.

- **Вопрос: Мы говорим, что работа частного — это внутренняя часть, а работа общего — внешняя часть. Тогда почему на Песах мы возвращаемся к внешней части?**

Точно. Видите, как педантично мы соблюдаем исполнительные заповеди на Песах и Суккот. Причем дело не в наличии или отсутствии намерения. Есть различные нюансы в выполнении заповедей о кашерности. Некоторым очень важно очистить дом. Пока мусорные баки во дворе не станут стерильными с точки зрения кашерности, это для них не Песах. А мацу едят квадратную из магазина или вымоченную и тому подобное. Такая у них традиция. Традиция же Бааль Сулама противоположна: не имеет значения, что творится у тебя дома, внешняя чистота не так важна, как внутренняя. То, что ты кладешь в рот, должно быть, вне всякого сомнения, кашерным.

Чему это учит нас? Это пример ветви и корня, пример того, что каббалисты уделили очень большое внимание заповедям для масс, тем заповедям, которые может исполнить каждый, — с точкой в сердце или без нее, с Творцом или без Творца, обязывает его кто-то или нет.

Он может сказать себе: «Я слышал, что Бааль Сулам, которого я считаю великим, делал так, и я тоже хочу так делать. Отстань от меня, у меня нет сил думать о Творце; мой Учитель мне так сказал и я делаю».

Я не хочу вдаваться здесь во все детали, но Творец — это очень расплывчатое понятие.

Итак, мы видим, что если совершать действия относительно высокого и в высшей степени особенного духовного корня, то эти действия и на материальном, практическом уровне все-таки очень положительны. Вплоть до того, что они полезны так же и в частном. И отношение к этим действиям на материальном уровне должно быть выше знания. Об этом меня начали спрашивать в связи с Песахом: почему это так, а это так? Мне нечего ответить, это так и все.

То же касается и заповедей — разве мы знаем, почему это так? Все заповеди иррациональны, поскольку относятся к Высшему миру. В нашем мире нет оправдания выполнению ни одной из заповедей. Они неестественны: рассматривая их с точки зрения естества, видишь, что в законах природы для них нет никакого оправдания: крайняя плоть, седьмой год, когда земле дают отдохнуть и так далее. Казалось бы, добавь удобрений и пользуйся землей, сколько угодно.

Все это духовные корни. Это не относится к нашему миру. Но мы видим, как именно в Песах каббалисты подчеркнули значение связи ветви и корня.

- **Вопрос: Почему именно на Песах это приобретает такой смысл?**

Потому что Песах соответствует выходу из Египта, особой точке, после которой начинается духовная жизнь. К этому направлены все наши устремления. Песах (как и Суккот) — это поворотная точка в том, к чему действительно стремишься, — к выходу в духовное. Это вся сила, которую мы получаем свыше. «Облака славы», «сидеть в тени Творца» означает получить все исправления для экрана. Нет ничего важнее двух этих праздников с точки зрения ветви и корня. От Пурима и других вещей мы намного более далеки, хотя они не менее значимы. Шавуот — это праздник? Полдня, и прошел. Что нам в Даровании Торы, кроме того, что съедаем немного молочного и танцуем со свитком?

- **Реплика: Таковы традиции, ничего не поделаешь.**

Это не традиции, это Тора. И, тем не менее, этому празднику почти не уделяют внимания, потому что речь идет об очень высоком корне: не низком, а слишком высоком, исчезающем из нашего поля зрения. С другой стороны, Песах и Суккот более близки к нам, поэтому и в нашем отношении к ним присутствует большая доля связи. Не следует думать, что одно важно, а другое нет.

- **Вопрос: Вы сказали, что внешняя часть помогает внутренней. Каков механизм получения этой помощи?**

Каким образом посредством педантичности и, возможно, дополнительных усилий во внешнем, я смогу улучшить, добавить что-то к внутреннему? Во внутренней части у меня мало что получается. Что я могу делать: строить намерение, отталкиваться от противного, а тут несчастья, проблемы, сумятица, я совсем запутан. Может быть, отвлечься на совершение еще каких-то действий и тогда все получится? Правильно. Строить шалаш к Суккот и готовиться к Песаху важнее, чем сидеть и учиться. Более того, практическое выполнение этих заповедей без размышлений о них приведет к духовному продвижению.

Я постоянно напоминаю: чего стоит действие без намерения? А сейчас я говорю обратное: не думай — делай. Сколько мыслей придет — столько и придет. Разумеется, мы боремся также и за намерение, но подчеркиваю, что в данном случае само материальное исполнение — это воистину духовное действие.

Ведь в нас накапливаются пришедшие в разное время поступки и намерения. Рабаш объясняет, чем этот мир отличается от духовного. Бааль Сулам говорит об этом в «Статье к окончанию Книги Зоар»: в духовном мире все должно быть совершенным. Есть ли у тебя силы, есть ли у тебя экран, да или нет — все измеряется по тому мгновению, в котором ты пребываешь. Если ты чист на 100 % по отношению к Творцу, то находишься в связи с Ним. Если не чист на 100 %, недостает одной миллионной доли — конец, связи уже нет.

В то же время по отношению к Учителю состояния могут колебаться: сегодня ты меня любишь, завтра — ненавидишь. Ничего страшного, и то, и другое — часть процесса. То же самое происходит и с заповедями, например, на Песах и Суккот. Сегодня ты строишь намерение, готовишься к правильным состояниям, а затем, во время действия, нет намерений, нет ничего, в голове только элементарные вещи, что называется, безучастие. Это неважно, сегодняшнее намерение присоединяется к завтрашнему действию, несмотря на разброс по времени. В духовном такого нет, а у нас в этом мире есть.

И обратил Хезкияу свое лицо к стене

«Шлавей Сулам», том 1, стр. 382
Урок 8 марта 2002 года

Написано в Книге Зоар: «Обратил Хезкияу свое лицо к стене и молился Творцу». И так сказано в комментарии «Сулам»: «Чтобы не молился человек иначе, как обратив свое лицо к стене, и чтобы не было ничего, разделяющего между ним и стеной, ведь написано: «Обратил Хезкияу свое лицо к стене». И нужно понять, что такое «стена», подле которой нужно молиться, а также что такое «разделение» (хацица), о чем сказано, что не должно быть «ничего разделяющего»...

* * *

Рабаш говорил, что вся работа человека в том, чтобы подойти к стене, достичь стены. И так на каждом из этапов, которые он проходит, продвигаясь по направлению к Цели творения. В каком бы состоянии ни находился человек, он всякий раз ищет, как избежать веры «выше знания», убежать от духовного. И тогда он идет другими путями, проверяет их, получая удары, и, в конце концов, видит, что нет у него выхода, кроме как выбрать путь «выше знания», который приводит к Цели, называемой аль менат леашпия.

Его тело несогласно и каждый раз он натыкается на стену. Тогда он обращается к Творцу, и Творец помогает ему, и он переходит на следующую ступень. На следующей ступени, казалось бы, уже есть возможность идти выше знания, но он не в состоянии этого сделать в силу своей природы и снова изыскивает возможность избежать этого — чтобы было удобнее, легче; пытается в чем-то выиграть, что-то придумать. Ведь действовать выше знания он не может. Обратиться к Творцу он также не в состоянии, пока не увидит в этом острой необходимости.

В этом вся наша работа — работа по выяснению. Мы постоянно заняты множеством мыслей, беспокоимся по разным поводам: о других, о жизни, об окружении и обществе, о целом мире, о моде, о работе и об отношениях со всеми — только не с Творцом. Будто бы наши отношения с Творцом могут подождать, и это как-нибудь разрешится потом само собой. Мы не можем об этом позаботиться, мы этого не понимаем разумом.

Но если с самого начала мы понимаем, что это главное, а все остальное преходяще, и не важно — ведь все постепенно разрушится и закончится, и только связь с духовным постоянна и вечна, что именно она, в сущности, оживляет нас сейчас и определяет наше будущее состояние, — то, казалось бы, в чем тогда проблема быть все время связанным с духовным? Но проблема есть...

Проблема в том, что мы не можем выбрать действительно самое лучшее для продвижения, самое полезное, а занимаемся всевозможными вещами, которые наполняют пустоту нашей жизни, позволяют провести время, пока не ощущаем на горьком опыте, что необходимо обратиться к Творцу.

Об этом и говорится — что необходимо действительно «обратиться лицом к стене», упереться в стену. Бааль Сулам говорил, что стена — это сам Творец. Творец будто бы говорит: «Ты не должен прыгать ко мне на высокую ступень. Попробуй только перепрыгнуть с помощью нити, которая находится прямо на поверхности земли — ты только пройди по ней!»

Но пройти невозможно — есть стена, то есть, невозможно перейти из этого мира в духовный. Это на самом деле очень просто, но Творец ставит там над нитью стену — так, что человек может это сделать только с Его помощью.

И обратил Хезкияу свое лицо к стене

- **Вопрос: Если я правильно понял статью, даже после махсома все еще есть сопротивление желаний?**

Человек с самого начала и на протяжении всей истории развивается с помощью наслаждения и страдания. Так от поколения к поколению души развиваются от желания к животным наслаждениям — к желанию денег, почестей, знаний.

Мы видим во всех поколениях: если неживая, растительная, животная природа не развивается, то говорящий — медабер — внутренняя часть в человеке — развивается, желает он того, или нет. Мы видим, что от поколения к поколению собака и кошка не становятся более умными. Или дерево...

Есть общие изменения в природе, но не для продвижения каждого вида. Тогда как человек действительно продвигается и, очевидно, в этом продвижении есть какая-то цель!?

Мы видим, в природе ничего не происходит просто так («просто» может быть только с нашей точки зрения, так как мы находимся в состоянии неопределенности). То, что развивается внутри человека — это наше осознание, наше требование, внутреннее кли.

Так происходит, пока человек не достигает точки в сердце, пока не приходит к определенному состоянию в своем развитии, когда ему дают стремление к духовному. А до этого — не с кем говорить, до этого он просто развитое животное.

Любое наслаждение этого мира мы называем животным. В Каббале понятие «человек» определяют как «стремящийся к Творцу». Человек подобен высшему — *Адам доме ле Элион*, то есть, у него есть страстное желание к духовному. А тот, у кого нет этого желания, называется животное, и нет в этом ничего пренебрежительного — просто так называется тип развития.

Точку в сердце, пробуждение, мы начинаем получать свыше, и это единственное, что получают свыше. Все остальные виды пробуждений мы обязаны найти сами. Это то, о чем Бааль Сулам пишет в статье «Свобода выбора»: человек должен найти общество, которое обеспечит ему пробуждение страстного желания к духовному, к Цели. И это единственное, что человек должен искать и делать. Если он не делает этого, то его подталкивают страданиями.

- **Вопрос: А после перехода махсома?**

После перехода махсома у человека также есть проблема в том, чтобы желать Творца, но там он уже не работает против помех, с которыми мы сталкиваемся в этом мире: футбол, музыка, женщины, еда, отдых, почет, деньги. Там мы работаем против сил, не облаченных в различные одеяния этого мира, там — это голые наслаждения. В духовном все голое — без одеяний, которые мы видим здесь. И там, за махсомом, эти наслаждения привносит специальная система, называемая клипа.

- **Вопрос: Как это согласуется с тем, что после махсома человек аннулирует себя «как свеча в свете факела»?**

Это значит, что у него есть какая-то помеха, желание, которое он отменяет или направляет к Творцу. Есть что-то, на основе чего он работает, производит усилие. Что значит аннулирует себя? Кто аннулируется? Ты должен показать свое состояние — то, что ты делаешь. Поэтому система нечистых сил, клипот, поставляет человеку материал для работы, а «горючее» он получает от света.

- **Вопрос: Что значит, что человек может еще что-то увидеть в прахе, и это дает ему силу произвести разделение, определение? Что такое Шхина во прахе?**

Шхина во прахе — простой человек не может сказать, что у него есть такое состояние. Когда мы находимся в состоянии падения — это мы во прахе, а не Шхина! Допустим, я не получаю ни уважения, ни денег, ни любви, ни уверенности — не получаю в этой жизни ничего из того, что хотел бы получить. Разве это называется *Шхинта бэ-афра* — Шхина во прахе? Это я нахожусь во прахе!

И обратил Хезкияу свое лицо к стене

Шхина во прахе — это когда я проверяю себя и стараюсь направить себя к духовному, прийти к тому, что действительно называется «человек»; и тогда я вижу, что вся моя природа тянет меня назад, что я, в конце концов, хочу только покоя и какого-нибудь животного наслаждения — и все! Ничего кроме этого!

И сколько бы я ни воевал с самим собой, ни пытался пробудить себя, чтобы стать человеком, — я лишь вижу себя все больше и больше желающим быть животным. И это ощущение: что я не принадлежу к духовному и не тянусь к нему несмотря на то, что есть, во мне какая-то искра, которая тянется к Творцу, и с помощью которой я проверяю и вижу, насколько я не отношусь и не тянусь к духовному, — вот это ощущение и называется Шхина во прахе.

Человек отдает много сил, прилагает огромные усилия для того, чтобы возжелать духовного, а вместо этого видит, что желает материальных вещей, да таких, что он — ну просто животное! В конце концов, ведь он ничего не желает кроме еды, совокупления и покоя. Ничего, кроме этого! Как обыкновенное животное.

И так мы раскрываем себе, кто мы на самом деле. Но, когда мы раскрываем это в противовес желанию достичь духовного, то это раскрытие придает нам большую скорость, и это ощущение называется Шхина во прахе. Через это ощущение раскрытия, через ощущение Шхины во прахе, человек достигает состояния, о котором написано: «Я (Творец) нахожусь в них, в нечистоте их» — раскрывается Творец и то, что это Он подготавливает тебя к тому, чтобы ты пришел к этому определению и через него связался с Творцом, чтобы был действительно в состоянии связаться с Ним. Через состояние Шхина во прахе приходят к Шхине.

- **Вопрос: Что каббалист делает в качестве тренировки, чтобы достичь Цели?**

Прежде всего, написано: «Все, что в твоих силах сделать — делай», но это не похоже на пример с лягушкой, которую бросили в молоко. От того, что она хочет выбраться и барахтается, молоко становится маслом, и она уже может стоять и не тонуть. Такая работа неконтролируема, без какого-либо решения, как в детских играх, когда делают что-то, не зная почему и как, и приходят к цели.

Какова разница между тем, что делает обычный человек «с улицы», занимаясь всевозможными вещами в своей жизни, не зная, как ее наполнить (и наполняя в соответствии с модой, с тем, что ему говорят, или по своему внутреннему стремлению), и тем, что стараемся делать мы?

Ведь, в конце концов, когда человек проводит несколько лет в изучении Каббалы, он видит, что не знает, что было причиной его продвижения, что это какие-то действия, как игра.

Все дело в том, насколько мы с самого начала вкладываем в себя намерение достичь Цели. Если то, что я сейчас делаю, я выбираю, так как считаю эти средства самыми полезными для того, чтобы привести меня к цели, — такое действие правильно.

Мне не нужно подниматься на небо и спрашивать что-то, проверять, или же сидеть, сложа руки, и ждать, когда мне дадут сверху ясный план: «если Ты хочешь, чтобы я работал на Тебя, то соизволь дать мне ясную программу, объясни мне точно, что я должен делать, а я посмотрю, смогу ли принять это». Так не получится, такого не может быть.

С помощью разума, знания, согласия, понимания невозможно продвинуться в духовном даже на полшага, даже поднять ногу для следующего шага. Потому что любое движение будет исходить из желания получать. А каждое наше движение, в конце концов (хоть мы и не знаем, как это действует), производится относительно желания отдавать.

И поэтому, изучая год, два, три Каббалу, оглядываешься назад: как будто продвинулся, но как — сказать невозможно.

Это свет свыше действует на общее желание, называемое «душа», и постепенно пробуждает его, работает с человеком, с его точкой в сердце. Поэтому среди всех действий, которые человек может совершить, наиболее эффективное,

И обратил Хезкияу свое лицо к стене

полезное для продвижения — это намерение во время учебы, чтобы получить свет, «возвращающий к Источнику».

И это, будто бы, несложно. Ты сидишь с книгой, и все время можешь думать: «Я хочу получить свыше желание, энергию, силу, раскрытие духовного». Думать обо всем, что только можно потребовать, обо всем, что, как кажется, относится к духовному, не важно, в каком виде представляются понятия: ради отдачи, ради получения, Творец, творение. Ты можешь вложить в это все, чего желаешь — и это самое полезное.

Но чтобы прийти к этому, необходимо пройти несколько этапов, подготовиться к тому, чтобы во время учебы это намерение горело в тебе, чтобы было желание достичь чего-то во время учебы; необходимо остальные 20 часов в сутки, свободные от учебы, постоянно думать об этих часах, когда ты сидишь с книгой.

Что значит думать? Производить различные действия, готовиться и еще множество вещей... После всего этого Бааль Сулам говорит, есть еще одна важная вещь — группа.

Он пишет в статье «Свобода выбора», что только группа может дать человеку изменение в намерении, изменение в желании, направить его на ту цель, которую группа представляет. Поэтому необходимо найти группу или построить ее таким образом, чтобы она направляла меня к цели. И тогда чем больше я связан с группой во время учебы, тем больше мое требование к учебе — требование, которое группа в меня вложила.

Как построить группу — это уже целый процесс. Нужно найти подходящих людей, связаться с ними. Чтобы связаться с ними, я должен «купить» их — ведь написано: «Купи себе друга».

Поэтому я должен вкладывать в них силы, самоустраняться относительно них, «подключать» их к себе, беспокоится о многих вещах вокруг себя: чтобы семья имела какое-либо отношение к этой работе, чтобы не мешала мне в моей связи и так далее. Нужно немного отключиться от внешнего мира, чтобы не он на меня влиял, а группа. И свою животную жизнь я начинаю организовывать таким же образом, в той же колее. Все вытекает из двух вещей: я получаю силы к духовному через учебу — ведь свет, возвращающий к Источнику, приходит во время учебы в соответствии с намерением, моим страстным желанием к нему, а это намерение я получаю от группы. И из этого вытекает вся наша деятельность.

Общество — это не только группа, в которой я нахожусь, я хочу, чтобы у меня была поддержка извне, поэтому я иду и распространяю материалы, делая это ради своего эгоизма: ведь таким образом мнение окружающих обо мне изменяется и поощряет меня.

Если я один во всем мире, то у меня не будет сил продвигаться. Такое есть только у единиц, у избранных. Когда же я вижу, что вокруг интересуются Каббалой и начинают понимать, что это важно, то я получаю от этого поддержку и силы.

Я должен заботиться о многих вещах и изменить весь мир. Таким образом, если я желаю достичь духовного, то я, как бы, тяну за собой весь мир в духовное. Это необходимо организовать. Иначе у меня не будет сил.

Получается, что очень личная, индивидуальная, можно сказать, интимная Цель — связь с Творцом (а эта связь очень тонкая — только между мной и Творцом, и никто другой не присутствует в ней) — работа для достижения этой цели — выводит меня на улицу, в большое общество, толкает к деятельности, которая, будто бы, противоположна тому, чтобы сидеть и спокойно учиться. Нет, ты уже так не можешь!

Поэтому, как пишет Бааль Сулам, мы должны открывать центры по изучению Каббалы и распространять Науку Каббала множеству людей. Это необходимо, так как нет другого выхода — одиночка сам не может дойти, если не потянет за собой многих. Я постоянно говорю: «еще и еще распространять, еще что-то сделать для распространения!». Только по этой причине: ведь окружающие силы действуют очень сильно, они помогают.

И обратил Хезкияу свое лицо к стене

• **Вопрос: Почему говорится именно о змее: «И прах будешь есть во все дни твоей жизни»?**

Эта статья относится к главе Ва-йехи. Какая связь между этой главой в Торе и тем, что описывается в статье? В данном случае Рабаш взял предложение из Книги Зоар и от него начал отталкиваться.

И в Книге Зоар также, будто бы, нет связи между сказанным: «Рабби Йехуда открыл и сказал: «Обратил Хезкияху свое лицо к стене и молился Творцу» и недельной главой Пятикнижия, а ведь в Книге Зоар это комментарий на Пятикнижие Торы — в нем так и написано.

Мы не видим связи, но все равно выбираем статьи по недельным главам, чтобы было ощущение приемлемого порядка чтения, хотя на самом деле нет никаких различий между статьями, все они — одно и то же, и, в конечном счете, это одна статья.

Ты спрашиваешь, что такое змей относительно человека? Змей — это три нечистые клипы, находящиеся в нас. Структура человека такова: в нем есть часть Творца, называемая миром Ацилут. В сущности, все миры, начиная с Бесконечности — внутри человека, это часть Творца в нас, часть свыше.

Есть также часть, которая абсолютно нейтральна — клипат Нога, в ней заключена вся наша работа и весь наш выбор: куда отнести ее — к верхней, духовной части, к миру Ацилут, или — к нижней части.

То, что находится ниже мира Ацилут — это три нечистые клипы: *руах сеара* — ураганный ветер, *анан гадоль* — большое облако и *эш митлакахат* — пожирающий огонь. Это неисправленные силы в мирах Асия, Ецира и Брия.

Три клипы, то есть, неисправленные желания человека, вместе называются *нахаш* — змей. Это нечистая сила, находящаяся в человеке, в каждом из нас.

После первого сокращения в нас была построена система, с помощью которой мы можем прийти к святости. Эта система работает по такому принципу: если ты используешь силу света, возвращающего к Источнику, то продвигаешься к духовному и получаешь силы, света, наполнения, вечность, совершенство и тому подобное.

Если же ты не приближаешься к духовному, то чувствуешь, что находишься в прахе: нет у тебя наполнения и не может быть, и ты в состоянии лишь поддерживать в себе жизнь, просто исходя из необходимости. Больше этой искры ничто не может проникнуть в систему нечистых сил, поэтому говорится: «Будешь есть прах все дни жизни своей».

Что значит — все дни жизни своей? На каждой ступени, когда ты проводишь выяснение свойств змея относительно святости и чувствуешь, что от змея ты можешь получить только прах: все, что получаешь от него, имеет вкус праха, пепла по сравнению с духовным. Это называется, что ты выяснил, понял змея, отделился от него и делаешь выяснение клипат Нога, чтобы отнести ее к духовному.

Все эти определения, понятия, когда Творец, как бы, говорит (проклятия или благословения — не важно — все, что написано), означает, что человек постепенно достигает этих состояний. И когда он достигает духовного и определяет для себя, что это за состояние, то оно начинает для него называться, к примеру: «Будешь есть прах все дни жизни своей».

Это своего рода установка, определение состояния по дороге к духовному. Ты натыкаешься на это состояние, видишь, что это написано для тебя, что это действительно твое состояние, и проходишь его. И так — все, что написано в Торе.

Сказано, что каждый должен написать для себя книгу Торы. Это значит, что человек должен пройти все написанное от начала и до конца.

- **Вопрос: То есть, вначале я чувствую вкус праха в духовном, а затем — в материальном?**

Да. Если ты находишься в точке, в которой выясняешь все это, а затем открываешь, что так написано в Торе, то это означает, что ты «пишешь книгу Торы». Не кто-то написал ее для тебя, а ты получил это свыше, ты сам пишешь Тору!

Это значит, что ты выясняешь все частности, подробности, пока не достигаешь каждой буквы — *от*. От — это кли. И так — покуда не достигнешь самих *отиёт* — букв. А вокруг них есть другая информация — таамим, некудот и тагин. Проходя букву за буквой, сосуд за сосудом, ты, что называется, «пишешь книгу Торы».

Почему праздник мацы называется «Песах»

«Шлавей Сулам» том 4,
«Моадим», стр. 106
Урок 1, 10 марта 2002 года

Существует затруднение в понимании того, отчего йом тов — полупраздничный день, называемый Торой Праздник мацот, мы зовем Песах. И объяснение в написанном: «Я Любимому и Любимый мне», то есть, прославляя Творца — Израиль прославлен, благословляется Им. И потому этот день назван в Торе Праздник мацот и называется Песах, как написано: «И сказано песах он для Творца, который пасах — прошел, не тронув дома сынов Израиля в Египте, поражая египтян и их жилища».

И подтверждение этому находим в исследовании войны с мидьянами. «И говорил Творец Моше: «Осуществите возмездие сынов Израиля мидьянам». И передал Моше народу: «Снарядите из вас мужчин в войска, дать возмездие Творца мидьянам». И надо понять, почему Творец говорил о войне с мидьянами, как возмездии сынов Израиля, а Моше передал народу иначе, чем ему было сказано, назвав эту войну возмездием Творца. И объясняется это тем, что в сказанном Творцом содержится благословение Израилю, а сказанное Моше благословляет Творца, и поэтому изменил услышанное от Него.

Однако и это тоже нуждается в объяснении. Ведь говорим о людях, (из плоти и крови), которые отдают дань почтения друг другу. И неужели подумаешь, что Творец вознуждался в похвале людей? Как в известном примере о человеке, вошедшем в птичник, полагающем, что всякий, увидевший его в дорогих одеждах, воздаст ему почтение. Но какое почтение может получить от петухов? И потому насмехаются над ним.

Теперь понятно, о каком почтении можно говорить, сопоставляя человека и Творца. И даже этот пример не объясняет нам, какие бездны разделяют их. Ведь петух — это уровень животного. И всего лишь одна ступень отделяет его от человека. И нет никакой возможности говорить о Творце, якобы удовлетворяющемся нашим прославлением. И настолько, что ради этого решил Моше изменить смысл услышанного.

И понять это возможно, только постигая Цель сотворения мира, как наслаждение своих созданий. И чтобы благо, которым пожелал Создатель насладить творения свои, было бы полным и совершенным и не ощущалось как постыдное получение даром. И поэтому сделано исправление, называемое «сокрытие и исчезновение».

Это время, когда не способен еще человек действовать с чистым альтруистичным намерением, и только по мере исправления себя освобождается от эгоизма и в той же мере покидает его сокрытие и тьма, и входит в него свет Творца, и это означает, что вышел из мглы к свету и тогда все полученное им чисто и бескорыстно с одним единственным намерением усладить Творца тем, что помогает ему осуществить цель и задуманное Создателем в полной мере. И тогда все полученное человеком заслуженно и не постыдно, и получение это совершенно.

Из этого поймем, почему прославлял Творец Израиль. Ведь хотел насладить Израиль, и в этом наслаждении зародилось желание, то есть, зародилось в творении желание к наслаждению и причина этого в том, чтобы прочувствовать отсутствие его и возжелать получить вновь, и в этом причина желания. И это называется получать с намерением получать.

Но, как известно, этим желанием создается состояние отделения, отдаления от света Создателя. Ведь Его природа совсем иная. И потому впадает Израиль в «теснины», в сокращение. И не сможет получить это благо ни в коем случае, только если постигнет, что получить его можно с намерением отдать. И понимают, что Творец желает передать все, но не в состоянии они принять, — ведь намерения их эгоистичны. И поэтому отказываются от своих желаний и прославляют Творца и все их желания связаны с Ним и готовы осуществить все, что пожелает Он.

И из-за этого изменил Моше, услышанное им «Дать возмездие Израилю». И хотя сказанное Творцом во благо Израилю и передал он народу иначе, но не изменил смысл и цель сказанного — все наслаждения, все благо — Израилю, если только способен обратить полученное во благо, во имя Творца, Его величия, трепета перед Его могуществом!

Однако, следует понять, отчего прославление Творца названо Песах. И так же написано «и будете есть его с поспешностью — это песах (жертвоприношение)». Объяснение: причина в том, что названа пасхальная жертва в честь того, что Творец отделил (пропустил — пасах) дома Израиля от домов египтян, поражая их самих, но Израиль внутри и избежал и спасен.

И надо понять смысл «проскочил и прошел» в духовном. Как известно, главное в нашей работе — достичь единства формы с Творцом. И единством формы и внутренним намерением открывается возможность получить все благо, уготованное нам, и создаем в себе келим — место для получения света. Но прежде, как известно, происходит их разбиение — швират келим, ведь в начале желаем и пытаемся использовать негодные эгоистические келим и потому впадаем в состояние отдаления от Творца и происходит это в высших духовных мирах, так называемый грех первого человека, отведавшего запретный плод познания.

И произошло разбиение его души и падение осколков ее в нечистоту — клипот. И мы должны вновь вернуть, поднять их до уровня духовных миров. И мы — порождение этих келим, исправляя их чистым альтруистическим намерением, желаем насладить Творца, возвращаем, исправляем, поднимая эти частицы святости из клипы тем, что желаем использовать их только аль менат леашпиа из любви к Творцу.

Изо дня в день, понемногу отделяем эти частицы из нечистоты. Клипа — желание получить ради своего эгоистического самонаслаждения. И исправляем их, чтобы пользоваться с намерением отдавать. А потом вновь погружаемся в пучину эгоизма и настолько, что даже забываем вовсе о духовном, о чистом желании отдавать.

Но после этого вновь поднимается человек, получает этот подъем свыше и снова получает частицу неисправленного желания и преодолевает, исправляя и очищая его. И возвращает так каждый раз, получая особое исправление в себе — сосуд получения высшего духовного Света. И кли это создается присоединением всех духовных восхождений человека, как написано: «малое к малому создает большое достояние».

И этим объясняется вопрос о Песахе, как сказано «когда пропустил и прошел от египтянина к египтянину, а Исраэль между ними спасся». Это означает, что каждое падение называется мицри — египтянин, получающий в себя и для себя. А Израиль посреди между ними, то есть, восхождение, когда преодолел в себе эгоизм. И после этого снова погрузился в состояние Египет. И вновь исчез, ускользнул оттуда, то есть, вышел в состояние Израиль.

Но чтобы было в человеке совершенное кли, пригодное для получения Высшего света, «прошел» Творец от египтянина к египтянину, что означает, принимая во внимание состояние Исраэль, что находился между ними, как бы присовокупляя их единому счету. Объединяя в единое целое совершенное кли. Ничем не разделенное, не принимая во внимание египтян, как будто и не существуют вовсе.

И надо объяснить сказанное, что миновал Творец дома Израиля и только египтян уничтожил. И как комментирует Раши, означает это, что все падения Израиля как бы стерты, ведь цель их — исправление, и поэтому остались в живых, а низкие эгоистические желания — мицрим тут же уничтожились. И засчитаны Израилю только восхождения и объединились они в единое духовное кли, пригодное для получения света и выхода из Египта и уничтожения его влияния в себе.

И вышли на волю из изгнания из клипы египетской — желания самонаслаждения. Вышли к вечному освобождению. А если бы Творец не устранил эти падения (египтян), то мешали бы, прерывая духовное продвижение, нарушая последовательность и единство. И не создалось бы единое мощное кли для получения света освобождения.

И потому учим из сказанного: не следует человеку обращать внимания на падение — ерида и отчаиваться оттого, что находится в таком состоянии, а идти верой выше того, что видят глаза, выше знания — и снова подняться. И сказать себе: «до сего времени считал, что достиг всего за счет ума и знаний и не стоит работать на себя из любви к себе одному — ведь тотчас отдалялся от Творца», и тогда спросит себя человек: «какая польза в том, что подымаясь, падаю каждый раз?» И приходит осознание к нему: «и изнемогли сыны Израиля от работы и вскричали к Творцу», то есть, пришло осознание — свет из глубоких теснин, куда заброшен. И приходит помощь сверху и уничтожает египтян и не тронет Израиль, и наполнит светом все его духовные подъемы, как будто и не прекращались они, и объединит в единое духовное кли, вбирающее все благо Творца.

И выходит из сказанного, что ни одно доброе дело человека не пропадает зря. И не сможет сказать, что нет пользы в подъемах, за которыми тотчас ожидает его падение. Это верно, если бы было в силах человека удержаться в подъеме и не падать в будущем, и об этом сказано: «кто поднимется на гору Творца» — это одно состояние. И еще сказано о втором состоянии: «кто устоит на святом месте». И ответ на это: «чистые руки и чистое сердце», то есть, уже удостоился чистоты рук, и нет в нем любви к себе, но все устремления к духовному и сердце его с Творцом. И постоянна вера в сердце его.

И нет в этих людях смущения, ибо все их взлеты и падения — духовны. И это означает, что достиг человек совершенства НАРАНХАЙ дэ-Руах. И все падения, и взлеты их во дворце Царя, но не за пределами его во мраке и зловонии.

Однако вместе с тем должны знать, что духовные подъемы не напрасны, но «частица к частице в единый счет». И должен радоваться человек, когда ощущает духовное, и ожидает приближение к Творцу, насколько это возможно, и как великую заслугу принимает это постижение снизу, пришедшее вдруг. И начинает осознавать эгоистическую любовь к себе, как гнусность настолько, что и жизнь не стоит ради этого — только духовного страждет.

Однако должен знать человек и не питать иллюзий, что дескать, когда возникнет у него постижение сверху, тогда и начнет работать на Творца, но должен помнить постоянно, что существует духовное и хотя не ощущает его, но за это высшее знание обязан благодарить Создателя.

Ведь уже уверен, что существует духовное в мире, и знает также, что пока не удостоился его. Это подобно тому, как великий Царь прибывает в город и немногим известно это и еще меньшему числу людей дано право войти, и большое старание следует приложить, чтобы приблизиться к нему.

Человеком получено известие, что Царь прибывает, но еще не дано право войти и прислуживать Ему. И как же благодарен этот человек известившим его — ведь уверен, что есть правитель в мире. Однако еще не получил разрешения свыше оставить свою работу и прислуживать Царю, оставить все, чем связан в материальном и заниматься духовным. То есть, нет в нем еще истинного желания. И человек этот должен довольствоваться хотя бы тем, что есть в нем это знание и немного веры в Творца. И если размышляет об этом постоянно и желает преодолеть себя и заниматься духовной работой и не может, но старается пребывать в радости — ведь верит в Творца — то появятся в нем большие силы, способные вырвать его из падения, а также приходит желание преодолеть свое тело.

И это приходит именно тогда, когда всем сердцем желает и думает о Творце и нисходит это из духовного корня и об этом сказано: не пребывает нигде Шхина — только в радости от исполненной заповеди, что означает радость от возможности приблизиться и слиться с Творцом, благодаря хорошо исполненной заповеди. И радость эта — результат гармонии и совершенства. И возблагодарит Творца, Его величие и важность. И есть закон, что все зависит от Дающего и если Он велик, то пусть даже мал подарок, но считается большим по величию Дающего его. И хотя еще не получено разрешение приблизиться и беседовать с Царем, но потому что уверен, ведь уже известили его свыше и Царь в городе и следует постараться и думать постоянно об этом и тогда это будет замечено и позаботятся о нем и получит силы преодолеть чуждые мысли и желания тела.

И потому можно сказать о радости, которой удостоился сверху оттого, что поработал сам и потому получил силы приблизиться к вершине, основа которой сосуд для радости этой. И это повлияло на то, что получил большое желание и силы к преодолению тела.

Из сказанного видим, что понятие Песах в том, что миновал дома Израиля и всех и каждого оставил в живых. Ведь, как известно, ничего не пропадает в духовном и потому самая малость духовного состояния, что в Израиле, сохранена и не пропала. И потому в память об избавлении Израиля назван этот день праздником в честь совершенного Творцом. А что касается вопроса о том, к чему эти прославления Творцу, ведь не нуждается ни в чем, есть два ответа:

Во-первых, смысл и Цель творения — насладить создания, и все, что удостаивается получить народ Израиля — все благо и наслаждение — осуществляется во имя Творца и услаждает Его. Ведь уже уподобились Ему и желают насладить Творца, но не для получения эгоистического удовольствия. И к этому направлены все усилия Израиля в Торе и заповедях.

И потому Творец прославляет Израиль, сумевший получить все уготованное ему благо и избавиться от стыда получения для себя, так как устранил полностью свой эгоизм и этим создал сосуд — место для высшего света. А если и получит с эгоистическим намерением, не говорит об этом и готов стереть это зло с лица земли, как это произошло с египтянами в Песах, стер его, как бы и не существовал он вовсе. Оставил только единое чистое готовое для получения света кли — Израиль, и в этом прославление единому Израилю.

И в сказанном проясняется второе значение прославления Израилем Творца. Так как желание Его насладить свои творения, но не желает Израиль получать для себя, и только цель Творца, Его желание заставляет его получить наслаждение, то есть, во имя и ради Творца и в этом суть понятия аль менат леашпиа. И еще прославление Творцу за то, что не учитывает падения, но только продвижения Израиля. И в этом прославление Песаха.

И еще надо осознать выражение «и будете есть его в спешке, это песах (жертвоприношение)» и почему Песах назван хипазон — спешка, торопливость. И объяснение — оттого, что проносилась гибель от египтянина к египтянину, а Израиль внутри спасен. И как бы поспешал Творец и торопил дело к концу, как бы вынужден был торопиться, чтобы не воспользовалась клипа силами святости, то есть, египтяне, находящиеся рядом с Израилем. И еще потому назван Песах спешкой, что не пришло еще время исправления Мицраима, но только Израиля, и потому торопился Творец, чтобы спасти то, что можно пока спасти. Но в Гмар Тикун написано у Ишайя: «Не в спешке выйдете и не пойдете. Потому что предстанете перед ликом Творца и ублаготворит Израиль, и будет хорошо очень».

И объяснил Ари, что будет это в Гмар Тикун. И тогда же ангел смерти станет святым ангелом, и даже лев а-эвен, (каменное сердце), которого до Гмар Тикун запрещено вообще касаться и потому оно осталось в клипе — также и оно обратится в святость. И в этом смысл выражения «хорошо очень». «Хорошо» — это ангел жизни, и «очень» — ангел смерти. И даже он также будет святостью, о чем сказано: «Устранит смерть навсегда», так комментирует Ари.

И в сказанном: «потому что не в спешке выйдете и галопом не понесетесь, не пойдете» можно понять: не в спешке пойдете, как в земле Мицраим, когда избавление было поспешным, так как спешил Творец уничтожить Мицраим и только Израиль оставить в живых.

Но в Гмар Тикун также и состояние Мицраим (клипа) получит исправление и ни к чему спешить среди них — не надо выбирать и метаться — ведь исправлены уже. И святость и Израиль среди них пребывает — ибо это клуша, ведь все мицрим — все свойства клипы получили полное исправление. Как написано: «И устраню каменное сердце из тела вашего, извлеку и дам вам живое из плоти сердце».

И потому обязан человек пребывать в радости и, благодаря ей, сможет выбраться из самого низкого состояния. И если спросит человек, а чему радоваться, когда во тьме, и подавлен и нет никакого желания к духовному. И тогда должен возрадоваться хотя бы оттого, что знает абсолютно точно — есть управление в мире. И только одно это знание способно возрадовать его — ведь известили его — Царь в городе и это придает новые силы к пробуждению и духовному подъему.

* * *

Человек, совершая в этом мире какие-либо действия, иногда способен приблизиться к Творцу, а иногда он далек от Творца. Что значит: более приближенный или более отдаленный от Творца?

Иногда человек смотрит на внешнее проявление происходящего, видя только то, что открывается его взору, и он привязан к этой, волнующей его картине; подобно тому, как мы переживаем все, происходящие с нами сегодня беды. Это называется, что человек попал к мицрим, то есть, охвачен мыслями, направленными на внешнюю сторону существующей реальности, отключающими человека от размышлений о том, какова причина происходящего.

Причина всего, что происходит — Творец. Он рисует перед нами различные картины таким образом, чтобы, в конце концов, преодолевая все препятствия, мы не только увидели внешнюю картину, но и стали проникать внутрь, к причине происходящего, и тогда посредством этих помех начали бы соединяться с Творцом во все большей и большей степени, то есть, привязали себя к Нему своей мыслью, включая свое состояние в Него, а не во внешнюю картину.

Таким образом, человек все время перескакивает от мыслей о внешней картине к мыслям о Творце: то он привязан к так называемым мицрим, то — к Творцу. Так он и колеблется на протяжении всего периода подготовки до входа в духовный мир.

Когда же человек входит в духовный мир? Творец учитывает только те случаи, те периоды, те мгновения, когда ты подключаешься к Нему, а то время, когда ты привязан к внешним проявлениям: боишься мицрим, рассчитываешь на них, а не на Творца, — эти периоды Он пропускает, «перескакивая» через них.

И когда число этих «скачков» доходит до некоего предельного счета, когда человек успешно преодолевает препятствия, количество которых определено корнем его души, когда, проводя выяснения и совершая выбор, он несколько раз переходит от внешнего восприятия действительности к более глубокому, внутреннему, чем привязывает себя к Творцу, как к причине своего состояния, — тогда эти накопившиеся «скачки» объединяются в общее кли, в котором человек получает первое ощущение слияния с Творцом.

Если человек, желая связаться с Творцом посредством возникающих пред ним внешних картин, внешних помех (это могут быть разного рода удручающие картины, критические ситуации, которые мы наблюдаем в нашей жизни, не видя их режиссера-постановщика), создаваемых Творцом для каждого точно в соответствии с его состоянием и тем, что человеку необходимо на его уровне, — если он совершил достаточно преодолений, тогда они соединяются вместе и образуют Песах.

Таким образом, Творец проделывает некое определенное количество скачков, пропусков, позволяющее человеку выйти из состояния этого мира, беря в расчет только усилия, которые человек прикладывает, желая связаться с Ним и не быть привязанным к внешней картине. Тогда все стремления, страстные желания объединяются в одно общее кли, в котором человек впервые ощущает истинную связь с тем, к чему стремился, — связь, которая уже никогда не прервется. Это и называется Выходом из Мицраим.

По сути, весь процесс нашего развития до махсома называется египетским периодом, и польза египтян в том, что если бы не они, то нечего было бы преодолевать, не было бы на чем строить кли, стремиться к Высшему и впоследствии удостоиться этого кли.

Поэтому, когда Авраам просил показать какой-нибудь знак — гарантию, что возможно достичь духовного и дойти до Конца Исправления, Творец ответил ему: «Не беспокойся, есть период, называемый «Мицраим». Человек пройдет его и выяснит свое отношение к жизни в этом мире и ко Мне, а Я позабочусь, чтобы это изгнание было таким, чтобы человек пожелал выйти из него и начал искать Меня. И тогда все моменты, когда он искал связь со Мной, достигнув определенной достаточной меры, свяжутся воедино и он, удостоившись избавления, выйдет из этого изгнания».

Когда Творец разъяснил это Аврааму, тот успокоился. Таким образом, весь наш путь, называемый подготовкой к духовному, — это египетский период. И наше стремление на практике проводить этот праздник согласно тому, как завещали каббалисты, — пытаясь как можно крепче удерживать себя, как внешне, так и внутренне, в состоянии единения с точкой выхода из Египта, — приближает нас к выходу в духовный мир.

И даже если мы не очень точно знаем, как связать такие понятия в материальном, как *хамец* — квасное, *мацот* — опресноки, пресный, неквасной хлеб, с духовным, однако стараемся, хотя бы внешне, соединить ветвь и корень, этим с помощью своего желания мы приближаем себя к духовному состоянию Песах.

Состояние мицраим гарантирует человеку, что он выйдет из тьмы, перейдет от двойного и простого сокрытия к свету в духовный мир — если не по-хорошему, так по-плохому, но выйдет. Это то, что мы испытываем на себе: недостаточно бед, постигших нас несколько лет назад — наваливаются на нас еще большие беды, недостаточно этих — могут быть еще большие.

И так будет продолжаться до тех пор, пока не останется ни одного убежища, и спастись можно будет, лишь обратившись к Источнику. Страдания, переносимые телом, наделяют человека разумом. И тогда мы, конечно же, сможем из этого мира через махсом выйти в духовный.

А в духовном мире уже не нужны никакие гарантии, там, как сказано: «Душа человека научит его». Независимо от того, в каком состоянии пребывает человек — раскрытии или сокрытии — все эти состояния контролируемы им и подвластны ему. И также, если человек идет верой выше знания, это тоже находится под его властью, под его надзором, он уже не во мраке.

Поэтому дальше на всех духовных ступенях гарантировано человеку, что он уже не упадет на уровень этого мира под махсом, а будет только подниматься.

В духовном также многое зависит от качества и темпа работы, однако эта работа совсем иного рода, в результате которой человека только возвышают в Святости, а не понижают. Поэтому Аврааму достаточно было услышать о выходе из Египта, и ему сразу стало ясно, что на пути к духовному каждый должен пройти через такое состояние.

- **Вопрос: Но ведь Авраам уже был там?**

Авраам — это либо исправленное качество в человеке, либо свойство Творца, которое человек начинает постигать. Допустим, мне пришло сверху, из правой линии, ощущение того, что значит быть Авраамом — я вдруг получил некое раскрытие Творца, просто так, без предварительной работы, не достигнув еще никакой духовной ступени. Тогда у меня возникает вопрос: как можно дойти до этой ступени? И мне говорят:

— Сейчас тебя опустят обратно на уровень этого мира, а ты сам поднимешься на эту ступень.

— Как?! Пообещай мне, что я смогу вернуться, и неважно, какой ценой. Я смогу вернуться?

— Да, сможешь, не беспокойся. Я воздвигну перед тобой препятствия в виде Фараона, Амана, Амалека, и хоть это неприятно, но, одолев их, ты своими силами достигнешь духовного.

- **Вопрос: Как, находясь под влиянием египтян, я могу идти верой выше знания?**

Сейчас мы все еще не в состоянии идти верой выше знания, на данном этапе нашего пути нам необходимо, находясь в состояниях двойного и простого сокрытия, как можно с большим рвением и постоянством стремиться к раскрытию Творца.

Скажем, предо мной стоит ужасающая картина жизни, она пугает меня. Я должен сквозь этот страх, сопротивляясь ему, стремиться увидеть, что это Он, Творец, специально все так устроил и вселил в меня страх. Эта помеха — мое поверхностное восприятие — должна стать для меня поставщиком силы, подталкивающей к тому, чтобы ощущение страха обратить в связующее звено, соединительный материал, — собственно, в слияние с Творцом.

Усилия человека, когда он пытается так поступить, используя различные средства, постепенно накапливаются и, в конце концов, человек входит в духовный мир.

- **Вопрос: Если я, глядя на сегодняшнее положение, вижу только материальные причины происходящего и, несмотря на это, ищу связь с Творцом, это определяется, как вера выше знания?**

Ты хочешь сказать, что твои попытки найти духовное вопреки тому, что не видишь его — это вера выше знания. Допустим, так. Скажем, видимые тебе материальные причины случившегося оправданы тобой, поскольку ты считаешь, что сам виноват, дойдя до такого скверного состояния, и все-таки ищешь Творца, пытаясь увидеть то, что это Он устроил все, и он — причина всему. Такое состояние условно можно назвать «выше знания».

- **Вопрос: А если помехи, препятствия побуждают человека искать Творца, однако он не в состоянии оправдать происходящее?**

Если в поиске связи с Творцом человек достигает какой-нибудь точки соприкосновения с духовным, он тут же, исходя из этого, оправдывает свое состояние, иначе и быть не может. В тот момент, когда появляется малейшая связь с Творцом, или даже слабое, отдаленное ощущение Творца, человек мгновенно находит оправдание происходящему. Не может быть такого, чтобы человек, ощущая Творца, проклинал Его, иначе не считается, что он Его ощущает.

- **Вопрос: Как же я могу оправдывать Творца, если, находясь в этом мире, не ощущаю Его?**

Пока не ощущают, не могут оправдать, все остальное — просто слова. И не говори, что в этом мире нет у тебя ощущения Творца, это неверно, иногда у тебя такие ощущения появляются. Ощущение — это не знание, не постижение, однако некоторые ощущение у тебя все же имеются: сегодня одно, завтра другое.

Потому такие состояния и называются двойным и простым сокрытием: двойное сокрытие — когда ты вообще ничего не ощущаешь, простое (одинарное) — когда ясно, что есть, источник, корень, некто, создавший такую ситуацию, приведший к данному состоянию, — ты видишь, кто во всем «виноват». И это называется ощущением Творца, вернее, ощущением того, что Он сокрыт, однако это уже — ощущение чего-то вне этого мира. Также и двойное сокрытие называется ощущением.

Нельзя сказать о людях, просто так снующих по улице, что они находятся в состоянии двойного сокрытия. Мы всегда рассматриваем ощущения с точки зрения творения, которое должно чувствовать, что находится в состоянии двойного сокрытия. Человек сам определяет: я нахожусь в плохом состоянии и не чувствую Того, Кто привел меня к нему.

Скажем, я наблюдаю какую-то неприятную ситуацию, предстающую предо мной как неизбежный факт. Если я весь поглощен этой внешней картиной, смотрю на нее без всякой мысли о внутренней причине происходящего, то уподобляюсь животному, которое видит только то, что видит.

Если же, вместе с тем, я понимаю, что не в силах связать происходящее с Творцом, что у меня с Ним нет никакой связи, — это называется состоянием двойного сокрытия.

Если, находясь внутри этой картины, я начинаю понимать, что Творец специально все устроил таким образом, чтобы я обратился к Нему, чтобы в итоге мне было легче выйти из своего состояния и прилепиться к духовному, тогда уже я перехожу в состояние простого сокрытия. И это то, что требуется от нас: перейти от двойного сокрытия к простому.

А переход от простого сокрытия к раскрытию, называемый выходом из Египта, — это уже не наша забота. Творец собирает все усилия, приложенные человеком для перехода от двойного сокрытия к простому, и когда они достигают определенной меры, достаточной для души, тогда Он из этого комплекса твоих усилий, стремлений, формирует кли и этим выводит тебя из Египта.

Таким образом, в кли, сформированное из наших усилий, которые Творец собрал, Он дарует подлинное и уже постоянное ощущение Своего присутствия. Это уже не прошлые ощущения, когда Творец сокрыт то меньше, то больше, а настоящее чувство, называемое выходом из Египта, когда впервые ощущают Творца внутри своей души.

- **Вопрос: Что значит, что усилия накапливаются, в чем это заключается?**

Что значит накопление усилий? Ты учишься, и с первого дня твоего прихода слышишь каждый раз что-то новое: еще немного, еще чуть-чуть... Иногда выходишь после занятий настолько запутанным и замороченным, что лучше бы ничего и не слышал; иногда ты восхищаешься услышанным, а иногда сидишь, ничего не понимая, и чувствуешь, будто ты заблокирован, а избавиться от этого блока не можешь.

Есть много различных состояний такого типа (ты даже не знаешь, что в них плохого, а что хорошего), все они накапливаются, и из них образуются келим, которые соединяются в одно целое кли. И вдруг появляется ощущение: «Как же я все вдруг понимаю сегодня!» Даже не знаешь, как это произошло, чем ты заслужил такое постижение, такую глубину, такие восхитительные ощущения.

И не обязательно в самом конце, когда завершилось накопление келим, когда необходимая мера усилий исчерпана на 100 % (что предваряет выход из Египта), но и по пути, до момента перехода через махсом, человека посещают такие озарения.

Почему и по пути тоже? Потому что кли, формирующееся вследствие накопления различных состояний во время учебы, позволяет ощутить также и плохие состояния в более яркой, выделяющейся форме, более осознанно: ты начинаешь контролировать свои состояния, понимать что, как и почему происходит — по пути человек набирается мудрости. Это и есть накопление келим, накопление усилий.

Без этого мы ничего не смогли бы сделать, недаром говорят, что распространение света в кли и его исчезновение делают это кли достойным своего предназначения. Таким образом, из миллионов таких келим — из бесчисленного количества вхождений и выходов — в конце концов выстраивается кли, в котором можно впервые немного ощутить духовное.

- **Вопрос: Как человек может узнать, когда мера скачков становится полной?**

Человек не может знать, когда счет достигнет предела, поэтому момент входа в духовный мир называется хипазон — поспешность, потому что это происходит вдруг, а когда — человек не знает. Иногда продолжительное время ты пребываешь в плохом состоянии, и вдруг что-то происходит внутри, ты открываешь глаза, будто неожиданно получаешь заряд, и мир становится прекрасным.

Откуда, почему? Это и называется «хипазон» — торопливо, неожиданно, без предварительной подготовки со стороны человека. Вернее, он делал различные подготовительные действия, однако этот момент... Его предугадать невозможно, потому что мы все еще не владеем своими келим, не умеем контролировать их. По мере того, как у человека появляется масах, он уже по-другому относится к происходящему вокруг него.

- **Вопрос: Как, находясь под влиянием мицрим, человек может определить, что находится в состоянии Мицраим?**

Очень просто. Со мной что-то произошло или что-то случилось в стране — это общий пример, чтобы все поняли — и я всецело поглощен этой картиной, подобно тому, как кричат кругом: «Смерть террористам!» (я ни в коем случае это не игнорирую — вести войну необходимо в двух мирах).

Если я привязан только к внешней картине и не могу оторваться от нее: злюсь на своих врагов, проклинаю их, готов их убить — весь полностью поглощен происходящим — это называется, что я нахожусь в Египте и связан с египтянами. По сути, мицрим поработили меня, и это то, чего они от меня хотят — чтобы мои мысли были заняты ими.

Если же я, находясь внутри этой ужасной картины — охваченный ненавистью к врагам, и проклиная их — начинаю ловить себя на мысли и даже способен понять, что внутри всей этой сумятицы находится Творец, что это Он устроил нам такой «спектакль», Он, используя моих врагов, играет со мной, чтобы я, пройдя это состояние, соединился с Ним, — тогда, переходя от мыслей, находящихся под властью мицрим, к мыслям о Творце, к желанию быть под Его властью, думать, что Творец наполняет меня этими мыслями (это и называется быть под властью Творца), — я самостоятельно делаю попытку выйти из Мицраима.

Из множества таких попыток выстраивается кли.

А затем я вновь падаю: внешняя картина вновь охватывает меня, и я ничего не могу поделать с собой. На самом деле, это Творец каждый раз посылает чуть больше или чуть меньше воздействующего на меня ор Макиф: играет с нами, воздействуя на нас посредством то света, то кли.

Конечно, все попытки выйти из Мицраима я осуществляю вследствие того, что Творец дает мне возможность думать о Нем. Однако, когда мне дана такая возможность и я, прикладывая усилия, делаю движение Ему навстречу, то этим еще больше соединяюсь с Ним, укрепляю нашу связь.

Скажем, находясь в состоянии, называемом Мицраим, зацикленный на всевозможных внешних препятствиях, я вдруг вспоминаю о Творце, то есть, получаю порцию окружающего света, что возбуждает во мне мысли о Творце. Пока человек не вспоминает о Творце, с него спрос мал, за это человека не наказывают, и в таком случае нет никаких расчетов, есть некий общий расчет включающий все келим общей души. Но, начиная с того момента, когда мне Творцом послан «призыв» и дальше, я должен как можно больше усиливать связь с Ним. Я должен стараться изо всех сил. Возможно, в следующее мгновение Он отбросит меня обратно и это, в самом деле, хорошо: чем больше будет вхождений и выходов, тем быстрее установится постоянная связь. Однако сам человек определяет, что он находится в Мицраиме: как только светит ему немного света от Творца, он сразу видит, что находится под властью мыслей, направленных на внешнее, поверхностное восприятие действительности и охвативших его впечатлений от внешней картины.

- **Вопрос: Подъемы и падения накапливаются и тогда человек выходит в духовный мир — как это связать с тем, что нам необходимо совместное кли, чтобы выйти в духовное?**

Общее кли нам необходимо, потому что из Египта не выходят в одиночку. Моше, избранный Творцом, ни в одиночку, ни вместе с Аароном, Ципорой и всей ее родней не могли выйти, пока не собрали все три миллиона человек. Выход может осуществиться только, когда собраны все келим, включая даже те, которые все еще не исправлены, однако находятся в некоторой связи с исправленными келим, что называется «многочисленная толпа», великое смешение народов. Обо всех этих келим необходимо позаботиться — избавление предусмотрено для всех.

Потому что, как мы знаем, чистые келим совсем несложно вывести из Мицраима, но что они смогут получить, если выйдут одни? Чистые келим должны потянуть за собой грубые келим, как сказано: «украсть келим у мицрим».

Грубые келим, сами по себе, не готовы к выходу из Мицраима, они выходят за счет того, что связаны с чистыми келим тем, что самоаннулируются. Это называется, что народ Израиля выходит из Египта, и часть египтян хотят выйти вслед за ним.

Затем, после выхода из Мицраима, народ Израиля — Гальгальта вэ-Эйнаим получает свет и тогда посредством этого света присоединяется АХАП, который также получает свет Творца. Но во время выхода из Мицраима АХАП нейтрализован, ничего не делает, не работает, а только бежит вслед за Гальгальта вэ-Эйнаим. И нет иного выбора — только вывести Гальгальту вэ-Эйнаим из Мицраима.

Зачем же мы вошли туда, ведь Гальгальта вэ-Эйнаим — келим, которые не принадлежат Мицраиму и не имеют отношения к разбиению келим?

Посылают народ Израиля в Египет для того, чтобы вытянуть оттуда часть египтян — АХАП дэ-Алия, в этом все и дело, а одному выйти невозможно. Так происходит и в каждом из нас, и во всей группе, и во всем народе: частное и общее равны, поэтому этот закон соблюдается на всех уровнях.

Более того, мы, проходящие сейчас особый период общего развития человечества, и в самом деле обязаны собрать необходимое количество людей, чтобы каждый смог совершить выход из Мицраима. Мы даже не знаем, каким должно быть это количество, и не очень-то понимаем, каким образом должны работать. Все это нам постепенно открывают сверху и формируют из нас общее кли.

Таким образом, избавление придет для каждого — в частности, и в общем — для определенного числа людей. Будут такие, кто останется в Египте (даже из тех людей, кто сидит и, якобы, учится), и будут те, кто выйдет из Египта. Как в примере, когда Моше, Аарон и еще несколько мудрецов, которые потянули за собой народ Израиля и часть египтян. Мы видим, как история повторяется, то же происходит и сейчас: достаточно небольшой группы людей, имеющих связь с Творцом, чтобы народ подчинился им и пошел за ними. Для этого достаточно даже одного человека, однако, в наше время это несколько по-другому.

И не столь важно, сколько людей поведут всех остальных за собой, ведь неживая природа по сравнению с растительной имеет массу, несоизмеримо большую. Аналогично, растительная масса значительно превышает животную, а животная — людскую. Мы вообще не можем представить, что значит человек, находящийся даже в минимальной связи с Творцом, относительно всей остальной массы людей, ведь мы оцениваем человека согласно его внешнему облику: «Тот — человек, и этот — человек», большего мы не видим. Однако, согласно духовной силе, силе внутренней, такой человек — единица, а все миллиарды — ноль.

Поэтому мы видим: первым шел Моше, за ним Аарон, затем несколько мудрецов, а за ними — три миллиона иудеев и примкнувших к ним египтян. Также и сегодня, когда мы должны придти к Избавлению от того, что творится с нами. Есть люди, участие которых в процессе Избавления заключается именно в осознании, постижении духовного, в соединении с ним, и есть такие, кому достаточно самоустраниться от активных действий, сказав: «У нас нет выбора, мы должны подчиниться и пойти за ними». Как стадо, не имеющее разума, подчинившись пастуху, идет за ним.

- **Вопрос: Если египтян, что в тебе, необходимо исправлять, как же их пропускают и собирают только исраэлим, куда же деваются потом египтяне?**

Почему пропускают египтян (проскакивают состояния, в которых я — мицри, то есть, пребываю под властью египтян) и собирают состояния, в которых я — ехуди (*ехуд* — стремление к Творцу)? Потому что иначе я никогда не смогу собрать кли.

А почему позволено пропускать состояния Мицраим? Потому что Творец посылает мне эти помехи. И когда всякий раз я перехожу от состояния мицри в состояние ехуди: от двойного сокрытия к простому, связывая себя с Творцом посредством этих помех, — то этим я, некоторым образом, исправляю в себе мицри — препятствие, посланное мне Творцом.

Естественно, что состояния, в которых мне удалось одолеть мицри, могут соединиться; по сути, те состояния, в которых мне не удалось это сделать, также оправданы. Таким образом, все мои усилия объединяются, образуя кли.

Ты спрашиваешь, почему отбрасывают египтян. Их не отбрасывают: именно на основе того, что я воюю с египтянами и то терплю поражение, а то, действительно, преуспеваю в борьбе, именно на этой основе и происходит накопление келим.

Не то, что я просто проскакиваю плохие и хорошие состояния, а Творец отфильтровывает плохие состояния и оставляет только хорошие. К хорошим состояниям я пришел именно посредством египтян, за счет борьбы с ними.

Усилия, вместе взятые — это кли. Творец собирает все попытки, все стремления, все старания выйти из Египта, накапливая их до некой определенной достаточной меры усилий, и тогда в той же мере я получаю ощущение Творца, Его присутствия, слияния с Ним. И это называется, что человек получает душу, свет души.

- **Вопрос: В этих усилиях и заключается свобода выбора?**

Нет, в этих усилиях нет свободы выбора. Свободный выбор заключается в том, чтобы найти окружение, построить группу, которая поможет приложить усилия.

Какова связь между Песахом и мацой, и марором

«Шлавей Сулам», том 4, стр. 114
Урок 11 марта 2002 года

Написано в пасхальной Агаде: «...В память о Храме мы делаем так же, как делал Гилель в то время, когда Храм существовал: он брал мясо пасхальной жертвы, мацу и марор, и складывал их — корех и ел вместе, чтобы исполнить сказанное в Торе (Исход, 12:8): «На маце и мароре пусть едят его (Пасхального агнца)».

И надо понять это относительно работы — на что указывает нам связь между этими тремя вещами, которые ел вместе.

И чтобы понять смысл пасхальной жертвы, которая была во время Исхода из Египта, когда вышли из порабощения, в котором находились в египетском изгнании, нужно прежде всего понять смысл египетского изгнания, причину их страданий там.

О мароре написано в Агаде: «Марор этот — в знак чего мы едим его? В знак того, что огорчали, делали горькой — мирэру египтяне жизнь отцов наших в Египте», как сказано (Исход, 1:14): «И сделали горькой жизнь их тяжелой работой (над глиной и кирпичами и всяким трудом в поле), к которой принуждали их с жестокостью».

И надо понять, что значит: «И сделали горькой жизнь их тяжелой работой» — что это означает в работе Творца? Ведь известно, что работа Творца, это когда работают на пользу Творцу, когда мы удостаиваемся быть слитыми с Истинной Жизнью, и именно во время, когда работаем на отдачу, тогда это время для получения Добра и Наслаждения, которые сотворил Творец, чтобы дать благо творениям Его, то есть, спасение Творца приходит к келим дэ-ашпаа.

И в вопросе о наслаждении, приходящем в отдающие келим, надо различать два определения:
1) изобилие (свет) приходит, чтобы создать отдающие келим;
2) свет приходит после того, как есть у него уже отдающие келим.

То есть, во время, когда человек желает идти по пути доставления радости своему Создателю, а не для собственной пользы, тогда тело сопротивляется со всей решительностью и не позволяет ему сделать никакого действия, и забирает у него все «топливо», от которого была бы у него какая-то сила работать ради Высшего.

И в то время как человек видит истину такой, какая она есть, то есть, видит, насколько он погружен в себялюбие, и нет у него никакой искры в теле, которая позволила бы ему сделать что-нибудь ради отдачи, и поскольку в этом состоянии человек уже дошел до истины, то есть, пришел к осознанию зла, когда нет у него никакой идеи, с помощью которой он мог бы помочь себе, а есть у него только один выход — кричать Творцу, чтобы помог ему, как написано: «И застенали сыны Исраэля от работы и возопили, и поднялся вопль их к Творцу от этой работы».

И это то, о чем сказано: «Приходящему очиститься — помогают». И спрашивает Книга Зоар: «Чем?» И отвечает: «Святой (чистой) душой».

Получается, что: «И сделали горькой жизнь их...» — означает, что не давали им работать ради отдачи, что ведет к слиянию с Истинной Жизнью, а нечистая сила (клипа) — Египет и Фараон властвовали над сынами Израиля властью самолюбия, когда не могли сделать что-либо против желаний египтян, и это было изгнанием, то есть, желали выйти из этого изгнания, но были не в силах.

И согласно этому будет объяснение написанному: «И застенали сыны Исраэля от работы» — о какой работе тут говорится?

Говорится о работе Творца, которая называется тяжелой работой, поскольку было трудно им работать ради отдачи, потому что египтяне и Фараон — Царь египетский — привнесли им свои мысли и желания. То есть, поскольку нечистая сила — клипа Египта, она, в основном, любовь к самому себе, поэтому египтяне властвовали над народом Израиля, дабы и народ Израиля тоже пошел по их (египтян) пути, называемому «себялюбием», и было трудно Израилю одержать верх над этими мыслями, и это то, что написано: «И застенали сыны Исраэля от работы».

То есть, в то время, когда ступали на путь египтян, который ради получения, тело давало им «топливо», и не было трудно им выполнять работу Творца — как известно, египтяне были работниками Творца, как написали мудрецы на написанное (Бешалах Танхума): «И взял шестьсот колесниц», и если спросим, откуда были животные у египтян, ведь сказано: «И полег весь скот египтян»; однако из боящихся речения Творца, как написано: «Боящийся речения Творца из рабов Фараона, погнал рабов его и скот его к домам». И сказали отсюда: «Боящийся слова Творца сделается преткновением Исраэлю».

И Раши приводит отсюда: «Говорил Рашби: «Самого подходящего среди египтян — убей, лучшей из змей — размозжи голову». И в сказанном получается, что тяжелая работа, которая была у них — работа в поле, потому что полем называется святая Шхина, как известно, что Малхут называется поле.

И было трудно им принять на себя бремя Высшего Управления ради отдачи, а египтяне хотели, чтобы выполняли святую работу ради получения и давали им понять, — что это называется «боящийся речения Творца».

Но отсюда, от этого свойства было преткновение у Исраэля, то есть, у качества прямо к Творцу, а желали они (египтяне), чтобы все их (народа Израиля) действия были только к личной выгоде, и от этого вышло преткновение.

Это значит, что преткновение было в основном в то время, когда египтяне обращались к Исраэлю на языке трепета пред Небесами, и из этого языка выходят все помехи Исраэлю. Вместе с тем, если бы говорили с Исраэлем языком «светских» — конечно, народ Исраэля избегал бы их влияния, когда приходили бы к ним со своими мыслями и желаниями.

И сказанным надо объяснить написанное (Шмот): «И стали египтяне порабощать сынов Израиля тяжкой работой (работой под гнетом)» — и истолковали мудрецы — робкими (мягкими) устами (пэ рах — мягкие уста от перех — гнет) и надо понять, что такое робкие уста — пэ рах в работе Творца.

И как говорится выше, египтяне говорили с мыслями и желаниями, что необходимо работать на Творца, но чтобы это было ради получения, и это называется мягкие уста, то есть, ради намерения получить тело скорее согласно выполнять святую работу, и нет необходимости намереваться ради отдачи.

Получается, своими разговорами вызвали то, чтобы была у Исраэля трудная работа во время принятия бремени высшего правления, и поэтому каждый из Исраэля говорил, что святая работа ради отдачи — дело очень трудное.

Поэтому, египтяне склоняли их к мыслям, что имеет большой смысл работать ради получения, этим путем они будут видеть, что день за днем они продвигаются в хороших действиях. Тогда как, работая на ступени Исраэль, они сами видят, что это трудно, и доказательство тому, что не видят никакого продвижения в работе.

Выходит, что мягкие уста — означает, что дадут Исраэлю понять, что если пойдут их (египтян) дорогой — эта работа будет легче, и это называется «мягкий», то есть, что легче будет продвигаться в духовной работе.

И с этими утверждениями египтяне огорчали жизнь Израиля трудной работой, тем, что всегда объясняли Исраэлю, что работа Исраэля называется трудной работой и это — не для них. «...тяжелой работой над глиной и кирпичами...» Глиной — бэ-хомер — означает, что египтяне объясняли Исраэлю строгость — хумра отдачи, вместе с тем работа египтян будет всегда белой, то есть, не почувствуют никакой тьмы в работе, а тело согласится на эту работу. И это называется кирпичами (леваним от лаван — белый), то есть, что в работе египтян они будут всегда белыми, без пятна и загрязнения, будут всегда совершенными — и этим действительно вызывали то, что трудно было Исраэлю работать во имя Высшего.

То есть, трудная работа исходила от того, что египтяне постоянно говорили им о трудности, которая имеется в работе ради отдачи, и белизне, которая есть в работе трепета египтян.

Как сказано выше, что от трепета египтян пред Творцом исходило преткновение Исраэлю. То есть, отсюда исходила к ним трудная работа в поле, то есть, в Высшем Управлении, которое хотели принять на себя и не могли.

И поэтому Рашби говорит, из-за того, что египтяне трепещут пред словом Творца: «Самого пригодного среди египтян — убей, лучшей из змей — размозжи голову».

И надо объяснить слова Рашби: «Самого пригодного среди египтян — убей». То есть, то, о чем египтяне говорят, что это пригодно — убей, потому что мудрецы сказали: «Приходящего убить тебя, опереди, убив его». То есть, тем, что египтяне говорят, что это пригодно, что путь этот годится, чтобы им идти, знай, что он хочет убить тебя, отрезав от духовной жизни, поэтому убей эти мысли.

«Лучшей из змей — размозжи голову» — означает, что если этот змей — а это зло, которое в человеке, — советует тебе, что путь этот хорош для тебя, и дает тебе понять с большим пониманием и ясным умом, тем же способом, как змей пришел к Еве, — не спорь с ним, но разбей ему мозг, то есть, все умственные измышления, которыми он объясняет, разбей эти помыслы. Это означает, что нужно идти выше знания.

И теперь выясним, что значит маца. С точки зрения работы следует объяснить, что под словом маца имеется в виду ссора: «Потому что на испытание и ссору, и на спор сынов Исраэля, и на испытание ими Творца, говоря: «Так есть Творец среди нас или нет?» (Башелах, 7).

О споре говорит Таргум (перевод на арамейский): «О споре, которым спорили сыны Исраэля». Получается, что маца от слова спор, то есть, у народа Исраэля был спор с Творцом, почему Он делает так, чтоб было настолько трудно работать в отдаче, и почему, несмотря на то, что они стараются выйти из-под власти египтян, все-таки не только не продвигаются, но еще видят, что движутся назад, а не вперед.

Это означает, что они пробуют вкус горечи в работе, это послужило причиной им, чтобы начали спорить с Творцом, а спор называется свойством маца. И такого рода возражение мы видим, когда народ Исраэля спорит с Моше по этому поводу, то есть, от того, что видели, что во время, когда начали работать во имя Творца, стало им хуже, как написано (Шмот, 7): «И сказали Моше и Аарону: «Взглянет на вас Творец и осудит — за то, что сделали вы нас омерзительными в глазах Фараона...»

И от этих претензий, которые высказали Моше, сказал Моше Творцу, как написано: «И вернулся Моше к Творцу и сказал: «Господин мой, зачем сделал Ты зло этому народу, зачем Ты послал меня? (5:23) Ведь с тех пор, как я пришел к Фараону говорить от имени Твоего, стало только хуже этому народу, а избавить — не избавил Ты народа Твоего!».

Следует истолковать претензии эти, которые были у них к Моше, в которых сказали: «Увидит и осудит» — что означает, что оспаривают Моше, поскольку Моше сказал им, чтобы поверили Творцу, тогда они выйдут из власти тела, так как в теле властвует Фараон, Царь Египта, который — притеснение — мейцар святости, и они начали работу ума и сердца и увидели, что тело, то есть, ступень Фараон, начало властвовать над ними, то есть, что бы они ни желали делать в работе Творца — тело сопротивляется все больше.

Прежде, чем начали идти дорогой Моше, были у них силы в работе, а сейчас все, что они ни делают — тело противится этому, и это то, что написано (в обращении) к Моше: «...за то, что сделали вы нас омерзительными в глазах Фараона...» (дословно: «что зловонным сделали вы дух наш в глазах Фараона»), — то есть, тело наше делает противным дух наш в работе Творца, со времени, когда начали идти по пути отдачи.

Какова связь между Песахом и мацой, и марором

А затем Моше пошел к Творцу с претензиями Исраэля, которые спорят с Моше о том, что принес им в послании от Творца. Как написано: «Зачем сделал Ты зло этому народу, зачем Ты послал меня?» — (то есть, в чем претензии) и сказал: «Ведь с тех пор, как я пришел к Фараону говорить от имени Твоего, стало только хуже этому народу, а избавить — не избавил Ты народа Твоего!».

«И с тех пор как пошел я к сыновьям Исраэля» — означает к телам их, называемым свойством Фараона, «говорить именем Твоим», то есть, чтобы все начали работать во имя Высшего, как написано — «именем Твоим», конечно, здравый смысл обязывает, поскольку каждый желает только истину, и разве есть глупец в мире, чтобы было у него желание идти путем лжи, а, несомненно, каждый желает истину, как повелось в мире, что если знают кого-то, говорящего ложь, то нет никого, кто хотел бы слушать слова его.

А здесь они говорили: «Почему, когда пришел Моше и сказал нам, чтобы шли путем истины, тело, называемое Фараон, портит дух наш, во время, когда мы начинаем эту работу».

И потому было у них возмущение Творцом — почему они стали теперь еще хуже, чем до прихода Моше к ним в качестве посланника Творца, желающего избавить их от изгнания — галута, и почему они видят сейчас, что еще больше уходят в галут, что Фараон властвует над этими телами с большей силой, и с большими измышлениями ума, дает нам понять каждый раз другим утверждением.

Однако теперь они видят, что тела их, являющиеся свойством Фараона, обладают совершенной властью над сынами Исраэля, то есть, в том месте, где должно быть приподнятое состояние духа, в то время, когда они знают, что идут путем истины — было же наоборот, ведь в глазах тела, называемого Фараон, какой дух был у них? — как написано: «Что испортили дух наш в глазах Фараона» — то есть, тело говорило им: «Какое состояние духа есть в работе ради отдачи?»

«Сделали зловонным» — означает плохой запах, который невозможно вытерпеть. То есть, не могут выдержать это состояние духа и хотели бы убежать, как убегают от вони. То есть, в том месте, где работа на пути истины, необходимо внести приподнятое состояние духа, то есть, чтобы человек захотел оставаться в таком состоянии духа неизменно, а здесь сделалось наоборот, то есть, от работы отдавать они получили состояние духа (подобное) вони, что значит, что хотят они убежать от этого состояния духа, что не могут выдержать его даже одно мгновение. Как объясняется выше, что сказали Моше: «..Испортили дух наш», и возмущение Исраэля принес Моше Творцу, и спросил Моше: «Зачем же Ты послал меня?»

И ответил Творец Моше, как написано: «И сказал Творец Моше: «Вот теперь ты увидишь, что Я сделаю Фараону, ибо сильной рукой моей принужденный, отошлет он вас».

И ответ на вопрос, почему он делает, чтобы работа ради отдачи была настолько трудной: «Потому что Я хочу, чтобы проявилась рука сильная», — как написано: «Ибо сильной рукой моей принужденный, отошлет он вас и насильно изгонит вас из страны своей». И в каком случае нужна сильная рука? Именно тогда, когда другой сопротивляется со всею силою, тогда можно сказать, что необходимо воспользоваться сильною рукою, но нельзя сказать так, если другой — человек слабый, что должны обходиться с ним сильною рукой.

Это как в примере, приведенном Бааль Суламом — что таков порядок в мире, когда два человека в ссоре, бывает иногда, что переходят к драке и тот, кто видит, что не может взять верх над другим, берет нож против него. А второй, когда видит, что есть, у того нож, берет пистолет, и когда тот видит, что у другого есть револьвер, то берет ружье и т.д., пока другой не возьмет против него пулемет, а тот не возьмет танк... Но никогда мы не слышали, чтобы если кто-нибудь возьмет палку, дабы ударить ею, то другой возьмет танк, и будет воевать против того, который взял палку.

Так и в работе, нельзя сказать, что должны обходиться с Фараоном сильною рукой, если Фараон не показывает большого сопротивления. И поскольку Творец хотел бы проявить здесь руку сильную, поэтому должен был Творец,

Какова связь между Песахом и мацой, и марором

отягчить сердце Фараона, как написано: «Я же ожесточу сердце Фараона, и сердца рабов его, ради двух этих знамений в среде его».

Однако надо понять смысл написанного — что Творец «ожесточил сердце Фараона», так как Творец хотел дать эти знамения, чтобы утвердилось имя Его. Разве Творец обладает недостатком, и не хватает Ему, чтобы узнали, что он способен сделать знаки и знамения? И еще — на что это указывает нам с точки зрения работы, что мы должны знать это из поколения в поколение?

И в соответствии со сказанным Бааль Суламом, о содержании вопроса, который задал Авраам после того, как Творец пообещал ему, как написано (Лех леха, 6): «И сказал ему: «Дать тебе эту землю, дабы унаследовал ее». И спросил: «Как узнаю, что унаследую ее?» И ответил Аврааму: «Знай, что пришельцем будет потомство твое в стране, что не для них. И поработать их и притеснять их будут четыреста лет. И затем выйдут с огромным приобретением».

И спросил: «Каков ответ на вопрос, который задал Авраам: «Как узнаю, что унаследую ее?» То есть, каково объяснение того, что ответил ему Творец.

Ответ: «Знай, что пришельцем будет потомство твое, и притеснять их будут, и после того выйдут с большим приобретением». И спросил: получается, что из написанного следует, что был ответ достаточным, потому что больше не спрашивал Авраам. А мы видим, что обыкновение Авраама — спорить с Творцом, как мы находим, в главе о людях Сдома, когда Творец сказал Аврааму: «Вопль Сдома и Аморы, ибо умножился». А здесь, когда сказал ему, «знай», означает, что получил ответ с удовлетворением.

И сказал — поскольку Авраам видел величину наследия, которое обещал его сыновьям, то думал Авраам, согласно правилу, что нет света без кли, то есть, нет наполнения без недостатка, а он не видел, что сыны Исраэля возжуждаются в ступенях и постижениях столь больших в Высших мирах, и потому спросил Творца: «Как узнаю я, что унаследую ее?» — ведь нет у них келим и необходимости к тому огромному наследию, которое Ты показываешь мне, что Ты дашь моим сыновьям, ведь нет у них нужды.

И на это ответил ему Творец: Я дам им необходимость к светам, так же как Я дам им и света. То есть, Творец даст им свет и кли тоже — не думай, что только наслаждение! Я даю им как необходимость, называемую кли, так и наслаждение, называемое наполнением недостатка.

И посредством того, что народ Исраэля будет в египетском изгнании четыре столетия, а четыре это полный уровень из четырех бхинот и посредством того, что они будут в изгнании, в стране, которая не для них,— то есть, посредством того, что египтяне придадут Исраэлю желание получения ради себя, и это желание, не относящееся к клуша — святости, называемой земля — эрец от слова желание — рацон, и захотят он бежать от этого желания. И когда Я сделаю так, что не смогут уйти от этой власти собственными силами, но увидят, что только Творец может помочь им, и не будет у них другого выхода, как только просить помощи у Него.

И это, как сказали мудрецы: «Приходящему очиститься — помогают». И говорит Книга Зоар, что эта помощь в том, что дают ему чистую душу, и посредством множества молитв, в которых попросят от Творца поддержки, будут получать каждый раз все большую ступень. И посредством этого будет у них потребность просить у Творца, и это приведет их просить у Творца и в получить более высокую ступень. И после этого будет у Меня возможность дать им наследие.

Выходит, что Творец намеренно сначала делает так, чтобы были у них келим. Получается, что отягощение сердца, которое было сделано Фараону, оно для того, чтобы было место получить хисарон, необходимость в высших светах. Вместе с тем, если не будет для них работа трудной, то не будет в них потребности к большим светам, как в примере, приводимом выше.

Потому что тот, кто идет воевать с другим, рукой или палкой — нет у второго необходимости брать против него танк или орудие. И поэтому, чтобы была у низших необходимость получать большие света, обязаны стоять против них мощные нечистые силы, и чтобы сломать их, человек обязан притянуть большие света, иначе удовлетворялся бы малым. Выходит, что власть Фараона способствует, посредством отягощения его сердца, тому, чтобы притянули большие света.

Таким образом, мы поймем то, что спрашивали: разве ради «двух знамений этих», то есть, чтобы стало известно среди народов, что Творец может делать знамения и чудеса, ради этого, то есть, чтобы почитали Его, ожесточил сердце Фараона? Разве Творец приходит обвинить Его творения, то есть, делает что-то, что не желательно творениям? Ведь вся Цель творения — делать добро Его творениям, а здесь выходит обратное, то есть, якобы Он отягощает сердце творениям, чтобы все увидели Его величие, что Он все может?

И из сказанного поймем все просто — поскольку под Фараоном и Египтом имеется ввиду власть над желанием получать, имеющаяся у творений. И чтобы творения вознуждались в получении больших ступеней, которые Творец заготовил для них, и как приводится выше в словах мудрецов, что с помощью того, что не будет у них возможности преодолеть свое желание получать, и в них будет побуждение к слиянию с Творцом, которое пришло к ним по праву праотцев, которым Творец пообещал, что сыновья их удостоятся добра и наслаждения, которые Он сотворил для Творений. Поэтому ожесточил их сердце, чтобы была у них необходимость попросить у Творца, дабы Он помог им. Помощь Его приходит, как говорится выше словами Книги Зоар, посредством того, что дает им чистую душу. Получается, что все преодоление в том, что они притягивают небольшое свечение свыше, и посредством этого, в конце концов, будут у них келим, то есть, потребность в том наследии, которое обещал Творец праотцам.

Получается, согласно этому — то, что написано «ради двух этих знамений», это не на благо Творца, но на благо творениям, и значение сего в том, что с помощью отягчения сердца, которое Он делает Фараону, то есть, когда тело становится каждый раз более агрессивно и не дает человеку права выполнять действия ради отдачи, и поскольку человек стремится к слиянию с Творцом, поэтому он обязан стараться приложить всякий раз большие силы, иначе нет у него возможности победить его, и чтобы получить большие силы, нет другого выхода, как только молиться Творцу, ведь только Он может дать силы, подходящие для этого.

А сила Творца — это, как сказано выше: то, что Творец дает человеку всякий раз духовную силу, называемую душой — светом Торы. То есть, каждый раз соответственно преодолению, которое он должен совершить, он получает «буквы — отиёт Торы», и это называется «ради двух этих знамений — отот», то есть, чтобы открылись знаки Торы по отношению к Исраэлю, Он обязан создать им потребность, и это значит, что Творец «отягощает сердце» для блага творений.

И из сказанного поймем то, о чем говорилось выше: что нам необходим высший свет для создания келим, то есть, чтобы келим были пригодны к получению высшего света, и помощь эта называется светом, приходящим создать келим дэ-кдуша, чтобы пожелали работать ради отдачи. Как указывалось выше: «Приходящему очиститься — помогают».

И после того, как уже достиг желаний, в которых хочет отдавать Творцу, тогда приходит наслаждение для наслаждения, а не чтобы создавать келим.

Так как, когда есть у него желание к Творцу, уже не требуется отягощение сердца, чтобы получил свет Торы, потому что, как правило, когда человек работает для собственной выгоды, приходит ему другая мысль, что также от этого, то есть, от этого наслаждения, называемого наслаждение покоем, тоже не успокоится рука твоя.

Получается, что наслаждение покоем стало причиной ему, что нет у него необходимости к ступеням более высоким, а он удовлетворяется малым, и поэтому был Творец должен отяготить его сердце, чтобы он увидел, что не может делать ничего Творцу, то есть, что все то время, пока не подготовил свои келим ради отдачи, и пока еще находится в себялюбии, они дают ему удовлетворенность тем, что удостоился немного работать во имя высшего. Поскольку он чувствует сам, что он работает во имя высшего, есть у него от этого удовлетворенность и он не может стремиться к ступеням более возвышенным.

Выходит, согласно этому, что не было места проявлению знаков Торы. И поэтому, каждый раз, когда он получает какую-нибудь поддержку свыше и после этого он падает со своего уровня, и снова хочет войти в святость, он обязан получить помощь снова, как написано о Фараоне, в главе о поражении градом: «И послал Фараон и позвал Моше: «Творец — праведен, а я и народ мой — грешны». И затем написано: «Иди к Фараону, потому что Я ожесточил его сердце, ради двух знамений этих в среде его».

И порядок этот продолжается до тех пор, пока не исправит свои келим, относящиеся к его ступени, и тогда начинается порядок прихода светов.

Однако в то время, когда уже удостоился чистых желаний, как указано выше, что все его желание, это отдавать Создавшему его, нельзя сказать: «Сейчас я говорю, что уже дал Тебе много и хочу теперь немного отдохнуть, поскольку я должен получить и для собственной выгоды тоже», — но у кого есть только желание отдавать, нет необходимости отягощать его сердце, как когда нужно создать потребность, в то время, когда он занимается созданием отдающих келим, как указывается выше, поскольку нет такого у того, кто удостоился уже желания отдавать, а желает лишь постоянно давать Творцу.

И из сказанного получается, что в то время, когда есть у человека только желание отдавать, и желает доставить радость Творцу, то начинает думать, чего недостает Творцу, что он может дать Творцу, чего нет у Него, поэтому он приходит к решению, что нет в Творце никакого недостатка, кроме как в том, что сотворил мир с намерением дать добро творениям Его, чтобы творения получили от Него добро и наслаждение.

И поэтому он идет просить у Творца, чтобы дал ему это добро и наслаждение, потому что можно сказать, что не хватает Ему, чтобы низшие получили от Него эти большие света, уготованные для творений, и из этого можем сказать, что Творец наслаждается.

Вместе с тем, если не способны низшие получить свет Торы, называемый «буквы Торы», то, как будто, есть недостаток наверху, и это значение сказанного мудрецами (Санедрин 46): «Во время, когда человек огорчается, Шхина каким языком говорит? — «Позор мне от головы моей, позор мне от десницы моей». Отсюда выходит — когда есть удовольствие вверху? — Только в то время, когда есть у творений добро и наслаждение.

И поэтому нет тогда места для ужесточения сердца, но время, когда свыше должны отяготить сердце, оно только для необходимости создать отдающие келим, чтобы смогли получить добро и наслаждение, и это — ради «двух знамений», и надо объяснять, что имеются ввиду буквы, а буквами называются келим. То есть, чтобы была в человеке потребность, называемая келим, — для этого нужно отягощение сердца, как написано: «Ради двух этих знамений», вместе с тем после того, как уже есть у него желания, нет необходимости в отягощении сердца.

И из сказанного поймем то, что спрашивали — в чем связь между Песахом, мацой и марором, как делал Гилель в то время, когда Храм существовал, и сказал выполнять то, о чем сказано: «На мацот и мароре будет есть его» — и спрашивали мы, на что это указывает нам в работе Творца.

И согласно вышеуказанному выходит, что основная цель работы — прийти к слиянию с Творцом. Потому что по причине отличия наших свойств в силу желания получить, заложенного в нас, посредством этого отдалились творения от Творца — и это основное, что возложено на нас исправить. Но вопрос в том, как это исправить.

Ведь сравнение свойств — означает отдавать, а не получать. Но как можно идти против природы, ведь у тела есть своя природа. И ответ: посредством Торы и Заповедей.

Однако, если бы творения получали силу отдачи с легкостью, удовлетворялись бы тогда этим, поскольку они уже чувствуют, что отдают, и не было бы у них никакой потребности в открытии букв Торы, как говорится выше: «ради двух знамений», — то есть, Творец желает открыть им Тору в виде имен Творца, но откуда они возьмут потребность в этом, ведь после того, как преодолели желание получать, и желают сейчас отдавать Творцу, и уже есть у них слияние — чего не достает им еще? А, как известно, нет света без желания, и нет наполнения без недостатка.

Что же сделал Творец? Отяготил сердце их, чтобы не было возможности у человека возобладать над злом самому, а только с помощью Творца, как указано выше: «Приходящему очиститься — помогают.»

И вопрос о душе обсуждается в книге «При Хахам» (ч. 2, стр. 65): «Что есть в душе пять свойств, называемых НАРАНХАЙ, и в НАРАНХАЙ мы различаем два качества:

1) света;
2) келим.

Келим НАРАНХАЙ достигают посредством выполнения 613 Заповедей Торы и 7 Заповедей мудрецов.

И света НАРАНХАЙ — они суть Торы, а свет, одетый в Тору, он — бесконечность, и написано таким языком: «Получается, что Тора и душа, они — одно, но Творец, Он — бесконечность, одетая в свет Торы, содержащийся в ТАРАХ (620) Заповедях, упомянутых выше. И это тайна сказанного мудрецами: «Вся Тора целиком — имена Творца» — т.е., что Творец — Он из всеобъемлющего, а ТАРАХ (620) имен — они детали и части. И детали эти соответствуют шагам и ступеням души, которая не принимает свет свой за один раз, а только поступенчато, медленно, один за другим».

И отсюда мы видим, что Творец сделал так, чтобы не смог человек сам возобладать над злом, но будет нуждаться в Творце, чтобы помог ему. И есть промежуточное состояние, то есть, причина того, что этот человек пробует вкус горечи в работе, потому что тело не дает ему выполнять действия ради отдачи. И из-за этого у него возникает спор с Творцом — почему создал тело, чтобы было ему настолько плохо, до такой степени, что нет никакого места, чтоб мог выйти из-под власти зла, называемого желанием получить ради себя, как указывается выше. И когда заканчиваются все келим, которые человеку нужны для своего завершения, чтобы было кли, дабы содержать в нем благословение, то начинает чувствовать спасение Творца, то есть, чувствует в себе приближение Творца.

И из этого поймем связь между мацой, марором и пасхальной жертвой, поскольку посредством мацы и марора достигает настоящей потребности в буквах Торы, то есть, только посредством мацы и марора образуется в человеке потребность к помощи Творца, и помощь Его — посредством души, называемой «ступени Тора и Творец — едины», как говорится выше, как написано в книге «При Хахам».

И когда есть у него потребность, тогда Творец приближает этого человека, и это называется пасхальная жертва, когда Творец минует, пропускает (посеах) — поэтому называется Песах — все его недостатки и приближает, дабы удостоился цели Творения.

* * *

Мы прочитали статью «Какова связь между Песахом и мацой, и марором».

С одной стороны, написано в Торе, что народ Израиля — «жестоковыйный», упрямый, не желающий никому внимать — сложно навязать ему что-то, обязать к чему-либо. А с другой стороны, написано, что это делает Творец: Он ставит Исраэль в такие условия, дает им всевозможные препятствия, «отягощает их сердце» — чтобы не смогли они услышать и исполнить то, что Он требует.

Чтобы они возжуждались в Творце, ощутили потребность в Нем всей глубиной своего желания получить — и, тем самым, в них возникнет желание избавления. Так что же требуется от народа Израиля, если Творец так отягощает их сердце, что у них нет никакой возможности что-либо сделать самим?

Мы учим в статье «Свобода воли», что не нужно ничего делать. Делать — нечего, нет ничего нового, что нужно было бы строить — все уже построено, все ступени выстроены; и если человек поднимается со ступени на ступень, то это, конечно же, благодаря тому, что он получает силу свыше, разум и желание — свыше; и если он перемещается со ступени на ступень — это от того, что у него есть стремление снизу — значит, у него есть желание и ощущение необходимости этого, и он не может не перейти на следующую ступень.

Так где же здесь место для нашей работы? Наша работа — посередине. В постоянном «и застонали...» — то есть, в быстрой самостоятельной проверке, можем ли мы обратиться к Творцу. Наша работа — в осознании состояния. Как только человек осознает свое состояние — свыше его тут же меняют; осознает следующее состояние — и его сразу же меняют на более продвинутое. И так всякий раз. А вся лестница состояний уже изначально создана в процессе распространения света сверху-вниз, и нет здесь ничего нового — все для нас уже приготовлено.

Человек должен понимать, что если он желает улучшить свое состояние (и это справедливо также в отношении общества, народа), то невозможно осуществить это, оставаясь на прежней ступени, так как она, определяет его состояние. И если мы желаем ощутить себя лучше, то должны подняться на более высокую ступень — на ступень более близкую к свету. Там мы почувствуем себя лучше. А захотим чувствовать себя еще лучше — будем обязаны подняться еще выше.

Если же человек спускается на более низкую ступень, то и ощущения его становятся хуже. Это подобно лестнице: поднимаемся ли мы по ней или опускаемся — состояние всякий раз задано той ступенью, на которой мы находимся.

Как же подняться по этим ступеням? Каббалисты отвечают: при помощи света, возвращающего к Источнику. Во время изучения каббалистических источников с правильным намерением мы возбуждаем окружающие света, и, как написано в пункте 155 «Предисловия к ТЭС»: приходит окружающий свет, пробуждает человека, дает ему силу, и человек поднимается со своей ступени на более высокую, а с нее — на еще более высокую...

Нельзя ожидать, что в моем текущем состоянии, мне станет лучше — этого не произойдет! Напротив, если человек не продвигается навстречу окружающему свету и отстает от «общего времени», то он опускается и начинает чувствовать себя все хуже и хуже — покуда страдания не приведут его к пониманию того, что ему стоит начать подниматься, что изменить состояние — значит, подняться. А подняться можно при помощи «света, возвращающего к Источнику». И в этом весь принцип: осознать, что «лестница Яакова» — неизменна, и все мы на ней находимся.

Итак, необходимо осознать состояние, в котором мы находимся, понять причину — в чем нам плохо и почему, как можно спастись, — и привести в действие средство для избавления: изучение Каббалы с намерением подняться. И чем ближе человек к окружающему свету в своем намерении во время учебы, тем сильнее этот свет воздействует на него, и человек, соответственно, быстрее поднимается.

Мы знаем, что связь в Каббале определяется «тождественностью формы» (подобием свойств) — чем ближе будут намерения человека к отдаче и чем дальше от материального, своего эго, тем сильнее будет действие света на него. Поэтому, приступая к занятиям, необходимо вооружиться таким намерением, какое Бааль Сулам описывает в 17-м пункте «Предисловия к ТЭС», и тогда мы действительно сможем подняться по ступеням и ощутить себя хорошо.

В сущности, ведь именно этого Творец и желает: найти каждого из нас, чтобы тот нашел ступень, на которой бы ему было хорошо. Потом человек обнаружит, что этого ему недостаточно, что существует еще большее наслаждение... И так — до самого Конца Исправления, когда он увидит, что находится в Абсолютном Добре.

Если человек просто ощущает, что ему плохо — как обычный человек «с улицы», то это его еще не побуждает к мысли о существовании какого-то особенного решения. Он не думает о том, откуда пришло к нему это плохое состояние, для чего, как он может его избежать и к чему может прийти.

Почему же у него пока нет такого осознания?

Дело в том, что окружающий свет высшей ступени освещает пока что «противоположные» келим человека — келим, желающие только получать, наслаждаться, без всякой связи с отдачей, с Творцом — и это состояние не меняется.

Однако, если эти келим — пусть даже человек пока целиком погружен в эгоизм, в самонаслаждение — начнут изучать каббалистические книги, то, как пишет Бааль Сулам, даже благодаря одному желанию узнать — не очиститься, а просто узнать — они вызовут на себя окружающий свет, который притянет к ним «очарование святости». И тогда человек постепенно начинает понимать, что существует нечто, называемое «отдачей», и может быть, это что-то хорошее.

К мысли о том, что это нечто хорошее, человека приводит окружающий свет. Но благодаря тому, что в нем теперь уже есть это исправление — мысль об отдаче, как о чем-то хорошем, человек становится ближе к окружающему свету, он уже в какой-то мере соединяется с ним. Их направления уже совпадают. И тогда человек может получить от окружающего света силы, развивающие в нем это свойство — «очарование святости», свойство отдачи. Тогда он продолжает в том же направлении и, прилагая усилия, поднимается.

Поэтому, нам не требуется никаких предварительных знаний, никаких особых качеств — любой человек, может открыть книгу и пожелать избавиться от всех своих бед тем, что он, ничего не понимая, начнет читать ее. И это — все. Можно начинать с нуля. Постепенно, по мере того, как человек продвигается, его намерение совершенствуется, и он начинает лучше понимать, где находится то острие, на которое он должен ориентировать свои мысли — с каждым разом все четче, все точнее. Так постепенно человек становится все более опытным.

Существует лишь одно средство: окружающий свет, возвращающий к Источнику, приходящий за счет учебы с намерением, как можно более близким к свету. И это продвигает человека со ступени на ступень — и чем выше ступень, тем лучше. Чем выше ступень, тем лучше ее «климат», ее условия — это подобно тому, как человек, восходящий в горы, ощущает на каждой ступени иное состояние: ветер, солнце, воздух — все становится другим.

Поэтому человек, не желающий подняться выше, не должен ожидать, что на нынешней ступени что-то изменится. Ничего не может измениться — ведь такова природа этой ступени, и на ней никогда ничего не изменится.

Лишь души, которые восходят и опускаются — то есть, человек, поднимающийся и опускающийся своей внутренней частью — *пнимиют*, может ощутить изменения. И тогда его внутренняя ступень, постигаемая им, проецируется и на его тело, поскольку духовные желания гораздо сильнее материальных, телесных, и они, конечно же, подавляют все телесные желания.

Рабаш пишет, что когда идет речь о чувстве голода, то говорится не о том, сколько свободного места есть у человека в желудке, а об ощущении голода, которое человек испытывает, о его *хисароне* — недостатке, требующем наполнения, который не зависит от свободного места в животе. Это духовное понятие, которое нельзя измерить, и величина которого не зависит от физически незаполненного пространства.

Поэтому, когда человек приобретает какое-либо духовное ощущение, то, конечно же, все более низкие чувства получают от него вдохновение и оживляющую силу.

- **Вопрос: Чтобы прийти из хорошего состояния к еще более лучшему, нужно по дороге произвести осознание своего состояния. Как, по крайней мере, при этом не опуститься на более низкую ступень?**

Опуститься на более низкую ступень — это значит, потянуться за желаниями своего тела. К каждому из нас когда-то приходит желание убежать и спрятаться в какой-нибудь тихий, теплый, спокойный угол. Когда у меня неприятности, я думаю: «Да ничего мне не надо, не надо мне даже хорошего — я хочу полностью ограничить свои желания, чтобы только ничего не чувствовать.»

Как только возникает возможность получить что-то и почувствовать себя хорошо, то тут же возникает в человеке желание получать все больше и больше, вплоть до того, что он хочет заглотить в себя весь мир. В тяжелую же минуту,

Какова связь между Песахом и мацой, и марором

пропадают все желания, кроме одного: дайте мне какой-нибудь тихий уголок — только, чтобы была возможность дышать спокойно и все, мне больше ничего не надо.

То есть, все зависит от внешних условий, в которые попадает человек. И мы не должны думать о наших желаниях — в то мгновение, когда будет необходимо, ты почувствуешь нужное желание. Мы должны думать только о том, как сделать так, чтобы внешние условия сильнее пробуждали нас.

Все, что чувствует человек в каждом состоянии, на любой ступени, от самой низкой до самой высокой — это ощущение Творца. Кроме Него нечего больше чувствовать. Ощущение Творца в нашем сегодняшнем состоянии называется наш мир, все то, что мы видим. Поскольку наши органы чувств, наши келим — противоположны Ему, мы и чувствуем этот мир таким плохим. Насколько нам удастся прийти к подобию формы, подобию свойств с Творцом — настолько лучше будут наши ощущения.

Нам не нужно говорить о размере наших келим. Нас должна волновать их природа.

- **Вопрос: Буду ли я желать, чтобы мне просто было хорошо, или я буду хотеть подняться на следующую ступень, чтобы достичь хорошего — в чем тут отличие? Не все ли равно какова причина?**

В чем разница, буду ли я хотеть получить хорошее прямо сейчас, в том состоянии, в котором я нахожусь, или же я буду думать, что мне будет лучше только при условии, если я поднимусь в более высокое состояние, на более высокую ступень? И как вообще появляется во мне осознание этого различия?

Осознание этого различия, это именно то, что мы должны приобрести сейчас. Это самое существенное различие: понимаю ли я, что только при приближении к Творцу будет мне хорошо.

Человеку нужно представить себе духовную лестницу, поднимающую его от этого мира до окончательно исправленного состояния, и понять, что все ступени находятся в постоянном, устойчивом состоянии. И на каждой ступени есть ее собственные условия. И условия, в которых человек находится сейчас — плохи только потому, что такова природа этой данной ступени. И соответственно этому ничего хорошего у него сейчас не может быть. А подняться на следующую ступень означает спастись от того плохого, что есть, на предыдущей.

Тогда он уже будет думать о том, как ему подняться со ступени на ступень, и что ему для этого нужно. Будет думать, что ему нужно для этого притянуть окружающий свет, а для этого ему надо учиться, и верить, что это ему поможет, и искать для этого поддержку группы.

Поэтому мы должны учить эту методику. А так бы мы могли сказать, что духовная лестница — это внутренние состояния человека, это не какая-то конструкция, опирающееся на эту землю и достигающая неба. Это все мои внутренние состояния. Но если я буду так думать, я могу потерять все необходимые данные о том, что мне необходимо притянуть окружающий свет, что мне необходима группа, что я должен стремиться подняться и приблизиться к Творцу. Во мне уже не будет такого четкого понимания, все будет расплывчато.

Конечно, это правда, что вся эта лестница находится у меня внутри. Моя настоящая ступень находится снаружи. А затем внутри меня есть словно слои в луковице — все более и более внутренние состояния. И каждая такая сфера — это мир, новое состояние, более высокая ступень. И, начиная от самой внешней сферы, которая раскрыта мне и является моим сегодняшним состоянием, эти сферы находятся одна в другой, все глубже и глубже, вплоть до самой внутренней центральной точки — состояния моего конечного исправления.

Можно и так представлять себе свое положение. Это не важно, как именно его представлять, главное, чтобы это помогло тебе найти причину твоего нынешнего состояния и способ, как из него выйти. Что бы ты ни представлял себе — это будет только твое воображение. Но суть в том, поможет это тебе выбраться наверх или нет.

Какова связь между Песахом и мацой, и марором

Поэтому в Торе рассказывается о лестнице, которая приснилась Яакову, об ее определенной форме. И это описано именно как лестница, а не какие-то сферы, в какой-то другой форме — можно ведь было и так сделать?

Но мудрецы взяли именно это состояние, поскольку оно соответствует связи ветвь-корень.

Яаков лежит на земле, засыпает, отключается от своей настоящей реальности и тогда видит, начиная от самой низшей ступени — всю лестницу, поднимающуюся до самого неба. Кто такой Яаков? Это Авраам, который получил авиют Ицхака и сейчас может работать с ним в средней линии.

Это такое простое представление, которое можно дать каждому и объяснить, что выйти из нашего состояния возможно только, поднявшись на более высокую ступень — поднимешься выше, будет тебе лучше. Это касается и тебя лично, и всего народа. А за счет чего это можно сделать? Это он разъясняет в конце «Предисловия к Книге Зоар». Средство одно — как для отдельного человека, так и для всего народа, для всего мира.

И не стоит возмущаться, что Творец создал нам сейчас такие тяжелые условия. По телевизору идут страшные репортажи, 40 убитых в неделю... Но кого-то это сдвинуло с места? Нет.

Можно, конечно, сказать, что эти несчастные просто не знают о том, что есть такое решение проблемы, им никто не объяснил... Но, прежде всего, мы должны принять, что эти келим, эти состояния, приходят к нам свыше. Их посылает нам Творец. И тогда в свете этого знания человек постепенно начинает раскрывать возможный выход и понимать, что видимо, раз причина в Нем, то и решение должно быть тоже в Нем.

Во время Царя Давида были войны. Бои были тогда рукопашными — при помощи копий, мечей, лука и стрел... И тогда погибало по 100 тысяч человек в день! Война есть война. Все зависит от того, как на это смотреть. Конечно для нас в этом мире каждое убийство — это трагедия, и мы не сравниваем, просто посчитывая число убитых. Но мы должны понять, что сверху не принимают в расчет тела, так как это делаем мы. Сверху идет расчет на то, какой силы переживание ты получаешь через свое тело. А если мы теряем 40 человек в неделю, но это не сдвигает наше сознание, то будто мы и не потеряли никого.

Поскольку оценивают степень твоего горя, как это горе пробуждает тебя, каковы результаты. Если это тебя не пробудило, то вроде ты и не потерял ничего, ничего не почувствовал. Настоящая система оценки очень жесткая.

- **Вопрос: Мы говорили, что я должен стремиться подняться на более высокую ступень, потому что хочу найти там лучшее состояние. А теперь получается, что я просто бегу от того, что мне плохо, от страданий?**

Почему ты думаешь, что исход из Египта произошел не через страдания? Ты спрашиваешь, почему я должен продвигаться путем страданий? Потому что ты находишься в своем желании получить ради себя, и даже об этом не знаешь, а должен постепенно начать это осознавать, узнавать свой эгоизм.

В самом желании получить нет ничего плохого — оно плохо только относительно Творца. А относительно этого мира оно совсем не плохо. Мы видим, как в нашем мире преуспевают люди, обладающие большими эгоистическими желаниями — они зарабатывают много денег, они командуют всеми теми, в ком желание получить не такое большое. В итоге те, кому не нужно больше, чем заработать где-то средства к существованию — работают на тех, в ком желание получить большое. Он становится начальником, хозяином, а они оказываются его работниками.

Получается, что для нашего мира желание получить — это хорошая, полезная вещь. И только если немного раскрывается Творец, если Он хочет продвинуть человека и человечество — в этой мере Он открывает заложенное в этом состоянии зло. А если бы мы не сравнивали его с Творцом, мы бы не нашли в самом желании получить ничего плохого.

Какова связь между Песахом и мацой, и марором

- **Вопрос: Но что в этом от пути Торы? Разве это не обычный путь страданий?**

Это считается путем Торы, потому что в каждом состоянии дают тебе шанс за счет различных средств, таких, как группа, книги, и тому подобное продвигаться к осознанию своего зла. С помощью учебы ты притягиваешь к себе «очарование Высшего». Ты начинаешь уже немного ощущать, что есть, такая вещь, как отдача. И, исходя из этого, ты начинаешь ощущать себя все глубже в рабстве, в Египте. Поэтому говорится, что чем больше они были в Египте, тем больше чувствовали то, что находятся в рабстве.

И наконец, ты достигаешь состояния, когда разница между тем «очарованием святости», которое ты получил свыше, и между твоим текущим состоянием, между твоими настоящими свойствами, напряжение между этими двумя противоположностями такое, что ты чувствуешь, что должен во что бы то ни стало выйти из этого состояния, сбежать. И не знаешь только, как это сделать.

Для чего Творец устроил тебе ощущение этого различия, противоречия? Чтобы ты первый раз обратился к Нему, связался с Ним. Сыны Израиля не хотели связи с Творцом. Даже при даровании Торы они не стремились обратиться к Творцу напрямую — они приходили к Моше, прося его говорить с Творцом, чтобы потом Моше передавал им сказанное.

Потребность в связи с Творцом недоступна, исходя из самой природы человека — ведь, эта связь обязывает его, отягощает... Все это приходит только благодаря свету, нисходящему на человека во время учебы — этот свет определяет следующее состояние, он определяет напряжение, меру осознания зла. Человек сам не может выйти из своего состояния, но свет дает ему силы обратиться к Творцу с просьбой об этом. И другого средства нет.

- **Вопрос: Что такое осознание зла на уровне всей группы?**

Если мы говорим об этом, и сидим все вместе, учимся вместе, то мы, конечно же, приходим к осознанию зла — даже без слов... Вообще, о плохом нельзя разговаривать друг с другом. Ни в коем случае человек не должен рассуждать о своем собственном осознании зла. Мы обязаны говорить только о хорошем — не делиться с товарищем плохим, а только хорошим.

Не имеет значения насколько плохо состояние, в котором ты находишься — для другого ты обязан излучать добро. А иначе тебе никогда не вернется от него ничего хорошего. Только так ты работаешь и для него, и для себя. Поэтому общее осознание зла передается от одного к другому без слов, по духовным каналам.

- **Вопрос: Как можно попросить товарища о помощи?**

Помощь, которую ты можешь попросить у товарища, должна заключаться только в том, чтобы он рассказал тебе что-то хорошее. Что может быть еще?

- **Вопрос: Но если человек очень нуждается в помощи?**

Если человек действительно находится в таком состоянии и не может из него выйти, то ему можно обратиться к товарищу. Так пишет Рабаш. Но человек не должен, обратившись к товарищу, начинать рассказывать ему обо всех своих несчастьях — ведь этим он опустит своего товарища.

Желает он того или нет, но тем самым он отрицательно повлияет на другого, а это запрещено делать — это называется злословие — *лашон ра*. Если человек рассказывает другому о чем-либо плохом — не важно даже в какой форме — то (если это не с целью немедленного исправления, как мы здесь делаем), это называется злословие.

Что такое злословие? Любая услышанная человеком вещь, которая опускает и ослабляет его. Даже просто легкомыслие — оно ослабляет человека, его мысли, намерения исчезают в то время, как он слышит это — и потому это тоже называется злословием. Но особенно серьезно злословие, открыто направленное против Творца: «Кто такой Творец, чтобы я слушал Его?» — это первооснова злословия, потому как отрезает человеку всякую возможность обратиться к Творцу — а ведь это его спасение.

Какова связь между Песахом и мацой, и марором

- **Вопрос: То есть, общение в группе должно основываться на правой линии?**

  В группе мы постоянно должны стараться соединиться с правой линией. Чтобы каждый пробуждал в товарище осознание величия Творца, важности Цели, особенности, уникальности группы. И после того, как они приложат усилия, им раскрывается пропасть между ними и окружающим светом. Если они действительно правильно вкладывают свои силы, то начинают ощущать потребность в Творце, а затем, кода Он раскрывается — ощущают огромную радость.

  Такой человек знает, как это здорово — дать другому почувствовать, насколько хороша Цель, и желает услышать от товарища то же самое, чтобы осознать, насколько он далек от Цели. Эти две противоположные точки должны быть постоянно у человека перед глазами: насколько я мал, и насколько Он велик.

  Но ощущение это должно быть творческим, конструктивным — чтобы из него я совершил полезное действие. В группе должны раскрываться только положительные вещи.

- **Вопрос: А если я чувствую себя хорошо как раз благодаря раскрывшемуся хисарону, недостатку?**

  Это означает, что ты поедаешь самого себя. Невозможно чувствовать себя хорошо от недостатка.

- **Вопрос: А если человек желает напомнить группе о чем-то, что необходимо исправить?**

  Это не называется раскрытием недостатка. Ведь «кли и ор приходят как единое целое». Поэтому поднятие вопроса о чем-то, что необходимо сейчас исправить, допустимо. Но не в форме общих рассуждений о том, что мы «находимся, неизвестно где, не видим пути, не знаем, как выйти из этого состояния»... То есть, не создавать препятствий, не отягощать — а пробуждать.

  И келим и света даются нам свыше. Оттуда нам и должны дать трудные вопросы и соломинки — *кушиёт* и *кашиёт*. Но сам человек не должен выискивать осадки, отрицательные вещи более, чем ему дается свыше. Пусть мне их не дают — зачем мне спускаться ниже? Я ведь могу все время лишь подниматься!

Если же человек тянет себя вниз — это самая настоящая клипа, нечистая сила — она над ним работает. Это особенная клипа — человек начинает любить страдания и демонстрирует всем, как он, бедный, страдает — чтобы все видели, какой он герой...

- **Вопрос: Мы говорили, о необходимости осознании нашего состояния всем народом. Но каким должно быть осознание этого положения среди таких, как мы? Тех, кто уже взял книги, задействовал все средства, кому как бы открыли уже все? Что нам еще не хватает? Как мы должны осознать это состояние?**

Человек не может, находясь на таком уровне увидеть свое истинное состояние. Даже, когда он уже выходит в духовное, он не может сразу же увидеть четко свое состояние. Это приходит не сразу. Когда он только выходит в духовное, он словно младенец.

Если я нахожусь на самых первых духовных ступенях и отменяю себя перед Творцом — то эта отмена означает, что я не работаю со своими келим. Я что-то вижу, но не знаю, что это. Я как-то реагирую, но не более осмысленно, чем младенец в нашем мире.

Постепенно, по мере того, как человек продвигается и приобретает келим, в которые он может получать ради отдачи — в соответствии с этим он начинает узнавать духовный мир, поскольку впитывает его, получает от него, работает с ним в получении и в отдаче. Но если он не впитывает, не абсорбирует внутри своих келим духовное, которое есть вокруг него, то он мало что в нем различает.

И это понятно. Неоткуда ему получить такое понимание, потому что все наше усвоение и постижение происходит за счет того, что мы впитываем что-то снаружи. Что это такое само по себе, мы не знаем — это Ацмуто. Насколько мы можем пропустить через свои келим (келим отдачи или келим получения) этот свет — в соответствии с этим мы

Какова связь между Песахом и мацой, и марором

строим внутри себя картину окружающей нас реальности, картину мира, так представляем себе Творца.

Поэтому не только мы, но и те, кто уже вышел в духовное и находится на самых первых малых ступенях духовной лестницы, они словно младенцы. Конечно, у них уже есть ощущение Творца, ощущение Его присутствия и того, что Он окружает человека и наполняет — но для того, чтобы получить познание, постижение, необходимо уже начать хоть немного работать с получающими келим.

- **Вопрос: Как ускорить процесс этого осознания? Как понять, что все, что зависит от нас, это только осознание данного нам состояния. А все остальное определено свыше. Как сделать, чтобы такое понимание пришло быстрее?**

Как ускорить такое осознание? Нужно, как Рабаш говорит в статье, «Освятить время». «Израиль освящает времена» Это происходит за счет того, что мы во время учебы стремимся добиться более качественного усилия.

- **Вопрос: Но мы же делаем это?**

Я не знаю, делаем ли мы это. Это то, что не так просто человеку измерить. Действительно ли твоя душа так болит и отзывается на каждое слово, что ты ищешь спасения? И это именно то, что ты требуешь от каждого слова в учебе? Ищешь ли ты в каждом слове его истинный духовный смысл, чтобы через него связаться с источником жизни. Так чтобы ты почувствовал, что если еще на мгновение останешься оторванным от этого источника жизни — то ты мертв!

Откуда получить понимание, что мне это необходимо? Прийти к осознанию такой необходимости — в этом и заключается наша работа. В этом заключается наше общее возвышение. Я надеюсь, что сейчас, когда мы приближаемся к Песаху, будет у нас в это время на самом деле такое общее состояние.

Если мы во время праздника объединимся все вместе, и будем на общем уровне думать, что мы можем сделать, чтобы самым лучшим образом использовать особые окружающие света, которые есть в Песах, то мы сможем очень много этим приобрести для нашего продвижения.

- **Вопрос: Но чего нам не хватает? Сплоченности?**

Не достает качества намерения. Я не хочу говорить больше. Дальше — ищите сами. Отталкиваясь от этого, ищите вглубь, что же это такое на самом деле. В этом и заключается наша работа. А иначе, если я раскрою это — то я украду у вас возможность постичь это самостоятельно.

Допустим, я даю сейчас краткое объяснение в трех-четырех словах. У этого объяснения не будет никакой основы, оно не войдет в вашу плоть. Вы просто запомните так и будете знать, и так пройдете это понятие. Оно же должно засесть глубоко внутри. Когда ищут, тогда раскрывают келим, и тогда найденное определение отпечатывается внутри этих келим оттиском.

- **Вопрос: Если я вижу в своей группе недостатки, такие как недостаток сплоченности, и я хочу это исправить — я могу поднимать эти вопросы?**

Я сказал только одно: запрещено человеку говорить о том, что может опустить всю группу или какого-то товарища, или даже самого говорящего. Нельзя даже в самом себе пробуждать такие мысли, или произносить вслух то, что может привести к падению самого человека или его товарища, или группы, или всего мира с той ступени, ни которой они находятся — на более низшую. В каком бы состоянии ты ни находился, как сказано: «Приду к тебе и благословлю тебя». Нужно стремиться только вверх.

Поэтому если ты думаешь сейчас произнести несколько критических слов, а до этого ты действительно был 23,5 часа в день в хорошем состоянии и работал с воодушевлением, на подъеме, не спускался со своей ступени, а все время был в напряжении, в стремлении вперед, не давал самому себе расслабиться — то тогда на полчаса ты можешь заняться критикой.

И ты можешь высказать свои замечания всем остальным, поскольку эта критика опирается на фундамент, заложенный твоим возвышенным состоянием, и ты выявляешь недостатки только для того, чтобы подняться еще выше.

Если это происходит в такой форме, то ты можешь обратиться со своей критикой к остальным и высказаться в группе. Тогда это не критика, а раскрытие недостатка наполнения вместе со светом, вместе с кли. Находясь внутри правой линии, ты обращаешься к левой, чтобы снова вернуться к правой. Но это возвращение направо уже выстроит среднюю линию.

Если же ты обращаешься к левой линии не из правой, то ты так и останешься в левой линии.

- **Вопрос: Как я могу определить для себя, в каком состоянии я нахожусь, в правой линии или в левой?**

Ты можешь определить, где ты находишься, по тому, ощущаешь ли ты радость. Чувство радости должно все время сопровождать человека. Это большая мицва, быть в радости всегда.

- **Вопрос: И даже в раскрытии недостатка?**

Да, и в раскрытии недостатка. Это основная проверка. Человек должен искать в себе самом недостатки наполнения. Но только для того, чтобы продвинуться вперед. Это значит, что он должен все время руководствоваться принципом: «Конец действия в его начальном замысле».

Я, прежде всего, должен видеть перед собой окончательное действие, к которому хочу прийти — то есть, достижение совершенно исправленного состояния, слияния с Творцом. И это должно быть во мне самой первой мыслью — что для этого сейчас, в данный момент, я должен делать.

Если я таким образом продвигаюсь, то мой подход правильный. И я могу искать даже недостатки, что еще во мне не в порядке, но я буду искать, исходя из той далекой точки своего конечного исправления: что я могу раскрыть в себе сейчас такое, что вытянет меня еще немного ближе к цели.

Я могу рассказывать об этом еще два часа, но ничего не поможет, кроме внутренней работы. А слова они входят, выходят... Нужно их слушать, но основное — это хотя бы понемногу начать что-то делать.

- **Вопрос: Говорилось, что человек, желая избежать того плохого, что есть, на его настоящей ступени, стремится подняться на следующую. Но есть ли какая-то гарантия, что при подъеме на следующую ступень его тело будет чувствовать себя лучше, чем на предыдущей?**

Есть ли гарантия, что на следующей ступени я буду чувствовать себя лучше? Может быть в духовном плане, да. Но что касается тела... Здесь есть очень много вопросов, которые связаны с состоянием человека и с его продвижением. Прежде всего, человек — это не обособленное животное в этом мире. Души связаны одна с другой — есть соединение душ, зародыши душ. Я могу сейчас действовать, выполняя задачи, не связанные с моей собственной душой, а обслуживая другие души.

Мы все относимся к собранию душ, которые составляют душу Адама Ришон, и в соответствии с этим есть у нас общий жребий, общая судьба. А у каждого из нас, или в совокупности еще с какими-то душами — есть своя собственная, частная судьба.

Я не могу сказать, что, поднимаясь на любую высшую ступень, я буду чувствовать себя лучше во всех качествах, во всех аспектах. Самый наглядный пример, который можно тут привести, это то, какие физические страдания испытал Бааль Сулам перед своей кончиной. У него была тяжелейшая болезнь суставов, когда каждый сустав у него ломило и выкручивало. И кроме этого онкология... Он очень страдал. И боли в сердце...

Да и все, что касается обычной жизни — не хватало и денег, и просто пропитания, самого необходимого для существования. Семейные проблемы... Будто ни в чем ему не было успокоения.

Из чего это вытекает? Мы учим, что это проистекает из того, что человек — это только часть от общей души, составляемой всеми остальными душами. И есть множество примеров, когда большой каббалист страдает физически —

Какова связь между Песахом и мацой, и марором

пример тому рабби Акива и его смерть. Но мы не можем определить, каков удел каждого человека.

Наша задача подниматься по ступеням духовной лестницы, и это все. А что при этом может случиться с физическим телом, или даже в духовном плане с каждой душой — это связано с действием общей системы, называемой Адам Ришон. И есть такие вещи и такие взаимосвязи, что они могут вызвать такие как бы противоречивые состояния, как «праведник — и плохо ему» и тому подобное.

Этим вопросом бесполезно задаваться. Прежде всего, это не находится в моей власти. Это не раскрывается мне заранее. На моем нынешнем уровне понимания я не знаю в точности, откуда это и почему. Это уже относится к гораздо более высоким ступеням. Там человек уже начинает понимать, почему это происходит и как, в чем причина, почему он включен в одни связи, в другие связи... Это все очень высокие вещи. Для такого понимания нужно подняться в общую часть Адама Ришон.

Но в каком бы состоянии мы ни находились — это не важно, реальность от этого не изменяется. Меняется только то, как мы воспринимаем ее.

- **Вопрос: А как объяснить это все народу?**

Объяснить так, как я вам сейчас это объясняю. У нас нет выбора. Мы продвигаемся по необходимости. От безвыходности. Что это изменит, если ты сейчас узнаешь, что на какой-то более высокой ступени, может быть, тоже будешь страдать? Тот, кто больше других, он и страдает больше всех остальных. И в духовном плане тоже.

Попробуй сейчас поехать в какой-нибудь киббуц и посмотреть, как там живут люди. Они ухаживают за коровами, о чем им думать? Человек знает, что в час дня пойдет обедать в столовую. Потом вернется в коровник. В семь вечера опять в столовую поужинать и затем пойдет смотреть в общей комнате по телевизору какой-нибудь мексиканский сериал из 500 серий. Потом вернется домой спать. Как корова на время кормежки подходит к кормушке и возвращается на свое место, так и он — приходит время еды, идет в столовую и обратно. Разве плохо ему? Ему хорошо, он не страдает. Вообще не чувствует ничего.

Или поговори с филлипинцами, которые тут работают. Ты обнаружишь, что говоришь с человеком, спрашиваешь о его планах на будущее, что он потом собирается делать, а его совершенно не занимает все это. Для него еще через пять лет, через 15 лет — это как бы и не существует. Он ограничен только настоящим временем. Он не может думать о будущем, планировать там что-то. Такое поведение уже относится к более развитым людям.

А тот, кто еще более развит, тот начинает страдать за весь народ, за весь мир. До такой степени, что страдания Шхины во прахе становятся его собственными страданиями.

Весь народ находится под воздействием посылаемых нам страданий, а страдание размягчает тело, и поэтому постепенно, через еще какое-то количество жертв, народ достигнет состояния, подобного тому, что было в Египте. При освобождении из Египетского рабства есть такое понятие как Песах — *пасах* — переступить, пропускать, то есть такое понятие, как перепрыгивание через ступени.

Творец собирает все отдельные страдания вместе. Если бы ты получил такое страдание одним ударом, ты просто не смог бы его выдержать. А так это происходит постепенно: еще один убитый, потом еще один, еще что-то произошло... Если бы ты получил это все за один раз, то сердце бы не выдержало и разорвалось бы. А так мы постепенно получаем несчастье за несчастьем, но затем они складываются все вместе.

Возникает еще вопрос, почему мы заслуживаем то, чтобы они соединились, ведь это не соответствует той мере горя, которую мы ощущаем. Мы еще когда-нибудь поговорим подробнее обо всей этой системе.

Итак, когда Творец соединяет их, Он дает на них кли и свет вместе. Потому что их соединение и есть АХАП высшего — это еще большее кли, которое человек может выдержать. И потому страдания даются человеку по капле, а затем, когда все они соединяются, то приходят вместе со светом — и тогда человек может выстоять и принять это как избавление: новое желание и новые силы — новая жизнь.

И так массы постепенно продвигаются. Все мы сейчас находимся в Египте, весь народ Израиля сейчас — рабы Фараона; у всех беды, несчастья, и все эти несчастья постепенно соберутся и образуют надлежащую меру.

Однако, мы не должны намеренно вызывать все большие и большие несчастья, страдать все больше и больше. Ведь если человек может так поступать, то это уже не называется несчастьем...

Мы должны раскрывать как можно больше окружающего света, и тогда даже хорошее состояние мы будем видеть плохим. Для этого не нужно опускаться еще ниже! Это и называется — раскрыть зло с помощью света.

Раскрыть зло необходимо, иначе человек не выйдет из своего состояния — но раскрытие это нужно делать в сравнении со светом, а не путем погружения во все эти кошмары, во все эти ужасные состояния, которые перед нами сейчас открываются.

В этом отличие пути страданий от пути Торы: ведь путь Торы тоже не так уж приятен, человеку открывается зло, ему раскрывается его собственная природа, но этому не предшествуют телесные страдания — зачем они нужны? Мудрецы вообще запретили нам погружаться в телесные страдания.

Можно сидеть, заниматься Торой и при этом чувствовать себя ужасно — достаточно плохо, для того, чтобы выйти в духовное и продолжить путь. Бааль Сулам пишет, что нельзя вызывать телесные страдания, «есть лишь хлеб с солью, пить одну воду», принимать на себя посты и тому подобное И при этом мы все равно продвигаемся.

«Если проглотил марор — не исполнил свой долг», в духовной работе

«Шлавей Сулам», том 4, стр. 134
Урок 13 марта 2002 года

Написано в Шаар а-Каванот: «Марор по гематрии — смерть... Нужно, чтобы ощутил вкус горечи, а если проглотил его, то не исполнил свой долг». Египтяне не хотели дать народу Израиля выйти из-под своего контроля, чтобы остались в стадии нечестивцев, в жизни своей называемых мертвыми. Выходит, что это не просто горечь, а стадия настоящей смерти.

Вопрос о тяжелой работе, когда ощущали вкус горечи, состоит в том, что ощущали вкус смерти — в том, что работали для собственной выгоды. Именно когда человек приходит к состоянию подъема, называемому состоянием жизни и мудрости, тогда он должен жевать марор, чтобы почувствовать вкус горечи, потому что только во время подъема можем почувствовать, что такое марор, то есть, что такое вкус падения.

И это преимущество света из тьмы, то есть, невозможно ощутить истинный вкус в жизни и свете, если нет у него вкуса смерти и тьмы. Получается, что марор подслащается подъемом, когда только посредством тьмы, являющейся падением, он чувствует вкус в свете.

* * *

Как мы знаем, существуют три состояния. Первое состояние — это стадия Бесконечности, в которую включены души перед тем, как они выходят из-под прямой власти

Творца. Эта стадия такова, какой Он ее создал, придав со Своей стороны всему свойства совершенства и вечности: как Он — так и они. Однако это совершается с Его стороны, и поэтому души, ощущающие Творца, испытывают то, что называется «стыд». Их нужно избавить от стыда и посредством этого привести к состоянию, в котором они уже не будут просто получающими от Него, подобно зародышу в животе; не будут пребывать в совершенстве за Его счет — но обретут собственный уровень, собственное ощущение, собственное сознание; воистину поднимутся на уровень Творца, станут похожими на Него по уподоблению формы, а не по принуждению с Его стороны.

Тогда возникает второе состояние — состояние работы и усилий, во время которого мы проходим процесс исправления и установки келим с тем, чтобы ощутить первое состояние во всей его полноте: мы сами желаем его, обретаем его, оно наше. Когда это происходит, второе состояние превращается в третье.

Поэтому марор можно не проглатывать, а разжевывать. По нашим пасхальным законам для этого отводится определенное время, мера. И тогда, если мы хорошо его «разжевали»: перебрали все атрибуты свойства в желании получать относительно желания Творца отдавать, поняли, какова наша природа, а потом достигли использования намерения ради отдачи, то есть, как говорится, «проглотили» марор — то мы действительно выходим посредством работы по приобретению новых сосудов, удостаиваемся Выхода из Египта.

В самой же работе, как он говорит, есть три особых этапа: вера, молитва, усилия. (На иврите: *эмуна, тфила, егиа*; или по первым буквам: Ити, что значит — со Мной). Место — состояние, куда мы должны попасть, называется со Мной — *Ити*: «Вот место рядом со Мной» (Шемот, 33-21). Это место Творца, и ты можешь прийти к этому состоянию «со Мной» посредством веры, молитвы и усилий. Эти этапы присутствуют на каждой ступени нашей работы, в каждом состоянии. Соответственно, и общий процесс нашего продвижения разделен в первую очередь на три этих части: вера, молитва и усилия.

- **Вопрос: В чем заключается отдача Творцу? Ведь в статье написано, что Творец, по сути, не нуждается ни в какой отдаче с нашей стороны. Какое намерение от нас требуется?**

Вернемся к примеру с хозяином и гостем. Бааль Сулам, вероятно, выбрал его потому, что он описывает все нюансы отношений. С одной стороны, хозяину вроде бы ничего не нужно от гостя; но с другой стороны — почему он все-таки ставит гостя в известность о своем существовании? Он может получать удовольствие от гостя, не раскрывая себя. Разве у матери в нашем мире есть намерение открыться ребенку, когда она дает ему? Нет, просто такова природа ее желания получать: она наслаждается, даже несмотря на то, что ребенок ничего ей не возвращает.

Таким образом, исходя из желания получать, хозяин не обязан раскрывать себя перед гостем; в желании получать уже присутствует удовлетворение от того, что я даю. Поэтому желание раскрыться по отношению к гостю вытекает именно из желания отдавать ему: посредством раскрытия хозяина гость может достичь более высокой ступени, чем ступень получающего. Мы видим, что Бина не нуждается ни в каком ином возврате от Малхут, кроме получения МАН, молитвы, в соответствии с которой она передает МАД, свет, наполнение от Аба к Малхут — и ничего более. Почему? ЗАТ Бины — это желание получать, поэтому она и не нуждается в ответной реакции Малхут, которая, в свою очередь, просто получает, без каких бы то ни было препон, и так же, как и Бина, ни в чем не нуждается.

Когда же Бина открывается перед Малхут, она раскрывает ей не свою суть, а свой ГАР — желание отдавать, которое она получила от Кетера, желая уподобиться ему. Ведь Кетер и есть Дающий. Здесь присутствует своего рода парадокс: если желание получать работает ради отдачи, то оно не нуждается ни в какой ответной реакции себе на благо. Желание матери получать наполняется, она удовлетворена тем, что берет у отца и передает это дальше. Ее АХАП полон, и она наслаждается им — только попроси снизу и этого достаточно.

«Если проглотил марор — не исполнил долг», в духовной работе

Отсюда мы видим, что даже если бы у Творца имелось желание получать, Ему все равно совершенно не нужно было бы раскрываться творению — только давать и наслаждаться от отдачи. Лишь необходимость привести творение на Свой уровень обязывает Творца раскрыть Себя перед ним — не из желания получать, а из истинного желания отдавать — с тем, чтобы выстроить в творении келим, желания достичь Его уровня. Поэтому творение, которое начинает ощущать Хозяина, ощущает и Его статус. Хозяин не просто дает ему — ведь тот, кто дает, на самом деле хочет получить от этого наслаждение, что вполне оправдано в моих глазах. Когда же Хозяин раскрывается как совершенный, раскрывая в творении, напротив, несовершенство по сравнению с состоянием Хозяина — тогда творение действительно обретает недостаток.

Теперь мы видим, что получение наслаждения от Хозяина в желании получать необходимо только для поддержания связи, а все остальное основывается лишь на ненаполненном желании творения быть, как Хозяин. Поэтому каждый раз углубляясь в работу, в ее важность, в какие-либо взаимоотношения с Творцом, мы должны относиться к Нему, не как к Дающему (Или к создавшему меня), а как к образцу для моего недостатка, как к Тому, каким я должен быть. Я должен стремиться к тем же качествам, тем же свойствам, тем же устремлениям, какие есть у Него. И это называется девять первых сфирот. Остальная же часть взаимоотношений строится уже на отношениях между Дающим и получающим, между Творцом и творением.

- **Вопрос: Как можно отделить одно от другого?**

Очень просто: вместо того, чтобы относиться к Нему, как младенец к матери, я сам хочу стать таким же, как она.

- **Вопрос: А зачем ей нужно, чтобы я был таким же, как она? Ясно, что Он нужен мне, но зачем я нужен Ему?**

Действительно, матери ничего не нужно, и Творец раскрывается лишенным какого бы то ни было недостатка. Перед махсомом мы никогда не открываем недостатка в Творце. Он не может проявить Свой недостаток в то время, когда творение находится в сокрытии. Как написано в «При Хахам. Письма» на 70-й странице, человек должен верить, что его стремление к Творцу вытекает из первоначального стремления Творца к нему и дано ему Творцом. Просто верить, что Творец — тень твоя. Однако у нас нет такого ощущения, пока мы действительно не готовы сделать что-то: сначала ты приобретаешь сосуды отдачи, а потом раскрываешь недостаток, который в Нем; вернее, Он открывает, что обладает недостатком, соответствующим тому, сколько ты на самом деле способен Ему дать.

- **Вопрос: Значит, получение наслаждения нужно только для того, чтобы установить связь с Ним. Например, эта еда на столе — что это такое с точки зрения духовного?**

Эта еда на столе является наслаждением напротив того желания получать, которое заложено в меня естественным образом, чтобы у меня была основа для построения отношения к Дающему. Если бы у меня не было наслаждения, я бы не смог обратиться к Нему, установить с Ним связь. Когда же у меня есть еще большее желание получать, более крепкая связь с Дающим — то, основываясь на более глубоких чувствах, я могу выстроить наши с Ним взаимоотношения на моей отдаче Ему. Мое желание получать превращается в средство связи, обращения к Нему. Оно не нужно мне ни для чего другого. Ведь с самого начала, когда пришло наслаждение, прежде всего, произошло сокращение, а потом начинают думать, как установить связь — и связь эта строится над желанием получать. Однако без этой основы я бы не мог находиться в связи с Ним.

Если бы Творец наполнил мои сосуды светом НАРАНХАЙ посредством этой еды на столе, то на каждое блюдо я бы выстраивал НАРАНХАЙ дэ-Нефеш, НАРАНХАЙ дэ-Руах и так далее. На пять блюд я бы выстроил в высоту пять соединений, потому что я приобретаю девять первых сфирот для самого себя. Малхут и без того получает НАРАНХАЙ, но, отдавая, она уже строит над этим НАРАНХАЙ недостаток Творца. Он был создан из желания получать, ощущающего недостаток в получении, как в Малхут Бесконечности. Это не то желание получать, которое ощущается в третьем состоянии, оно намного меньше, но если бы не это желание получать, созданное как нечто из ничего — *еш ми аин*, не было бы основы для построения какой бы то ни было системы взаимоотношений.

- **Вопрос: Здесь написано: «И чтобы было у него уподобление формы, он должен стараться, чтобы во всем, что он делает, был у него трепет...» Что это значит?**

Трепет — это условие, без которого невозможно начать никакие отношения между человеком и чем-то или кем-то. Трепет — это то, что ощущает желание получать, стремясь к наполнению, стремясь к жизни, стремясь к наслаждению: напротив этого оно ощущает страх. Ненаполненное желание получать испытывает чувство страха перед возможностью сохранения или возвращения этого состояния. Это животный страх, трепет — *ира*. Если мы приобретаем экран на животный трепет, направленный внутрь желания получать, то от желания получать этот трепет обращается к Творцу и становится уже иным: вместо того, чтобы думать о себе и страшиться за собственное состояние, я трепещу и думаю о Его состоянии. Это значит, что я начинаю ощущать страдания Шхины.

Как желание получать является основой для развития системы взаимоотношений, обращенной к отдаче — так же трепет является основой для развития системы взаимоотношений, обращенной к любви. Не может быть любви без трепета. Даже у высочайшей любви должен быть трепет: а вдруг я мог отдать еще на один грамм больше и не сделал этого? И это вовсе не является каким-либо недостатком со стороны Творца или каким-либо природным недостатком со стороны творения.

Мы должны развивать трепет, как основу для всех наших действий, начиная с животного состояния, животного трепета. «В чем смысл нашей жизни?» — самый, что ни на есть, животный вопрос, ведь и животное задается им, когда оно страдает. Даже маленькая вошь, ищущая пропитание, тоже страдает. Любая тварь, не наполненная на сто процентов и не находящаяся в Конце Исправления, страдает. Страдает любое желание — неважно, какое: неживое, растительное, животное или человеческое. Но желание, способное развить в себе отношения трепета, а затем любви — называется «человек».

Поэтому мы должны, не стесняясь, начать с обыкновенного трепета. Видишь, как Творец «корректирует» нас: посылает нам врагов, ненавистников, смерть, болезни и другие страдания, пока мы не начинаем вопрошать: «В чем смысл нашей жизни?» Ведь это же поистине животный, низкий вопрос, но с него-то мы и начинаем. Человек начинает спрашивать: «Почему я страдаю?» Что может быть проще этого? Так же и трепет: трепет за мое состояние, за мою жизнь, за наполнение, за безопасность — за все. Зато начать работать над этим трепетом, превратить его в самую высокую стадию любви — это уже работа человека. А если нет, то его поставят в такие состояния... Трепет обязывает.

- **Вопрос: Я потерял себя во всем этом... Что должен делать я сам?**

Вчера ты находился в таком состоянии, когда видел, что ты должен делать, и тебе это было ясно; а сегодня ты находишься в таком состоянии, когда не знаешь, где ты, кто ты и что тебе делать. Значит, ты вошел в сокрытие. Что делать, как выйти из него? Начинай спрашивать, начинай просить. Начни искусственно давить на себя: для чего? почему? Стань актером, играющим так, как будто это взаправду. И ты увидишь, насколько пробудятся твои желания, и оживет твоя память; получишь новую жизнь. И тогда, по крайней мере, снова станешь собой.

В жизни мы много чего должны делать искусственным образом. Когда я пишу книгу, то попадаю иногда в такие состояния, словно бы у меня ничего нет, и ничего мне не хочется. Но я начинаю писать, то есть, как бы говорить с кем-то другим. А если «с кем-то другим», то все ко мне возвращается, потому что желание получать уже не так мешает. Так ты продвигаешься все дальше и дальше, попадаешь в различные состояния, выясняешь и проходишь их. Нужно использовать все средства.

«Если проглотил марор — не исполнил долг», в духовной работе

Я помню, как Рабаш иногда не видел и не слышал, как будто был без сознания. Такие, вроде бы, отключения от реальности. У нас этого не случается. А ведь речь идет об очень-очень практичном, очень реалистичном человеке, работавшем всю жизнь: то сапожником, то в налоговом управлении, то на строительстве. Это не какой-то там мистик или философ и даже не программист. Он стоял на земле обеими ногами. И ты видишь, как он буквально не находит себя. Поэтому в каждом состоянии нужно стараться выйти в реальность, а затуманенное состояние — наихудшее. Не соглашайся пребывать «не здесь и не там» и просто волочить жизнь — это самое плохое.

Я часто злю себя, что неудивительно при моем характере — и благодаря этому выхожу. Написано: «В человеке всегда доброе начало будет сердиться на злое». Ты сердишь себя, вводишь себя в определенное состояние, а потом начинаешь размышлять о нем: может, так, а может, иначе, стоит или не стоит, это такое-то состояние, это такая-то стадия... Так происходит на всех уровнях, главное — не давать следующему мгновению быть таким же, как предыдущее.

Если ты видишь вокруг себя товарищей, которые могут согласиться на то, чтобы растрачивать таким образом мгновение за мгновением, то беги от них. Беги... Они заразят тебя ленью, а это очень большая проблема. В одном из писем Рабаш пишет о плохих портных, плохих сапожниках, которые скажут тебе, что ботинок или платье может остаться таким же, как есть, ничего страшного. Так же и этот товарищ говорит: «Куда ты так торопишься? Чего ты скачешь? Посмотри на себя со стороны. Вот я — живу спокойно, а ты — это просто несерьезно». От таких надо попросту удирать.

- **Вопрос: В каком смысле «удирать»?**

Не поддерживать связь, не смотреть на него, как можно меньше подвергаться его влиянию — вот, что значит «удирать».

- **Вопрос: А если я ошибаюсь в оценке ситуации?**

Для меня важно именно то, что вижу я, а не он. Если наш товарищ сидит дома, потому что мы отстранили его на месяц, и относится к этому совершенно равнодушно, то когда он дважды в неделю приходит сюда, я не хочу на него смотреть. Это меня ослабляет. Я хочу заработать что-то в жизни, я не хочу быть возле него. Это очень важно.

Каждый может требовать этого от другого — мы должны строить общество, а значит, должны требовать этого.

- **Вопрос: Мы видим, что творение все время ограничивает Творца. Как это получилось?**

Если все зависит от творения, говорит ли это о том, что творение сильнее Творца? Согласно примеру с матерью и младенцем, конечно же, младенец сильнее матери, потому что ее желание получать, выражающееся в отдаче младенцу, намного сильнее его желания получать, выражающегося в получении от матери — таким образом, он меньше зависит от матери, чем мать зависит от него. Я не хочу углубляться во встречные вопросы, которые нам трудно объяснить внутри желания получать, но это действует до определенной границы. Бывают случаи, когда мать умрет, чтобы дать жизнь младенцу, и бывают случаи, когда она сама съест младенца, чтобы не умереть. Мы видим это и среди животных, и среди людей. Это очень непростая система.

- **Вопрос: Как человек может взяться за осуществление чего-то искусственного?**

Как человек может взяться за осуществление чего-то искусственного, кажущегося ему бессмыслицей? Откуда он берет силы для этого?

Если уж он об этом вспомнил, то, Во-первых, он должен понимать, что это пришло к нему свыше, как совет Творца.

Во-вторых, любое пусть даже искусственно приближенное к Творцу состояние предпочтительнее состояния, в котором я более далек от Творца, но зато сохраняю свою правду. «Как я могу лгать себе, как будто бы я нахожусь на подъеме и люблю Его, когда я сейчас пребываю в плохом состоянии и ругаю Его, но ругаю от чистого сердца? Это, вроде бы, нужнее, правдивее, дороже». Нет, это не дороже,

«Если проглотил марор — не исполнил долг», в духовной работе

потому что все мы активизируемся наполнениями, приходящими снаружи. Свет колеблет сосуд. Поэтому в сосуде никогда не бывает своего собственного ощущения — сосуд чувствует себя в соответствии с тем, что пробуждает в нем свет. Не надо воображать, будто я сам по себе чего-то стою. Через мгновение интенсивность окружающего света изменится, и, сообразно этому, я со своими мыслями и желаниями перекинусь на другой край, и кто знает, куда еще.

Поэтому мы должны понимать смысл искусственного изменения самого себя. Допустим, в соответствии с действием окружающего света мне плохо, и тут я начинаю танцевать. Этим я как бы дополняю то, чего окружающий свет не вызывает во мне — я танцую. Пока что я не изменяю этим своего настроения — только искусственно выполняю то, что можно; а это я действительно могу сделать: просто прыгать и кричать — пусть со слезами на глазах, но я могу смеяться плача, так же искусственно, как актер в театре.

Этим я не только влияю на тело, но как будто пробуждаю окружающий свет, чтобы он воздействовал на меня и изменил мое внутреннее наполнение. Влияние на Высшего осуществляется и посредством моего тела. Если я прыгаю, то дело не в том, что прыгает мое тело, а в том, что я внутренне как бы вскакиваю и отдаю себе приказ, отчего тело начинает прыгать — ведь действует именно этот приказ, это усилие, вложенное мною в тело и вызывающее изменение в окружающем свете.

- **Вопрос: В статье написано, что марор (египтяне делали горькой жизнь их) можно почувствовать только на подъеме. Как этим воспользоваться, если это вообще возможно?**

Фараон и Творец — это уже раскрытия, причем один не может раскрыться без второго. Иногда Творец вроде бы раскрывается в отдельности, иногда Фараон вроде бы раскрывается в отдельности — но это не так, потому что каждый из них является полной противоположностью другого: Фараон — это обратная сторона — *ахораим* Творца, а Творец — это обратная сторона Фараона. Так же, как наслаждение — *онэг* и бедствие — *нэга*. Поэтому, когда раскрывается Фараон, я, в принципе, должен радоваться, что через него, через все его мысли и порывы, в сущности, раскрывается Творец.

Фараон — это все то, что противоречит Творцу: «Зачем Он тебе нужен? Существует ли Он вообще? Что ты получишь от того, что у тебя будет связь с Ним? Зачем тебе нужна именно такая связь, не основанная на простом получении от Него? Вот если получать, то, пожалуйста — да, Он действительно существует, бери, получай. Но кто такой Творец, чтобы я слушался Его голоса? Именно Его голоса?» И так далее.

Таким образом, кроме благословения, то есть, кроме действия ради отдачи, Фараон, вроде бы, может делать все, что делает Творец. Система клипот противостоит системе Святости вплоть до Конца Исправления. Любая вещь, которая сначала раскрывается в клипе, практически равнозначна тому, что есть в Святости — до такой степени, что тебе дают все, кроме одного: быть как Творец. «Что ты этим заработаешь? Получай себе, сколько хочешь». Ты как бы постоянно выбираешь то, что не имеет никакого логического оправдания — быть как Он. И все силы, все наполнения, не относящиеся к этому свойству «как Он», дает тебе Фараон: прекрасные города, наполнения, все-все — кроме этой точки.

Вот, почему речь идет об основополагающем понятии. Это не злая сила, не Амалек, не Аман — это клипа напротив Творца. Если ты слушаешься голоса Фараона, вместо того, чтобы слушаться голоса Творца, то у тебя есть все и ты не ощущаешь рабства. У тебя есть прекрасные города и все остальное... Если ты не хочешь выходить из Египта — бери все, оно твое. Фараон говорит Моше: «Что вы делаете с народом? Дайте им...»

- **Вопрос: Человек может отличить голос Фараона от голоса Творца?**

Да.

«Ибо Я ожесточил его сердце», в духовной работе

«Шлавей Сулам» том 4, стр. 142
Урок 14 марта 2002 года

Написано в Торе: «Ибо Я ожесточил его сердце». Вопрос: почему не написано, что Творец ожесточил сердце Фараона сразу, в самом начале, а мы видим, что лишь после того, как Фараон осознал и сказал: «Творец, Он праведный и совершенный, а я и мой народ грешники», только потом говорится в Торе: «ибо Я ожесточил его сердце»? И, кроме того, все комментаторы задают вопрос: почему Творец лишил Фараона свободы выбора?

...И об этом сказали мудрецы: «В том месте, что ты видишь, что нет людей в твоем сердце, не смотри на других людей, на то, как они ведут себя, а сам постарайся быть человеком», то есть, если ты уже достиг уровня видения правды, что следует быть человеком, а не животным, в то время как другие люди еще не достигли этого уровня понимания, что «нет в их сердце людей», и потому пока еще не получили эту идею, и это признак, что они еще не относятся к уровню персональной, личной работы, то есть, к чисто альтруистической работе, и это то, что написано, «в том месте», то есть, на том уровне, месте, что пришло понимание, что «нет людей», то есть, в том самом человеке, который постиг, получил это понимание, именно он должен постараться «быть человеком, а не животным».

И Бааль Сулам сказал, что человек должен представлять себе, что даже и в то время, что он находится в ощущении полного упадка, когда человек думает, что вот если бы Творец дал бы ему сейчас ту большую поддержку, пробуждение свыше, наподобие того, что он когда-то ощущал, когда находился в состоянии подъема духа, конечно, тогда он был бы способен совершать духовную работу, в то время как сейчас, когда он совершенно ничего не чувствует, как он может обманывать сам себя, что есть, у него состояние совершенства, и тут ему следует верить верой мудрецов в то, что они сказали нам, что человек должен представлять себе, что он уже удостоился ощутить величие Творца всем своим существом, и насколько бы он тогда был бы благодарен Творцу и благословлял бы Его, так же точно и сейчас он должен благодарить Творца и благословлять Его в той же степени, как если бы уже сейчас удостоился состояния подлинного совершенства.

* * *

Как мы изучаем, духовное называется совершенством и вечностью. Это означает, что картина духовного не изменяется, а изменяется лишь наше кли и его ощущения. Мы пребываем в постоянном неизменном состоянии абсолютной наполненности, которое создал Творец, а все изменения, происходящие с нами — это изменения в нашем восприятии, чувственной обработке одной и той же неизменно существующей реальности.

Бааль Сулам сравнивает эту ситуацию с тем, как человек сидит в роскошной комнате, украшенной золотом и драгоценными камнями. Пред ним накрыт стол, изобилующий различными яствами; однако комната темна, и человек не в состоянии увидеть все то прекрасное, что вокруг него, и не может отведать находящихся пред ним чудесных яств. И в самом деле, таково наше состояние.

Мы находимся в единственно существующем состоянии — Гмар Тикун и, в мере нашего несоответствия этому абсолютно исправленному состоянию, мы ощущаем, как далеки от Творца, насколько противоположны Ему. Поэтому нам надо лишь исправить наше получающее кли, и тогда все станет на свои места.

«Ибо Я ожесточил его сердце», в духовной работе

Наше получающее кли мы исправляем постепенно, ступень за ступенью, что называется восхождением по ступеням лестницы — *даргот Сулам* — лестницы Яакова. Методика этого исправления называется методикой Каббалы, обучающей тому, как приобрести духовное, в подлинном его значении, где нет никакого различия между истинным состоянием, называемым духовностью, и тем, что мы ощущаем.

Чтобы, стремясь к этому, принять верное направление, мы должны вообразить себе, насколько возможно, будто уже находимся в состоянии, когда ощущаем все то благо, то изобилие, что создал Творец. Вследствие чего придет к нам осознание значимости, величия духовного, возникнет ощущение взлета, появятся силы устремиться вперед. Поэтому, размышляя о духовном, человеку необходимо представить себе то, чего пока еще не ощущает; представить, соответственно тому, как на данный момент работает его воображение, и нет этому воображению предела.

Насколько мы способны, согласно прочитанному в книгах, представить себе духовное, насколько в состоянии ощутить, что значит вне границ времени, движения и пространства, — в соответствии с этим должны стремиться к воображаемой нами картине, черпать из нее силы, и относиться к этой картине таким образом, чтобы из нашего воображения она превратилась в нашу внутреннюю часть.

Поэтому в нашей работе мы должны стремиться к самым хорошим отношениям в группе, стараться совершать поступки лучше тех, которые совершаем согласно своей природе. То есть, каждый из нас должен все время стремиться к более высокой ступени, посредством того, что представляет себе, будто уже находится на этой Высшей ступени, будто живет в нарисованной самим собой картине духовного мира. Таким образом, проделывая эти упражнения, я словно подтягиваюсь на перекладине, силой поднимаю себя на более высокую ступень.

Конечно, в противовес этому мы каждый раз будем ощущать, как написано здесь в статье: «ибо Я ожесточил сердце Фараона», что становится нестерпимо тяжело, все вдруг выглядит запутанным и совершенно непонятным. Однако против этого необходимо работать, постоянно стремясь к высшей ступени, соответственно своему пониманию, что значит выше нас, и представлять себе, будто мы там уже находимся. Так, играя, изображая больше радости, воодушевления, подъема, мы и должны себя вести.

Есть такие, кто не в состоянии так поступать, а есть люди, которые принимают эту установку, превращая себя в «дурачков». Надо быть большим мудрецом, чтобы заведомо обманывать себя: будто уже находишься на высшей ступени, вместе с тем осознавая, что еще не достиг того, к чему стремишься, и, используя свой обман, как средство для достижения желаемого состояния.

Следуя именно такому принципу, мы должны хорошо отзываться о товарищах, дружелюбно разговаривать с ними, показывать, что любим их. Так же и о Творце мы должны говорить с благоговеньем, как хорошие послушные «детки», и вместе с тем ни на минуту не забывать о том, что мы обманываем себя, что мы — артисты, и используем эту игру, как средство для продвижения к духовному.

- **Вопрос: Каков механизм перехода воображения в подлинное ощущение?**

Воображение не переходит в ощущение, поскольку человек представляет себе лишь то, что в состоянии представить на своем уровне. Достигнув более высокой ступени, он видит, что его прошлые представления не соответствуют действительности, и ощущения, родившиеся на более высокой ступени, разительно отличаются от фантазий, которые были на предыдущей ступени.

Однако мое воображение, мои фантазии помогают мне совершать нечто, называемое *игия* — прикладывать колоссальные усилия; и за мой упорный труд я получаю сверху благословение от Творца. Это называется: *игати вэ-мацати* — трудился и нашел. Нет прямой связи между тем, над чем я тружусь, к чему прикладываю усилия, и что получаю; я плачу упорным трудом, тяжкой работой — получаю то, что нахожу Творца, ощущение Его присутствия.

Однако между воображаемой картиной будущего и будущим, что пришло и стало настоящим, нет никакой связи, никакого подобия, никакого соответствия. Мое воображение позволяет мне прикладывать усилия, упорно работать, поэтому я намеренно должен развивать свое воображение, свои прекрасные фантазии, чтобы они придали мне силы, подбавили горючего. И не важно, что я представляю себе будущую связь с Творцом, как состояния блаженства, вечного наслаждения, абсолютного покоя, уверенности, безопасности. Тем лучше — будет больше ло лишма (желания заполучить духовные наслаждения ради себя, а не ради Творца); главное, что это вселяет в меня энергию, дает топливо.

- **Вопрос: Не забывать, что мои фантазии — это ложь, я должен только по отношению к самому себе?**

И относительно группы, и относительно самого себя мы не должны забывать, что наши представления не являются истиной, они — обман, однако мы желаем достичь настоящего состояния и добраться до истины. Я, например, сейчас тебя не люблю, и если своевременно не обуздаю свое негативное отношение к тебе и начну тебя критиковать, то это может привести к разрыву между нами. Но я хочу подавить в себе критический взгляд на товарищей, пытаюсь вытравить его из себя.

И не смотря на то, что каждый раз сверху «ожесточают мое сердце», что проявляется в виде всплывающих во мне снизу различного рода плохих мыслей, помех, я, осознавая механизм этих протекающих во мне процессов, вежливо и дружелюбно разговариваю, совершаю добрые поступки, делаю для товарищей приятные мелочи и тому подобное. Я даже демонстрирую, что проделываю все это искусственно, нарочито, провоцируя тем самым товарищей поступать таким же образом.

Рабаш так и пишет в одной из первых статей: «...хотя мы еще не достигли этой цели и находимся только в начале пути, у нас есть желание — и это уже очень важно — и мы надеемся, что придем к этой возвышенной цели.» И тогда это не просто ложь, а ложь, предназначенная для использования ее в качестве средства для достижения духовного, как настоящее кли.

- **Вопрос: Существует ли некое количественное соотношение между воображением и ложью?**

Ложь нужна, как противовес воображению. Я не измерял соотношение между ними: сколько процентов одного, сколько другого — просто эти вещи используются человеком по мере необходимости. Если я вижу, что, в общем, в группе наладились отношения, и воцарилось согласие и взаимопонимание, однако есть в ней подгруппы, внутри которых отношения все еще не налажены, и их необходимо исправлять, тогда я внедряюсь туда, где, на мой взгляд, надо исправить отношения между товарищами, и начинаю искусственно создавать атмосферу добра, настраивая товарищей на волну взаимной любви.

Допустим, между нами возникло некое недоразумение, приведшее к раздору, ты держишь на меня зло, тогда я подхожу к тебе, делаю какой-нибудь подарок, специально демонстрируя тем самым, что хочу уладить наши отношения, а также показываю, почему поступаю именно так — духовное обязывает.

Этим я вызываю у тебя добрые ко мне чувства, желая, чтобы твое расположение ко мне возникло не из-за моего подарка, а чтобы ты понял, что это лишь средство для пробуждения в тебе мыслей о духовном, что обяжет тебя отнестись ко мне по-доброму; и тогда наши отношения, построенные на взаимной любви, возвысят нас обоих. У нас нет выхода, как только проделывать неестественные, несвойственные нам вещи.

- **Вопрос: Во всем, что бы мы ни делали, я должен говорить с товарищем о наших отношениях?**

Не надо ничего говорить: говори, не говори — это ничего не даст, отношения должны проявляться в действиях. Если я вижу человека, который приходит учиться в три часа ночи, разве неясно, что он чего-то хочет?

Если он сидит на уроке и задает вопросы — ясно, что он желает познать. Когда он приходит к нам и начинает работать, принимает участие в каких-либо наших делах, мероприятиях — понятно, что он желает что-то заполучить, заработать. Все это показывает нам, что он хочет продвинуться. Ясно, что каждый находящийся здесь, не важно в чем он задействован, пришел сюда вследствие давления сверху, потому что у него есть Цель.

- **Вопрос: Если я вижу в товарище нечто плохое, мешающее нашим отношениям, надо ли говорить ему об этом?**

Нет, ты не должен говорить о плохом. «Я вижу, что ты лжец, грубиян, склочник, лентяй, я пришел исправить тебя, исправить себя...», — ничего подобного говорить не надо.

- **Вопрос: Есть ли какой-то предел этим представлениям о духовном?**

Представлениям о духовном нет границ, если ты думаешь о Творце. Что значит духовное? Духовное — это Творец, и представления о духовном, как о чем-то вне Творца, абсолютно не оправданы. Какова же разница между Творцом и духовным? Отношение Творца к нам называется духовным, а кроме Него, ничего нет. Если ты представляешь себе Творца как можно более мощным, сильным, вездесущим, властвующим над всем, то это представление оправдано, и ты должен использовать его, как средство для продвижения к духовному.

Почему праздник мацы называется «Песах»?

«Шлавей Сулам» том 4,
«Моадим», стр. 106
Урок 2, 15 марта 2002 года

Итак, почему этот праздник называется Песах? От слова *посеах* — пропустить, перескочить. Выход человека в духовное невозможен, если принять во внимание все его поступки. Мы с самого начала пребываем в эгоистическом кли — желании получать — не способном самостоятельно переделать свою природу, если только его не исправляют свыше. Мы должны самостоятельно произвести несколько попыток выхода из этого кли в мнимом стремлении приблизиться к чему-то, находящемуся вне этого мира, однако сам выход, разумеется, осуществляется Высшей силой. Он осуществляется посредством того, что человеку постоянно посылают различные помехи: к тому желанию получать, в котором он находится с рождения, добавляют более сильные помехи, то есть, более материальные, более скверные желания — и против этого человек должен развить над своими животными порывами желание к духовному, к Высшему миру.

Как это сделать? Только с помощью света, возвращающего к Источнику. Нет иного сосуда, кроме желания получать, и нет иного его наполнения и исправления, кроме Высшего света. Так учит наука Каббала. Поэтому все возможные действия приходят от света. Как пробудить свет, чтобы он пришел к нам, к испорченным, презренным сосудам, находящимся на самом дне, на самом низком уровне, который только возможен в реальности? Как мы можем возбудить эти келим к пробуждению, к подъему? Только с помощью света, который придет и сделает эту работу.

Написано, что свет пробуждают посредством учебы. Когда во время занятий человек действительно намеревается разбудить себя, вывести себя со дна этого мира, тогда окружающий свет приходит к нему с Высших ступеней, оттуда, где находился автор книги, которую человек учит. В мере того, насколько человек стремится достичь тех состояний, о которых читает, даже не понимая их, стремится отождествиться с ними, быть в них — в той же мере действует окружающий свет и тогда человек начинает ощущать очарование духовности (*хен дэ-Кдуша*), желание к духовному.

Разумеется, важно, как часто человек старается посредством учебы возбудить на себя окружающий свет: раз в год, раз в неделю или каждый день. Нет никакой иной возможности пробудить окружающий свет — только с помощью учебы или определенных действий, также относящихся к обучению — работы в группе. В соответствии с количеством и качеством усилий, которые человек вкладывает в эти действия, Творец подсчитывает их и собирает вместе. Если было достаточно сил, стараний и света, действовавшего на душу, то человек в тот же момент получает «выход из Египта», сразу ощущает, что небеса открываются перед ним, начинает видеть более высокую действительность и причины явлений этого мира.

Наш мир — это мир следствий, мир поступков, действий; в то время как Высший мир — это мир причин, мир корней, решений. Человека поднимают не в физическом смысле — просто в своем сознании он начинает видеть причины всего происходящего. Это называется раскрытием духовного, раскрытием Творца. Такое состояние и есть Песах; оно является результатом того, что Творец пасах все деяния человека и собрал только те поступки, в которых человек хотел достичь духовного. *Паро* — Фараон — это наша природа; Моше — это та маленькая сила внутри нас, которая хочет вытянуть нас в Высший мир; все споры между Паро и Моше — это внутренняя работа, которую выполняет человек, ощущая ее на себе. Сердце его ожесточается: чем дальше он продвигается, тем ему труднее — пока не приходит к десяти казням египетским, которые он обязан пройти.

Это действительно неприятные вещи: необходимо преодолевать их, постоянно изобретая новые ухищрения в поиске сил для поддержания влечения к духовному, которое не только не светит, а наоборот — уходит в тень, так, что человек перестает его видеть, как бы не желает его. И все это совершается посредством ожесточения сердца: Паро представляется более великим, Египет — более привлекательным; и уже не так страшно жить в этом, по сути, животном мире без всякой пользы... И так, пока количество усилий, которые человек раз за разом прикладывает, не превращается в качество, а качество тоже растет — и тогда человек удостаивается выхода из Египта.

Отсюда, в сущности, начинается духовный процесс: человек поднимается на первую духовную ступень лестницы Яакова, духовной лестницы из 620 ступеней, ведущей к концу исправления. Там уже есть уровень праведника — Цадик, уровень Руах а-Кодеш, уровень пророчества — *невуа*. Но и там каждый раз, желая подняться с одной ступени на другую, человек не может обойтись без того же самого окружающего света, который приходит к нему благодаря учебе, благодаря внутренней работе — так же, как и здесь, на нашем уровне.

Весь наш мир называется субдуховным уровнем, но все же уровнем. Поэтому и там, над ним, сохраняется тот же принцип, только там уже раскрыт свет, раскрыты силы сопротивления и помощи, и человек лучше понимает и разбирается в том, что он делает. Разумеется, каждый раз, находясь на низшей ступени, он не понимает природу Высшей, и ему все-таки приходится идти с закрытыми глазами; но это уже не так трудно, как выйти из этого мира на духовные уровни. Поэтому выход из Египта — это самый тяжелый выход, «Выход» с большой буквы; а остальные выходы с каждой низшей ступени на высшую — просто шаги. Каждый новый уровень, приобретаемый человеком, означает, что человек исправил себя, поднявшись на него, исполнил Заповедь. Поэтому число уровней соответствует числу Заповедей: 613 и еще семь общих — *дэ-рабанан*.

Почему праздник мацы называется «Песах»? Урок 2

Человек поднимается со ступени на ступень по заслуге выхода из Египта — поэтому ко многим Заповедям мы присоединяем память о выходе из Египта, являющимся фундаментом, позволяющим нам приступить к духовным действиям, которые называются «Заповеди». Речь идет не о тех Заповедях, которые известны нам по этому миру — осуществляющихся простейшими движениями рук, ног или языка — а о духовных действиях, с помощью которых человек наполняет себя Высшим светом.

За неимением экрана, который позволил бы Высшему свету войти внутрь, мы можем пока что притягивать его к себе посредством книг в виде окружающего света, постепенно очищающего и исправляющего нас. Те же действия можно осуществить не только с помощью учебы, но и с помощью реальных поступков. В праздники, как, например, сейчас, на Песах, который несет нам благо, есть окружающие света, и здесь важно участие человека в подготовке празднества — физическое участие, такое, как во всем народе.

Однако вдобавок к тому, что есть, у всех, у человека должно быть намерение: желание достичь сути праздника, подъема на уровень Песаха — чтобы то, что называется Песахом, произошло с ним. В зависимости от верного направления предпраздничной работы, истинности намерений — человек может удостоиться очень больших окружающих светов и на стадии подготовки к торжеству. Поэтому, если вы обратили внимание, мы так стараемся: все хотят принять участие в этой работе и любят ее, потому что она дает больший духовный результат, чем учеба.

Бааль Сулам и все предшествовавшие ему каббалисты из всех праздников особо выделяют Песах и Суккот. Песах соответствует выходу из этого мира в духовное, вхождению в вечность, совершенство — чего, в сущности, хочет любой, а Суккот — это «облако Его Славы». Речь идет о тех же силах: облако, шалаш, навес — это тоже окружающий свет, приходящий к человеку и исправляющий его. Принцип остается неизменным, меняются только условия, в которых находится душа человека — поэтому в нашем мире есть различные формы, способы выражения, образы этих праздников, этих духовных состояний.

В Суккот окружающий свет действует иначе, потому что душа находится уже на более высоком уровне, в то время как Песах — это поистине выход из нашего состояния к свету. Поэтому каждый раз, когда человек у нас принимает участие в занятиях или работе, ему желательно не забывать о том, что все происходящее с ним, все, что он делает, его усилия, когда он встает ночью, приходит сюда из дома, сидит здесь и слушает — все это требует сопутствующего намерения: он делает это ради того, чтобы выйти из этого мира в мир духовный, чтобы почувствовать Высшую действительность. Тогда эти вещи накапливаются и приносят человеку праздник Песах.

- **Вопрос: Исторический аспект Песаха тоже особо выделяется Бааль Суламом и его предшественниками?**

Каббалисты никогда не занимаются историей. В духовном вообще нет понятия времени, из которого вытекает представление о всевозможных процессах, в том числе исторических. В духовном есть уровни, ступени, от этого мира к Концу исправления, и каждая из 620-ти ступеней излучает в этот мир определенное состояние. Все состояния, которые есть в духовном на этих 620-ти ступенях, должны реализоваться и в этом мире, причем только один раз. Если что-то уже произошло на уровне домем — неживое, то есть, в этом мире — то второго раза не требуется. Скажем, мы физически находились в Египте, вышли из Египта — и теперь нам не нужно повторять это заново. Каждый, кто выходит сейчас из своего внутреннего Египта в духовное — что называется, в страну Израиля — не должен делать этого физически, ведь мы уже совершили это в физической форме в предыдущих воплощениях.

Однако, как я уже говорил, нет в духовном ступени важнее первой, потому что взойти на нее труднее всего. Нужно вытерпеть все египетское изгнание, казни, рассечение Ям Суф, получение Торы, 40 лет в пустыне, семь народов, Амалека — прежде, чем мы входим в Эрец Исраэль.

Это очень тяжелый процесс. В духовном, если рассматривать его с позиции законов времени, подъем со ступени на ступень может занять относительно короткое время, а для того, чтобы перейти из материального в духовное, требуются годы. В «Предисловии к ТЭС» написано — от трех до пяти лет. Но срок этот может и удвоиться.

Это действительно очень неприятный для человека период: он находится в этом мире и все еще ничего не ощущает, ничего не видит, бежать ему особо некуда, но он держит себя во тьме и нуждается во всяческих сопутствующих ухищрениях, чтобы еще чуть-чуть подготовиться, добавить намерение, приложить усилие. Ему постоянно нужна какая-то поддержка, на которую он сможет опереться.

Зато в духовном путь уже проложен: там мы видим, чувствуем, никто не должен убеждать и укреплять нас. Поэтому каббалисты и выделяют Песах. Он соответствует решению самой трудной в духовном проблемы — решения проблемы, связанной с процессами, происходящими в душе каждого из нас. Более того, несмотря на то, что, как мы говорим, Песах наступает только во время выхода человека из Египта, когда он хочет собрать все свои усилия, и Творец дает ему такую возможность — на самом деле, суммирование усилий и страданий начинается с первого же воплощения. Эта работа продолжалась на протяжении всех перевоплощений, которые и привели нас к данному состоянию. Всякое горе, ощущаемое человеком — это горе от тьмы, от недостатка света. Любое стремление, любая мысль, когда-либо возникшая у него, присоединяется к остальным. Это накапливается не только сейчас, когда мы сели за книгу — речь идет о соединении всех перевоплощений, а Песах, по сути, подводит черту и вытаскивает человека из-под махсома. Вот, почему Песах — это особый символ.

После Песаха мы входим в духовное, где ведутся все войны

В этом мире у нас есть эго, с которым мы или справляемся, или нет. Когда же мы поднимаемся и переходим махсом, наша работа разделяется на три линии, и мы идем по средней. Мы входим в духовное со своим маленьким эго — пусть оно выросло, но этого все равно недостаточно. И мы начинаем на каждой ступени получать от клипот сосуды. Иначе говоря, выходя из Египта, нужно взять с собою келим, мы убегаем от египтян с пожитками — сосудами. На каждую ступень приходят света, и наша работа заключается в том, чтобы создать правильное сочетание между сосудом и светом, посредством чего мы поднимаемся на следующую ступень, где снова создаем правильное сочетание, поднимаемся выше и так далее.

На каждой ступени есть клипот: пустыня, Амалек, семь народов в земле Израиля, и так далее, а также то, что внезапно проявляется внутри самого Исраэля — например, толпа — *эрев рав*. Все это приходит со стороны клипы и представляет собой наши внутренние келим, которые постоянно пробуждаются; мы же исправляем их с помощью окружающего света и приобретаем каждый раз более высокую ступень. И, конечно же, война не прекращается вплоть до конца исправления — мы постоянно должны противостоять клипе, то есть, своим неисправленным келим — ведь клипа находится внутри человека. Это не прекращается даже по вступлении в Эрец Исраэль, здесь еще много что надо сделать и исправить. И как мы читаем в Торе, все это человек должен пройти.

- **Вопрос: Во время подготовки каждый должен пройти десять казней?**

Да, только мы не можем их достоверно распознать. На Песах мы подробно разбираем, что такое каждый из этих ударов, что он из себя представляет, что эти естественные явления нашего мира обозначают в духовном? Что на самом деле происходит с человеком в духовном?

- **Вопрос: В статье сказано, что существует различие между падениями от желания к духовному в желание получать до махсома и падениями после него. В чем оно заключается?**

Прежде всего, что характерно для этого мира в отличие от мира духовного?

От махсома и выше — раскрытие, свет. От махсома и ниже — наоборот: тьма, сокрытие. В соответствии с этим, даже если над махсомом я нахожусь в падении, оно ощущается мной иначе, потому что падение это происходит в светах, в раскрытии. С другой стороны, в нашем мире, если ты сейчас пребываешь во тьме, не ощущая духовного — ты, тем не менее, можешь находиться в приподнятом настроении, в желании учиться и продвигаться, а можешь, наоборот, находиться в состоянии отсутствия желаний, когда все пресно и не хочется ничего.

В таком случае ты, возможно, подождешь, пока пройдет достаточно времени для того, чтобы свыше пришла какая-то помощь, чтобы тебя вытянули обратно, дав тебе пробуждение. Но это нежелательно, поскольку может растянуться и удлинить путь в несколько раз. Возможно, однако, что человеку посылают падение не для того, чтобы он ждал, пока оно кончится, а с тем, чтобы он силой подчинил себя влиянию общества, которое находится на более высоком уровне — и тогда работа быстро свершится над ним, и он выйдет из падения. Общество спасет его.

Итак, здесь, во тьме у нас есть два состояния: двойное скрытие и простое скрытие.

Находясь в простом скрытии, мы ощущаем, что над нами что-то есть. По всей видимости, есть Творец, который является причиной всему; даже несчастья посылает мне Он — и это поддерживает меня: я от чего-то завишу и, так или иначе, все-таки оправдываю действительность. Я, некоторым образом, оправдываю удары: если Кто-то их посылает, значит, Кто-то все устраивает.

В отличие от этого, находясь в двойном сокрытии, я не ощущаю ничего кроме природы; Хозяина нет, и нет никакого оправдания моему существованию. Но мне не дают просто забыться, как животному, которое не размышляет о жизни — я все же размышляю, думаю о смысле жизни, а значит, нахожусь в двойном скрытии.

Простое или двойное скрытие — это внутреннее ощущение человека, а не явление природы. Поэтому падения и подъемы в наших состояниях — пока мы находимся «в Египте», перед махсомом, и «стенаем от работы», потому что нам действительно тяжело — не сохраняются в таком виде после махсома: состояния падений и подъемов, которые мы ощущаем, находясь в Египте, до махсома, они не существуют в таком виде после махсома.

Там, даже находясь во «тьме», в клипот, человек знает и видит, что это клипот, стоящие напротив Святости, и что через них он идет к Высшему. Через клипот он постоянно устанавливает контакт с Творцом, использует их в качестве вспомогательного средства.

Клипот там — это намерения, мысли ради получения, в то время как Кдуша — это намерение ради отдачи. Идет война между двумя полярными состояниями. Здесь, перед махсомом, все мы находимся в желании получать для себя — не в духовном желании получать, как у клипот, а в животном. После махсома — все иначе. Желаю тебе, чтобы ты его прошел — и увидишь. Но до того: все, что в состоянии сделать — делай. И все, что мы здесь организовываем, вытекает из простой необходимости: в одиночку, не включившись в других, человек может упасть, и никто его не спасет. Поэтому он обязан немедленно подчинить себя влиянию группы. Иначе время растянется не на годы, но и на многие кругообороты.

Если кому-либо дали пробуждение, это признак того, что он может уже в этом воплощении выйти в духовный мир. Все зависит от его работы, а работать в падении уже невозможно. Ты можешь работать только тогда, когда у тебя есть для этого силы. И сейчас, когда мы более или менее в состоянии убедить себя, работать над собой — необходимо быстро загнать себя в группу, в определенный распорядок, в какие-либо обязательства. Зачем приходить? Как приходить? Взять еще кого-нибудь, чтобы он потом тянул тебя — пуститься на всевозможные хитрости, чтобы затем, в случае падения, на меня оказали давление и обязали продолжать путь. Это долг.

Падение длительностью в несколько месяцев может сократиться с помощью общества, группы, до нескольких часов или минут. Причем это не только вопрос времени: выходя из падения посредством общества, ты приобретаешь такие свойства и внутренние определения, которые позволят тебе перескочить еще через несколько падений. Если же ты выходишь в одиночку, то все равно не приобретаешь нужного опыта, и тебе придется снова и снова опускаться. Выход с помощью общества придает тебе опыт товарищей, поскольку ты соединяешься с ними, и заменяет множество дополнительных падений. Речь идет об очень большой экономии — и времени, и числа падений.

- **Вопрос: Каково соотношение между внутренней работой человека, выяснениями и окружающим светом?**
Мы есть сосуды, находящиеся на определенном уровне. Все мы пребываем под махсомом — чуть выше или чуть ниже. Разница между нами очень мала. Мы учим, что кроме сосудов и светов в реальности ничего нет, а это означает, что на нас воздействуют света. Высший свет действует выше махсома, а под махсомом он только светит издалека, что и называется окружающим светом. Разумеется, все, что с нами случается, исходит из окружающего света. Мы подобны растению: дашь ему меньше воды, и оно зачахнет, польешь — и оно расцветет. Мы тянемся к свету, как растения тянутся к солнцу, выхода нет: келим живут только за счет света. И в соответствии с количеством окружающего света, который мы на себя вызываем, мы можем подниматься со ступени на ступень и благодаря этому лучше себя чувствовать.

В духовном все просто: если я нахожусь сейчас на определенной духовной ступени, то на меня действуют все условия этой ступени, что я и чувствую. Если я хочу почувствовать себя лучше, я обязан перейти на следующую ступень, потому что на этой ступени я никогда не получу что-то лучшее, за исключением того случая, когда приходит более интенсивный окружающий свет. Окружающий свет все время меняется; я над ним не хозяин и повлиять на него не могу, однако если он усиливается, то я могу ощутить изменение к лучшему, оставаясь на той же ступени. Если же окружающий свет изменится в обратную сторону, то меня постигнут большие несчастья на данной ступени.

Однако, в любом случае, это не зависит от меня — так Высший свет поступает со мной и со всеми остальными душами в соответствии с общей программой. Поэтому если я действительно хочу тем или иным образом привести себя в лучшее состояние, я обязан перейти с этой ступени на более высокую. Как? Используя тот же самый окружающий свет. Другого нет.

В конечном итоге, что мы учим? Зачем нам дали науку Каббала? Не просто для того, чтобы изучить всю эту реальность, а для того, чтобы узнать, как мы можем пробудить на себя больше окружающего света. В соответствии с этим можно сказать, что все наши действия, все мысли, все желания, все причины — все вместе привлекает на нас окружающий свет. Мое кли — это часть большого кли Адам Ришон, и все его свойства определены заранее. Приходящий свет, разумеется, вызывает во мне те или иные ощущения, влечения, восторги, восхищение — но все это известно заранее, ничего нового здесь нет. Если я смотрю на человека со стороны, я вижу, что это просто робот, действующий в соответствии со своим внутренним устройством и воздействиями извне. Наше личное вмешательство в этот процесс ограничивается только его ускорением с тем, чтобы окружающий свет все сильнее и сильнее влиял на меня.

Это все. Нет ни малейшей возможности поменять путь, но, участвуя в усилении воздействия на меня окружающего света, я иначе воспринимаю свои действия: я вижу их результаты. И тогда результаты, приходящие вместе со светом, который я вызвал, подслащают мне это наихудшее состояние и превращают его в хорошее. Если в отсутствие света я должен добиваться результата путем страданий, то со светом все эти страдания становятся хорошим ощущением, и я прихожу к тому же состоянию. Только добавление света приводит к изменению ощущения внутри келим на противоположное. А у нас это действительно вопрос жизни и смерти. С одной стороны, все то, что ощущает каждый: страх, неуверенность, а с другой — наоборот, уверенность, гордость и сила. Все это зависит от чуть большего или чуть меньшего присутствия света в кли.

- **Вопрос: Что это за состояние, которое называется Моше? Создается впечатление, что оно присутствует в этом мире и в то же время связано с Высшим...**

  Точно. Моше присутствует в этом мире и в то же время связан с Творцом, как будто находится в Высшем мире. Как мы учим, в результате Разбиения сосудов все наши души упали на этот уровень, в этот мир. Но как нам вытащить кли из этого состояния? Если бы у нас все исходило только из желания получать, мы бы не ощущали окружающий свет.

  Где мы ощущаем окружающий свет? Мы не ощущаем его в своем кли, которое представляет собой наши желания, желание получать для себя. Однако, внутри кли есть точка в сердце. Эта точка в сердце и ощущает свет, потому что сама она не относится к желанию получать, к сосуду. Точка в сердце — это часть экрана, который существовал когда-то до разбиения сосудов, до греха с Древом Познания. Когда-то был сосуд с экраном. После греха с Древом Познания экран разбился. Часть этого экрана осталась внутри нашего желания получать, и именно она улавливает окружающий свет, ведь в свое время между экраном и светом была связь.

  Теперь свет превратился в окружающий, приходящий издалека, а от экрана осталась только искра внутри кли. Однако между ними сохранилась удаленная связь через махсом и эта точка, эта искра, оставшаяся от экрана, называется Моше. При правильном ее использовании я вытягиваю все остальные свои свойства, себя, всю свою внутреннюю часть через махсом вверх, вывожу их из Египта. Таким образом, Моше — точка в сердце — получает силы и вытаскивает все кли из тьмы.

- **Вопрос: Что значит, что точка в сердце не является частью кли? Кли ощущает ее? Создается впечатление, что у этой точки есть связь с Высшим, что она может постичь Высшего, а ведь творение не может постичь Высшего, пока не перейдет махсом. Как это так?**

  Как это так, что ты сидишь здесь и стремишься к этому? Это никакое не постижение Высшего. Среди всех твоих свойств есть одно свойство, среди всех твоих желаний есть одно желание, которое ощущает, что получит наполнение от Высшего. Остальные желания могут получить наполнение от этого мира, и на протяжении перевоплощений ты перебрал их все: желания почестей, денег, животных наслаждений, знаний — они уже более или менее развиты. Теперь в тебе пробуждается желание к духовному, которое может наполниться только светом, и именно оно заставляет тебя сейчас работать: приходить сюда и так далее Теперь ты работаешь с этой точкой, ты ощущаешь ее, как самый большой недостаток, по крайней мере, больший, чем сон, отдых и тому подобное.

И на нас возложено развивать эту точку посредством окружающего света, а не страданий. Если взять эти ненаполненные желания, это желание получать для себя, и дать ему страдания, то оно начинает искать выход и в своих поисках обращается к точке в сердце, которая представляется ему тем единственным, чего страдания не коснулись. Тогда оно отождествляет себя с ней и хочет, как бы под ее покровительством убежать от страданий в духовный мир.

Но этот путь страданий очень долог и очень болезнен. Если же я сам разовью эту точку, чтобы она стала больше, важнее всех остальных желаний, то мне не потребуются страдания. Вот, в сущности, то, что на деле происходит с нами, со всем человечеством. Если мы прибегнем к такому подходу, называющемуся путем Торы, и разовьем эту точку в сердце, то нам не понадобятся все те страдания, которые Творец посылает нам. С Его стороны нет никакого другого намерения, кроме замысла творения — привести нас к совершенству и вечности. Если мы сами захотим сделать это, то отпадет необходимость ударов. Я надеюсь, что на этот раз мы уже немного преодолеваем это...

До перехода через махсом человек не знает, где он находится. И сразу после того, как перешел махсом, он тоже не знает, где находится — он ощущает духовное, но как младенец, как зародыш в чреве матери. Он самоаннулируется, у него еще нет экрана, кроме того, который он получил, чтобы обезвредить свое эго и пребывать в духовном в пассивной форме, как зритель. Это еще не активная форма, когда он сможет впитывать света и из ощущения светов в сосудах почувствовать, что такое духовный мир и постепенно начать расти, как младенец в этом мире.

Войдя в духовное, он входит в состояние девяти месяцев беременности, но это уже нечто совершенно иное: он находится внутри матери и не должен сам заботиться о себе — в том смысле, что он уже не упадет оттуда. Он должен только позаботиться о том, чтобы, прежде всего, не испортить свое пребывание в духовном в качестве зародыша в чреве матери. Когда же он разовьется как зародыш, сформирует больший экран, позволяющий получать света внутрь — значит, он уже родился.

Весь этот процесс исследуется в ТЭС на сотнях страниц. Одной только стадии зародыша посвящено 300 страниц. Потом следует вскармливание — *еника* — тоже 200-300 страниц. Затем большое состояние, гадлут Алеф, гадлут Бет. Это очень долгий процесс созревания души, пока она не приходит к концу исправления, называющемуся семидесятилетием, восхождением человека на все 70 ступеней Зеир Анпина.

- **Вопрос: Какова связь между страданиями и падением? Могу ли я находиться в страданиях, но не в падении, или наоборот?**

    Замечательный вопрос! Действительно, что такое для меня страдания? И что называется у нас падением? Возможно ли, что, ощущая страдания, я вместе с тем нахожусь на подъеме? Нет. Это ложь. В своем развитии, в каждом состоянии и на каждой ступени человек заново определяет для себя, что такое подъем и что такое страдания.

    Сначала для него были важны животные наслаждения, деньги, почести, знания — и они служили для него критерием подъемов и падений. Например: «больше заработал» или «добился большей власти» — означало подъем; а обратное состояние означало падение. В конце концов, человек приходит к состоянию, когда ему безразлично все, кроме духовного подъема, в котором он больше ощущает духовное, больше ощущает присутствие Творца и то, что Он, по всей видимости, наблюдает за всем, управляет всем, в том числе и мной. От этого я испытываю некоторое возвышение, что и определяет понятие подъема, от которого мне хорошо.

В отличие от этого, в двойном сокрытии человек не чувствует ничего, даже Творца. Он чувствует только, что не ощущает Творца и вообще ничего. Однако он чувствует, что он не чувствует — он уже не просто одно из тех животных, которые нас окружают. Это человек, который видит сейчас, что везде темно. С ним происходят разнообразные вещи, и он уверен, что они происходят сами по себе и не имеют никакого отношения к Высшему. Это называется двойным сокрытием. Получается, что это все-таки раскрытие.

Теперь перейдем к простому сокрытию. Со мной происходят неприятные, ужасные вещи: ощущение страха, фобий, различные навязчивые мысли — но я ощущаю внутри них, что посылает их мне Творец. Ощущение Творца, посылающего мне их, настолько подслащивает мне ощущение страданий, что я начинаю стремиться к этим страданиям, лишь бы почувствовать с их помощью, что устраивает мне это Творец. Тогда возможна ситуация, что я, получая якобы страдания, внутри них ощущаю наслаждение.

Если же человек приходит к состоянию, в котором не находится ни в простом, ни в двойном сокрытии, а уподобляется животному — то он предпочитает войти в простое сокрытие: мне все равно, пусть будут страдания, но с их помощью я почувствую, что соединен с Творцом; пусть у меня будет хотя бы что-то от вечности: пускай страдания, если другого средства нет. Со стороны Творца это, конечно же, нежелательное состояние, потому что человек, действительно пришедший к связи с Ним, обязан получать наслаждение от этой связи. Поэтому простое сокрытие — не конец пути.

Да и потом это все еще совершается за счет человека: мне все равно, пусть будут страдания — лишь бы ощущать Творца. Таким образом, мой расчет состоит в том, что для того, чтобы ощутить Творца, стоит заплатить даже страданиями. Это все-таки эгоистичный расчет: я стремлюсь к наслаждению, а ощущение Творца — это сейчас большое наслаждение для меня. И пока я не пройду махсом, большего и быть не может.

Мое состояние перед самым махсомом называется «Не дает мне уснуть» — до такой степени я стремлюсь к духовным наслаждениям, предпочитая их всем наслаждениям этого мира. Я настолько увеличил точку в сердце перед всеми остальными желаниями, что они отпадают, практически не представляя для меня ни малейшего интереса. И только после махсома, когда я получаю экран и вторую природу, я начинаю делать расчеты не на то, что одно лучше другого, не на то, что наслаждение от Творца лучше хорошо проведенного вечера — а на намерение ради отдачи против намерения ради получения. Там другие расчеты.

- **Вопрос: Чем характеризуется состояние беема, и чем оно отличается от двойного сокрытия?**

Состояние животное — это состояние, когда человек просто ничего не чувствует; падает в состояние возврата к тому, чем был раньше, прежде чем в нем не пробудилось еще желание к духовному. Животное — это состояние обычного человек с пятью органами чувств и желанием наслаждаться, разделенным на желания к животным наслаждениям, к деньгам, к почестям и к знаниям. В животном состоянии ты хочешь наслаждаться тем, что видишь в этом мире. Двойное сокрытие отличается от животного состояния тем, что ты сам определяешь для себя, что находишься в двойном сокрытии, что у тебя нет никакой связи с духовным, что ты пребываешь в состоянии тьмы, и Творец не управляет тобой. Он вообще никак к тебе не относится. Таким образом, в двойном сокрытии все же есть какая-то мера раскрытия.

Свет не просто так светит нам свыше в наше состояние — он светит сильнее или слабее. Он может светить, задавая форму или своего присутствия, или своего отсутствия — «скрывающийся Творец», когда я чувствую, что Он скрывается. Если свет просто приходит, — речь идет о его *паним* — лицевой стороне; когда же он показывает тебе, что его нет, исчезает — это называется *ахораим* — обратная сторона. В этом и заключается все различие между путем

Торы и путем страданий: если свет показывает тебе свое отсутствие, ты оказываешься на пути тяжелых страданий; если же он светит в прямой форме, то это путь Торы, путь светов. Все зависит от твоих реакций.

- **Вопрос: Что значит «не испортить свое пребывание в духовном»?**

Это значит, что человек не оставляет намерения ради отдачи, постоянно следит за своим экраном, чтобы не потерять его, и заботится о том, чтобы раз за разом усиливать его. Ты не можешь окончательно потерять его и уйти обратно под махсом, но падения, разумеется, бывают. И опять же, есть закон: «Поднимают в Святости и не опускают в Святости». Даже в этом мире в очень плохом состоянии мы все-таки продвигаемся вперед, только далеко не самым хорошим путем.

Допустим, я должен попасть отсюда в Иерусалим. Я могу ехать на машине с кондиционером и музыкой и спокойно добраться до места; а могу попасть на минное поле, под обстрел... и тоже добраться до места. Вопрос в том, как мы справляемся.

- **Вопрос: Человек, находящийся в духовном мире, может нанести вред?**

Человек, находящийся в духовном мире, не может нанести вред, но его небрежность вредит ему так же, как и в материальном мире. В этом всегда есть свободный выбор: пробудить ли себя и сократить время пути — что называется, «освятить время» — или нет. И в духовном всегда есть свободный выбор. Не так, как у нас, но тем не менее.

- **Вопрос: Может ли человек, достигнув двойного и простого сокрытия, снова откатиться назад — вплоть до уровня животного?**

Нет. Когда человеку кажется, что спустя несколько лет он возвращается к прежнему и даже худшему состоянию, он хотя и опускается ниже предыдущего состояния, но лишь для того, чтобы взять у египтян дополнительные келим — получить новую порцию своих неисправленных желаний. Никогда не может быть такого, что ты окажешься в более низком, чем сегодня, состоянии — только на то короткое время, которое необходимо, чтобы окунуть тебя в эту гадость, в результате чего ты увидишь, где ты в действительности находишься, и это заставит тебя быстрее подниматься. Это то, что происходит с нами сегодня: страдания все усиливаются и усиливаются — пока их не наберется достаточно, чтобы мы начали думать.

- **Вопрос: Можно ли сказать, что и в этом мире есть ступени, просто мы их не видим?**

Конечно же, и в этом мире есть ступени. Весь этот этап называется «временем подготовки», и здесь, разумеется, есть множество состояний, предшествующих махсому. Прежде всего, время подготовки занимает тысячи лет, которые мы проходим во всех своих перевоплощениях.

Мы прошли животные желания, желание денег, желание почестей, власти, желание знаний и желание к духовному — все это составляет продолжительность наших перевоплощений, все это — время подготовки. Разумеется, здесь есть ступени, падения, подъемы. Свыше каждый раз раскрывают чуть больше окружающего света, а снизу каждый раз раскрывают большее желание получать: человек внезапно снова тянется к деньгам, неожиданно начинает тревожиться за собственную честь — каковы его отношения с обществом и почему он не получает от него поддержку?

Человеку свыше поставляют соблазны, манят его возможностью разбогатеть, добиться власти и так далее Это происходит для того, чтобы человек изучил себя, осознал свои стремления и слабости, свою ничтожность в противостоянии манящим наслаждениям, чтобы изучил, что же такое желание насладиться, созданное Творцом.

Пойдем к Фараону

«Шлавей Сулам» том 2, стр. 76
Урок 19 марта 2002 года

Сказано в Торе, что Творец сказал Моше: «Пойдем к Фараону». Сказано в Книге Зоаре: «Почему сказано «Пойдем к Фараону», ведь надо бы сказать: «Иди к Фараону». И поясняется: «Это потому, что ввел Он Моше, комната за комнатой, к чудовищу одному высшему, и поскольку увидел Творец, что боится Моше, сказал Он: «Вот над тобой Фараон — Царь Египта, огромное чудовище возлежит в его реках». И вести с ним войну должен только Творец, и никто иной. И сказанное «Я — Творец» поясняется: «Я, а не посланник».

Из всего этого следует, что сказанное «пойдем» означает, что пойдем мы вместе, вдвоем.

И чтобы объяснить это в работе Творца, прежде всего надо знать, что мы требуем за то, что занимаемся Торой и Заповедями, что мы требуем взамен этого? И это должно быть нам понятно и ясно для того, чтобы смогли мы понять, что стоит поступиться материальными наслаждениями «тела», если мы видим, что они мешают высшей цели, которая и является тем, что мы требуем за то, что занимаемся Торой и Заповедями.

И надо знать, что основная награда, которую мы желаем получить за выполнение Торы и Заповедей — это слияние с Творцом, что означает — сравнение с Ним по свойствам, качество «соединения с Ним».

Как сказали мудрецы: «Сотворил Творец злое начало и создал Тору для его исправления». Потому что именно это и есть то желание, которое может принять в себя Цель творения: «Делать Добро созданиям». И это, как сказано в «Даровании Торы», называется «раскрытие свойств Творца творениям в этом мире».

Получается, что есть две разновидности работы:
1) исправление творения, называемое слиянием;
2) Цель творения, определяемая как получение Добра и Наслаждения.

И награда за нашу работу — исправление творения.

Известно, что основная работа — работа по созданию кли, желания, а наполнение, которым является принимаемое наслаждение, приходит со стороны Высшего, со стороны Творца, свойством которого является «Желание делать Добро творениям».

И, конечно же, с Его стороны нет ничего, что бы помешало Ему дать нам это Добро. Все недостатки, нами испытываемые, возникают из-за отсутствия в нас исправленных желаний, в которые мы бы смогли получить наслаждения. Потому что в нас открываются желания, уже прошедшие разбиение эгоизмом. Ведь по причине этого разбиения в мире Некудим появились эгоистические желания получать для себя.

Объясняется разбиение в духовном на примере разбиения сосуда в нашем мире: если наливать какое-нибудь питье в разбитый сосуд, оно вытекает из него. Так же и в духовном — если вкрадывается в кли мысль, желание «получить для себя», то наслаждение уходит наружу, то есть, выходит за пределы альтруистического кли.

Святостью называется состояние «ради Творца», а все, кроме этого, называется ситра ахра — то, что обратно, противоположно Творцу по свойствам. Поэтому говорится, что святость — это свойство отдачи, свойство Творца, а нечистота — это желание получить для себя. И в силу того, что мы родились после разбиения, так или иначе, все наши желания — только получать, и потому не могут нам давать наслаждение, поскольку, конечно же, все уйдет в «нечистые силы».

И в этом заключена причина того, что мы удалены от получения всего Добра и Наслаждения, которое Творец приготовил нам, потому что все, что бы ни дал Он нам, придет в негодность. И сказано мудрецами: «Глупец — теряющий то, что дается ему».

Отсюда следует, что причина того, что глупец теряет, в том, что он — глупец. Но почему глупец обязан потерять, а у мудрого остается то, что дается ему, и не теряет он?

Надо объяснить, что глупцом называется тот, кто неизменно остается в своей природе, называемой себялюбием, и не ищет любых способов и уловок, чтобы выйти из эгоистического желания получить.

И хотя есть у него удивительные возможности и средства выйти из своей природы, он остается «голым», как в день своего рождения, без другого «одеяния», которое зовется «желание отдавать», и в это одеяние «отдавать» он сможет одеть то Добро и наслаждение, которое ему предназначено.

Но бывает, что человек начинает работу по отдаче и объясняет «телу», что вся цель работы — получить желание отдавать. И после всех споров, которые возникают у него с «телом», оно говорит ему: «Как можешь ты изменить свою природу после того, как Творец создал ее такой, когда вообще все творение, определяемое свойством «созданное из ничего» — это только желание получать? Как смеешь ты сказать, что можешь изменить созданную Творцом природу?!»

И на это сказано: «Пойдем к Фараону», то есть, пойдем вместе, что Я — Творец — тоже иду с тобой для того, чтобы Я изменил твою природу. И Я хочу одного: чтобы ты попросил Меня о том, чтобы Я помог тебе изменить природу — обратить ее из желания получать в желание отдавать. Как сказали мудрецы: «Зло в человеке преобладает над ним каждый день, и если бы Творец не помогал ему — не смог бы справиться с ним».

Но и это надо понять: для чего же нужен Творец, неужели чтобы просить у Него? Ведь это свойственно только человеку из «плоти и крови», который желает почета, чтобы просили у него, чтобы знал просящий, что именно этот человек помог ему. Но как можно сказать такое о Творце?

Согласно правилу, что нет света без желания, готового к его принятию, то есть, невозможно наполнение, если не было предварительного ощущения недостатка, то поскольку пока нет недостатка в чем-либо, если дать человеку это, то не сможет оценить его. И если не может оценить важность — не может остерегаться, чтобы не украли у него эту вещь.

И вот это и есть причина, почему человек должен просить помощи от Творца. Ведь если дадут ему просветление свыше, то чтобы знал, как беречься, чтобы не забрали у него «темные силы», знающие, в отличие от него, цену духовному просветлению.

А настоящая просьба начинается как раз тогда, когда человек видит, что он сам не может помочь себе: тогда он знает совершенно точно, что нет ничего другого, как только просить Творца, чтобы помог ему, иначе останется отделенным от духовного и не будет у него никакой возможности выйти из состояния себялюбия. Поэтому, когда Творец помогает ему, он знает уже, что это большая ценность, и надо очень остерегаться, чтобы не отобрали ее посторонние.

И это то, что говорит Ари в 7-й части ТЭС: «И это тайна преследования Злом и Нечистой силой праведников — чтобы прегрешили, для того, чтобы присосаться к духовному, словно нет им жизни без того. И когда увеличивается Доброе и Святое, усиливается их живучесть, и не удивляйся теперь, зачем Злое начало преследует человека, заставляя его согрешить, и пойми это».

Поэтому, чтобы человек сумел уберечься и не потерять то, что дают ему, должен приложить сначала большие усилия, потому как то, что дается человеку с усилиями, заставляет его остерегаться не потерять приобретенное.

Но во время работы, когда человек видит, что далек еще труд от своего завершения, он иногда отходит от «работы» и приходит в отчаяние и нуждается тогда в дополнительном укреплении — поверить в Творца, в то, что Творец поможет ему. И то, что помощь еще не приходит, говорит о том, что еще не дал того количества и качества усилий, которое необходимо для того, чтобы ощутить недостаток, чтобы смог затем получить наполнение.

Как написано в «Предисловии к ТЭС», п. 18: «И если кто-нибудь занимался Торой и не смог избавится от дурных склонностей, то это или из-за недостаточного усердия дать необходимые в изучение Торы труд и усилия, как сказано: «Не трудился и нашел — не верь», или, может быть, дал нужное количество усилий, но пренебрег качеством».

Поэтому «пойдем к Фараону» — надо держать это в сердце и верить в это во всех состояниях, самых плохих, какие только будут. Не уходить от работы, но всегда быть уверенным в Творце, что Он может помочь человеку, когда понадобится ему — как маленькая помощь, так и большая.

И говоря откровенно, тот, кто понимает, что нуждается в большой помощи от Творца, поскольку он хуже всех остальных людей, он более подходит, чтобы молитва его была принята, как сказано (Тэилим 34,19): «Близок Творец к сокрушенным сердцем, и угнетенных духом спасает».

Поэтому нет оснований у человека сказать, что он не годен к тому, чтобы Творец приблизил его, а причина в том, что он ленится в работе. Но человек должен все время находиться в преодолении, борьбе и не давать проникнуть в мозг мыслям отчаяния. И это, как сказали мудрецы (Брахот 10): «Даже когда острый меч коснулся его шеи, не оставит надежду».

И «меч возложен на его шею», то есть, несмотря на то, что зло человека, называемое себялюбием, «возложено на его шею» и хочет отделить его от святости, показывая ему, что нет никакой возможности избавиться от его гнета, тогда должен человек сказать, что то, что перед ним предстает сейчас — это правда, но «не оставит милосердие», то есть, он должен верить, что Творец может дать ему милосердие — свойство отдавать. Своими силами человек не способен выйти из-под власти эгоизма, но Творец, помогая, безусловно, может вывести его, и это то, что написано: «Я — Творец ваш, который вывел вас из страны Египет, чтобы быть для вас Творцом».

И это мы произносим во время Крият Шма, что это — принятие на себя власти Высшего Управления, поскольку мы должны знать, что Творец выводит человека из-под власти получения, определяемого как «разделение», и вводит его в духовное. И тогда осуществляется «чтобы быть для вас

Творцом», и теперь он называется народ Исраэля, а не народы земли. И это то, о чем сказали мудрецы (Псахим, 118): «Сказал раби Йоханан Бен Лакиш: «Когда Творец сказал Адаму: «И колючку, и чертополох произрастишь себе», — залились глаза его слезами, и сказал он: «Создатель, я и осел мой будем есть один корм». Но поскольку сказал ему Творец: «В поте лица своего будешь есть хлеб», — успокоился».

Но надо понять, что претензия Адама Ришон, не понявшего действие Творца — за что полагается ему есть один корм вместе с ослом его, — претензия правильная, и подтверждение тому — Творец дал ему совет есть хлеб, и если бы претензия не была оправданной, Творец не принял бы ее. Но с другой стороны претензия его непонятна: в чем его преимущество? Разве не говорили мудрецы (Санедрин, 38): «Человек сотворен в канун Субботы, и если одолеет его гордыня, говорят ему, что комар значительнее тебя в Сотворении мира»!?

И если у комара преимущество, то в чем же претензия, что «я и осел мой будем есть из одних яслей»? Но надо объяснить, что после того, как согрешил, упал в свойство себялюбия, тогда стал похож на осла, не понимающего ничего, кроме своего эгоизма, и поэтому «залили слезы глаза его» и сказал: «Я и осел мой будем есть из одних яслей?» То есть, из одного свойства — себялюбия?

Поэтому дал Творец ему указание: «В поте лица кушай хлеб», потому что хлеб называется пищей человека, то есть, посредством усилий он выйдет из свойства «народы стран» и назовется тогда именем народ Исраэля — по имени свойства, которое приобрел, направленного к Творцу.

Но когда народ Исраэля был в изгнании в свойстве египтян, а египтяне называются народом, подобным ослу, — имеется ввиду только себялюбие, — поэтому спасение Исраэля было в том, что Творец вывел их из Египта.

И это то, к чему нужно направить желание при принятии на себя Высшего Управления: «Я — Творец ваш, который вывел вас из страны Египет, чтобы быть для вас Творцом». Что именно с помощью Творца можно выйти из Египта и удостоиться свойства «быть для вас Творцом».

* * *

Что означает: «Пойдем к Фараону»? Человек, приходящий учить Каббалу, не знает точно, что он делает. Что мы вообще в этом мире знаем? И, тем более, заранее, когда приходим в какое-то место, как бы случайно. Как будто кто-то пригласил его туда, подтолкнул. И после того, как человек приходит, он заинтересовывается, начинает учиться, но изучает Каббалу, как науку, для знания.

Если такой человек продолжает заниматься только постижением премудрости (так как каждый учится в соответствии со своей внутренней потребностью), тогда он приобретает больше знаний, чем у него было раньше и так может продолжать еще много лет, не чувствуя, что там, где он находится, происходит нечто-то особенное.

А если его точка в сердце требует от него изменений, тогда его обучение начинает притягивать к нему окружающий свет. И тогда он учится и начинает ощущать, что это его касается и небезразлично в той или иной форме. Он начинает чувствовать, что может на самом деле прийти к какому-то новому состоянию, называющемуся Высшим (или духовным) миром.

Когда такой человек учится и хочет постигнуть это, то вдруг вместо того, чтобы продвигаться к духовному миру, к чему-то хорошему и светлому, где ему открываются глаза, и он начинает видеть, чувствовать духовное — вместо этого он начинает чувствовать себя плохо.

Первый спуск, первое падение очень и очень болезненно. Оно непостижимо: непонятно, что случилось, мир перевернулся, вокруг тьма, нет ничего, что придает хоть немного вкус жизни? Все исчезло и ничего не интересно. Что происходит?

Такой человек еще не ощущает, что это приходит к нему свыше, — ему кажется, что вместо того, чтобы продвигаться и чувствовать себя лучше, он чувствует себя еще хуже. И не понимает, что на самом деле это часть Пути. И пока он это переварит, он понемногу добавляет к знаниям, учится, прикладывает усилия и параллельно — к нему проявляют сверху милосердие, и он выходит из этого состояния.

Но что происходит? Главное, что вместо того, чтобы ощущать и думать (в соответствии с человеческим разумом), что он продвигается к лучшим состояниям, — человек приходит к состояниям, все более худшим. Человек ощущает свое состояние плохим, и не понимает, что это раскрытие — *гилуй* — его природы. Так ему показывают, кто он.

И это называется «пойдем к Фараону», когда посредством света, светящего ему от Творца, он углубляется в свою природу, в свое эго, свое эгоистическое желание получить для себя, называемое Фараоном. И так он идет к Фараону, и начинает видеть, кто им управляет, кто властвует над ним.

«Я» человека, как мы учим, вещь нейтральная — средняя треть Тиферет — не принадлежит ни Творцу, ни творению. Раньше человек думал, что самостоятелен, или стремился, в той или иной форме, принадлежать Творцу.

Что значит «принадлежать»? Человек думал, что сможет это контролировать. Может не осознанно, но человек считал, что войдет в духовный мир, который будет доставлять ему, человеку, удовольствие, и он сможет им руководить. Он все проверит и увидит, то есть, будет со всем знаком, будет понимать и управлять. А вместо этого, вместо управления Высшим миром, ему показывают противоположность — что человек находится в низшем мире, и не он руководит этим миром, а низший мир руководит им. И это называется «пойдем к Фараону».

Это состояние раскрывают человеку понемногу. Пока человек не начинает чувствовать, что и раньше было так, но он этого не ощущал. А теперь он видит и ощущает, что не способен мыслить иначе. Понемногу он раскрывает (опять-таки при помощи светящего ему света, если он прикладывает силы), что не способен продвигаться вперед и думать иначе, чем диктует его природа, властвующая над ним. А его «Я», хотя и не принадлежит природе эгоистического желания получить, но находится под управлением этого желания.

И до каких пор это продолжается? Пока в ощущении, в сознании человека не выявляется окончательное противоречие: когда он не видит в себе ни одной мысли или чувства, которые не были бы под абсолютной властью Фараона — желания получить ради самонаслаждения. И в таком случае у него нет ничего, что бы принадлежало Творцу.

Ему иногда все еще кажется, что в нем есть что-то светлое, и не всегда он во власти своего желания получить. Он находится в состоянии падения, но иногда есть и времена подъема. Пока не приходит к состоянию, когда у него нет никакого контакта и связи с Творцом, а весь он, все его существо, как написано, «ты и осел будете есть из одних ясель», когда человек, ест ту же пищу, что и осел — простое зерно, а не приготовленный из зерна хлеб (пищу человека).

И человек действительно находится в таком же состоянии, как осел — хотя осел и не ощущает, что он таковым является, а человек ощущает, что находится на ступени осла, и нет у него никакой возможности спастись от этого.

Это осознание ступени Фараона. И оно приходит в соответствии с осознанием реальности Творца. Не ясное осознание, а скрытое, но, тем не менее, настолько, насколько человек стремится к духовному, хочет быть подобным Творцу во времена тьмы: двойного сокрытия, простого сокрытия, пока он еще не знаком с Творцом, т.е. настолько, насколько точка в сердце показывает человеку это, в той степени, в которой он хочет продвигаться и прикладывает к этому силы, — в той же степени к нему приходят состояния, в которых человек чувствует себя абсолютно противоположно, и это раскрытие. И необходимо понять — в то время, когда раскрываются эти вещи, — что они необходимы, хотя и очень неприятны. Ведь встреча с Фараоном, это очень неприятно, но это раскрытие сосуда, раскрытие природы, которая затем будет заменена на противоположную — когда человек захочет, чтобы вместо Фараона им руководил Творец.

А сосуды, приобретаемые им, когда ему раскрывают суть Фараона, это те же сосуды, с которыми он придет к самой вершине ступени «человек».

Без осознания Фараона невозможно почувствовать Творца. Это взаимосвязано. Такие же келим, как есть в левой линии, — желании получить ради получения, — есть и в правой линии — желании получить ради отдачи. Творец не сотворил дважды разные келим — хорошие и плохие. Келим — это желание получить, желание насладиться — нечто, созданное из ничего. И Творец сотворил его только раз. Ими можно пользоваться для собственного блага, и это называется Фараоном, а можно пользоваться для блага Творца, и тогда это и называется Творцом, или святостью.

Само кли не принадлежит ни клипе, ни святости: намерение, с которым оно используется, называется или Фараоном или Моше, работником Творца. Возникает вопрос, для чего же тогда нужно столь сильно падать? Мы спускаемся в самые глубины намерений получать, чтобы возненавидеть эти состояния, и захотеть вместо этого прийти к противоположному, к намерению отдавать.

Сначала выход из Египта, прохождение махсома, вход в Эрец Исраэль, но до этого хождение по пустыне. Потом идем, получаем Тору, вливаемся в процесс и так далее.

Поэтому на духовных ступенях после прохождения махсома, когда мы вышли из Египта, мы получаем все большие и сильные желания получить ради получения и превращаем их в еще большее желание получить, но ради отдачи. Это и есть ступени возвышения, — это лестница, но только ты постепенно ступаешь по ней: левая нога — правая нога, левая нога — правая нога и так далее. Поэтому в любом случае для того, чтобы исправить какое-то качество, тебе необходимо для начала приобрести в его отрицательной форме, чтобы было что исправлять.

Почему необходимо сначала почувствовать какое-то качество как плохое и только после этого превратить его в хорошее? В этом есть два аспекта. Прежде всего, если ты не сделаешь это сам, а получишь, не прилагая усилий, это не будет иметь для тебя ценности. А второе, если ты не ощутишь, что именно ты это заработал, ты не сможешь прочувствовать всю глубину и нюансы, имеющиеся в определенном качестве, тобой исправляемом: каким образом оно связано, и как им пользоваться, что приносит использование каждого качества.

Третье, и основное: чтобы прийти к истинному использованию качества, тебе необходимо почувствовать весь спектр его обратной стороны. Ведь преимущество Света приходит из ощущения тьмы. Например, я ем что-то сладкое. Как я ощущаю, что я ем действительно сладкое? Если раньше я ощущал нехватку его. Если сначала я ощутил горькое, кислое, то есть, был в других состояниях. Ведь только одно сладкое я не могу есть. И только горькое невозможно. Без приправ разного вкуса невозможно есть. Таким образом, нам необходимы противоположности.

И так с каждым чувством, нами переживаемым, которое тоже познается на контрасте, как черные буквы на белом фоне. Если бы не было тьмы, мне бы было тяжело увидеть букву. Что такое буква? Она показывает тебе нехватку Света. А белый фон — это лишь Свет. Его ты не чувствуешь и не можешь в нем ничего различить. А когда есть недостаток Света, начинается его раскрытие. Свет человек раскрывает посредством того, что вносит в него вкрапления тьмы — черные буквы.

Это значит, что мы изначально устроены так, что только при помощи желания получить, являющегося нашей природой, мы можем раскрыть и ощутить Свет. И это потому, что изначально мы созданы как желание получить и не больше. И поэтому желание получить должно все время существовать.

Мне необходимо все больше и больше букв — *отиет* и *таамим* и множество противоположностей между хорошим и плохим. И чем более они тонкие и слаборазличимые, тем более глубокие вещи человек будет ощущать — все более специфические и особенные нюансы. И тогда мой вкус — *таам* будет богаче. Мое понимание и образование будут шире.

Поэтому *кли* никогда не исчезает, а становится все более качественным, глубоким и насыщенным всевозможными оттенками — *мешубах*, то есть, активно включает все части, находящиеся в нем, и каждая из них выделяется по-своему.

Человек, входящий в духовный мир, ощущает его, как зародыш: есть взрослая мама, а он сам по себе ничего не ощущает, только путается, «глядя» на нее, и не различает в ней никаких нюансов — она просто хорошая в его ощущении, и все.

Когда он растет, он начинает ощущать, как она к нему относится, как он должен к ней относиться, что и как он должен делать, чтобы получить какую-то специфическую реакцию. Ему раскрывается то, что он состоит из десяти качеств десяти сфирот. И через эти десять сфирот он обращается к высшему, и в них же получает различные впечатления. Далее каждая из этих десяти начинает состоять из еще десяти. Далее он делает еще что-то, приобретает опыт и начинает видеть, что каждая из этих десяти состоит из еще десяти. И так до бесконечности.

Человек раскрывает только десять сфирот, но в этих десяти есть многие уровни глубины — еще, и еще, и еще. А, в общем, он раскрывает глубину кли, состоящего из многих и многих противоположных, маленьких и незаметных штрихов. И это, на самом деле, и является осознанием Фараона и в соответствии с этим — осознание Творца.

Это подобно тому, как происходит с простым человеком, когда он не умеет читать и писать. Он не знает букв и ничего не видит, для него все только белый фон — он ничего не воспринимает, ничего не понимает. При помощи *мосиф даат мосиф макот* (добавляет знаний и тем самым страданий) начинает отличать одно от другого, видеть, что какие-то вещи противоположны, начинает понимать их. Только из тьмы, из страданий, вещей противоположных Творцу, постигается духовное.

И после, в состоянии окончательного исправления, все эти различения — *авханот* остаются. И ничто не теряется. И даже самое маленькое, минорное, плохое ощущение не исчезает. Именно этого тебе может и не хватить для окончательного исправления. Например, если я хочу потратить десять шекелей, и достаю из кармана 20 (но не меньше десяти — тут понятно, что не хватает), то есть, немного больше необходимого, — это тоже называется страданиями, и это считается для меня наказанием сверху. Этим мне хотят показать Высшее управление, направляющее меня к какой-то определенной цели.

И это тоже остается — ощущение, что на одну секунду от того, что я достал больше, мне было чуть-чуть нехорошо. Это тоже должно остаться и соединиться в окончательном исправлении со всеми остальными, пережитыми мной чувствами.

Все, что с нами происходит, даже на бессознательном уровне (потом это проявится в определенной форме и на сознательном), происходит с пользой и в связи с какой-то потребностью. Включая и то, что сейчас мы не чувствуем. Мы ведь сейчас не чувствуем, как атомы в наших клетках сталкиваются друг с другом и как делятся частицы, как работают различные органы моего тела, как делятся и отмирают различные клетки.

А после, когда мы познакомимся с этим, и почувствуем это, мы поймем, как вся система взаимосвязана в одно целое. И это даст окончательное постижение всей системы, называемой желанием получить. Ты почувствуешь ее путь, всю систему Творца, как он хочет облачиться в человека. То есть, Творец облачается в человека, и тогда он становится Человеком — подобием Творца. И на каждой из ступеней все это происходит по принципу «пойдем к Фараону».

Когда приходят к левой линии, есть Фараон, которому необходимо противостоять. Это база (есод) желания получить (*ецер ра*). У него есть много имен — и змей, и Амалек... У Фараона есть много качеств — это миры клипот. Но общее имя этого — Фараон.

Что такое Паро? — это слово, обратное слову затылок, обратная сторона (от переводчика: Фараон на иврите Паро, а затылок — *ореф*, «п» и «ф» в иврите обозначаются одной и той же буквой), — то есть, обратное святому. Это в точности отрицательная копия свойств Творца. Так Творец в свете сотворил тьму, кли. И таким образом все хорошие свойства, имеющиеся в свете, в отрицательной форме имеются в кли, как отпечаток от печати. То есть, проявление нашего кли и есть раскрытие Фараона. Когда ты приходишь к Фараону, это значит, ты приходишь к своему кли, раскрываешь его для себя, знакомишься с ним.

- **Вопрос: Почему духовная лестница построена таким образом, что человек перед тем, как подняться на следующую ступень, — должен сначала непременно упасть? А не как обычная лестница, по которой мы идем и все время поднимаемся, поднимаемся...**

Человек, поднимающийся по ступеням духовной лестницы, всегда сначала приходит к левой стороне, а потом к правой и из этого выстраивает среднюю линию, и это и есть он сам (человек). Сверху приходят две линии: левая и правая, Фараон и против него Творец. А человек посредине. Человек должен взять келим из Египта, от Фараона, исправить их посредством принятия формы Творца, получения Света, а то, что исправит, будет его. И с этим багажом он принадлежит Эрец Исраэль — ступени святости.

Когда человек входит в состояние Фараона и начинает ощущать его природу, он в это время находится внутри этой его природы. Но с той лишь разницей, что теперь он находится в этой природе осознанно. То есть, он видит насколько он отрицателен. Это не тот человек, который просто гуляет, работает, сидит и учится где-то, — этот человек уже называется работником Творца, так как свыше ему показывают, какие у него существуют отношения с Фараоном, а какие с Творцом.

А в то время, когда он просто жил, не изучая Каббалу, и был просто маленьким эгоистом, он еще не назывался грешником — *раша*. Когда мы говорим о человеке, мы говорим с точки зрения того, как он себя ощущает и чувствует. Как он постигает «кто я?». Не с точки зрения Творца или кого-то другого. А какова степень его собственного постижения себя. Какова его ступень. И в соответствии со ступенью, на которой он находится, он решает про себя — кто он.

И если он находится на ступени, на которой находится весь остальной мир, который живет, не ведая, где находится, и ничего не знает о собственной жизни, у которого невидящие, закрытые глаза, — тогда он еще не называется ни праведником, ни грешником. Он просто маленький человек, находящийся на животном уровне. Но если он приходит к осознанию того, что он грешник, то тогда он и называется грешником.

Грешником называется человек, который проделал большую работу над собой и вложил много усилий в изучение Торы — и посредством этого к нему приходит Тора как приправа, пряность — *тавлин*. К нему приходит то, что называется «Свет Торы возвращает к Источнику», и показывает человеку: откуда, из чего он должен вернуться к Творцу. И это уже влияние Торы. То есть, прийти к ступени «грешник» не так-то и просто.

Я подчеркиваю, прийти к этой ступени. Это уже определенная ступень. Для этого тебе, прежде всего, необходимо много учить Тору, и только после этого ты начинаешь видеть, что ты грешник. Свет озаряет, светит тебе и приносит тебе это ощущение. И после того, как ты решаешь, что ты грешник, у тебя появляется импульс исправить это состояние.

Иначе говоря, ты видишь, что ты грешник, и тебе плохо от того, что ты плохой. И тогда ты продолжаешь учиться и идти по тому же пути, и Тора, свет становится для тебя «приправой» — исправляющей, и начинает тебя исправлять. Об этом написано «Я создал злое начало...» — Творец раскрывает тебе твой эгоизм, твое злое начало, и тогда тебе необходима Тора в качестве исправления (Тора — тавлин). Не свет, раскрывающий тебе плохое, а свет, исправляющий в тебе плохое. И таким образом ты становишься праведником.

Что такое «праведник» — это когда ты исправляешь келим, которые прежде ты определил, как плохие, с намерением получить при помощи света, возвращающего к Творцу. Ты их исправляешь на намерение на отдачу. И тем самым ты возвратил эти келим к Творцу, к хорошему их использованию.

Это значит, что человек не может стать праведником, если прежде не был грешником в точном соответствии с этим определенным «праведником». И поэтому написано:

«Я создал этот мир только для совершенных праведников и для законченных грешников».

«Законченные грешники» — это те, которые находятся в левой линии, когда они ощущают, что они законченные грешники. И каждый раз, не важно, на какой ступени он находится, такой человек ощущает, что он только плохой. А «совершенные праведники», для которых также был создан этот мир — это те, кто переходит в правую линию, и исправляют то плохое, что в себе раскрыли, и становятся полностью праведниками на той же ступени.

Таким образом, на каждой ступени есть законченный грешник и абсолютный праведник. И так на двух ногах человек и продвигается. Это то, что мы читаем на встрече Субботы, которая является символом конечного исправления, о двух ангелах мира — *Малахей Шалом*, приводящих человека к окончательному исправлению: злое начало и доброе начало. Оба они свыше. А человек называется по имени того, кто в данный момент им управляет.

Если управляет ецер ра, то человек называется грешником, и он знает, что он грешник, а если ецер тов, то тогда человек говорит о себе, что он праведник. И не бывает одного без другого.

Это означает, что у тебя есть все келим, наверху есть все Света, в соответствии с этими келим, для того, чтобы их исправить и наполнить. А человеку необходимо приложить усилия, чтобы свет и кли встретились. А свет, встречающийся с кли, сделает с кли все, что необходимо. А тебе необходимо только приложить усилие.

- **Вопрос: Человек должен сделать анализ своего состояния?**

Наверное, это врач спрашивает, раз он сразу предлагает сделать анализ. Как в поликлинике. Сделать проверку для выяснения своего состояния. И это правильно. Врачи так работают и знают, что если не проверить человека — какие у него части тела, основы — *есодот*, то без этого мы не поймем, кто этот человек, что это за тело. Только в анализе крови имеется около 700 параметров, показателей. Не всегда нужно знать их все, но известно, что это кли можно разделить на такое количество различных частей. И можно разделить на бесконечное количество. И так любое кли.

Это, верно, невозможно ничего сделать без анализа, не поставив точный диагноз. Так больной приходит к врачу, и врач лечит (написано «дано врачу право лечить»); но недостаточно прийти и сказать, что просто мне плохо, и я прошу тебя это исправить. Ты непременно спросишь: «что именно плохо?» и попросишь меня рассказать подробнее и конкретно.

В соответствии с моим внешним описанием проблем и трудностей ты начинаешь понемногу углубляться внутрь. Когда это произошло, и ты услышал глубину рассказа, можно посмотреть и увидеть, что именно в этой части тела неисправно (в Каббале «тело» — желание получить). И так, пока не раскрывается причина. И если она выяснена, мы уже знаем, что именно надо делать.

Поэтому осознание зла, то, что называется «пойдем к Фараону» — это самый первый этап. Иди к нему, исследуй его — то есть, твою болезнь — и тогда можно будет говорить, тогда мы уже найдем лекарство.

Иногда к известнейшим врачам идут не для того, чтобы лечиться, а для того, чтобы поставил диагноз. И это основная сложность — точно определить болезнь. Найти потом нужное лекарство — это уже менее сложно.

Поэтому мы должны ценить происходящий с нами в данный момент процесс осознания зла, который является постановкой диагноза — что во мне, что со мной, почему я плохой, и где точно во мне находится зло. Каковы его контуры.

И после того, как я изучил свое зло, мне необходимо понять, что это мое зло является точным отпечатком с добра. Творец запечатлел во мне эти свойства в плохом виде, в виде зла. У Него эти свойства существуют в хорошем своем проявлении, а у меня в плохом. Но это одна и та же фигура, та же форма. То же желание получить с намерением получить — *аль менат лекабель* и желание получить с намерением отдавать — *аль менат лехашпиа*. И мне необходимо первое превратить во второе.

И если я хорошо изучил это кли, то исходя из этого, я могу узнать каким образом я могу его исправить и стать здоровым (слово здоровый — *бари* и Творец — *Боре* имеют один и тот же корень). Поэтому осознание зла — очень важный процесс, можно сказать, творческий, и им нельзя пренебрегать. А кроме осознания зла, нам необходимо позаботиться о том, чтобы был Свет, который займется этим злом.

А относительно зла мы должны проявить такое отношение: что мы не хотим погрязнуть в нем. Ведь есть люди, питающие любовь к страданиям и думающие, что таким образом они исправляют зло. Это не так. Зло исправляется только ненавистью к нему — отдалением от него. То есть, работа в процессе осознания зла заключается в том, что человек все время стремится к хорошему.

Например, я не очень хорошо себя чувствую. Я прилег. Ко мне приходит кто-то и спрашивает, как я себя чувствую. Я отвечаю, что хорошо, но тогда почему я прилег? То есть, я уже не обращаю внимания на то, что для того, чтобы чувствовать себя хорошо, мне нужно лежать.

Это похоже на плохо чувствующего себя человека, согласного с этим — он сидит и получает удовольствие от того, что ему плохо. Тем самым он опускает себя на более низкую ступень и воспринимает ее как что-то хорошее и нормальное. Пусть даже у него потом что-то произойдет с ногой от того, что он сейчас сидит и избегает лечения, но он, тем не менее, сидит. Его спрашивают, как он себя чувствует, и он отвечает, что нормально, несмотря на то, что уже не может ходить. И, тем не менее, он сидит, а не лежит.

То есть, нельзя быть в согласии с состоянием, когда ты чувствуешь себя плохо. Необходимо все время стремиться к тому, чтобы быть стопроцентно здоровым, сравнивать себя с полностью здоровым человеком, говорить о хорошем — о том хорошем, что есть, в Творце, в духовном; говорить о том, как к этому продвигаться. И все время стараться не говорить и не думать о плохом. А наоборот, — все время стремиться к хорошему. И тогда посредством этого тебе раскроется истинная глубина зла, в котором ты находишься.

А иначе ты будешь лежать, не двигаясь, и говорить, что тебе и так хорошо, и ничего не нужно. Зло раскрывается в той степени, в которой человек старается выйти из него. Поэтому мы говорим, что двадцать три с половиной часа в сутки человек должен быть соединен с хорошим. Славить, быть благодарным и связанным только с хорошим. Стремиться только к хорошему, к Творцу. И только полчаса в день я позволяю себе исследовать, в каком же зле я нахожусь, и тогда действительно оно раскроется как зло, с которым я не согласен.

Я иногда вижу на своих уроках людей отчаявшихся, неудачников, ослабленных и не ощущающих вкуса к жизни.

Если человек на самом деле находится в таком состоянии, то ничего с этим не поделаешь. Как написано: «Узник сам не может вызволить себя из заключения». И это действительно так — с одной стороны. Но с другой, если человек согласен оставаться в таком состоянии, несмотря на то, что хоть чуть-чуть, но может выйти из этого состояния, тогда это настоящая катастрофа. Так невозможно продвигаться.

Продвижение в духовном заключается в борьбе с плохими ощущениями даже на короткий момент. И это потому, что только при помощи света мы можем раскрыть еще большее зло: или выйти из него, или его исправить — чтобы было хорошо. Только посредством света. То есть, чем больше человек тянется к свету, тем быстрее он переводит плохие состояния в более продвинутые.

- **Вопрос: В праздники мы чувствуем больше или меньше света, чем в будние дни?**

Если смотреть на наш мир, то праздник — это особенный период, когда человек должен выполнять специфическую работу — как в материальном, так и в духовном. У каждого явления имеется корень и ветвь. И в соответствии с этим есть общие окружающие света для мира, для нации, и особенно для Бней Исраэль и земли Израиля. И нам необходимо пользоваться этим.

Поэтому мы говорим, что у каждого есть свой личный Песах, когда он ощущает Фараона, выход из Египта, и так далее. Это может случиться и когда на календаре Суккот, и в любой другой день. А, кроме того, есть Песах календарный, и в этот праздник к нам приходят особые общие окружающие света — общие, а не личные. И если правильно воспользоваться этими общими светами, можно получить огромные силы. И это то, к чему мы стремимся, зачем же это терять.

Если мы посмотрим на простой народ — он совершает различные действия, принятые в этот праздник, как написано в книгах, и ничего более. Он просто соблюдает. Это называется соблюдать Тору и заповеди. А мы делаем другое — мы хотим стать лучше при помощи Торы и заповедей. Мне не столь важно само их соблюдение, а важно улучшить себя. Не думать о Торе и заповедях, с ними ничего не случится, а думать о себе — что со мной происходит.

Таким образом, при помощи праздников мы хотим «заработать» еще большую духовную силу. Своей личной и групповой работой в праздник мы хотим притянуть как можно больше от окружающих светов, приходящих в праздник ко всей нации.

Этот окружающий свет — общий, но мы хотим воспользоваться им лично, взять его в личное пользование. Мы говорим в терминах светов и сосудов. А Творец — это свет. Мы же действуем в наших намерениях, и это называется притягивать света лично, а также я действую физически, и это называется притягивать света от общего, эти света приходят к нам в общем виде.

Например, я работаю на Творца лично. И сейчас, посредине года, в будний день у меня мой личный Песах. Для этого мне не нужны заповеди, и вообще ничего не нужно. Это мой личный, внутренний Песах, мой выход из Египта, из моего личного эгоизма. Я удостоился — и выхожу. И до свидания, Фараон!

Для этого у меня нет необходимости в каких-то внешних действиях — ни приготовлений к Песаху, ни соблюдения определенных правил. Так как я делаю это лично. Я притягиваю к себе света, помогающие мне выйти из Египта и тянущие меня оттуда, из Египта, за махсом — лично только меня.

Но если я хочу воспользоваться общими окружающими светами, приходящими ко всему миру, к нации и Израилю и хочу воспользоваться ими также и для личного продвижения, тогда я должен проводить праздник, как весь народ, именно потому, что эти окружающие света — общие.

Что это значит? Практические действия: есть мацу, приготовить все, что разрешено в Песах, читать, как указано нашими мудрецами, Агаду. И это потому, что я хочу притянуть себе свет из общего источника. То есть, я должен праздновать, как все, практически. И одновременно — в намерении (а оно мое личное), так как я хочу этот общий свет притянуть к себе. Это и есть причина того, что мы празднуем так. Это и есть наш Песах.

А вся остальная материальная и духовная работа в Песах — второстепенна и не важна. И если вместо учебы, я буду работать на кухне для подготовки Песаха, это намного важнее. Это даст мне больше возможностей получить свет, возвращающий к Творцу. Расчет очень прост: в соответствии с окружающим светом, делается именно то, что притягивает его в больших количествах.

Я помню, когда пришел к Рабашу, прошел Песах, приближался Суккот, все начали работать в шалашах — в Сукке. Мне объяснили, и я принял это. Принял, но не понял. Я помню: все встают, начинают работать в Сукке. И сам Рабаш встает и отрывается от урока, начинает ходить между нами — здесь десять минут, там десять минут, сам урок уже не имеет значения. А важно ему то, что делается с досками, принесли ли столы, и так далее.

Ведь гораздо проще было бы взять какого-то подрядчика, заплатить ему денег, чтобы сделал тебе работу. Так ведь нет, Рабаш сам ходил, все устраивал, потом сам делал. Я помню как-то в Песах, до прихода гостей мы поднялись наверх, в зал для женщин, где стояли столы, и сами накрывали их нейлоном и фольгой, чтобы, когда придут люди, они могли бы работать.

Пойдем к Фараону

Барух Ашлаг был большим Учителем, Адмором, мог бы вместо этого пойти и написать статью, сделать что-то для будущих поколений. А он занимался и этими простыми вещами. И это на самом деле важнее сделать самому, чем заплатить кому-то или дать сделать вместо себя.

Посредством таких действий человек подставляет себя под луч окружающего света, спускающегося на нас. Он таким образом притягивает на себя Высшие света. Именно в соответствии с этим и производится «подсчет».

И сейчас некоторые из нас находятся в рабочей комнате и, к своему сожалению, не могут учиться, а я рад тому, что они находятся в месте, где им дается больше, чем могли бы получить, находясь здесь. Но это происходит внешним образом — в работе. То есть, вместо того, чтобы просто читать, они просто работают.

Почему «просто»? Потому что все остальное зависит он намерения. Человек уже связан со светом Песаха, он уже находится в этой работе, но как он усилит это воздействие, как при помощи намерения притянет для себя и получит максимум от окружающего Света, из этого общего потока, приходящего на Песах — зависит от его намерения. То есть, нам необходимо работать и практически — *бэ-маасе* и в намерении — *бэ-кавана*.

Я надеюсь, что на следующий Песах, мы установим здесь специальную печь и будем сами печь мацу. Вот это будет действительно работа!

- **Вопрос: В чем заключается роль группы в анализе — *бирурим*, в работе по осознанию зла?**

Написано: «И застонали сыны Израиля от этой работы...», и «в Египте стали народом». То есть, в Египте дети Израиля стали народом и вышли из Египта, потому сплотились. Хотя для каждого человека начало работы индивидуально и происходит в личной форме, но без группы и объединения, где ты черпаешь дополнительные силы и проясняешь еще какие-то вещи, невозможно прийти к состоянию, называемому выходом из Египта.

И в частной работе тоже, как говорят мудрецы, — если ты сам по себе удостаиваешься выхода из Египта, тебе все равно необходима поддержка группы. Так как есть различаемые особенности, которые человек не может получить свыше, а только посредством другого тела человека. И поскольку ты находишься во тьме, а не в прямой, раскрытой связи с Творцом, то через товарищей ты можешь раскрыть свою природу, то, что не можешь раскрыть с Творцом.

Насколько ты эгоист, насколько ты готов отдавать, насколько ты можешь общаться с кем-то, кого не любишь и даже ненавидишь, и, в конце концов, согласен присоединиться к нему, только для того, чтобы продвигаться в духовном, — эти вещи дают постепенно человеку прояснения, без которых он не может осознать, что такое плохо и что такое хорошо в духовном смысле.

Вначале человек отвергает и ненавидит всех, и ему никто не важен. Потом он понемногу начинает соглашаться с тем, что ему необходимы другие люди, которые хоть немного, но помогут ему продвинуться. Затем он начинает понимать, что только в мере того, насколько он отдает другим — настолько он продвигается. После этого он придет к состоянию, когда само продвижение ему будет не важно, только бы у него была возможность отдавать.

Из-за того, что пока мы не связаны с Творцом (пока не прошли махсом), нам необходимо, чтобы вокруг нас были товарищи, при помощи которых мы раскроем свое состояние.

- **Вопрос: В чем разница между Песахом и обычным днем лично для каждого человека?**

В каждом человеке каждый праздник и вообще каждый день и в каждом состоянии — ни одна минута не похожа на другую, так написано. Каждая минута означает, что в каждом состоянии у человека разное отношение к Творцу, так как данные отличаются. И таким образом в отношении Творца человек находится каждый раз в своем, особом состоянии. Отношение к Творцу особое. И в соответствии с этим необходимо построить особое (для каждого состояния) намерение, чтобы получить максимальную пользу, чтобы продвигаться вперед.

Поэтому каждый раз намерения, качество прилагаемых усилий, должны быть различными. Человек пока что этого не ощущает.

Допустим, ты находишься в каких-то отношениях с хозяином. Иногда они такие, а иногда совсем другие — иногда так, а иногда иначе. Но каждый раз это отличные друг от друга ситуации, разные случаи. И в соответствии с этим ты по-разному реагируешь и чувствуешь его иначе. И так на протяжении всей жизни человека — отличие между разными минутами, если он связывает их все с Творцом.

Прежде всего, то, что Творец создает для него эти минуты. И так всю жизнь: вся картина жизни, предстающая перед человеком, — это те картины, которые Творец показывает ему. А он должен только сформировать отношение к этим картинам, и через них относиться к Творцу. То есть, в соответствии с картиной, каждый раз по-разному влияющей на его желание получить в отличие от предыдущей картины, человек должен в разной форме относиться к Творцу.

Что такое в «разной форме»? Сохранить одно и то же отношение — безграничную любовь. А человек, в соответствии с этими отличными друг от друга картинами, показываемыми ему Творцом, должен приложить различные усилия. И эти различающиеся усилия в каждом отдельном случае дадут человеку другую картину его жизни. И тогда человек ощутит не то, как Творец рисует ему эти картины, а как он сам это делает — рисует эти картины, чтобы его отношение к Творцу было бы совершенной любовью.

То есть, чтобы не Творец показывал человеку фильм, а наоборот — человек сам крутил этот фильм, так чтобы этот фильм был совершенной любовью к Творцу.

Пойдем к Фараону (2)

«Шлавей Сулам», том 2, стр. 80
Урок 1, 20 марта 2002 года

Спрашивает Книга Зоар: «Пойдем к Фараону» — разве не следовало сказать: «Иди к Фараону»? Но так как видел Творец, что Моше страшится, и иные ангелы-посланцы наверху не могли приблизиться к нему, — сказал Он: «Вот Я иду на тебя, Фараон, Царь Египта, великое чудовище, лежащее в реках своих» — то есть, Творец должен был начать с ним войну, как написано: «Я — Творец» — и разъяснили мудрецы: «Я, а не иной», — и не посланник» — так написано (начало главы «Бо»).

И разница между *бо* — приди, также пойдем и *лех* — иди в том, что бо означает: «Мы пойдем вместе» — как обычно говорит человек своему товарищу: «Пойдем!».

И необходимо понять вот какой вопрос: спрашивает Книга Зоар, для чего должен был Творец идти с Моше? Разве один Моше не мог сам воевать с Фараоном, а только Творец и никто иной? И если так, то зачем должен был Моше идти с Творцом? Ведь сказано: «Я — а не посланник». Итак, какая польза от того, что Творец пошел к Фараону, названному «чудище», с Моше? Ведь мог Он пойти к Фараону без Моше.

И нужно еще понять то, что сказали мудрецы наши («Кидушин», 30, 2): «Сказал Рейш Лакиш: «Злое начало одолевает человека каждый день и желает умертвить его, как сказано: «Подстерегает нечестивец праведника, и если бы Творец не был помощником праведника — не смог бы праведник одолеть нечестивца, как сказано: «Творец не оставит его рук».

Пойдем к Фараону (2). Урок 1

И здесь также встает вопрос: если человек сам не может преодолеть, а Творец должен помочь ему — к чему эта двойственность? Другими словами, либо пусть Творец даст человеку силы преодолеть его злое начало самому, либо пусть Творец сделает все. Для чего нужны здесь, будто бы, две силы: одна — человека, а другая — Творца? И будто бы только ими двумя можно преодолеть зло — а одной силы недостаточно.

...И нужно понять, почему необходимо знать, что только Творец, Он выводит вас из-под гнета египетского...

А дело в том, нужно всегда помнить о Цели, к которой мы должны прийти. И поскольку Цель творения — насладить сотворенных, посему наша цель получить наслаждение, которое Он замыслил для нас. Однако, для исправления, называемого «слияние», то есть, тождественность формы (подобие свойств), — именно для этого есть у нас работа, чтобы приобрести отдающие келим. Но это — лишь исправление творения, а не совершенство! Совершенством же называется познание Творца — познание и постижение Торы, называемой «имена Творца».

И посему недостаточно того, что есть у нас уже силы, чтобы выполнять Тору и заповеди без всяких помех, ибо это лишь исправление. Тогда как совершенство Цели — (в том, чтобы) постичь, познать Тору на ступени, называемой: «Тора, Исраэль и Творец — едины». И об этом сказали наши мудрецы: «Так сказал Творец Израилю: «И узнаете, что Я — Бог, Творец ваш, выводящий из Египта, что Я, а не посланник» — и это значит, что все общество должно прийти к познанию Творца, называемому «Тора» — имена Творца.

* * *

Название «Песах» происходит от слова *пасах, посеах* — минует, пропускает, перескакивает. Это означает, что из всей большой работы, проделанной человеком, со всеми подъемами и падениями, которые он проходит в стремлении к духовному, то, погружаясь снова в поиск наслаждений этого мира, думая только о самом себе, то, достигая состояния, позволяющими подумать еще о ком-то, кроме самого себя, — хотя, конечно, все его мысли о других людях тоже эгоистичны, и все эти расчеты пока находятся в пределах нашего мира — из всей этой работы в расчет принимаются только подъемы, и не учитываются, «перескакиваются», падения.

Бааль Сулам пишет в своем письме (При Хахам, Игрот), что Творец подсчитывает все попытки человека подняться к Нему, собирает их все вместе, так чтобы из этого создалась необходимая критическая величина, достаточная чтобы дать человеку свет, выводящий его из Египта и позволяющий ему соединиться с Творцом, раскрыть духовное, открыть «будущий мир».

Поэтому все те действия, которые человек совершает бессчетное число раз, все те состояния, через которые он проходит день за днем, во время учебы, во время подготовки, работая для группы — все это постепенно собирается в состояние, называемое «Песах», когда складывается вместе все положительное, а отрицательное не принимается в расчет. Не учитываются падения, когда человек погружался и находился под властью «египтян», и это то, о чем говорится в Торе, что у Творца один расчет на дома египтян, которым он посылает кару, и другой расчет на дома сынов Израиля, которые Он спасает.

Для каждой души существует свой счет, своя мера, позволяющая человеку достичь такого состояния, но когда достигается относительно этой души необходимая критическая величина, «домов исраэль» относительно «домов египтян» (домами называются келим), тогда Творец собирает их все вместе — делает Песах (собирает хорошее, проскакивая, пропуская плохое) и выводит их из Египта. Собрав вместе хорошие келим, Он дает им свет, исправление, и человек в этих келим ощущает, что вышел из Египта.

А египтяне пока остаются в Египте — пока еще невозможно дать избавление получающим келим, а только Гальгальта вэ-Эйнаим — народ Израиля — выходит оттуда и впоследствии удостаивается получения Торы. А в Гмар Тикун (в конце исправления) также и египтяне получат свое исправление.

Те келим, которые евреи вынесли из Египта, постепенно исправляются — производится их разбиение, происходит строительство и разрушение Первого Храма, Второго Храма. Мы же сейчас находимся на самом последнем этапе — перед конечным исправлением.

Нам необходимы и подъемы и падения, мы должны пройти все эти состояния, и лучше пройти их как можно быстрее. Скорость их прохождения зависит от усилия человека, от того, сколько сил он вкладывает в работу, в учебу.

Группа обладает огромным запасом сил, и тот, кто действительно хочет присоединиться к ней и заслужить право воспользоваться ее силами, тот должен стараться как можно скорее связаться с ней посредством своей работы, учебы, правильного намерения, и тогда осознание величия Творца, исхода из Египта, важности входа в духовное — весь этот настрой, которым обладает группа, все это перейдет к нему, и он тоже заслужит право выйти вместе со всеми.

Несмотря на то, что, как мы видим, именно Моше приходит к Фараону, он сражается с ним, он связан с Творцом — всего лишь одна точка в сердце, только она соединяет человека с Творцом, а весь остальной народ вообще не понимает, что происходит. Все происходит в темноте, в спешке — Моше говорит им: «Идите, возьмите келим у египтян, и в полночь мы сбежим отсюда».

Народ просто слушает его и подчиняется, и этим заслуживает избавления от рабства, выхода из Египта. Поэтому мы должны понять, что сейчас не обязательно, чтобы вся наша плоть, до самых костей, стремилась достичь такого состояния — это еще не Гмар Тикун, а только самое начало пути. Лишь одна точка во мне говорит с Творцом во время выхода из Египта, а все остальные мои точки, словно «народ Израиля» относительно Моше — только подчиняются ей.

Так и человек, который входит в группу — должен преклониться перед ней, чтобы она могла вытянуть его, могла взять его и вывести, чтобы он вместе с ней мог перейти из своего нынешнего состояния — в лучшее.

Меня спрашивают приезжающие из-за границы к нам на Песах: «Как человек должен настроить себя, когда приезжает в Бней Барух на праздничную неделю, с какими намерениями, с какими желаниями он должен приехать?». Это как раз то, что он должен сделать. И каждый из тех, кто находится здесь с нами постоянно, должен сделать то же самое, а не только наши гости.

И даже те, кто не смог приехать, а находятся в других местах и в других странах мира, и в самом Израиле, но далеко от нас — все они должны постараться присоединиться к этой общей задаче, проникнуться этой общей идеей, независимо от географических границ.

Только одна точка — Паро находится против Творца, противостоит Ему, а между ними находится Моше — это точка в сердце в нас, через которую ведется спор между Фараоном и Творцом, а все остальные наши желания должны просто подчиниться ей. Так и человек должен подчиниться группе.

Поэтому написано, что в день выхода из Египта «стали вы Мне народом» — а до этого как бы не было еще такого понятия, как народ Израиля. Этот исход, приобретение экрана, происходит внутри человека, когда он получает исправление за счет Высшего света, приходящего к нему — во время выхода из Египта приходит свет ГАР дэ-Хохма, только таким сильным светом можно подготовить для этого келим. И это называется переходом Ям Суф — Конечного моря — который происходит при помощи света ГАР дэ-Хохма.

Это возможно сделать, только объединившись. Много людей, много друзей собираются вместе, объединяются — становятся «народом», одним единым сосудом, кли, и тогда свыше приходит свет, который может вывести нас из Египта.

Поэтому любовь между товарищами, объединение, способность уступать друг другу — совершенно необходимы, это непременное условие, чтобы желание каждого соединилось с желаниями всех остальных и создало общее желание, соответствующее состоянию «Песах».

Пойдем к Фараону (2). Урок 1

Мы принизим, склоним наши материальные эгоистические желания, забудем все наши мелочные расчеты друг с другом — и выделим и соединим вместе только наше стремление к духовному, объединим наши точки в сердцах все вместе, чтобы все эти точки соединились в одно общее кли, которое будет достаточным, чтобы действительно вытащить нас, заслужить свет исправления, приходящий свыше.

При выходе из Египта собирается вместе вся та работа, которую человек проделал за долгие годы периода подготовки, и происходит подведение ее итогов. Поэтому мы должны объединиться и достичь нужной меры, и если мы сможем это сделать, то света Песаха, и в материальном, и в духовном, так будут на нас воздействовать и повлияют на нас, что мы на самом деле удостоимся приблизиться к духовному.

Народ Израиля не создается только тем, что простой люд соединяется друг с другом. Народом они становятся из-за того, что все вместе присоединяются к Моше. Моше называется «верный пастырь», это посланник Творца внутри народа. А понятие «народ Израиля» означает, что они присоединены к Моше: Моше это свойство Исраэль, тот, кто указывает направление. А остальные просто, как толпа идут за ним, и он выводит их.

Но если каждый из трех миллионов евреев, находившихся тогда в Египте, должен был соединиться с Моше, разве не было бы этого достаточно? Почему они также должны были соединиться друг с другом, для того, чтобы иметь возможность присоединиться к Моше и соединиться через него с Творцом? Почему это было непременным условием — объединение между собой?

Необходимость присоединиться к Моше означает устранение эгоизма, любви к самому себе. А следствие устранения любви к самому себе — это любовь к ближнему. Поэтому сначала народ соединяется между собой, друг с другом, и это значит, что они уничтожают свой эгоизм, любовь к самому себе, и тогда они в состоянии получить от Моше послание — любовь к Творцу, и через Моше соединиться с Ним.

Не каждый обязан достичь уровня Моше, но должен принять на себя работу «любить ближнего» на том уровне, на котором находится простой народ Израиля, а не на том уровне, на котором находится Моше. Моше находится на духовных ступенях. Каким образом он может вытянуть за собой народ, вывести его?

Моше находится на духовных ступенях, а народ на материальном уровне. Что значит, при этом пойти за Моше? Какое условие необходимо для этого выполнить?

Прежде всего, нужно сделать сокращение на свои собственные келим, и как следствие этого, соединиться со всеми остальными, на своем собственном уровне — с еще тремя миллионами таких, как ты. А после того, как ты таким образом отказываешься от свого эгоизма, ты можешь соединиться с Моше. До этого ты не в состоянии этого сделать.

Сам исход из Египта происходит, когда ты присоединяешься к Моше не на его высоком уровне, а только на уровне самоотмены. Это то, что называется состоянием рождения. Исход из Египта называется «духовным рождением». Когда достаточно тебе просто идти за ним с закрытыми глазами.

Моше идет впереди всех с открытыми глазами, опираясь на свой посох — он знает, куда идти и как вывести за собой народ. И не только он один — есть еще сопровождающие в дороге: Нахшон, который первым прыгнул в море, другие...

Но твоя самоотмена по отношению к Моше, должна быть такой, как будто ты младенец, относительно взрослого. И этого уже достаточно. Маленький ребенок не знает, куда отец ведет его. Ему достаточно ухватиться за руку отца, и он будет уверен, что тот непременно приведет его в хорошее место.

Чтобы дойти до уровня Моше, нужно пройти махсом, войти в землю Израиля, пройти еще множество стадий... Моше находится на очень высокой духовной ступени. Он самый великий среди пророков.

Пойдем к Фараону (2). Урок 1

Будучи со всем народом в Египте — он сам не находился на ступени «Египет», а уже находился на ступени «земля Израиля». Поэтому он и не входит вместе со всем народом в землю Израиля. Он уже вне этого, он находится дальше, выше этого.

- **Вопрос: Если народ Израиля уже когда-то вышел из Египта, то почему мы сейчас должны повторять это снова?**

Народ Израиля в историческом процессе своего развития совершил исход из Египта где-то четыре тысячи лет назад. И поэтому нам сейчас не нужно проходить это снова на материальном уровне. Мне не нужно сейчас, словно Аврааму, идти в Ур Касдим, к Саддаму, а потом переезжать в Израиль, а из Израиля спускаться в Египет, оттуда снова возвращаться в землю Израиля; строить Первый Храм, Второй Храм и проходить весь этот процесс...

Все, что сделали наши материальные тела в прошлых воплощениях — все это нам уже не нужно проходить снова. Материальные тела в тех воплощениях сделали то, что должно было быть исполнено на уровне духовных корней — воплотили это в материи. В духовном из этого не было еще сделано ничего. Душа еще не достигла этого в духовном.

В то время, когда все эти события происходили на материальном уровне, народ в духовном плане находился на своей обычной ступени — на уровне простонародья. И исход из Египта, и вступление в землю Израиля — все это произошло только на материальном уровне.

Все, что у них было на духовном уровне в то время — это свечение уровня Нефеш, и только. Это значит, что было у них ощущение того, что они близки к духовному, к Творцу, ощущение важности того, что они делают. Как у человека, который находится под впечатлением, под воздействием духовного.

Но то, о чем написано в Торе, то есть, те духовные ступени, которые там описаны — это человек еще должен все пройти. Это то, что мы должны пройти сейчас, в наше время — достичь этих духовных состояний посредством внутренней, духовной работы.

А в то далекое время наши души ничего этого не прошли. Происходившие с ними тогда материальные события были подобны духовным состояниям — но только на уровне Нефеш. Если существует некий духовный корень, он обязательно должен распространиться до этого материального мира и воплотиться здесь. Именно поэтому мы когда-то прошли весь этот путь в материальном — прошли уже через все, кроме самого окончательного исправления.

Мы уже были в Египте, вышли оттуда, захватили землю Израиля, построили Первый Храм на уровне мохин дэ-Хая — и он был разрушен, построили Второй Храм на уровне мохин дэ-Нешама — он был также разрушен. Вышли в изгнания. Прошли через несколько изгнаний и сейчас возвратились из последнего. И сейчас мы должны построить Третий Храм, в котором мохин дэ-Хая и мохин дэ-Нешама будут присутствовать вместе как мохин дэ-Ехида. Чтобы Третий Храм был, как оба предыдущих вместе.

Это подобно происходившему в мире Некудим. Там было распространение света из Аба вэ-Има, рождение первых четырех мелахим — как бы соответствующих Первому Храму, уровню света Хохма. А затем распространение парцуфа ИШСУТ — выход четырех мелахим на следующем, втором уровне, что называется «Вторым Храмом».

Это значит, что в материальном мире мы уже прошли весь путь, до самого конца исправления. В духовном же мы пока еще ничего не сделали. Мы только-только дошли до состояния, в котором находимся сейчас — до «подготовительного периода», времени подготовки. И сейчас нам необходимо совершить исход из Египта, войти в духовное и затем проделать весь этот путь в духовном.

Наше настоящее время — это время, когда в ближайшем будущем все души должны завершить свой подготовительный этап и выйти в духовное, а затем начать подниматься по духовным ступеням и, пройдя все 125 ступеней, — дойти до конца исправления.

То есть, в материальном нам практически уже нечего воплощать, кроме того, что мы должны сделать еще до строительства Третьего Храма. От нашей внутренней рабо-

Пойдем к Фараону (2). Урок 1

ты, от наших дел зависит, сколько еще страданий или, наоборот, сколько хорошего раскроется, чтобы мы могли прийти к нашему окончательному исправлению.

- **Вопрос: Что означают десять египетских казней? Что означает, что Творец пропустил дома евреев и покарал дома египтян?**

Творец «пропустил дома евреев и покарал дома египтян». Человек, проходя через различные состояния, хорошие и плохие ощущает себя то ближе к Творцу, то дальше от Него.

Как объясняет Бааль Сулам в книге При Хахам. Письма, что, несмотря на пробуждение в человеке любви к Творцу и ощущение своей связи с Ним, он теряет все эти ощущения — но Творец ведет счет только хорошим состояниям и накапливает, собирает их все вместе в одну общую меру, достигнув которой, человек может получить постоянную, не прерывающуюся связь с Творцом. И это называется пасах — то есть, когда Творец в своем расчете учитывает только хорошие дела человека и посэах плохие.

Почему говорится, что Он не принимает в расчет плохие дела — ведь человек, будто бы, виноват в них? Нет, человек не виноват — Творец намеренно ожесточает его сердце и запутывает человека, чтобы внутри темноты он смог раскрыть свет.

Поэтому не ведется счет, насколько силен человек, насколько он преуспел или нет, — счет только на то, достаточно ли прошел человек, чтобы прочувствовать состояния любви, связи с Творцом, слияния с Ним, или еще не достаточно.

И скорость достижения такой необходимой меры зависит от того, сколько сам человек прикладывает усилий. А Творец делает все — в наших руках только возможность ускорить время. Если я вложил много энергии, усилий, приложил все мои силы — приходил каждое утро, делал все, что только возможно в учебе, в работе для группы (а сейчас в этот период времени, относящийся к Песаху, это действует особенно) — то я ускоряю, укорачиваю время. С большой скоростью проносятся у меня внутри состояния подъемов и падений, и я быстро достигаю своей необходимой меры, и производится относительно меня расчет, называемый «пасах».

Когда делается окончательный расчет? После семи урожайных лет, после семи лет голода, после десяти ударов, казней — после многого, многого... И тогда вдруг внезапно делается окончательный расчет. Почему внезапно? Потому что нужная мера достигается во тьме, посреди ночи... Человек ничего не знает заранее. Это происходит неожиданно и молниеносно — и тогда он прорывается...

Относительно любви к ближнему: написано, что Моше убил египтянина, что он видел, что в народе был раздор, ссоры одного с другим. Нам это не видно в ясной форме. Чем выше духовная ступень событий, о которых говорит Тора, тем в более скрытом виде они описаны, тем больше спрятано.

Почему вдруг для этой миссии был выбран Моше? Кто он такой? Просто какой-то младенец никому не известных родителей, которого бросили в реку? И Батья, дочь Фараона, вытащила его и взяла в дом Фараона? Затем он растет в доме Паро, становится принцем египетским — уже не простой человек.

И вдруг мы видим, что он бежит от Фараона и становится снова будто бы обычным человеком. А потом внезапно приходит к Паро и требует от него: «Отпусти народ мой!» Что это за «мой народ», почему? Он же вырос в доме Фараона?

Мы видим, что в этом рассказе не хватает очень многих связующих деталей, связи между событиями. То Моше предстает в одной роли, то в другой. О нем почти ничего не рассказано. Сама эта точка в сердце, она скрыта в человеке. И все, что нам раскрывают о ней, это лишь ее действия — немного по отношению к Творцу, немного по отношению к Паро, к народу... А саму эту точку человек не ощущает. Каббалисты же в своих книгах пишут нам о том, что чувствует человек.

Очень многого нам не хватает в рассказе о Моше. Мы почти ничего о нем не знаем — то есть, о самой этой точке в сердце. И почему он вдруг требует, чтобы сыны Израиля объединились вместе, чтобы прониклись любовью друг

Пойдем к Фараону (2). Урок 1

к другу — тоже непонятно, есть только слабые намеки на это. Написано, что когда Моше убил египтянина, то народ начал угрожать ему, что они на него донесут... Тогда он убежал в Мидьян, где встретил Итро и Ципору. Мы очень мало о нем знаем. Все эти действия скрыты от человека.

По поводу точки в сердце, любви к товарищам — об этом нам рассказывают уже каббалисты, — что если мы желаем идти по пути Моше, достичь связи с ним, мы обязаны освободиться от нашего эго. А сделать это мы сможем только при условии, что соединимся друг с другом. Работая над этим, ты совершенно точно, на деле, видишь, где ты находишься — а иначе, ведь, каждый может рассуждать о том, как он предан стране, народу, всему миру...

- **Вопрос: Почему те вещи, о которых мы сейчас говорим, вначале произошли в материальном, и только потом должны совершиться и духовном, тогда как в других случаях — все наоборот?**

Все то, что принадлежит «подготовительному этапу», до входа в духовный мир — все это вначале материализуется, а затем приходит время его внутреннего выполнения.

Человек проходит два этапа. Он рождается как животное, и с того момента, когда в него погружается точка в сердце, мы начинаем отсчет его «человеческой» жизни (человек, *адам* — от *эдаме*, подобие Высшему, отталкиваясь от точки в сердце).

Если в процессе всех своих предыдущих воплощений он просто так, без точки в сердце, существовал в этом мире, приобретая желания к деньгам, почету, знаниям — это совершенно нормально и естественно. Но все это не учитывается. То есть и на это есть, определенный «учет», но он не имеет отношения к личному продвижению человека.

Личное же продвижение начинается с того момента, когда он начинает ощущать свою «точку в сердце». С этого момента его работа называется «время подготовки ко входу в духовное». Этот подготовительный этап может длиться и 10, и 15, и 20 лет, а может и пять лет, и даже, как пишет Бааль Сулам в «Предисловии к ТЭС», всего три года. Это зависит от усилий, прилагаемых человеком. Может быть и так, что он достигнет некоторого продвижения, а затем умрет — до следующего перевоплощения, и кто знает, что будет в этом новом воплощении... Все это зависит от его усилий. «Повезет» ему — войдет в группу, увеличит свой темп, — а нет, так нет...

Написано, что все зависит от удачи — *мазаль*. Мазаль от слова *нозель* — течет. Чем быстрее «втекают» в человека эти капли, тем больше наполняется его кли. Если же они «капают» медленно, то человеку придется ждать несколько жизней...

Итак, первый этап мы отсчитываем от появления точки в сердце и до входа в духовный мир, а второй этап — это уже работа в духовном. Этому процессу в нашем мире соответствует воплощение в материи, материальное исполнение. Все эти вещи, соответствующие духовным корням подготовительного этапа, уже произошли. Все это уже свершилось, и ничего более не нужно: материальная реализация здесь предшествует духовной.

Когда же мы говорим об этапах духовной работы: об исправлении кли, построении Храма — то есть, о втором этапе, от махсома и далее, — там уже вначале требуется духовная работа, и как результат этого, человек строит здесь и материальные аспекты своей жизни, включая Землю Израиля, которую он осваивает в соответствии с тем, насколько на внутреннем уровне он находится на Земле Израиля; также и народ формируется в соответствии со своим духовным постижением; и, наконец, строится Третий Храм — после того, как человек достигает состояния, называемого Храм.

Итак, состояния, соответствующие подготовительному этапу (начиная с точки в сердце и до прохождения махсома), вначале происходят в материальном мире, а затем уже в человеке, в его внутреннем мире. Тогда как все, что относится ко второму этапу, от махсома и до конца исправления, — вначале происходит как духовные этапы внутри человека, общества, а затем уже — в материальном мире.

- **Вопрос: Но ведь события, которые мы празднуем в Хануку, Пурим — соответствуют уже духовным состояниям...**

Все праздники, а не только Хануку и Пурим, мы отмечаем, потому, как они соответствуют высшим корням — но они не происходят здесь. Скажем, когда человек отмечает Судный День, то он, не будучи Великим Коэном, не входит до такой степени в духовный мир — поэтому он не находится на уровне, которому соответствует эта дата. И во время Хануки и Пурима я не нахожусь в них, на их уровне, я лишь праздную их в этом мире, якобы, простыми действиями — но это на самом деле не действия, а только символы.

И их воплощение в этом мире было всего лишь символическим. Возьмем, к примеру, Пурим: народ Израиля был под властью Ахашвероша; потом начались все эти несчастья, и, в конце концов, народ спасся, и все закончилось хорошо. Разве народ знал, что он совершил? Разве они находились на соответствующем духовном уровне? Был ли Мордехай на том духовном уровне, которому соответствует состояние «Мордехай» в конце исправления? А ведь весь Пурим соответствует концу исправления... Нет, конечно.

Весь тот процесс, который они прошли, был лишь знаком, символизирующим в нашем мире то, что должно произойти в конце исправления. Ты можешь спросить: так что, в конце Исправления снова нужно будет пройти все это, спуститься к Ахашверошу, и тому подобное. Нет, нам не нужно это физически исполнять. Единственное, что осталось нам выполнить на материальном уровне — это построить Храм. И больше не осталось ничего в этом мире, что относилось бы к исправлениям.

Народ Израиля, вышедший из Египта, построил Первый и Второй Храмы? То есть, они прошли этот путь — они пришли в материальном к конечному исправлению! Теперь нужно построить Третий Храм в духовной Земле Израиля, и это будет называться Конечным исправлением в материальном мире.

- **Вопрос: Так что, можно построить Храм прежде духовного Конца Исправления?**

Нет, невозможно! Ведь мы сейчас находимся после разбиения келим, после мира Некудим. Быть может, я не могу пока подобрать слова, чтобы просто выразить все это. Сейчас я чувствую, что слов не хватает, чтобы обрисовать всю объемную картину. Но раз мы начали об этом говорить — через несколько дней эта тема прояснится. Я найду нужные слова — они придут, потому что вы будете об этом думать. Это зависит от вас.

Пойдем к Фараону (2)

«Шлавей Сулам» том 2, стр. 80
Урок 2, 21 марта 2002 года

Вся статья сконцентрирована на выяснении того, в чем заключается работа в Мицраим, что называется *клипат Мицраим* — темными силами Египта и что означает — выйти из Египта, освободиться от египетского плена.

Речь идет о человеке, который, уже втянувшись в работу, начинает ощущать, насколько он отдален от Творца. И как потомки семейства Яакова, идя к основе — Йосефу, спускаются в Египет, так и те, кто желает приблизиться к духовному, начинают ощущать падение. Войдя в Мицраим и приступив к работе, они не очень-то понимают, где находятся, и только стремясь к духовному, человек начинает ощущать, что включен в процесс, называемый «работой в Египте» — египетским рабством. Довольно много времени уходит на то, чтобы человек ощутил, что действительно находится в рабстве.

Каково же ощущение пребывания в рабстве? После продолжительной учебы, которая может длиться годами, человек начинает ощущать, что идет, возможно, и по верному пути, но все время входит в неправильные состояния.

Что значит неправильные состояния? Это состояния, диаметрально противоположные тем, в которых, по его мнению, он должен пребывать, желая уподобиться Творцу.

Усилия, приложенные человеком, приступившим к работе во имя Творца для достижения цели, разделяются на две части: практическую — совершение механических действий — и работу в мыслях. Практическая часть, как принято считать, — это работа руками и ногами, подобно тому, как сейчас мы проделываем разного рода работы по подготовке к Песаху, или занимаемся приготовлением шаббатной трапезы; а все остальное, помимо работы руками и ногами, называется работой мысли.

Затем человек начинает замечать, что дело обстоит иначе. Раньше он считал, что совместная учеба или чтение книг дома, или совместное пение с друзьями, называется работой с правильным намерением, а остальные, проделываемые им физические действия, называются практической работой. Теперь же ему представляется иначе.

И вовсе неважно, что человек проделывает руками и ногами, читает или учится: практические действия и намерения вообще необязательно должны быть связаны друг с другом, и одно может заменять другое. Я могу готовить на кухне, или учиться, где-то работать или вообще заниматься своей профессией — важно то, соединен ли я в это время мыслью с Творцом, думаю ли о пути, ведущем к Нему, и связываю ли с этим каждое свое действие.

Если я поступаю таким образом, тогда все, что я делаю, можно назвать мицвой, потому что мицва — это действие, приближающее человека к Творцу. Затем, когда человек, перейдя махсом, входит в духовный мир, он, совершая различные внутренние духовные действия, поднимается со ступени на ступень, то есть, каждый проделанный им шаг приближает его к Творцу.

Это называется, что человек совершает жертвоприношение — *курбан* (от слова *каров* — близко, *лекарэв* — приближать), и согласно закону идентичности форм (подобия свойств), исправлением своих внутренних качеств человек все более и более уподобляется Творцу, и таким образом приближается к Нему.

Человек чувствует, что вошел в Египет, когда после продолжительной учебы начинает замечать, что ему очень тяжело сосредоточиться на своих намерениях ради Творца, ради цели — на том, ради чего им все это делается. Он чувствует, что согласен просто изучать Талмуд Десяти Сфирот, различные, интересующие его статьи, письма, или выполнять какую-нибудь работу на кухне, он готов взять на

Пойдем к Фараону (2). Урок 2

себя какие-нибудь обязанности в группе, работать в нашей организации, однако присоединить к этому правильное намерение очень тяжело.

И тут человек начинает замечать, что клипат Мицраим — египетское рабство, власть Фараона — проявляется в мельчайших деталях, проникает даже в такие тонкости, которые принадлежат духовному, продвижению к цели. Во всем, что бы человек ни делал — на кухне, в проведении занятий, в учебе, он может быть большим знатоком ТЭС — не важно, чем он занимается — все дело в том, как написано в «Предисловии к ТЭС», в п. 4, каково качество намерения, а не количество действий, проделанных якобы с правильным намерением.

Качество намерения определяется тем, чтобы постоянно оставаться в мыслях, осознании того, что я совершаю то или иное действие с целью приблизиться к Творцу, привязаться к Нему, войти в духовный мир, достичь аль менат леашпиа...

И не важно, какими словами это выразить: прежде, чем совершить действие, необходимо построить на него намерение. И так человек должен поступать всегда: прежде намерение — затем действие, каждый раз подстегивая самого себя, и работа эта очень тяжелая.

Именно, когда осознав необходимость и втянувшись в работу, человек начинает в самые ее глубины вводить намерение, предваряя им каждую свою мысль, каждое прочтенное во время учебы слово, каждое действие (распространение, преподавание, работа в нашем центре) — он тут же ощущает власть Фараона.

И этот внутренний Фараон говорит человеку: «Делай что угодно, какое бы действие ты ни совершил — будешь абсолютным праведником, весь мир будет говорить о тебе, как о великом человеке, и все будут тебя почитать». И тогда человек сам начинает ощущать, будто делает много полезного.

Клипот используют различные уловки, ухищрения — от самых маленьких до наибольших — лишь бы не дать человеку присоединить намерение к той или иной мысли, к тому или иному действию. Мы можем говорить о Моше,

Творце и Фараоне, как о силах добра и зла, находящихся не только внутри одного человека, но также и вне человека — во внешнем мире. Существуют разного рода группы людей, которые считают, что главное — практическое исполнение заповедей, а не намерение. Такие относятся к силе, называемой «Фараон».

Те же, кто желает привязать ко всему, что делают, намерение, стремясь совершать какое-либо действие лишь после того, как на него создано намерение, относятся к силе «Исраэль». Поэтому борьба двух противоположных сил происходит и внутри человека, и снаружи, где все более и более становится ощутимой борьба между каббалистами и всеми остальными людьми, считающими, что основным является не намерение, а механические действия.

Конечно, многое нельзя разделить, четко определив: это верно, а это неверно; потому что весь мир к этому еще не готов, также и еврейский народ не готов к этому, и мы также внутренне еще не готовы к тому, чтобы наши усилия обрели правильное намерение. Это очень сложно. Поэтому много различных условий, процессов должно осуществиться прежде, чем человек созреет для «выхода из Египта», прежде чем весь мир дойдет до состояния, называемого выходом из Египта; ведь этот процесс созревания должен пройти также и весь мир. Как пишет Бааль Сулам в статье «Аревут», Исраэль первым выполняет работу, однако вслед за ним весь мир делает то же самое и проходит те же этапы.

Таким образом, наша работа заключается в том, чтобы каждое мгновение своей жизни, насколько в наших силах, присоединять намерение ко всему, что бы мы ни делали: спим ли, дышим ли, едим, учимся, работаем, общаемся с товарищами...

Особенно во внешних физических действиях, относящихся к духовной работе, необходимо больше обращать внимание на то, чтобы намерение соответствовало действию. Намного труднее это осуществить, когда человек совершает внешние действия, не имеющие отношения к ду-

Пойдем к Фараону (2). Урок 2

ховной работе, поскольку они не связаны с работой для нашего центра, с товарищами, не связаны с распространением.

Если я нахожусь дома с женой и детьми, или на работе с начальником или другими людьми, не имеющими никакого отношения к моей внутренней работе, то общению с ними — независимо от того, приносит оно мне удовольствие или страдания, или приводит к другим состояниям, так как я связан с этим миром, — довольно сложно придать некий смысл, и присоединить намерение, ведущее к Цели.

Поэтому, прежде всего, мы должны осуществлять это здесь, совершая различные совместные дела. А, кроме того, Бааль Сулам на стр. 165 в «Предисловии к ТЭС», писал, что свет, возвращающий к источнику — *ор махзир ле-мутав*, воздействует на человека, особенно во время учебы, соответственно его намерению, глубине намерения. Поэтому во время учебы главное борьба между Моше или Творцом, что в человеке, и Фараоном, что в человеке.

Изучая каждую малейшую деталь, каждое слово, намереваться, чтобы это приблизило меня к духовному, дало силы постичь духовное — по сути, в этом и заключается наша работа, наши усилия. Таким образом, несмотря на то, что, как пишет Рабаш, внешне также существует противостояние между каббалистами и всеми остальными группировками в еврейском народе, мы должны обратить эту ситуацию внутрь себя и увидеть то, как такая же борьба происходит в каждом из нас.

Затем соответственно внутреннему состоянию улучшится и внешняя ситуация, как сказано в конце «Предисловия к Книге Зоар»: исправление всегда начинается с внутренней части. Сначала исправляется народ Израиля, затем — остальные народы мира; и также внутри народа Израиля исправление должно начаться с тех, кто обращен внутрь, то есть, относится к внутренней части народа Израиля, наиболее приближен к духовному.

Поэтому, если мы исправим себя внутренне, и «наш Фараон» позавидует Моше и Творцу, что в нас, этим мы приведем к тому, что и во внешнем мире произойдет аналогичное явление, когда все приверженцы иудаизма потянутся за нами, за нашей группой. Также иудаизм займет такое же положение относительно светской части народа Израиля, а народ Израиля — относительно остальных народов мира. Такую же позицию займут праведники народов мира относительно грешников народов мира.

Теперь мы понимаем: если внедриться в самую глубь человека, можно увидеть, где его личный галут, а где состояние, когда он стремится к избавлению; то есть, становится явной борьба между всеми усилиями, которые человек вкладывает в изучение Каббалы, работу в группе, распространение, без намерения — и с намерением. Если острота самоанализа достигает такой глубины, то мы обнаруживаем, что там и происходит наиболее серьезная, решительная внутренняя борьба.

Намерение без действия называется клипа Мицраим, и действие без намерения также называется клипа Мицраим. Может быть так, что намерение превышает действие, а может быть, что действие превышает намерение. Они же должны полностью соответствовать друг другу. Мы учим это на примере святых действий, которые совершает духовный парцуф. Авиют и кашиют, которые есть в экране духовного объекта, должны быть взвешены и полностью соответствовать действию, которое производит парцуф, для правильной работы.

Так и мы. Когда я делаю что-то на кухне или изучаю что-то, — чем больше я делаю, по мере этого меняется мое понимание, что такое намерение, каким оно должно быть; я понимаю это каждый раз по-новому и требую от себя все больше и больше. Намерение и действие должны быть сбалансированы.

Не просто так говорится, что человек должен восемь часов в день работать, шесть часов спать, заниматься своей семьей, детьми — не просто так наша жизнь построена по такому, казалось бы, странному, такому далекому от духовного, распорядку.

Почему бы мне не жить словно ангелу, и тогда я был бы избавлен от необходимости постоянно заботиться о своем пропитании, не обязан был бы иметь жену и детей, не гонялся бы за животными наслаждениями, не тратил время и силы на борьбу со всеми этими нелепыми помехами и ситуациями повседневной жизни. Если главное — это намерение, почему бы не позволить мне работать только над этим, и все?

Но мы еще не в состоянии работать с правильным намерением на всем этом длинном пути продвижения к духовному, поэтому мы можем продвинуться за счет своих действий. Даже если намерение при этом будет не совсем четко выражено, должно быть некое общее намерение.

Конечно, я делаю это все не просто так, я желаю чего-то достигнуть. Но я не могу быть постоянно точен в своем намерении, чтобы каждый день, когда я прихожу учиться, у меня было требование к каждому слову, к каждой точке, к каждой букве — чтобы на каждую мельчайшую деталь, которую я изучаю, я смог распространить намерение аль менат леашпиа и быть в ней слитым с Творцом.

Мы пока не говорим о таком качестве намерения. Приходит человек, просто потому что плохо ему, потому что не находит вкуса в жизни. От этого он приходит учиться, и конечно его намерение пока очень общее, не оформленное: просто стремление избавиться от тех плохих ощущений, которые у него есть, от страха смерти, от того, что он не видит смысла ни в чем, от всей горечи своей жизни. Конечно, это тоже намерение, и с ним тоже можно работать — такое общее намерение, при котором всего раз в месяц он будет думать действительно о Цели, а все остальное время он будет приходить и учиться, только стремясь убежать от неприятностей жизни. Это тоже возможный путь продвижения.

Нельзя требовать совершенного единства намерения и действия, где действием может быть учеба или другие мысли, или желания, или некое физическое действие — невозможно требовать от человека во время подготовительного этапа, чтобы намерение и действие были в нем совершенно слиты в любую секунду его жизни. Потом, по мере того, как он будет подниматься вверх по духовным ступеням, будет расти согласованность между действием и намерением. Потому что действие станет тоже духовным.

Поэтому как действие без намерения, так и намерение без действия — оба эти состояния нежелательные. Действие и намерение должны быть связаны вместе и в точности уравновешены друг с другом.

А затем, когда человек получит представление о том, что такое правильное намерение, тогда он уже сможет присоединять каждое правильное намерение, к соответствующему ему правильному действию, и на этой основе строить совершенное духовное действие. И это называется, что намерение определяется в голове парцуфа, а действие выполняется в его теле.

- **Вопрос: Складывается впечатление, что все действия совершенно равнозначны, и не важно, что делать — главное намерение. Но разве нет действий в нашем мире, которые представляют большую ценность, относительно других?**

Есть ли более важные действия и менее важные? Конечно, есть. Даже, если производить их безо всякого намерения. Есть такие действия, которые как бы даже без намерения приближают человека к Цели. А есть такие, которые, наоборот удаляют его.

Если человек придет и начнет работать на пользу группе (как написано: «купи себе друга»), и ничего не будет больше знать: просто ему скажут, что за счет того, что он приобретет себе таких друзей, он сможет выиграть, вырасти, добиться большего уважения и тому подобное. И только из-за этого человек будет вкладывать свои силы и стараться завоевать расположение этих людей.

Или ему говорят: «Иди и займись распространением». За счет того, что я буду выполнять какие-то телесные, физические действия — может измениться что-то в моей душе? Тело ведь не относится к духовному? Но говорится, что «за действиями тянутся сердца». Таким образом мы построены.

Я наблюдал недавно такой пример из жизни. Девушка сефардского происхождения усыновила младенца из Белоруссии — совсем маленькую девочку. Трудно представить, настолько они отличаются по своему складу, типу, по внешнему виду.

Пойдем к Фараону (2). Урок 2

Она растит эту девочку уже около года (сейчас ей около двух лет), и надо видеть, как она заботится о девочке — наверное, больше, чем если бы это была ее собственная дочь.

И это на самом деле так и должно быть, потому что она не может относиться к ребенку просто как мать — она должна из себя делать мать. Поэтому она вкладывает гораздо больше сил. И все время всматривается в девочку, получается ли завоевать ее любовь? Здесь уже возникает гораздо более фанатичная связь, чем та, которая возникает естественным образом.

Сейчас можно сравнить, насколько изменилось ее отношение к девочке от того, каким оно было, пока девочка была ей чужой, пока она еще не взяла ее, — и теперь, когда она столько вложила в нее за эти два года, что называется, вложила в нее свою душу.

И мы видим, как человек вкладывает, и, прежде всего, вкладывает по необходимости, — потому что она хотела ребенка, и когда получила его, то начала покупать его любовь. За счет чего ребенок может стать ее? За счет того, что она вложит в него, отдаст ему. И тогда действительно можно увидеть, что это мать и дочь.

То есть, мы видим, что простые физические действия влияют на ощущения, на намерения человека. Поэтому человек, который начинает действовать с целью «купить себе друга», входит в группу, покупает друзей, общество, — из этого непременно придут к нему такие намерения, такие отношения, что он начнет внутри этого понимать, что такое духовное, отдача.

- **Вопрос: Намерение ведь не возникает из ничего? Должна быть какая-то специальная подготовка?**

Намерение это все. Что это такое намерение? Намерением называется мое внутреннее отношение к Творцу — если выразить саму суть очень просто, отбросив все красивые слова.

Поэтому ясно, что намерение зависит от того, как человек представляет себе Творца. Находится ли Творец в сокрытии, и в каком: двойном или в простом. Если Творец раскрывается, то, конечно, меняется и намерение человека. То есть, все зависит от того, какое влияние свыше, какое впечатление я получу от Творца.

Если человек просит Творца раскрыться, потому что хочет исправить свое отношение к Нему, зная, что без раскрытия Творца так и останется навсегда под властью Фараона, — тогда Творец раскрывается.

Все египетское изгнание происходит для того, чтобы мы узнали свое состояние и поняли, что без раскрытия Творца мы не можем ничего сделать. Что вести войну с Фараоном должен только Творец, и никто иной. «И сказанное «Я — Творец» поясняется: «Я, а не посланник».

Только Творец может нас спасти и вывести нас из рабства, и мы полностью от Него зависим в этом. В то же мгновение, когда человек достигает состояния, в котором желает освобождения и чувствует, что всецело зависит в этом от Творца, — тогда и приходит спасение.

Каким образом приходит это состояние? Тем, что называется пасах — минует, пропускает, перескакивает, то есть, соединением всех наших усилий, всех намерений, всех дел. В тот момент, когда достигается некоторая критическая мера, необходимая данному человеку, — он приходит к спасению.

- **Вопрос: Откуда у действия такая сила — влиять на намерение, на наши мысли?**

Действие влияет на мысли. Мысли воздействуют на желания. А желание, в свою очередь, воздействует на намерение. А намерение уже влияет на нашу связь с Творцом.

- **Вопрос: Мысли и намерения — это не одно и то же?**

Мысли и намерения — это не одно и то же. Мысль — это нечто внешнее. А намерение это то, над чем ты совершенно не властен. Мы представляем себе намерение так: вот я сейчас сижу над книгой, и я должен думать о том, что хочу духовного. Поэтому я читаю Талмуд Десяти Сфирот и заставляю себя желать духовного, или быть в связи с Творцом, или еще что-то...

Пойдем к Фараону (2). Урок 2

Ты можешь так настраивать себя сколько угодно — это все будет называться «мысль». Но разве это твои истинные намерения? А в сердце ты, может, думаешь о том, какое удовольствие ты получишь сегодня, куда поедешь вечером, мечтать о каких-то приятных вещах. В сердце человек желает только одного: отдыха и сна. А ты на это можешь снаружи навешивать такие благие мысли...

Намерением называется то, к чему стремится твое сердце еще до того, как ты проверяешь его. Твоя проверка — только для того, чтобы ты знал, что на самом деле в твоем сердце находится — знал свое истинное намерение. И неужели ты думаешь, что ты всему этому хозяин?

Ты не можешь управлять внутренними желаниями своего сердца. Даже если ты чувствуешь сейчас, что твое сердце жаждет только животного наслаждения, и только к этому стремится, а ты в своих внешних мыслях уговариваешь себя, что это не так, что тебе нужно духовное. И с такими мыслями о духовном ты учишь ТЭС, но сердце-то твое знает, что ему нужно на самом деле не это, а животные наслаждения — что в таком случае ты должен делать?

В этом заключается вся наша работа — привести в соответствие то, что у нас на устах, и то, что на сердце. «На устах» — это называется «мысль», мысль человек может просто произнести. А «в сердце» — это намерение.

Как сделать так, чтобы они были одинаковы? Только за счет предварительного исправления. Если я хочу добиться какого-то намерения, то я должен перед этим исправить свое сердце до такого уровня, чтобы сердце действительно пожелало того, что я хочу в мыслях.

Значит, вся работа должна предшествовать этому. И теперь понятно, что вся эта работа может быть проделана только за счет силы свыше, так как мне необходимо что-то, что поднимает меня до определенной ступени, возвысит мое сердце до определенного уровня, и тогда оно начнет «мыслить» по-другому, начнет стремиться к другому, получит другое намерение.

Мне нужна для этого высшая сила, которая исправила бы мое сердце, и тогда мои намерения будут такими, как я хочу. Я стану таким, каким, по моему пониманию, я должен быть.

Может быть, в этом я иду верой выше знания и сам не знаю ничего. Я только спрашиваю: «Научи меня, какое намерение должно быть в моем сердце, и дай мне силу и исправление, чтобы поселить это намерение в нем».

Все время работа заключается в том, чтобы прийти к состоянию, когда ты нуждаешься в Творце для своего исправления, и тогда уже ты можешь достичь того намерения, о котором пишут тебе каббалисты, что ты должен все сопровождать им. Конец замыкается на начало...

Если ты работаешь с целью выяснить свои подлинные намерения, то, конечно, ты по пути раскроешь свои сегодняшние стремления. Главное не завязнуть в них, во всей той грязи, что есть, в тебе — нужно двигаться как можно скорее: увидеть их, и тут же стремиться к более хорошему.

И всегда работа начинается с осознания величия Творца. Поэтому в группе все время надо говорить о величии Творца, о важности духовного и тому подобное. И тогда в результате я могу прийти к правильному намерению.

Влияние товарищей должно заключаться только в том, чтобы усиливать в моих глазах важность цели и величие Творца. Это самое главное, что я должен требовать от общества. В итоге, намерение определяет все.

Мне нужно прийти к такому состоянию по отношению к Творцу, которое называется «объятие», то есть, к полному соответствию — и внутреннему, и наружному — во всем, о чем только можно сказать и во всем, в чем мы можем только представить себе это слияние. И потому уже даже стремиться к этому — это кое-что. А на самом деле быть в таком состоянии — это уже воплощение в реальности.

- **Вопрос: Отношение к Творцу может быть просто чувственным? То есть, без мыслей?**

Отношение к Творцу может выражаться «в разговоре», «в мысли» или «в действии». Все это надо связать вместе.

Пойдем к Фараону (2). Урок 2

Я занят своей работой, я выполняю какие-то действия, которые я не могу связать с Творцом, даже действия, в которых я не вижу никакой пользы — ни для человечества, ни для продвижения к Цели творения.

Допустим, я на работе пишу какую-то компьютерную программу, без которой человечество вполне могло бы обойтись, и ничего плохого бы не случилось. Я делаю это только потому, что мне платят за это деньги. Как я могу связать это действие с Целью творения?

Можно конечно вокруг этого развести философию, что, мол, в результате того, что я делаю это, быстрее раскроется зло — ведь вся работа, в конце концов, производится для того, чтобы раскрыть зло. Весь результат деятельности человека выливается во все большее зло, и только.

Но это не важно. Мы не должны думать о внешних вещах. Оставьте их пока. На высоких духовных ступенях мысль и действие соединяются вместе. А сейчас пока не надо этого требовать, потому что в этом случае все твое внимание будет переключено на внешнее. Требуй от себя как можно большей глубины во внутреннем соединении с Творцом. Большего и не надо.

Пойдем к Фараону (2)

«Шлавей Сулам», том 2, стр. 80
Урок 3, 22 марта 2002 года

Работа человека по пути к Цели творения, к Цели жизни начинается с того, что каждый раз, снова и снова ему показывают, что он находится внутри природы этого мира и в соответствии с его преодолением той картины, которую ему показывают, то есть, если он преодолевает, продвигается и не бросает, ему показывают все более тяжелую картину (насколько он может это вынести), пока он не будет готов на все, только бы «выйти из Египта» — из этого мира — и войти в «Эрец Исраэль» — духовный мир.

Это называется «ужесточение сердца Фараона» — эго человека, его желания получать. Чем больше человек работает в нем, строит «красивые города», выходят у него затем «несчастные города». Красивые города — для Фараона, а бедность и изгнание выходит из этого для ступени «Исраэль», что в человеке.

По дороге необходима поддержка, а иначе каждый раз, когда Фараон побеждает человека, желание получать побеждает — человек чувствует, что нет у него сил, что нужно обратиться за помощью свыше.

Мы знаем, что только свет исправляет сосуд, только если придет сила свыше, она даст человеку преодолеть дополнительную порцию желания получать, которая пробуждается у него. Каждый раз человек в этом процессе обнаруживает все большую зависимость от Творца, необходимость обращаться к Нему, чтобы получать поддержку и силы свыше, и таким образом, он становится все больше и больше связан с Творцом.

Пойдем к Фараону (2). Урок 3

Так происходит до тех пор, пока не наступает состояние, в котором человек учит больше, прикладывает больше усилий в учебе в группе, а ему раскрывают, что он все равно делает это ради себя, он чувствует падение, спуск, возврат под власть Фараона, и он согласен с ним, — до тех пор, пока постепенно человек не выходит из-под нее, и входит под власть Моше — под власть Творца.

И всегда расчет таков, что Творец «перескакивает», не принимает во внимание падения человека, темноту, отчаяние, ощущение бессилия, а считает, собирает только подъемы человека и то, сколько он вложил в усилие и насколько он готов был отступить во всевозможных состояниях. То есть, Творец собирает хорошие периоды и усилие в работе и не принимает в расчет периоды отчаяния и слабости, периоды падений.

Почему это так? Потому что эти падения приходят свыше, и человек совсем не несет за них ответственности. Мы не чувствуем и не осознаем этого, но как подъем, так и падение — это все игра свыше с человеком с целью раскрыть в нем новый сосуд — это делается в падении; и раскрыть в нем новые силы к духовному — это делается при подъеме. И человека бросают с места на место, сверху-вниз и снизу-вверх.

Так почему Творец собирает только хорошее и не собирает плохое? Мы знаем, что с помощью этой системы подсчета мы избавляемся от «хлеба милосердия». Может быть, остается стыд, ощущение, что мы ничего не делаем? Нет, мы делаем, ведь падения — они все свыше. Каждый, кто почувствует на своем духовном пути падение, должен знать, что это Творец опускает его, намеренно. В каком именно месте, в какой ситуации, в каких именно особых случаях — все это точно измеряется свыше относительно тех исправлений, которые человек должен произвести в своих келим.

Падения — это индикация раскрытия природных сосудов человека, и это можно сделать только с помощью высшего света. Из этих состояний можно многому научиться, каббалисты придают большое значение падениям, так как во время падения раскрывается настоящее кли, и тогда человек понимает, что он должен делать, над чем он должен работать.

И так как это дано свыше, то Творец не засчитывает эти падения, это Он дал их человеку, а человеку при падениях необходимо самому искать новое преодоление. Если он продвигается путем страданий, то, как написано, он при падении «сидит, сложа руки, и поедает себя», то есть, не делает ничего, а то, что не делает разум, делает время.

Или он все-таки пользуется помощью группы. А без группы нет никакой возможности это сделать, человек должен получить силы извне, сам он, как написано, «не может вывести себя из тюрьмы». Невозможно найти силы внутри человека в раскрытии неисправленных новых келим, если человек получает падение, то против этого должен прийти свет свыше — исправить его и поднять его, по крайней мере, обратно на прежнюю ступень или выше.

Таким образом, необходимо достичь состояния, когда ты чувствуешь, что тебе необходим свет сверху. Как прийти к такому состоянию? С помощью группы. То есть, группа не дает человеку силы, чтобы он мог исправить келим, она не может заменить ему Творца, но с помощью группы он получает необходимость исправления нового кли, которое ему сейчас раскрылось во время падения, и тогда он обращается наверх, просит с помощью учебы, намерения во время учебы, и тогда приходит сверху свет, который исправляет кли и поднимает его на более высокую ступень, чем прежде.

Здесь есть сочетание нескольких вещей — получаем сверху, от Творца падение, обращаемся к группе за получением осознания важности Цели, величия Творца — и тогда есть силы обратиться наверх. Тогда сверху приходит свет, который исправляет и наполняет кли, и этим заканчивается весь процесс падения и последующего подъема.

А поскольку человек своим усилием, в группе, обращением к Творцу — осуществляет весь этот процесс, то Творец подсчитывает только преодоление человеком того, что Он дал для «ужесточения его сердца». Так написано в Пасхальном сказании «Я ужесточил сердце Фараона». Почему

Творец это делает? Для того, чтобы человек все время делал все большее усилие для преодоления «ужесточения сердца» и за счет этого больше продвигался в выходе из этого мира в мир духовный.

- **Вопрос: Каждый из нас сейчас находится в «Египте», как мы можем это почувствовать?**

Состояние «Египет» — это когда человек находится в своем «ецер ра», злом начале, когда он определяет свои свойства, как плохие, как зло. Что значит злые — это означает, что он много теряет от того, что находится в своей теперешней природе и не начинает становиться подобным Творцу, хотя он еще не знает точно, что это: он находится в темноте, но хоть как-то... Это называется «Египет».

Чтобы почувствовать, что ты находишься в Египте, необходимо пройти долгий путь. Сначала, когда сыны Израиля приходят в Египет — все у них идет хорошо, даже лучше, чем у египтян, потому что они умеют лучше устраиваться. Мы знаем, что евреи умеют устраиваться в мире лучше, чем народы мира. И это называется Египет, это называется галут, изгнание?

Посмотрите на народ, который находится сейчас в Израиле: дайте им хорошие условия за границей — вы представляете себе, сколько уедет?! Почему? Потому что это не называется галут, необходимо раскрыть — *легалот*, галут, в котором они находятся, и тогда это будет называться «Египет».

То есть, ощущение Египта и пребывание в Египте приходит к человеку, когда он начинает изучать Каббалу, и приходит свет свыше. Относительно этого света, в котором он ощущает «ашпаа», отдачу, свойства Творца, он начинает ощущать, что находится в своих келим, в своих обратных свойствах. И тогда он определят для себя, что он, его «Я», точка в сердце, находится в Египте, в эгоистических свойствах, которые все вместе называются «Фараон».

Точка в сердце называется «народ Израиля», все остальные свойства, кроме желания выйти из этого состояния, называются «Фараон». И тогда он действительно раскрывает свое внутреннее состояние, что он сам — это точка в сердце, если он идентифицирует себя с ней, а не с Фараоном, и тогда он устанавливает, что «он находится в Египте».

Это очень большое раскрытие, это уже близко к исходу. Это называется «появился новый Царь в Египте», сначала это я властвовал, и был хороший Царь, а теперь этот Царь плохой, «Фараон, который не знал Йосефа», — он не хочет признать эту новую точку, которая раскрылась. Когда Моше родился и рос — все нормально, о нем заботились, его растила дочь Фараона — все шло в соответствии с эгоистическими келим, хотя это уже точка в сердце — «Моше». Человек, начинающий учиться, учится пока потому, что хочет выиграть что-то, ухватить весь этот мир и мир будущий. Поэтому вы все здесь и сидите.

Это называется, что все еще размножаются сыны Израиля в Египте, им хорошо там, а затем, когда точка в сердце, «Моше», выходит из дома Фараона, начинает расти в человеке, до такой степени, что он вынужден убежать от него (Фараона), хотя все еще молод. Затем он убивает египтянина, и вся эта история продолжается. Тут уже начинается противостояние, столкновение между Моше и Фараоном, точкой в сердце и остальными свойствами человека. Это уже довольно продвинутое состояние.

- **Вопрос: А те падения, о которых говорится, это «макот Мицраим», казни египетские?**

Творец играет с нами разными способами. С одной стороны Он дает мне вдруг очень много побуждений, желаний к всевозможным наслаждениям, запутывает меня таким образом. Это называется «ужесточение сердца». Важность духовного падает, а важность материального растет. И тогда я меняюсь.

Если бы я чувствовал, что это приходит от Него, то не было бы проблем, я бы знал, что это приходит от Творца и следует вести себя таким-то образом, или противиться или принять это, у меня бы было к этому какое-то отношение. Проблема в том, что человек чувствует, что это он сам. Не то, что он изменился со вчерашнего дня, а это он и есть. А если я чувствую, что это я, то нет у меня к этому объектив-

Пойдем к Фараону (2). Урок 3

ного отношения со стороны, чтобы я начал судить себя, как какую-то изменяющуюся машину. Я просто действую в соответствии со своими новыми желаниями и все. Это называется «находиться под властью Фараона». И так до тех пор, пока снова не раскроется у меня точка в сердце, и я снова начинаю видеть, что это я сам таким стал.

Творец для того, чтобы человек познал эту ситуацию, дает нам состояния, когда один раз мы идентифицируем себя с Фараоном до такой степени, что я и Фараон — это одно и то же, то есть, я чувствую, что все мои начала — хорошие. Я с ними работаю и вообще не понимаю, что от меня хотят. В другой раз я начинаю ощущать, что это плохие вещи.

С помощью чего я это ощущаю? Ну, скажем, пренебрегают мной или я хочу чего-то, но не в состоянии получить, тогда я начинаю исследовать свои желания и видеть в них не очень-то хорошее, так как я чувствую себя с ними неудобно. То есть, с помощью отрицания, ударов...

Я чувствую, что я хочу получить всевозможные вещи вокруг меня, насладиться ими, и я на это способен. А если я не способен? Тогда я вижу, что этот Фараон — не так хорош для меня, что он вызывает на меня удары, например, хотел я стать депутатом Кнессета, двигался к этому очень много времени и вдруг вместо этого — позор, вдруг всплывает какая-то кассета, со мной проделывают всевозможные трюки. Таким образом, я начинаю чувствовать, что мои материальные свойства — плохи, это называется «Фараон получает удар (казнь)».

Получает удар Фараон, а Моше, который во мне, усиливается, ведь зачем мне быть с Фараоном, получающим удары, мне лучше стремиться к Творцу, я получаю там для себя какое-то убежище. Творец играет с человеком, подстраивает ему различные ситуации, чтобы выстроить в нем понятия для каждого из состояний и отношения к этим состояниям со стороны.

И каждый из этих ударов человек затем начинает чувствовать на самом себе и понимает, что это была «казнь первенцев», а это «жабы», а это «тьма», «кровь» и так далее — против десяти основных свойств. Но это все вещи, которые уже совсем близки к махсому. Если человек их проходит, то он уже на махсоме.

- **Вопрос: Я начинаю войну с моим Фараоном, так как понимаю, что этот Фараон — это достаточно плохо для меня. Как я могу знать, что у меня останутся силы для этой борьбы?**

Человек, находящийся в процессе духовного развития, постепенно раскрывает, и это уже есть в твоем вопросе, что у него нет сил вообще ни для чего. И действительно так написано, что два ангела приводят человека к кануну субботы, как мы поем в субботней песне. Это сила добра и сила зла. Эти две силы, Фараон и Моше, назови их еще как-то, неважно, доброе и злое начало, правое и левое, посылаются свыше, это две линии, которые приходят к нам сверху.

И добро и зло приходит от Творца, мы просто должны принять это как факт нашей жизни. То, что люди кричат на тех, кто «сделал» им зло или вообще на то, что с ними происходит что-то плохое — это, в сущности, крик против Творца. Тебе надо принять это в расчет и работать более зрелым образом.

Что это означает и откуда человек может это знать? С помощью учебы раскрывается, что не только злую силу, приходящую от Творца, но и добрую силу ты не в силах раскрыть сам. И это тоже большое продвижение в понимании, так как если человек в этом мире ищет, и все еще не приходит к изучению Каббалы, то он знает, что чем больше он вкладывает, тем больше он знает и делает с этим то, что он хочет.

В духовном это не так, там нет никакого движения, никакого действия, на которое у тебя есть силы с самого начала, нет и не может быть, так как в духовном сила, духовная энергия — это свет, который получают свыше, и получают его, только если ты просишь. Потому что хотят, чтобы ты осознал, что ты связан с источником света, с Творцом и когда ты действительно захочешь... Не то, что Творцу нужно, чтобы ты «сдался» Ему.

Пойдем к Фараону (2). Урок 3

Что значит «просить»? Когда ты осознаешь, насколько ты находишься в состоянии бессилия, в обратной от духовного природе и когда ты просишь, ты раскрываешь желание избавиться от Фараона и выйти из Египта. То есть, твоя просьба — это сосуд, в который ты получишь раскрытие духовного.

Это не просто «я сдаюсь, дай мне силы, и я сделаю», нет. Просто в той просьбе ты раскрываешь духовный мир. И никогда нет у тебя сил, чтобы ты знал, и никогда не будет. Точно так же, как зло послано свыше, так и добро приходит свыше, а ты только принимаешь решение, выбираешь между ними, — с кем ты хочешь быть в партнерстве, с Фараоном или с Творцом.

- **Вопрос: А откуда я знаю, что завтра, через неделю, через год я не предпочту быть под властью материального со всеми страданиями, которые есть в нем, вместо этого ощущения бессилия, в котором я нахожусь...**

Ты хочешь спросить, как ты каждый раз раскроешь, найдешь правильную просьбу? Нет гарантии. Есть, конечно, всякие утешающие изречения, которые дают успокоение многим, но это неверно. Духовное — это очень жесткая система законов, очень строгая. Духовные законы абсолютны, они таковы, что если недостает тебе одного грамма для того, чтобы закон был выполнен, он не выполнится — как будто не хватает тебе 1000 тонн. Это просто Да или Нет, и не может быть где-то посредине. Это у нас в нашем мире есть всякие компромиссы — потому, что все — ложь, и мы ничего не видим, а в духовном если ты не дошел один миллиметр или сто километров, то это не важно — ты не дошел.

Рабаш пишет об этом, что тот, кто идет в Иерусалим, может находиться в несколько метрах от него, но все еще не видит... Так и мы по дороге к духовному. Есть здесь люди, которые находятся на расстоянии, скажем, один метр до перехода махсома, а есть такие, кто за сто километров от него, но у тех и других есть ощущение, что они все еще далеки от этого. Кроме того, чем ближе человек приближается к махсому, тем хуже и тем дальше он себя чувствует.

То, что ты спрашиваешь: «Откуда я знаю, будут ли у меня силы пройти, перейти? Может, я буду отброшен назад?» Еще как! Ты будешь отброшен назад еще много раз и должен будешь каждый раз найти силы, чтобы все-таки дойти до Цели. Силы эти ты найдешь, только если получишь их от Творца, а для того, чтобы обратиться к Творцу, тебе будет необходима группа, которая тебе поможет. Иначе, ты также обнаружишь, в конце концов, весь этот процесс и построишь его, но это займет много времени. А с помощью группы тебя могут направить в течение нескольких минут, и ты пойдешь прямо.

Таким образом — нет никакой гарантии, а только нужно взять этот метод на вооружение и идти так, как они говорят. Почему ты спрашиваешь? Из-за своего «рацон лекабель», желания получать, а из него как раз ты должен выйти. Ты спрашиваешь: «Где я буду брать силы, откуда узнаю план, как я буду управлять всеми этими процессами?» А результат должен быть обратным — выбиться из сил, оставить свои планы, раскрыть, что у тебя сил — ноль, и нет у тебя совсем никакого разума, чтобы войти в духовный мир и жить там.

Это наше развитие от состояния к состоянию построено на том, что любое состояние, в котором ты сейчас находишься, необходимо полностью «аннулировать» и получить новое, которое не имеет абсолютно никакой связи с предыдущим, хотя оно и построено на нем.

Бааль Сулам сравнивает это с зерном, которое сажают в почву. Зерно — это, как бы, предыдущее состояние, предыдущий кругооборот, твоя предыдущая ступень, та на которой ты находишься сейчас, а ты хочешь находиться на более высокой. Но до того, пока ты не «разложишься» — все твои желания и мысли, все, что относится к этой ступени, — до тех пор, пока они совсем не исчезнут из тебя и не поменяются на что-то другое, это не называется подъемом на новую ступень.

Зерно в земле должно абсолютно разложиться, и только тогда из него выходит новое растение. Так же и мы должны понять и согласиться, и это очень трудно — согласиться —

человек как будто умирает каждый раз, уходит из жизни, и начинает новую. Я должен как бы отдать свою душу и получить новую ступень. И Творец производит с нами каждый раз такие операции, мы должны заранее привыкнуть к тому, что мы теряем свое прежнее «Я» и получаем «Я» новое, мы должны стремиться к этому.

Когда ты начинаешь думать об этом и страстно этого желать, когда тебе не важно потерять себя и получить от Творца что-то новое — это называется, что ты работаешь, передавая Ему душу. Ты веришь, что то, что Он тебе даст — будет хорошо, не важно что, — это в Его руках. Ты, таким образом, постепенно превращаешься в «убар», зародыш.

Что такое «убар»? Это когда ты отменяешь себя и находишься, как в утробе матери, и мать делает тебе все. Ты только отменяешь себя, как будто тебя не существует. Если ты делаешь так относительно Высшей силы, то ты —«убар», и эта Высшая сила начинает тебя развивать, растить. Ты не мешаешь ей, а чем ты можешь помешать? У тебя есть только плохие келим, неисправленные желания, и если ты согласен, чтобы их не было, а все, что придет свыше, от Творца — к добру, то это первая ступень, и тогда Он начинает производить с тобой свою работу.

Затем, в результате этого ты получаешь новые келим и входишь в Высшее Знание, ты приобретаешь знание, силы и так далее, и становишься по свойствам, как Он. Но это только после того, как все твое зерно разложилось, и ты перешел через махсом в духовный мир к новой жизни.

Мы видим это по тем людям, которые приходят: у одних есть такие свойства, они к этому готовы, другие не в состоянии, пока еще не согласны с тем, что они должны оставить свой разум, свое отношение к жизни, боятся, что Творец проведет с ними эту операцию. Необходима взаимопомощь. Это как в армии — товарищеская помощь во всем.

Необходимо, насколько это возможно, быть связанным с такими как ты, потому что мы — части одной общей души, каждый может дополнить другого собой, и нет никакой проблемы в том, чтобы получить от товарища силы, знания, понятия. Ведь мы все — одно «тело», один организм. Если ты работаешь с ним, даже в материальном, и получаешь от него поддержку в духовном — это нормально. Если бы мы «раздели» наши тела, избавились от них, то увидели бы, что души соединены вместе, то есть, душа — она одна, а наши тела, которые на нас «одеваются», разделяют ее на эти отдельные части. То, что они разделены — это просто обман нашего зрения, нашего ощущения, и если человек действует, чтобы удалить помехи тела между этими частями единой души, то он удостаивается присоединения ко всем остальным душам и получает от них очень многое.

Поэтому работа в группе, поддержка в группе — это единственная сила, кроме Творца, которая действительно может помочь. Кроме этого нет больше сил, только твои товарищи в группе, с помощью которых ты достигаешь получение свыше.

- **Вопрос: Как выйти из-под власти Фараона?**

Из Египта выходят через силу, нет никакой возможности остаться в Египте, и нет никакой возможности выйти оттуда по своему желанию, а только в спешке, под давлением, в темноте, когда просто нужно сбежать оттуда.

Если мы проверим, что такое «Египет» и что такое «Эрец Исраэль», то увидим, что нет между ними никакой связи, никакого моста, по которому можно пройти от состояния 1 к состоянию 2. Это одна природа, а то другая. Природа «рацон лекабель», желания получать, существует в нас и существовала немного в другой форме до «Цимцум Алеф», Первого Сокращения. А природа духовного мира — после Первого Сокращения, экрана, отраженного света.

В чем же здесь разница? Различие в масахе и отраженном свете. Масах и отраженный свет невозможно почувствовать или приобрести в том состоянии, в котором мы находимся. Просто мы должны **получить** его в какое-то мгновение, и тогда это означает, что мы вошли в Высший мир.

У меня нет таких средств, чтобы своими силами перейти из состояния, когда у меня нет масаха, к тому чтобы я получил масах. Придет свет свыше, называемый «Крият Ям Суф», ГАР дэ-Хохма, он строит во мне масах, как мы это

Пойдем к Фараону (2). Урок 3

видим в четырех стадиях прямого света, когда свет, действуя на кли, создает в нем «рацон леашпиа», желание отдавать, и тогда будет у меня выход из Египта.

Он построит во мне масах, и тогда я почувствую духовное — это называется «выход из Египта». Но если не придет сила свыше, то я не буду знать даже, как это сделать и что такое «выход из Египта». Поэтому, несмотря на то, что получают «десять казней», но даже раньше получают удары, есть в Пасхальном сказании 460 ударов, 250 ударов... Есть всевозможные подсчеты, какие именно человек получает удары, по какому из своих качеств, и какой мудрец, что сказал.

Почему каждый из них считает по-другому? Каждый мудрец — это определенное свойство внутри человека. Почему каждый человек чувствует количество ударов и характер ударов различным образом? Это зависит от того, через что он смотрит, на происходящее с ним. Это просто чудо. Сверху приходит свет и исправляет кли.

- **Вопрос: С одной стороны мы говорим, что мы ставим масах против Него, чтобы не аннулироваться совсем, чтобы все еще сохранить себя. С другой стороны, я должен совсем отменить свои желания, свой разум и сказать, что то, что придет от Него — это к добру. Так у меня нет масаха?**

Когда придет сверху сила, тебе будет все ясно. Нашим разумом мы не можем это понять. Мы не знаем, что означает перейти от одной природы к другой. Это не просто начать думать по-другому, как, скажем, думает рыба в аквариуме. Это просто внутри человека начинает действовать абсолютно другая программа, когда все твои желания, все твои мысли уже с самого начала, с начала мысли и до Конца, идут в абсолютно другом направлении. Это невозможно понять и поэтому мы не ощущаем...

Что значит, ощутить Высший мир? Если будет у меня другое, иначе организованное желание, то я почувствую Высший мир, а нет его у меня, и я не чувствую.

Все находится вокруг нас, мне только не хватает мыслей, построенных другим образом, желаний, направленных другим образом. Это — внутренний поворот в человеке, и прежде, чем он произойдет, невозможно вообще описать это.

Поэтому мы не должны заботиться о том, что произойдет на следующих ступенях. Написано, что человек должен заботиться о состоянии, в котором он находится сейчас. На что именно сейчас направлены все твои мысли, страстные желания, стремления, которые в тебе. Относительно чего они направлены в это самое мгновение... И все. Об этом можно прочитать в письме на стр. 64 в «При Хахам».

Какой ступени должен достичь человек, чтобы более не перевоплощаться

«Шлавей Сулам»
Урок 31 марта 2002 года

Это одна из первых статей, написанных Рабашем для своих учеников. Когда к нему стали приходить ученики, первым из многочисленных вопросов был таков: *«Какой ступени человек должен достигнуть в своем духовном развитии с помощью науки Каббала, чтобы ему больше не понадобилось перевоплощаться?»*

Мы приходим в наш мир с определенной целью, и если эта цель достигнута нами, то нет надобности вновь приходить сюда. Этот мир не самый лучший из всех миров, и, как учит Каббала, является самой низшей из всех духовных ступеней. Мы на себе испытываем, насколько тяжела жизнь, и никто из нас не заинтересован в том, чтобы снова перевоплощаться и возвращаться сюда.

Возможно, пока мы хотим именно этого, поскольку не можем себе представить, что будет после животной смерти; для нас смерть — трагедия, нечто ужасное. А радуемся мы именно тому, что человек рождается здесь, в этом мире. Вопрос в том, правильное ли это восприятие — во-первых; и, во-вторых: какова наша возможность самостоятельно регулировать количество кругооборотов и определять их вид.

Рабаш пишет, что в книге «Шаар Гильгулим» («Врата перевоплощений») великий Ари описывает различные состояния, которые должна пройти душа, неоднократно нисходя в этот мир, прежде чем окончательно выполнит свою функцию.

Есть общая душа, созданная Творцом — общее кли, творение, и, кроме этого общего кли, не создано больше ничего. Существует система миров, через которую передается воздействие Творца и таким образом достигает творения, а само творение называется Адам, или Адам Ришон, или душа.

Затем эта душа разделяется на 600 000 частей, которые впоследствии еще претерпевают многочисленные более мелкие разбиения. И каждая из этих частиц, на которые разделилась душа Адама, получает затем материальное одеяние, так называемое, животное тело — это наши тела. Все, что есть, в этом теле, это стремление к наслаждениям, которые мы ощущаем: желание животных наслаждений, денег, почестей, знаний. А если внутри этого тела просыпается точка — точка, которая желает Высший свет, желает духовное, то эта точка и является одной частью из тех 600 000 частей, на которые разделилась душа Адама Ришон.

Наше животное тело не называется «творением». Это просто материальное одеяние на ту точку, которая является частью общей души.

«После прегрешения — было определенное действие, которое прошла общая душа, называемое «прегрешением Древа Познания» (хет Эц Даат) — *его душа разделилась на 600 000 душ, и тот единый свет, наполнявший его душу, который был у Адама Ришон в одном теле, в одном кли* (называемом «телом Адама Ришон» — Адам Ришон был духовным парцуфом, а свет, наполнявший его, был светом его жизни)*, свет, называемый на языке Книги Зоар «Высший надел», высший свет, который он получил в Ган Эден весь за один раз, также разделился на множество частей.»*

Состояние, когда он был наполнен светом, называется Ган Эден. А затем, после того, как он прошел через деяние, называемое «прегрешением», разделился на 600 000 частей, и теперь есть 600 000 малых частей с небольшой порцией света в каждой части.

«Причина разделения одного общего света, наполнявшего душу Адама, на маленькие порции — в том, что после того, как смешались Добро и Зло вследствие прегрешения, получила

система клипот большое распространение, и появилась у клипот (темных, эгоистических, нечистых сил) возможность присасываться к свету. И, чтобы защититься от этого, общий свет разделился на такие малые порции, что клипот не могут уцепиться за них.»

Таким образом, мало того, что тело-творение разделилось на 600 000 частей, в каждой из которых имеется очень маленький свет, проблема еще в том, что все эти части упали на ступень, где находятся силы, тормозящие их обратный подъем, продвижение вверх, наполнение светом, последующее соединение в общее кли и получение вновь того огромного света, что наполнял их на ступени, называемой «райским садом». Эти силы, затрудняющие движение частей разбившегося Адама Ришон, не позволяющие им подняться и объединиться в единое общее кли, наполненное одним большим светом, дающим ощущение совершенства, вечности, добра и покоя — называются темными силами.

Рабаш пишет, что *«образовалась большая система клипот»*. Что значит «система»? В каких бы вариациях ни соотносились между собой души, в каких бы состояниях ни пребывали после грехопадения Адама, на каких ступенях, расположенных ниже уровня Адам Ришон, ни находились бы, всегда и везде существуют разного рода силы, препятствующие духовному развитию.

«И чтобы защититься от этого» (чтобы у человека — носителя одной из этих мельчайших частиц — была возможность работать над тем, чтобы подняться и постепенно достичь состояния, в котором он прибывал прежде, находясь в раю), *«общий свет разделился на такие малые порции, что клипот не могут уцепиться за них»*.

Таким образом, после того, как общая душа разделилась на 600 000 частей, в каждой из которых осталась ничтожно маленькая порция света, последовал еще один этап исправления. Это исправление заключается в том, что 600 000 осколков разбившегося Адама Ришон спустились еще ниже, тем самым еще больше отдалившись от святости, от Творца, исторгнув из себя еще больше света, вследствие чего вместо

600 000 частей образовалось, возможно, 60 миллиардов, и в каждой мельчайшей частице почти не осталось света, задержались лишь его маленькие искры.

Это сделано потому, что чем меньше света в разбившемся кли, не имеющем *масаха* — экрана, тем сложнее «клипе» уцепиться за этот свет, присосаться к святости, которая всетаки остается в мере задержавшегося в кли света. Поэтому к святости, соответствующей мельчайшей порции света, клипа присосаться не может. Это значит, что чем меньше света остается в человеке, тем менее он тянется за всевозможными вещами, не относящимися к святости. Об этом говорится: «Свет семи дней сотворения мира» — то есть, свет предшествовавший творению, со стороны Творца относительно творения, разделился на мельчайшие порции, чтобы клипот из-за малости этих порций света не могли питаться от них.

Это подобно сказанному в притче о Царе, который хотел послать сыну в заморскую страну большое количество золотых монет. Но не было ни одного посланника, которому можно было бы довериться, т.к. все его подданные были склонны к воровству.

Каждый из нас находится под властью животных, эгоистических материальных желаний, в так называемом, «египетском порабощении», и помимо этих желаний, мы не способны думать ни о чем другом. Что же делать? Каким образом выявить в себе точку в сердце, которая и является зародившимся желанием к духовному, и увеличить ее до такой степени, чтобы она заговорила в нас громче всех остальных желаний, стала превалирующей, несмотря ни на какие другие желания, ни на какие состояния? Об этом говорит приведенный в статье пример. Что же в этом примере сделал Царь?

Тогда Царь разделил содержимое сундука на маленькие части и дал каждую часть отдельному посланнику.

Он взял и разменял динары на мелочь — разменные монеты. Каждую из тысяч монет, которые были у Царя, он разделил на части и каждому из своих граждан дал очень маленькую сумму денег, переправив таким образом все деньги с помощью многочисленных посланников.

Оказалось, что у каждого из многочисленных посланников сумма настолько мала, что не стоит из-за нее совершать преступление...

Известно, что у каждого из нас есть некий предел его способности работать с намерением получать и намерением отдавать, даже, на животном уровне, поскольку у каждого в той или иной мере есть чувство собственного достоинства, чести, справедливости, есть определенные моральные правила, которым он следует. И хотя понятия эти не подлинные и относятся к животному уровню, их можно использовать в качестве примера.

Допустим, существует некая граница — некая предельная сумма денег, которую я не украду, даже если представится такая возможность: один шекель, десять, двадцать — неважно, сколько; но если предо мной появится сумма, превышающая эту границу, я за себя не ручаюсь, я просто не выдержу и украду.

То же самое можно сказать не только о желании насладиться деньгами, но и о стремлении к почестям, и о любом другом животном пристрастии, таком, как тяга к противоположному полу, еде и тому подобное. Во всем, что может доставить человеку удовольствие, есть некая граница, определяющая величину наслаждения, от получения которого я могу себя удержать, однако наслаждение, превышающее этот предел, захлестывает меня, и тогда я теряю самообладание и не властен над собой.

Таким образом, сверху нас помещают в такие условия, когда, имея возможность работать над собой, мы способны преодолеть самих себя и предпочесть духовное развитие материальным животным наслаждениям.

Никто не имеет права заявлять, что, находясь в египетском плену (в абсолютном эгоизме), он не в состоянии спастись от «клипот» этого мира. В каждом из нас есть собственные силы, для того, чтобы привести себя в такое состояние, когда духовное развитие для него становится важнее материального.

Все зависит от самого человека: насколько он использует собственные силы, возможность прийти в группу, которая повлияет на него, увеличивая желание к духовному, однако никто не может предъявлять претензии к Творцу, мол: «я не мог, не имел сил, таким Ты меня создал...» (или что-то в этом роде).

Творец разделил душу на мельчайшие частицы таким образом, чтобы в каждой части порция желания получить была настолько мала, что ее можно было одолеть, возвысив необходимость духовного развития над развитием материальным.

И говорится в притче, что Царь разделил свое имущество, разменяв динары на мелочь, и переправил таким образом своему сыну всю сумму через многочисленных посланников.

Поэтому в нашем мире существует множество душ, множество людей, и поскольку невозможно одновременно работать с огромным «имуществом» — светом, дающим наслаждение, — каждая душа выполняет свою часть из общей работы, затем все души соединяются вместе в одну общую душу и вновь получают весь тот большой свет, что изначально наполнял ее в раю.

Таким же образом с помощью многих душ в течение длительного времени разбиением Высшего света на ничтожно маленькие порции можно очистить искры света, упавшие во власть «клипот» по причине, упомянутой выше.

То есть, Творец не только разделил душу Адама и работу по ее исправлению на части, но также организовал эту работу таким образом, чтобы человек, в которого помещена часть общей души, постепенно, шаг за шагом преодолевая свои эгоистические желания, смог понемногу, порционно переносить все то богатство, которое вручил ему Царь, чтобы переправить его из одного мира в другой — из одного места в другое.

Это означает, что вся работа по исправлению души проделывается не за один кругооборот, не в одном воплощении, мы должны многократно перевоплощаться, спускаясь в этот мир, чтобы достичь цели. Таким образом, в каждом воплощении мы проделываем какую-то небольшую работу, после чего все эти кругообороты соединяются вместе.

Итогом этого является то, что та часть души, которая прошла все необходимые для ее исправления перевоплощения, перенесла все предназначенное ей из «клипот» в святость. Затем каждая из исправленных частей общей души, выполнив возложенную на нее функцию, соединяется с остальными частями, которые также осуществили свое предназначение, и тогда они все вместе объединяются в одну большую душу, наполненную Высшим светом.

Таким образом, есть очень много душ в одной шеренге, которые в каждом поколении вновь и вновь нисходят в этот мир, где из поколения в поколение выполняют возложенную на них задачу — постепенно, понемногу, с каждым кругооборотом приближаясь к духовному, — уподобиться Творцу и, сравнившись по свойствам, слиться с Ним.

Такие нисхождения, кругообороты, повторяются до того момента, когда все души вместе (почти одновременно, с небольшой разницей, скажем, между нами и всеми остальными душами: мы немного впереди, они — позади), «единым строем» дойдут до конца исправления. И когда каждый завершит свое личное исправление, все, находясь в состоянии «Гмар Тикун», вновь объединятся в одну общую душу, наполненную, так называемым, райским светом.

Понятия «множество душ» и «многие дни» означают разделение света на внутренний и внешний, окружающий свет.

Внутренний свет и окружающий свет. Свет, который я уже постиг, выстроив на него масах, оберегающий этот свет от клипот, то есть, как бы переправил через море — пронес через махсом, называется внутренним светом. Внешний (окружающий) свет — это свет, находящийся вне меня, который я еще не способен впустить с помощью масаха внутрь своей души, потому как на эту часть света до сих пор не выстроил экран; то есть, все еще не переправил этот свет на территорию Царских владений.

Частица за частицей накапливается общий большой свет, утерянный в результате грехопадения Адама, и когда он накопится — настанет окончательное исправление.

После того, как каждый человек постепенно, на протяжении всех кругооборотов, по частям, понемногу в каждом воплощении, заканчивает предназначенную ему работу, что изначально заложена в корне его души, он перестает перевоплощаться, завершая свои кругообороты, и в исправленном состоянии с принесенными с собой светами входит в свой собственный «райский сад»; и затем, все те, кто закончили свое личное исправление, объединяются вместе.

Получается, что каждый из нас рождается только с маленькой частицей души Адама, помещенной в него. И если человек исправляет свою частицу, он уже не должен снова перевоплощаться. Потому что только для исправления этой частицы он нисходит, рождается в нашем мире.

Таким образом, мы можем и должны сами определить, постановить, какими будут наши перевоплощения с первого и до последнего, каково будет их количество, и в какой форме они будут протекать. Творец дает нам изначально душу и окружающий ее свет, а мы должны, работая над приобретением «масаха», обратить этот окружающий свет в свет внутренний; и на этом наша функция завершается.

Сделаем это за один или за тысячи кругооборотов — зависит от нас, будут перевоплощения хорошими или плохими — также зависит от нас. «Хорошие» или «плохие» — не в смысле душевного спокойствия и не в смысле животного благополучия: имеется в виду — исполним ли мы все возложенное на нас, что в любом случае обязаны сделать, или нет, то есть, сознательно или неосознанно будем продвигаться к Цели.

Таким образом, своей работой мы определяем число кругооборотов и тип каждого из воплощений.

Если человек — мужчина, женщина, еврей или представитель другого народа — если он так же, как и мы, уже пришедшие сюда, достиг состояния, когда у него появилось стремление к духовному, и каким-то образом, провидением свыше, получил в руки методику духовного продвижения — это признак того, что за один кругооборот, в настоящем воплощении, он может завершить исполнение своего предназначения и более не перевоплощаться.

Если дело пойдет, и человек пожелает и сумеет правильно использовать окружение, книги и другие средства, предоставленные ему Творцом, которые, как правило, открываются человеку параллельно с пробуждающейся точкой в сердце, в качестве условий для ее развития, если человек прислушиваясь к тому, как сверху его подталкивают к духовному развитию, пойдет и не свернет с праведного пути, тогда без всяких препятствий сверху он сможет за один круговорот в настоящем воплощении, то есть, до конца жизни в теперешнем его облачении-теле, полностью осуществить свое предназначение.

Как только ты закончил исправлять себя — тебе больше не надо спускаться в этот мир и страдать.

«...поэтому человек может исправить только ту часть общей души, которая принадлежит ему».

Прекрати исправлять других, не беспокойся ни о ком, ты обязан исправить только то, что возложено на тебя и принадлежит только тебе.

И об этом написано в книге «Эц Хаим» (Древо Жизни) великого Ари: «Нет ни одного дня, похожего на другой, нет ни одного мгновения, похожего на другое, нет ни одного человека, похожего на другого человека...» — у каждого свой тип души и соответственно свое исправление, и никто не может точно определить пути духовного развития другого человека. *«И исправит гальван то, что не исправит ладан»* («гальван» и «ладан» — ароматные смолы, воскуряемые в Храме), — то есть, типы исправлений каждого человека разительно отличаются друг от друга, — *так как каждый обязан исправлять только свою часть.*

Это говорит о том, что никто не в состоянии заменить другого человека. В нашей жизни мы можем обмениваться чем угодно, относящимся к материальному, то есть, все, кроме приобретения «масаха», мы можем купить либо за деньги, либо вознесением почестей, либо упорным трудом, производя таким образом постоянный обмен: ты мне —

я тебе. В нашем мире все построено именно на таком взаимообмене: ты, скажем, делаешь обувь, я — одежду, этот производит электроэнергию, а тот — продукты питания, так мы и живем, обмениваясь всем этим.

В духовном этого нет. В духовном все иначе: один может помочь другому, как пишется в статье «Человек да поможет ближнему своему», лишь предоставив возможность товарищу исправить самого себя; и никто ни в чем не может воздействовать на другого.

Было много случаев, когда я требовал от Рабаша, чтобы он сделал что-то со мной, изменил что-то внутри меня, на что получил ответ, который в то время не понял, что он не имеет права этого делать, это запрещено. Нельзя вмешиваться одной душе в другую, помочь можно лишь внешне, создавая условия для духовного постижения, можно помочь в учебе, преподавая методику Каббалы, то есть, средствами, довольно внешними относительно друг друга, чтобы предоставить товарищу возможность самостоятельно исправлять самого себя.

Каждый обязан исправлять только себя, и никого другого — этот запрет настолько строг, что не только непозволительно вмешиваться в духовную работу другого и что-то устраивать в его душе, но даже обмениваться и делиться личным опытом исправления. У каждого есть личная связь, личные отношения с Творцом, есть собственная душа и противостоящий этой душе окружающий ее свет, и человек обязан работать над тем, чтобы окружающий его душу свет вошел в него с помощью «масаха» уже в виде внутреннего света.

Каждая душа, находящаяся снаружи, такая как учитель, товарищ или высшая душа, спустившаяся к тебе, которая называется «мэхабэр», может лишь подтолкнуть тебя немного внешними средствами, однако исправления ты должен сделать самостоятельно. Закончишь их — войдешь в «райский сад», не закончишь — продолжишь перевоплощаться, нисходя в этот мир.

Но необходимо знать, что каждый родившийся должен выполнить работу по свободному выбору, потому что никто не рождается праведником. Говорят мудрецы: «Объясняет рабби Хананья бар Папа, что ангел по имени Ночь, ответственный за беременность, берет крупицу семени, из которого должен родиться человек, подносит ее к Творцу и спрашивает: «Кем же он будет: мудрецом или глупцом, богачом или бедняком, сильным или слабым...», — но не спрашивает: праведником или грешником».

Это сказано на языке иносказания (мидраш). Все свойства души человека находятся в этой капле семени, он рождается со всеми вложенными в него качествами и не в состоянии изменить ни одного из них; единственно, в чем есть у человека выбор — строить или не строить экран на свои желания — быть праведником или быть грешником.

Тот, чьи качества все еще не исправлены с помощью масаха, и согласно этому он противоположен по свойствам Творцу, называется грешником (раша), потому как обвиняет — *марша* Творца, говоря, что его Высшее управление недоброе, злое. Праведником называется тот, кто в соответствии с величиной имеющегося у него экрана, оправдывает — *мацдик* Творца как подобный Ему, согласен с Ним и, поэтому близок к Творцу и в мере подобия слит с Ним.

Таким образом, только в этом есть у нас выбор, и ничего другого мы выбрать не можем: ни одно качество, ни одну черту характера — с ними мы рождаемся. О любой черте своего характера, о любом присущем нам качестве мы можем сказать: «Я не виноват в том, что таков, обращайтесь к Творцу, таким Он меня создал, а от меня ничего не зависит». От нас зависит лишь то, как использовать эти свойства: ради своего животного эгоистического благополучия или ради Творца, это, по сути, и характеризует человека как «грешника» или «праведника».

Если все свои свойства, неважно каковы они, я направляю на использование ради собственного благополучия, это называется, что я обращаю их в «клипот», и такой человек — грешник. Если я обращаю свои качества на службу Творцу, это называется, что я обращаю их в святость, а служитель святости называется праведником.

Отсюда следует, что человек не рождается праведником (не устанавливается заранее, не закладывается в крупицу семени, из которой должен родиться человек, что в этом воплощении он будет праведником или грешником)***, он сам выбирает себе этот путь — каждый, согласно своим усилиям в Торе и заповедях*** (то есть, используя все предоставленные ему средства)***, очищает свое сердце*** («сердцем» называется сумма всех наших желаний, стремлений и качеств; «очистить сердце» означает: построить на все наши желания экран)***, и этим завершает человек возложенную на него, согласно корню его души, работу.*** И тогда он достигает совершенства, больше не перевоплощается и входит в «райский сад».

Эту небольшую статью Рабаш написал в качестве дополнения к предыдущей статье, поскольку его все время спрашивали: «До какой ступени должен подняться человек в своем духовном развитии, до какой степени исправиться, чтобы вновь не возвращаться в этот мир?»

Откуда исходит этот вопрос? Люди считают, что существует некая планка внутреннего духовного исправления, после достижения которой исчезнет необходимость перевоплощаться, будто все последующие исправления, круговороты происходят в Высших мирах, и облачение в биологическое тело больше не нужно, якобы человек существует где-то «наверху» в какой-то непонятной форме, исправляя оставшиеся свойства.

Здесь Рабаш говорит, что это не так: пока человек не достиг истинного состояния Гмар Тикун, он все еще должен перевоплощаться, чтобы завершить исправление всего, что составляет его душу, до самого последнего свойства, и тогда завершаются все его круговороты.

Однако, говоря о том, что человек вошел в «райский сад», имеют в виду, что не в биологическом теле с его руками и ногами входит в рай, а что душа человека — его внутренняя часть находится в состоянии, называемом «Ган Эден». Также когда говорят, что человек находится между этим миром и «райским садом» на различных духовных уровнях, имеют в виду не тело, а душу — внутреннюю часть человека, его желания и степень слияния этой души с Творцом.

Это и называется пребыванием на духовных ступенях, а физиологическое тело остается только телом — материей, наша физиология не меняется. Отсюда можно понять, что конечное состояние, называемое «райским садом», относится только к душе и не зависит от местонахождения тела, тело остается тем же. Какой-нибудь человек может сидеть здесь с нами за общим столом, пить, есть, петь и тому подобное, его тело будет находиться возле моего тела, я могу к нему прикоснуться, однако душа его в то же время пребывает в раю — «в лучшем мире, в мире духовном, мире вечном, на самой высокой ступени».

Нет никакого противоречия между животной жизнью нашего тела здесь в материальном мире и жизнью души в мире духовном, как на самой высокой ступени, называемой «райским садом», так и на всех остальных ступенях. Таким образом, когда мы говорим о кругооборотах, речь идет не только о воплощениях душ в наши тела, но в большей степени о перевоплощениях самих душ.

В связи с этим возникает своего рода путаница, далеко не каждый может уяснить, разобраться, о чем идет речь, многие на эту тему даже не сумеют задать вопрос, поскольку для этого необходимо быть хоть как-то связанным со своей душой. Мы не понимаем, что значит: существование души, что значит: душа вне тела и душа в теле.

Мы путаемся, хотим или не хотим этого, в понятиях «тело» и «душа», думая о нашем биологическом теле и не различая тело души и свет души, как собственно душу. Нет у нас возможности почувствовать душу вне тела и отделить одно от другого: мы думаем, что наши чувства — это душа, а наше «мясо» — тело. Поэтому половина или треть текста статье запутана.

Позже мы поймем, как на самом деле все происходит.

- **Вопрос: Если я не могу исправить другого человека, чем же можно ему помочь?**

Я не могу исправить товарища, но помочь ему исправить самого себя, посодействовать, могу — в этом весь смысл создания группы. Если бы мы с товарищами действительно ничем не могли помочь друг другу в форме некого взаимообмена, то и не было бы у нас необходимости объединяться.

И зачем я сидел бы здесь с вами? У меня, как и у каждого, есть свои функции, я осознал, каково мое предназначение, сверху меня направили определенным образом, дали методику, разум, осознание и силы для выполнения возложенной на меня задачи, и я мог бы закрыться в какой-нибудь комнате, найти угол, чтобы мне никто не мешал, учиться день и ночь, работая над самим собой.

Дело в том, что на самом деле, все наоборот: несмотря на то, что в чужой душе невозможно исправить ни одного желания, установив на него экран, поскольку каждый человек закрыт внутри самого себя, все-таки, помогая ему различными внешними средствами, я могу вызвать в нем стремление исправиться самому, этим в той же мере я помогаю себе. А он, в свою очередь, следуя тому же принципу, способен помочь мне в моем исправлении.

Есть двойная выгода в том, что я связан с другими людьми в духовной работе: все, чем я помогаю товарищу, проходит через меня, и этим я исправляю самого себя, в то же время, помогая ему, я тем самым подготавливаю с его стороны ответную реакцию, побуждая его сделать то же самое по отношению ко мне.

Таким образом, выполняя одно действие, я выигрываю дважды: один раз получаю выигрыш напрямую от самого действия, другой выигрыш получаю в виде ответной реакции того, на кого это действие было направлено.

Как мы изучаем в книге «Матан Тора» (Дарование Торы), основная заповедь Торы «Возлюби ближнего своего, как самого себя» говорит о том, что свои качества я не могу исправить, не будучи связанным с другими людьми. Верно, что исправить самого себя способен только я, и никто другой, однако, не заботясь о другом человеке, передавая ему материал по Каббале, обучая его, каким-то образом убеждая, я не исправлю себя ни на грамм.

Из чего вытекает невозможность самостоятельно, в одиночку, исправить себя? Что называется исправлением самого себя?

Исправить себя, это означает, присоединить к себе остальные души. В целом была одна общая душа, затем произошли многократные ее разделения, следующие, как по цепной реакции, одно за другим, образуя при этом пирамиду из множества мелких душ — частей первоначальной общей души.

Таким образом, моя душа, находящаяся вверху с остальными душами, составляет те 600 000 душ, которые образовались после первого разбиения Адама Ришон. Спускаясь вниз, они продолжают делиться, вследствие чего число образовавшихся душ увеличивается до бесконечности. Поднимаясь обратно вверх, я должен собрать и соединить воедино осколки разбившейся души.

Получается, что в собственной душе мне по сути нечего исправлять. Исправиться я могу лишь тем, что отменю себя относительно всех остальных, соберу и сплочу части других душ в себе. Мой экран выстраивается за счет того, что я могу слиться, несмотря на свой эгоизм, с каждым, и этим я исправляю себя.

Отсюда вытекает правило: «Возлюби ближнего своего, как самого себя». Казалось бы, кто такой этот «ближний» — некто чужой, и нет в нем никакой надобности, ведь я, вроде как, должен слиться с Творцом, а, значит, и любить Его. Что проку в том, что Он создал еще тысячи людей вокруг меня, сделал бы одного-двух...

Дело в том, что я обязан относиться с любовью, как к самому себе, ко всем народам и каждому живущему в мире, и пока я не установил такие отношения абсолютно со всеми, считается, что я еще не исправлен. Это вообще нелегко понять. Если я еще не закончил исправлять свое отношение ко всем душам, находящимся на моем уровне, таким образом, что каждая из них близка мне, как я близок сам себе, значит, я на этом уровне не исправил свое желание, и, следовательно, не могу подниматься дальше, ведь все мы в итоге должны объединиться в общее кли.

Таким образом, совместная работа побуждает каждого из нас к исправлению, однако свое личное исправление человек делает сам.

- **Вопрос: Что значит «тхунот» (природные свойства, изначально заложенные, запрограммированные в человеке) и «мидот» (свойства, которые человек должен приобрести сам)?**

«Тхунот» — качества, наклонности, с которыми я родился. У каждого из нас есть комплекс, совокупность свойств, личных качеств, с которыми он явился на свет, и до самой его смерти, через сто лет они останутся теми же, характер невозможно изменить. Мы можем подавить свой характер, выпячивать некоторые свои качества, по-разному применять их, используя в той или иной степени; но такая «обработка» своих природных качеств не исправляет их, а лишь портит.

Настоящее исправление заключается в том, чтобы, оставив свои природные свойства такими, как есть, постоянно работать над «масахом», то есть, строить намерение на использование своих природных свойств. Если я использую их ради Творца, значит сделал на них исправление.

Ни одно качество, используемое с намерением насладить Творца, не может быть плохим, и наоборот: любое качество, используемое ради себя, не может быть хорошим. Таким образом, одни и те же свойства могут быть хорошими, если они направлены на служение Творцу, и плохими, если направлены на самоуслаждение.

Отсюда следует, что необходимо исправлять не свои природные качества, а намерение: ради кого я их использую. Бааль Сулам поясняет, что даже такие высокие свойства, как правда и милость, мир и справедливость, не являются ни плохими, ни хорошими, все зависит от их использования.

ВРАТА НАМЕРЕНИЙ

Урок 1, 2 апреля 2002 года

«И следует тебе знать, что души — подобны золоту, создающемуся в чреве земли. И когда добывают его, полно оно мерзости и примесей, и нельзя его оценить, и нет у него ни звания золота, ни великолепия, пока не наполнится мудростью «ювелир» и не отделит примеси от золота — раз за разом, очищение за очищением. Одно не такое, как другое».

То есть, все зависит от уровня чистоты, до которой можно довести, исправив, каждую частичку.

«И с каждым очищением постепенно очищается — покуда все примеси не отделятся от золота. И тогда становится видно, что это — золото! Так же и по отношению к душам. Ибо из-за греха Адама смешалось добро со злом».

В каждой душе и в каждой мысли, в каждом желании — во всей глубине каждой мысли и каждого желания — перемешаны добро и зло. До такой степени, что невозможно отделить одно от другого. То есть, я не знаю, при помощи какой мысли и какого желания я могу прийти к Цели творения — да и ее по этой же причине я не ощущаю, не вижу и не могу определить: вот она!

Если бы я уже сейчас видел, какова истинная Цель... Но я вижу лишь состояние, в котором сейчас нахожусь, — да и в нем я ориентируюсь при помощи своих желаний, и видение мое ложно. И ни одной точки, находящейся впереди, я не вижу. И всякий раз, даже если и могу определить один свой шаг, то на следующей ступени раскаиваюсь и строю на его основе уже другой шаг...

Так на самом деле человек и продвигается: каждая последующая ступень аннулирует предыдущую. В духовном это называется: «отходы высшего становятся пищей для низшего». Малхут высшего становится Кетером низшего. А на обратном пути, снизу-вверху, это выражается у нас в том, что то, что еще секунду назад представлялось мне истинным и лучшим, самым чистым и светлым, духовным — теперь видится мне совершенно иным, и на этом я строю себе другое представление о духовном и к нему устремляюсь — и так далее. Об этом и говорится, что каждая вещь очищается в соответствии со своей природой.

«...Из-за греха Адама смешалось добро со злом, в частности — в искрах кери, которые породил Адам Ришон в первые 130 лет после своего греха».

Разбиение произошло не за один раз. Не так, что вся эта правильная духовная конструкция — желание получить, находящееся на духовном уровне, будучи смешанным со всеми тет ришонот, — вдруг разбивается, рассыпавшись на части, и все! Нет, разбиение происходит, как своего рода цепная реакция, которая продолжается и продолжается, покуда все частицы Адама не падают на наинизшую ступень.

На этом пути сверху-вниз они проходят множество этапов падения, уменьшения. Об этом и говорится, что Адам продолжал грешить еще 130 лет после своего первого прегрешения. И не только он, но и его потомки: то есть, части, на которые он разбился, продолжали претерпевать разбиения вновь и вновь — продолжали разбиваться во всех своих деталях.

«И уже разъяснялось у нас, что искры очень важны и святы — но они выходят и смешиваются с клипот, и необходимо проделывать выяснение за выяснением, — поднимаясь снизу-вверх, — *чтобы исправить их* — по тем же путям, на которых они разбились при распространении сверху-вниз.

И таким образом, эти искры постепенно исправлялись до тех пор, пока не начали исправляться и показывать наличие в них золота — *и это было в поколении Египта* — начиная с Египта, с исхода из Египта и далее, начинается исправление. А до этого — только падение.

И в этом пойми правильный смысл: почему было им суждено то тяжелое рабство, которому нет подобного — соответственно тому, что согрешили в поколении Потопа, истребляя свое семя, было им присуждено: «Всякого новорожденного мальчика бросайте в Нил» — по примеру наказания самим Потопом.

Как во время потопа — должны были пройти наказание водой, также и в Египте — Фараон приказал утопить всех еврейских новорожденных мальчиков.

А соответственно тому, в чем согрешили в поколении Вавилонской Башни, говоря: «Давайте, сделаем кирпичи» — сказано: «И огорчали жизнь свою глиной и камнями».

Итак, разбиение совершается в несколько этапов, и всякий раз оно имеет как бы иной характер, иное выражение. На самом деле это просто параллельные ступени — одна выше, другая ниже. Так же как в мире Некудим: была голова парцуфа Аба вэ-Има и разбиение на решимот 4 (итлабшут), 3 (авиют) — отсюда произошли и разбились четыре первых мелеха.

Затем отсюда исходит следующий парцуф на решимот 3, 2: голова ИШСУТ и тело — четыре следующих мелеха. И так далее. То есть, процессы, происходящие на каждой ступени, подобны друг другу. Также и на этих двух ступенях: поколение Потопа и поколение Вавилонской Башни — это две ступени разбиения.

«...И на самом деле смысл египетского рабства в том, что, как известно, все души приходят из Хасадим и из Гвурот, которые в моах а-даат, ибо там находится тайна зивуга между Хохмой и Биной, как написано: «И Адам познал Хаву, жену свою...» — «даат» (познание) это наивысшее место зивуга: Хохма, Бина, Даат; также «мелех даат» в мире Некудим — потом в Зеир Анпине соответственно этому есть высший даат, низший даат...

«...И никто ее не познал...» Поэтому называется «дэа», указывая, что оттуда тянется капля зивуга, свет Хохма,

называемая словом «йедиа», как было упомянуто. И, тем более, что те души того поколения, поколения Моше — также происходят оттуда, от того зивуга «даат» Адама и Хавы.

И уже прояснялось у нас, что Моше есть ступень даат, и все то поколение — тоже ступень «даат». Однако они вышли в клипот по той причине, что были они каплями «кери» от тех 130 лет, предшествующих рождению Шета. А Моше был на уровне самого Шета, потому сказано о нем: «И увидишь, что хорош он» — а не как остальные плохие капли Адама за те 130 лет. Ибо после всех них родился Шет — по его образу и подобию. Но все остальные были в виде нечисти. Поэтому сказал о них Моше: «И да не увижу я бедствия моего».

Мы не понимаем сейчас то, о чем он здесь пишет. И это не столь важно. Главное, что мы читаем это во время, называемое Песах. Сами мы — «души», время, в котором мы сейчас находимся, называется ступенью «год», а все состояние — «мир». Мы желаем притянуть на себя окружающий свет из того корня, о котором мы сейчас читаем, и этот корень связан с нами по этим трем координатам: «мир», «год», «душа» — поскольку мы изучаем правильный материал в нужное время.

Тем самым у нас есть возможность притянуть окружающий свет — и не имеет значения, понимаю я или нет то, о чем здесь написано. Ведь это не имеет отношения к человеческому разуму — речь идет о свете, который приходит и исправляет меня! Поэтому мы должны читать эти статьи во время праздника, также и ночью, а намерение наше — исправиться, а не наполнить наш внешний разум, поняв где-то какое-то слово. Необходимо приложить усилие в намерении: то, что я сейчас изучаю, то, за что пытаюсь ухватиться — это для меня настоящее лекарство. Это мое спасение!

«И поскольку все то поколение представляло собой ступень даат, а, как известно, когда повреждают снизу какую-либо высшую ступень, то способствуют этим тому, что клипот пристают и отбирают свет у этого поврежденного источника, — поэтому спустился народ Израиля в Египет,

который является клипой, находящейся в «ахораим» (обратной стороне) высшей ступени даат — как разъясняется у нас в вопросе о Египте, который есть высший «мецар» (узкая соединительная часть, перешеек), то есть, «гарон» (горло). А Фараон — твердый затылок, находящийся на обратной стороне ступени даат.

И эти клипот держались за гарон и питались всем светом, исходящим из ступени даат Зеир Анпина. И поэтому Израиль в том поколении, хотя и происходили из ступени даат, однако были повреждены, так как являлись искрами «кери», и потому были порабощены Фараоном и египтянами, которые питались всем светом от ступени даат, поскольку сами (народ Израиля) причинили все это. И все это изгнание было предназначено для того, чтобы очистить и исправить эти святые искры, как сказано: «И вывел вас из железного котла, из Египта». И пойми, что уподоблен Египет котлу, в котором плавится золото и отделяется от примесей, и исправляется.

...Фараон, нечестивец, был великим колдуном, и нет ему равных — как сказали наши мудрецы. И знал мудростью своей об уходе святого Зеир Анпина и его возвращении в зародышевое состояние внутри Има Илаа — это похоже на то, что происходит в Пурим; на любой ступени этот процесс остается тем же самым.

И видел, что Зеир Анпин, называемый именем АВАЯ, не управлял и не властвовал тогда в мире. Поэтому, когда пришел к нему Моше, отрицал главное и сказал: «Не знал я Творца». Ибо видел, что высшая клипа, властвовавшая над ним, над Фараоном, не питалась оттуда. Это и есть: «Не знал я Творца» — то есть, Зеир Анпина, называемого АВАЯ, как известно.

Также сказал: «Кто такой Творец, чтобы слушался я Его голоса?» — другими словами: «Где Зеир Анпин, называемый АВАЯ, с посланием от которого ты пришел ко мне, — где Он, чтобы услышал я Его голос?» — ведь устранил Он свою опеку, и вошел в состояние зародыша. Таково объяснение в Книге Зоар на строфу: «И ожесточил Творец сердце Фараона» — когда слышал имя Творца из уст Моше, способствовало это ожесточению его сердца, так как знал мудро-

стью своей, что Он тогда не раскрывался, а был скрыт в состоянии зародыша».

Снова мы видим, что если идти по пути разума, знания, в соответствии с тем, что мы видим, понимаем, то Фараон прав, и Аман прав, и Ахашверош прав. Совершенно очевидно, что так должно быть. Ведь высшее управление исчезает в той форме, в которой существовало прежде: «спит Творец Израиля», нет власти Зеир Анпина, его не видно — поэтому Фараон и говорит: «Кто такой Творец, чтобы слушался я Его голоса?». Фараон говорит, исходя из логики, из реальности, и если идти в соответствии с разумом, с логикой, то невозможно его опровергнуть! И в этом сила Фараона! И с каждым разом он становится все сильнее, потому как его можно взращивать.

Но как в Пурим, так и здесь, мы видим, что правильное действие, которое способно привести к выходу из изгнания — это, прежде всего, открыть, что нахождение «внутри разума» называется изгнанием, тогда как состояние «выше знания» — это избавление.

«Однако имя Элоким Фараон признавал. Ведь сказал ему Йосеф: «Элоким ответит во благо Фараону» — а тот ответил: «Раз Элоким возвестил тебе...» Таким образом, отрицал он имя АВАЯ, но признавал имя Элоким. А дело в следующем: во время большого состояния Зеир Анпина есть у него мохин по имени АВАЯ; а в то время, когда пребывает в малом или в зародышевом состоянии, есть у него мохин Элоким. И вот теперь, когда Зеир Анпин пребывал в состоянии ибур, были у него мохин Элоким, а не АВАЯ, и потому отрицал Фараон АВАЯ и признавал Элоким».

Фараон относится к получающим келим: все получающие келим — это Фараон. Так зачем же ему нужен Исраэль? Чтобы они, дающие келим, работали на получающие келим. Только для этого — а кроме этого ни для какой другой цели не нужны ему Г"Э. Что же значит, «признает Элоким и отрицает АВАЯ»?

АВАЯ — это состояние, когда свет Хохма принимается в келим дэ-кабала, тогда как Элоким — это отдача ради отдачи, когда все десять сфирот работают в таком режиме. Это ступень Бины. Для Фараона Творец существует в том случае, если он может Его использовать, и не существует, если на Него нужно работать с намерением ради отдачи. В этом и заключается разница: он отрицает АВАЯ, но признает Элоким.

«И дело также в том, что, как известно, власть «внешних» — не над именем АВАЯ, а на именем Элоким. И потому теперь, когда Зеир Анпин находился в ибуре, будучи на ступени мохин Элоким — была у «внешних» возможность присосаться и удерживаться там. И дело в том, что имя Элоким распространяется на множество ступеней, покуда в конце последней ступени из его «винного осадка», из самого Конца, не выходят клипот, называемые «другие боги», как упомянуто в «Саба дэ-Мишпатим» на стих «Правил Творец народами...».

И дело в том, что, как объясняется у нас, существуют три мохин во время катнута и ибура, и они суть трех имен Элоким...»

- **Вопрос: Как может быть, чтобы в зародышевом состоянии, когда Зеир Анпин защищен «во чреве матери», к нему присасывались клипот?**

  Клипот не присасываются в самом зародышевом состоянии — при условии, что Зеир Анпин желает в нем остаться. Если же мы желаем сменить состояние, то не просто имеет место присасывание клипот, а именно благодаря этому присасыванию возможна смена состояния! Откуда, если не от клипот, ты возьмешь силы, желание, чтобы сменить состояние? Каждая такая добавка приходит из левой линии!

- **Вопрос: Фараон властвует над получающими келим, но ведь Исраэль — дающие келим?**

  Израиль — действительно дающие келим, келим дэ-ашпаа. Но есть множество добавок к Израилю, которые вышли из Египта. Прежде всего, народ Израиля берет с собой свой мелкий рогатый скот. Помимо этого, когда они выходят, их уже не «семьдесят душ», как было, когда они спустились в Египет, их уже три миллиона! Шестьсот тысяч мужчин плюс женщины и дети — около трех миллионов человек.

Кроме того, они крадут у египтян посуду (келим) — это, скажем, на неживом уровне. На растительном и животном уровнях — они берут с собой все, что нажили в Египте. И, наконец, некоторое количество египтян присоединяется к ним — так называемая «великая толпа». Потом с этим связаны всевозможные проблемы, но и это тоже — часть исправления. Все это — АХАП, присоединившийся к Г"Э. За счет чего их число возросло в Египте? 70 душ, спустившихся вниз, в Египет, смешиваются с получающими келим, и за счет того, что получающие келим смешиваются с ними, входят в них — они увеличиваются с 70 до трех миллионов.

За счет чего можно вырасти в духовном? За счет присоединения получающих келим. 70 — это полная мера дающих келим. И более быть не может! То есть, когда Моше намеревается выйти из Египта, он «не оставляет ни единой коровы». В тексте написано: «Ни единой Парсы» — то есть, под Парсой он не желает оставить ни единого кли, которое можно поднять в мир Ацилут.

- **Вопрос: В одной из своих статей Рабаш пишет, что там были «работники Творца» при Фараоне... Что это за понятие?**

Есть и такие, кто вышел из Египта, перешел через Ям Суф и участвовал в получении Торы на Синае — и тем самым создал проблемы... И это было необходимо для исправления. И в течение «сорока лет» совершаются исправления. И сам Моше совершил грех, ударив по скале...

Никогда духовные ступени не исправляются за один раз. Так это и в теле: если какой-то орган болен, то это ощущается во всем теле, и наносится ущерб всему организму...

Исследование 3. В нем будет разъяснен вопрос об Исходе из Египта и о Песахе. Итак, во время египетского изгнания прочно держались «внешние» (клипот) за святость до того, что возвратился З"А к худшей ступени, то есть, к нахождению на ступени «трех, включенных в три». Потому возникло у Творца желание вывести Зеир Анпин «рождением из чрева его матери» и возвеличить его до самого большого состояния, ка-

кое для него возможно, и тем самым перестанут держаться за него «внешние», благодаря нынешнему большому освещению — и недостаточно было, чтобы вырос до первого большого состояния, называемого «остальные праздники».

Как объясняется у нас выше, в вопросе о праздниках, ЗОН поднимается тогда (в праздник) лишь до ступени НЕХИ дэ-Твуна. Как известно, имя ЭКЕ (ЭКЕ — Алеф-Кей-Йуд-Алеф) с наполнением буквой йуд — в Бине, а АВАЯ дэ-САГ — в Твуне. Поэтому праздник (Йом Тов) по гематрии аин-гимел (73), и это равно величине АВАЯ дэ-САГ с десятью буквами — это 73, как и «йом тов».

Но знай, что это лишь то, что произошло само по себе, а затем с помощью наших молитв, конечно же, поднимаются до высших Хохмы и Бины, как объясняется в комментариях на фразу: «Вот праздники Бога — священные собрания...»

Но сейчас, в пасхальную ночь, вырастает Зеир Анпин даже до второго большого состояния, то есть, до высших Хохмы и Бины. И более того — пасхальная ночь больше ночи субботней. Ибо в субботнюю ночь нет у Зеир Анпина ничего более первого большого состояния и буквы «ламед» ступени окружающих светов «ЦЕЛЕМ». И даже окружающего света буквы «мем» от «ЦЕЛЕМ» нет у него в субботнюю ночь, как упомянуто в соответствующем месте. Тогда как в пасхальную ночь есть у него даже «второй гадлут» высших Хохмы и Бины».

То есть, в пасхальную ночь свечение сильнее, чем в остальные праздники.

«Существует еще и другое преимущество в пасхальную ночь по сравнению с остальными праздниками и субботами, а именно: в праздник и в субботу Зеир Анпин не поднимается на свои ступени за один раз, а восходит ступень за ступенью — с каждой молитвой поднимаясь на одну ступень, как упомянуто у нас в вопросе об утренней молитве и о мусафе и минхе в субботу. Но в пасхальную ночь поднимается за один раз на все ступени не с помощью многочисленных молитв, одна за другой, — а за один прием поднимается до состояния второго гадлута.

Однако есть у субботы преимущество перед пасхальной ночью, потому как в пасхальную ночь поднимается лишь до высших Хохмы и Бины. Тогда как в субботу во время минхи поднимается до «бороды Арих-Анпина». А в Песах не поднимается до «бороды Арих-Анпина» — до праздника Шавуот. И вся причина (цель) в том, чтобы прекратили держаться за него внешние, когда поднимается за один раз на абсолютно все ступени возвышения.

И на это есть намек в другом стихе, который внесли авторы Пасхальной Агады в порядок чтения Агады. А стих этот: «И умножишься ты, и увеличишься, и войдешь во веки вечные...» И это — соответствует нашему пояснению о том, что теперь, при исходе из Египта, умножился и увеличился Зеир Анпин, поднявшись на совершенно все ступени своего величия за один раз — до того, что увеличился до ХАГАТ Аба вэ-Има, являющихся ступенью высших Хохмы и Бины, как упоминалось. И там, в ХАГАТ — место «сосков» и «груди», и об этом написано: «И умножишься ты, и увеличишься...», «Грудь уготовлена...». И сказанное «И умножишься» соответствует первому большому состоянию, НЕХИ, а «И увеличишься» — второму, ХАГАТ».

ВРАТА НАМЕРЕНИЙ

Урок 2, 3 апреля 2002 года

Так что же такое счисление омера, как это объясняется во «Вратах намерений»...

Прежде всего, необходимо вспомнить о том, зачем мы это изучаем? Когда мы читаем статьи, нам понятно, зачем мы их изучаем, ведь написанное в них и есть обучение, инструкция по достижению желаемого. В статьях разъясняются этапы моего пути, нюансы моей души, как мне с этой душой достичь Творца. То есть, тема статей и мое «Я» живут одной жизнью — в книге написано обо мне, я чувствую это, и не важно, согласен ли я с ней во всем или еще нет, но я как бы чувствую ее.

А вот то, что мы будем читать сейчас, говорит о происходящем на высших ступенях, не со мной, и кто знает, когда я достигну этих состояний...

Но мы читаем их описания, описания того, что когда-нибудь произойдет и со мной, для того, чтобы пробудить в себе желание, стремление, войти в эти состояния, как бы принуждая себя подняться на более высокую ступень. Прилагая усилия в этом, я притягиваю с этой ступени на себя ор Макиф, желая приблизить ее к себе, я попадаю под ее влияние.

Но при этом я должен думать так же о том, что прилагаю это усилие с намерением исправить себя. Ор Макиф действует и без намерения, но вместе с намерением его действие намного сильнее.

Первое толкование на тему счисления омера. Это толкование записал Хаим Виталь, слышавший его от окружающих его.

И дни Омера — это время ограничений — диним, как известно, и поэтому гвурот и ограничения малого состояния распространяются в гуф З"А в семь недель.

Итак, задача в том, чтобы привести ЗОН (Зеир Анпин и Нуква) к зивугу и получению Торы, получению света. Это происходит в семи сфирот ЗОН, и в каждой сфире есть семь собственных сфирот, в общем итоге 49 дней от Песаха до получения Торы, до Шавуот. Так что же символизирует для нас каждая неделя из семи недель омера?

И вот в первую неделю распространяется и спускается из даат одна Гвура и входит в Хесед З"А. И во вторую неделю спускается первая Гвура из Даат и входит в Гвура З"А.

И далее таким же образом, пока не окажется, что пятая Гвура спустилась в Ход З"А.

И в шестую неделю собираются все пять Гвурот, и входят в Есод, и в седьмую неделю все пять Гвурот входят в Малхут З"А способом, упомянутым в описании распространения пяти Хасадим.

И каждая неделя состоит из семи дней, поскольку каждая их стадия состоит из семи стадий. Каким образом?

В первую неделю вошла первая Гвура в Хесед З"А, а в самой стадии Хесед есть семь собственных стадий — Хесед, что в Хесед, Гвура, что в Хесед, и так далее до Малхут, что в Хесед.

И как семь стадий в Хесед против семи дней первой недели, так же и в остальные семь недель.

Так это написано в сидуре: «Я исправляю то, что повредил Хесед, что в Хесед» — это в первый день, — «в Гвура, что в Хесед» — это второй день, и так далее, все семь сфирот Хесед.

Затем во вторую неделю исправляем сфиру Гвура, которая также состоит из семи сфирот, и так далее. И так все состояния сорока девяти дней — семь дней, что в Хесед, семь дней, что в Гвура, семь дней, что в Тиферет, семь дней, что в Нецах — четыре раза по семь, получается двадцать восемь.

И сколько у нас еще дней до ЛАГ (ламед гимел — 33) бэ-Омер? Пять дней. Пять — это Хесед, Гвура, Тиферет, Нецах и Ход, которые в Ход. Почему Ход? Потому что, если отсчитать пять сфирот: Хесед, Гвура, Тиферет, Нецах, Ход — то получится, что Ход соответствует Малхут, Ход — это Малхут Зеир Анпина.

Откуда начинается сама Малхут? Когда заканчиваются все высшие, то есть, альтруистические сфирот: Хесед, Гвура, Тиферет, Нецах и Ход, которые в Ход, оттуда и далее после тридцати трех (ЛАГ) дней начинается сама Малхут, что в Малхут.

И мы можем быть уверены, что если прошли все это, получили свет от всех сфирот до тридцать четвертой сфиры из сорока девяти, то уже достигнем получения Торы, т.к. остальное расширится в Малхут, то есть, в нас, наверняка. Свыше уже дали все.

И поэтому мы празднуем тридцать третий день Омера, с этим же связана смерть Рашби, написавшего Книгу Зоар. Особенность этого дня в том, что в этот день все света заканчивают спуск из высшего и вход в низший, и им остается там только распределиться. Этим заканчивается программа в потенциале, и с этого момента она входит в действие.

Мы только произносим то, что должны произносить в счислении омер — то, что записано в сидуре, точно согласно сфирот, на языке Каббалы. Что об этом думает, что в этом понимает простой народ, я не знаю, но произносят все.

- **Вопрос: И когда он говорит: «я исправляю...»**

То он так и думает, что произнося — исправляет. Спроси у людей, они тебе скажут.

- **Вопрос: Так как же мы можем что-то действительно сделать?**

Достигни нужного намерения! Написано: «заповедь без намерения, как тело без души». Ты выполняешь заповедь, но если нет еще у тебя альтруистического намерения, ты не можешь выполнить ее духовно. В таком случае ты должен знать, что то, что ты делаешь, это просто некое мертвое действие. Но все-таки лучше, выполняя, знать об этом, чем и не выполнять, и не знать.

Поэтому каббалисты говорят, что нужно знать и выполнять все, что нужно, чтобы вызвать в себе ощущение недостатка, желание постичь внутреннюю сторону выполняемого, ведь в каждом действии-заповеди есть то, что необходимо постичь, а не просто физически выполнить.

И поскольку должен человек отсчитывать счисление Омера при помощи пэ, смысл этого в том, что когда человек считает своим ртом и выпускает испарение из своего рта наружу, это влечет выход испарения окружающего света изо рта высшего человека, которым является Зеир Анпин, и это испарение окружает каждую из его семи нижних сфирот в семь недель Омера. За счет этого подслащиваются Гвурот малого состояния и распространяются в З"А как внутренний свет, как упомянуто, т.к. они — ограничения жесткие и окончательные.

Второе толкование на тему счисления Омер. И вот выяснено, что большое состояние З"А было только в первую ночь Песах, чтобы Израиль мог спастись. После первого дня Песах исходят все мохин (света большого состояния), и З"А возвращается в состояние «гимел, включенные в гимел». И поэтому не говорят полный Алель, кроме, как только в первый день Песах, после этого, со второго Алель и далее мы снова начинаем притягивать упомянутые мохин, которые вошли в ночь Песах и вышли, и теперь возвращаются и входят согласно порядку ступеней, каждая ступень в свой день посредством заповеди счисления Омер в течение пятидесяти дней между Песахом и Ацерет.

Таким образом, свет большого состояния, который был в Песах, вышел, и теперь мы сами, не с помощью пробуждения свыше, как это было при выходе из Египта, а сами, при помощи счисления Омер, то есть, исправляя часть за частью все сорок девять органов души, сорок девять сфирот, исправляем кли и тогда в Шавуот получаем свет Торы. И этого мы достигаем не за счет пробуждения свыше, а за счет своей работы.

И известно, что Кетер не учитывается никогда и не входит в число, только от Хохма и ниже. И когда отсчита-

ем семь сфирот от Хохма, что в З"А и ниже, и это ХАБАД ХАГАТ *(Хохма, Бина, Даат, Хесед, Гвура, Тиферет)* — там место начала построения нуквы — Малхут, за Тиферет, как известно. И соответственно этим семи сфирот мы отсчитываем семь недель, ведь невозможно, чтобы произошел зивуг ЗОН до того, как будут эти семь сфирот построены и исправлены, и тогда нуква станет пригодной к зивугу.

И поскольку каждая из семи сфирот состоит из всех, поэтому не хватило семи дней, а понадобилось семь недель, каждая неделя состоит из семи дней. И получается, что в каждую неделю из семи недель исправляется одна сфира из упомянутых семи сфирот...

В чем необходимость одалживания келим у египтян?

«Шлавей Сулам», т. 2, стр. 9
Урок 11 апреля 2002 года

«Скажи народу, пусть возьмет в долг каждый у знакомого египтянина и каждая женщина у подруги-египтянки вещей серебряных и вещей золотых». И дал Творец милость народу в глазах египтян». (Шмот, 11:2).

Сказал рабби Янай: речь идет о просьбе, Творец попросил Моше обратиться с просьбой к народу Израиля одолжить у египтян золотые и серебряные сосуды, чтобы не мог сказать праведник, что «поработят их и будут истязать» — выполнил Он, а «после выйдут с великим достоянием» — не исполнил.

И спрашивают народы мира: ведь если хотел Творец выполнить обещание, данное Аврааму, о котором написано: «И после выйдут с великим достоянием», то разве не мог Он обогатить народ Израиля без одалживания келим у египтян, что выглядит на первый взгляд обманом, как будто бы заняли с намерением не возвращать.

И также надо понять, почему Творец просил у Моше, чтобы уговаривал народ Израиля одолжить сосуды у египтян, как будто зная, что евреи будут противиться этому. В чем же причина такого сопротивления?

И что означает: «дал Творец милость народу в глазах египтян»? Как можно понять это, ведь оно полностью противоречит тому, что написано в другом месте, и хотя, конечно, для Творца нет ничего невозможного, но ведь было сказано, что египтяне не терпели евреев — и вот уже евреи нравятся им.

В чем необходимость одалживания келим у египтян?

И в обещании, которое дал Творец Аврааму: «И после выйдут с великим достоянием» — также надо понять весь смысл, заложенный там. «И сказал ему: «Я вывел тебя из Ур-Касдима, чтобы отдать тебе во владение эту страну». Но Авраам сказал: «Господи! Как я узнаю, что буду наследовать эту землю?» И сказал Аврааму: «Знать ты должен, что пришельцами будут потомки твои в чужой стране — и будут рабами, и будут их угнетать четыреста лет. А затем выйдут оттуда с великим достоянием». (Берешит, 15:7 — 15:14)

Здесь нужно понять ответ Творца Аврааму на вопрос: «Как я узнаю, что буду наследовать эту землю?» И почему ответил Творец: «Знай, что пришельцами будут потомки твои в земле не своей, а затем выйдут оттуда с великим достоянием». Ведь вопрос был о сохранности наследия, а ответ в том, что народ Израиля будет в изгнании. Но разве изгнание это гарантия сохранности земли?

А дело в том, что нет света без сосуда, и нельзя получить наполнение без недостатка, который и есть сосуд. Авраам не видел в народе Израиля потребности в наследовании духовной земли, ибо удовлетворятся малым свечением — ведь самая низкая ступень в духовном дает человеку больше, чем все материальные наслаждения этого мира — и тогда решат, что нет ступеней выше той, которой достигли.

Поэтому спрашивал Авраам: как возможно, чтобы был у них свет без сосуда? Авраам понимал, что свет дает Творец; но сосуды, то есть, желания светов, еще больших, чем те, которые уже получили — кто даст народу Израиля понять, что они должны достичь еще большего возвышения? В духовном мире есть закон, по которому все духовное, что человек получает, кажется ему совершенным и непревзойденным. В духовном каждое ощущение совершенно и не обладает никаким недостатком, иначе это уже не духовное. Откуда же возьмется необходимость просить более высоких ступеней, называемых «наследием земли»?

И отвечает Творец, что благодаря египетскому изгнанию будет у них необходимость просить у Него, чтобы давал им каждый раз еще большие силы. Ведь до такой степени клипа «Фараон» пожирала всю их работу, что они не ощущали, что когда-то работали на Творца с целью достичь совершенства и знали, чего желают — и вдруг они приходят к состоянию, когда забывают все. Это происходит с умыслом: для этого Творец и подготовил клипу — чтобы всякий раз приводить их к состоянию начала, а, как известно, сначала всегда тяжело. И тогда им придется попросить помощи у Творца. И так раз за разом получают «добавку к душе».

А весь тот свет, который получал свыше — хоть он временно и удалялся — потом, когда человек приложит необходимую сумму усилий, чтобы раскрыть все, что заложено в принципе «Все, что можешь сделать — делай», тогда единовременно получает все, что до этого получал одно за другим и думал, что все это входит в клипот. Таким образом, все египетское изгнание имело целью получение келим и необходимости в больших светах. Вот почему для них было подготовлено египетское изгнание: чтобы посредством трудных вопросов египтян опустошались каждый раз от той доли Святости, которую уже приобрели, и снова приходили к необходимости просить у Творца, чтобы осветил им путь.

Однако мы видим, что когда пришли Моше и Аарон к сынам Израиля, те сразу же приняли их слова верой выше знания, и все то, что египтяне давали им понять посредством вопросов о смысле жизни, о вере Израиля, не возымело действия. Как только они узнали от Моше и Аарона, что Творец хочет вывести их из изгнания, то сразу же отказались слушать все обоснованные доводы египтян и с закрытыми глазами устремились за Моше и Аароном. Получается, что они выходят из Египта без всякой необходимости наследия земли и удовлетворяются малым. Поэтому и просит Творец, чтобы заняли вещей серебряных и золотых, то есть, чтобы взяли у египтян их желания и стремления, все их вопросы о пути народа Израиля.

Египтяне всегда требовали от них разума и логики во всем, что они делают, утверждая, что приобретение намерения ради отдачи — это неправильный путь. «Ведь Творец Добр и Творит Добро, а вы оставляете правильный путь получения наслаждений и становитесь на путь, прямо противоположный Цели творения».

Но, услышав такие мерзкие речи египтян, евреи всегда убегали от них, то есть, убегали от этих мыслей. Если у человека нет желаний — что можно ему дать? Он ничего не хочет, у него нет необходимости, нет сосудов, чтобы принять благо и наслаждение, называемые «большим имуществом», которые Творец хочет ему дать. Поэтому хотел Творец, чтобы евреи взяли эти келим у египтян — только для того, чтобы у них была потребность наполнить эти недостатки; но не оставлять у себя эти мысли и желания, не относящиеся к народу Израиля, а лишь занять их на время. Они как бы получают свет в эти сосуды получения и сразу же выбрасывают их, оставляя лишь свет с намерением ради отдачи Создателю. И увидели египтяне, что евреи хотят слушать их вопросы, то есть, занимать у них келим, и решили, что они хотят пойти их путем, и тогда получили евреи милость в их глазах.

* * *

Трудно постичь всю глубину того, что говорит Рабаш. Вдаваясь в подробности, он, тем не менее, скрывает смысл за различными выражениями так, что его трудно разглядеть. Как можно связать все те состояния народа Израиля, о которых он говорит: перед спуском в Египет, в Египте, при выходе из Египта — о чем тут речь?

Итак, народ Израиля до спуска в Египет — это человек, не имеющий никакого опыта работы с тем, что приходит свыше. Народ Израиля, находящийся в Египте — это тот, кто чувствует, что становится хуже. Человек, выполняющий в своей жизни Тору и заповеди исключительно действием без намерения и не задающийся вопросами о чем-то большем, соответственно, удовлетворяется малым.

Об этом и спрашивает праотец Авраам, сам принадлежащий к Хесед, к правой линии, к чистым келим (Гальгальта вэ-Эйнаим): как можно достигнуть Творца, если я удовлетворяюсь лишь тем, что имею?

Да, существует Творец, Он повелел мне делать что-то в этом мире, и я исполняю то, что Он мне приказал: талит, тфилин, правила кашерности в Песах и так далее Это называется *домем дэ-кдуша* — неживой уровень святости, когда мы уделяем внимание исключительно физическому действию. Однако разве мы не думаем при этом о намерении? Думаем, но не о намерении на сосуды, на постановку трудных вопросов, а именно это Творец обещал Аврааму: «Не беспокойся, Я заставлю их задуматься о смысле жизни, я спущу их в Египет».

Египет — это келим дэ-АХАП, тяжелая работа, в которой пробуждаются вопросы о смысле жизни: «Что?» и «Кто?», «Что вам эта работа?» (работа на Творца); «Кто такой Творец, чтобы я слушался Его голоса?». Если эти трудные вопросы, являющиеся сутью Паро, сутью АХАПа, то есть, сосудов получения — присоединяются к Гальгальте вэ-Эйнаим, то Гальгальта вэ-Эйнаим попадают к ним в рабство.

Таковы претензии к Творцу, и только они, а не просто страдания, называются Египтом. Они тревожат человека тем больше, чем сильнее старается он работать с намерением, возвышать намерение над действием. Это не значит, что он не нуждается в самом действии — просто он должен совершать действие, присоединяя к нему намерение: сначала вознамериться, закоротить себя на Творца, представить Творца перед собой, наполнить Им, насколько это возможно, разум и сердце, и тогда постепенно, еще не ощущая Его по-настоящему, присоединять к этому вопросы о смысле жизни, о пути, проблемы и практические заповеди — все внутри.

Тогда человек постепенно исправляет Фараона, и из всех этих трудных вопросов Египта, из келим египтян строит связь с Творцом. У Гальгальты вэ-Эйнаим нет связи с Творцом: ведь это только сосуды отдачи, свет Хасадим. Связь возможна лишь в передаче и получении. Если же мы говорим только о сосуде Бины, «малом состоянии» — то здесь нечего давать и нечего получать. Поэтому вся польза от Египта заключается в приобретении недостающих сосудов — трудных вопросов против управления

В чем необходимость одалживания келим у египтян?

Творца как Доброго и Творящего Добро, против существования Творца как единственной силы, кроме которой ничего нет и так далее.

Поэтому Авраам — первый еврей, Кетер народа Израиля, полноценная Гальгальта вэ-Эйнаим, самое «светлое» альтруистическое свойство — и спрашивает: «Ты обещаешь, что они станут, как звезды на небесах. Как такое возможно, если они находятся на ступени Гальгальта вэ-Эйнаим?» И Творец отвечает: «Не волнуйся. У них будут против этого келим, они эти келим исправят и тогда получат "большое состояние"».

Итак: состояние перед входом в Египет называется «домем дэ-клуша», пребывание в Египте называется временем подготовки; выход из Египта — это уже переход через махсом. И мы в каждом действии и в каждом новом состоянии должны сначала подумать о намерении, то есть, о связи с Творцом в этом действии, а затем уже — о самом действии. Это значит: предпочесть внутреннюю часть внешней.

Этим мы исправляем мир, как объясняет Бааль Сулам в конце «Предисловия к Книге Зоар»: все исправление сводится к тому, чтобы приумножать осознание важности внутренней части перед внешней — и тогда все в мире устроится. И когда вся эта пирамида правильно выстроится в этом мире, под махсомом, она сможет получить свечение свыше от такой же иерархически правильно выстроенной пирамиды в мире духовном. Одно будет соответствовать другому, внутренняя часть возобладает над внешней, и весь этот мир получит изобилие свыше.

- **Вопрос: египтяне говорят: если Творец Добр и творит Добро, если Он хочет давать нам, то давайте получать от Него. Народ же Израиля говорит: нет, мы пойдем верой выше знания. В чем здесь противоречие для Израиля? Почему он не желает получать то, что Творец ему дает?**

Израиль не желает ничего получать от Творца, потому что евреи — имеются в виду исключительно сосуды отдачи, которые ничего не хотят. Таков «неживой уровень святости», который ты наблюдаешь у ортодоксальных верующих. Им не нужно больше того, что у них есть. Их научили определенным действиям, и они верой и правдой исполняют их даже еще более педантично, чем раньше, усиливая строгости с каждым годом — однако все это на уровне практических действий, во внешней части Торы, а не во внутренней.

Как объясняет Бааль Сулам, здесь и заключается проблема, ибо этим мы устанавливаем во всем мире обратный порядок святости, и весь этот мир, представляя собой противоположность святости (кдуша), не может напрямую получать свыше окружающий свет, изобилие, которое исправит его.

- **Вопрос: Тогда кто такие Моше и Аарон, которые должны сказать им: «Позаимствуете сосуды у египтян»?**

Моше и Аарон — это два лидера, соответствующие ЗОН, которые заставляют народ Израиля задуматься о смысле жизни, привлекают к встрече, к контакту с Фараоном. Пока Израиль не вступал в контакт с Фараоном, все было в порядке: евреи, даже живя в Египте, были хорошо устроены и как будто бы получали от Египта прибыль, в сущности, удовлетворяясь малым.

- **Вопрос: Что значит: получить сосуды у египтян?**

Ты не можешь использовать сосуды получения, взятые у египтян, поскольку ты — это Гальгальта вэ-Эйнаим, а они — АХАП. Однако посредством этих вопросов ты строишь целый парцуф, называющийся «гадлут» (большое состояние), НАРАНХАЙ, а не Нефеш дэ-Нефеш.

У Гальгальты вэ-Эйнаим нет вопросов и сомнений. Человек, находящийся на уровне Гальгальты вэ-Эйнаим, никогда не задается вопросами против существования Творца, против деяний Творца, против управления и провидения Творца. Благодарность Творцу — вот его ответ на все, что происходит.

У них это называется *эмуна тмима* — бесхитростная вера. Мы же говорим о совершенной вере — *эмуна шлема*, которая укрощает все вопросы о смысле жизни. Для них «выше разума» означает идти с закрытыми глазами, мы же называем это «ниже разума», поскольку разумом тут и не пользуются, его стирают. «Не задаваться такими вопросами, ни в коем случае не вступать в прямой контакт с миром, воздерживаться от него, насколько это возможно».

Я никого не обвиняю, я говорю о том, как построена реальность: мы находимся сейчас в состоянии начала спуска в Египет.

Фараон начинает обнаруживаться только против Творца. Если у тебя есть вопросы о тяжести жизни или тебе просто плохо — это не против Творца, это призвано привести тебя в конечном итоге к вопросам о Творце, но пока что их нет. Фараон начинает с вопроса: «Кто такой Творец? Да, Он существует, но я с Ним не согласен, я Его таким не принимаю, Он нехороший. Да кто Ты такой, чтобы я Тебя слушал? Почему это вдруг Ты говоришь, что я должен делать? У меня есть свой разум, свое понимание, свой опыт, у меня есть все, что нужно в жизни».

Все эти вопросы и сомнения начинают всплывать в человеке и приводят его к исправлению и «большому состоянию». Они приводят его именно к Творцу. Поэтому и написано, что Фараон *икрив* сынов Израиля к Отцу нашему, что на Небесах. Он высшая сила, ангел (*икрив* имеет два смысла: принести в жертву и приблизить).

То, о чем я рассказываю, есть в каждом из нас. В каждом из нас есть Гальгальта вэ-Эйнаим, «хороший еврей», который хочет удовлетвориться малым: «Дай мне что-нибудь делать и оставь меня». Мы избегаем осуществления намерений, то есть, связи с Творцом, требований от Него, отдачи Ему, получения от Него — нам легче жить в одиночку, без Него. Тогда я вроде бы сам себе хозяин, сам устраиваю свою жизнь, и мне хватает связи с теми, кого я вижу и с кем общаюсь посредством материальных органов чувств. Я не требую духовной связи, духовного ощущения, раскрытия — мне этого не нужно.

Человек начинает требовать раскрытия Высшего тогда, когда видит, что иначе не получается, когда его вопросы и сомнения действительно направлены против Творца. Причем не столь важно, «против» или «за». Важно, что тогда человек начинает требовать ясности и обязывает Творца раскрыться.

Таким образом, не познав Фараона, мы останемся с малым, как «домем дэ-кдуша», как все те евреи, которые исполняют Тору и заповеди исключительно во внешней форме. Если же исполнять их действительно, как положено — это уже «лишма»; и разница между одним и другим — в намерении ради отдачи.

- **Вопрос: Но Фараон встает потому, что Израиль стремится к Творцу?**

Фараон встает не потому, что Израиль стремится к Творцу; Фараон встает потому, что пришло его время. Не человек делает первый шаг в своем стремлении к Творцу. Поначалу у него нет к этому ни малейшей страсти. Израиль, то есть, Гальгальта вэ-Эйнаим никогда не захочет вопросов о смысле жизни, ибо это против ее природы. Природа Гальгальты вэ-Эйнаим и АХАПа абсолютно противоположна. Как возможно, чтобы Гальгальта вэ-Эйнаим захотела стать АХАПом? Ведь нет ничего более полярного ей.

Работа Гальгальты вэ-Эйнаим — это умеренный эгоизм: «Мне ничего не надо. Что есть, то и хорошо». Удовлетворение малым. Что нужно авиюту Шореш, Алеф и немножко Бет: только отвергать все и оставаться в неизменном состоянии — как в святости, так и у нас внизу. Все отталкивать и беречь себя — таков я, «домем дэ-кдуша». Мне сказали — я делаю, меня научили — я исполняю. Такова ситуация перед встречей с Фараоном.

Если взять эти сосуды, Гальгальту вэ-Эйнаим, еврея, который всю жизнь готов лишь исполнять сказанное, и просто так добавить ему различные жизненные трудности, вплоть до угрозы уничтожения — он каждое мгновение будет стараться выполнять свою Тору и считать себя при этом чуть ли не святым. В нем пробуждаются не сосуды-страдания против Творца, а сосуды-страдания против его собственного существования. Ему не дают молиться, его запутывают, ему не позволяют накладывать тфилин и так далее — все это лишь еще больше загоняет его в Гальгальту вэ-Эйнаим, он будет чувствовать себя еще святее.

Когда же в нем пробуждаются сомнения, еретические мысли против Творца, тогда только начинает вставать Фараон, то есть, по сути, он сам: трудные вопросы против существования Высшего, против Его единства, против управления Доброго и Творящего Добро, то есть, против самого Творца.

Эти трудные вопросы должны прийти извне, их нет внутри Гальгальты вэ-Эйнаим. Это совершенно противоречит ее природе — до такой степени, что если дать человеку в его обычной жизни трудный вопрос, он приложит еще больше усилий в исполнении Торы и Заповедей, будет еще святее, хватаясь за Гальгальту вэ-Эйнаим.

Трудные вопросы Фараона приходят со стороны, от АХАПа, и тогда, если человек начинает бороться с этим, то у него нет выхода: он обязан в противовес познать Творца. Поэтому вопрос: «В чем смысл нашей жизни?» возникает, в сущности, после стадии Гальгальты вэ-Эйнаим, он возникает, если появляются вопросы Фараона.

Со времени разрушения Храма произошел разрыв в изучении науки Каббала, и до сегодняшнего дня ничего не сделано. Тот же самый «домом дэ-кдуша», которому ничего не нужно, существует себе по-прежнему. Ты можешь делать с ним все что угодно: оставить в покое, предать огню — все равно. Он только приложит еще больше усилий к исполнению и будет считать себя святым. Ему не нужно никакое дополнительное исправление.

Этим я хочу подчеркнуть, что без добавки истинных вопросов Фараона против Высшего — в человеке не может пробудиться само желание к Высшему, желание к связи с Творцом и необходимость раскрыть Творца. Фараон «приближает» *(макрив)* народ Израиля к Творцу. Чем он отягощает их работу? Тем, что они не могут произвести действие, если не присоединят к этому действию намерение.

- **Вопрос: Как перейти от внешней работы к внутренней? Для этого нужно желание, келим?**

Вчера ты думал, что можешь быть «хорошим мальчиком», а сегодня тебе показывают, что ты не в состоянии исполнить, скажем, заповедь: «Возлюби ближнего своего, как самого себя»; к тебе приходят различные вещи в противовес тому, чему тебя учат. Каждый вопрос, приводящий тебя к необходимости раскрыть Творца, относится к АХАПу, к Фараону *(Паро)*. Две эти силы противостоят одна другой. Фараон — это как бы обратная сторона — *ахораим* Творца.

Нет иных келим, кроме выхода из Египта, лишь от этих сосудов мы затем приходим к святости. Все остальные исправления, которые мы производим, исполняя заповеди, это только память о выходе из Египта. В чем связь между какой-либо заповедью и памятью о выходе из Египта? Исправление тех келим, которые мы оттуда унесли.

- **Вопрос: Группа может помочь в этом?**

Работа группы заключается в том, чтобы еще яснее показать все это человеку.

- **Вопрос: Написано, что мы взяли в Египте келим один раз, но мы делаем это постоянно.**

Если ты видишь, что мы все время берем келим, значит, ты еще не вышел из Египта. Ты проходишь сейчас период подготовки, когда тебе посылают различные состояния. Однако, как только ты минуешь махсом, все состояния, которые ты прошел во время двойного и простого скрытия, и позднее, за махсомом, в состоянии «Управления вознаграждением и наказанием» и в состоянии «Вечной любви», все эти трудные вопросы: намеренные прегрешения из двойного сокрытия и ненамеренные прегрешения из простого сокрытия — становятся заслугами и заповедями. Ты работаешь с этими келим, чтобы исправить их.

Исправляя ненамеренные прегрешения, ты получаешь «Управление вознаграждением и наказанием», а исправляя намеренные прегрешения — «Вечную любовь».

В чем необходимость одалживания келим у египтян?

Таковы четыре этапа:
— двойное сокрытие;
— простое сокрытие;
— Управление вознаграждением и наказанием (**);
— Вечная любовь (*).

Больше ничего нет. Далее — Конец исправления *(Гмар Тикун)*.

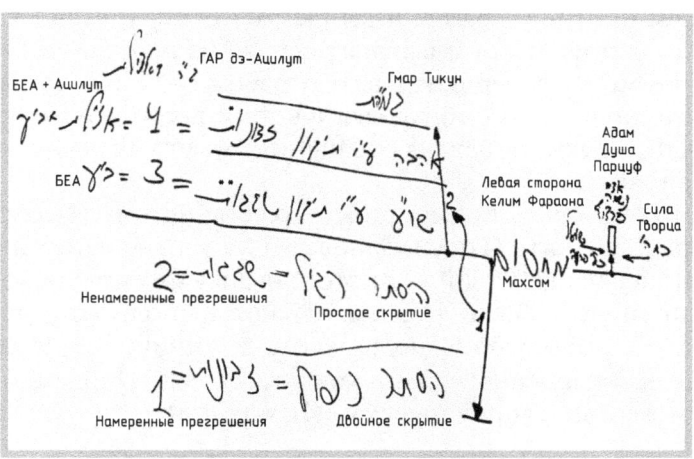

- **Вопрос: Значит, мы берем келим постепенно?**

Мы проходим махсом, что называется, выходим из Египта и постепенно начинаем работать с этими келим, исправлять их и посредством них подниматься все выше и выше.

- **Вопрос: Махсом мы проходим однажды, а келим берем понемногу каждый раз или же сразу все?**

Каждый раз, когда ты поднимаешься на новую ступень, у тебя слева есть келим Фараона *(Паро)*, а справа — сила Творца. И тогда ты строишь парцуф — назовем его душой или человеком *(Адам)*. У тебя все время с левой стороны есть эти келим — представь себе, какие злоумышления и проступки тебе еще нужно пройти! Однако чтобы пройти их, ты должен стараться быть хорошим, и поэтому тебя постоянно будут ввергать во все большее зло. Выходит, что человек, начиная, как бы спускается вниз до конца, а затем приступает к подъему и тогда перепрыгивает с одного уровня на другой. Об этом он очень откровенно пишет в статье.

* * *

«Из этого мы видим, что после прихода Моше и Аарона с вестью об избавлении, — они говорят: давайте пойдем против Фараона и выйдем из Египта, взяв их келим — о том, что они выходят сейчас из рабства, в котором не могут совершать святую работу — с намерением ради отдачи — они обрадовались этой вести и не нуждаются ни в каких добавках осознания смысла Торы и смысла Заповедей.

Но были рады только этому, то есть, потому, что могут теперь исполнять (Тору и Заповеди) на уровне одних лишь практических действий — от этого было у них полное удовлетворение, и были веселы и рады выполнить клятву свою — святая работа, но только в действии, без намерения — как написано: «...Они кричат, говоря: «Пойдем, принесем жертвы Творцу нашему» (Шмот, 5:8)».

* * *

Ты видишь, как замечательный, хороший, чистый человек бесхитростно выполняет все — однако это, к сожалению, еще не цель, это ничто. Что бы ты ему ни говорил, он не готов тебя слушать, он не может слушать. И тем, что исполняет одно только действие без намерения, без внутренней части — вызывает разрушение во всем мире.

Что сделал Моше? Он не мог обратиться к народу, ему не с чем было идти к народу, чтобы объяснять: «Но ведь они не поверят мне и не послушают голоса моего» (Шмот, 4:1). Нет возможности объяснить. Надеюсь, что Творец подтолкнет нас так же, как направлял Моше и Аарона.

- **Вопрос: Перед человеком, находящимся в пути, все время встает один и тот же вопрос, или речь идет о различных вопросах?**

В чем необходимость одалживания келим у египтян?

В пути у тебя есть все возможные проступки и злоумышления. Я помню, как, разговаривая о предыдущих событиях и страстях, которые проходит каждый, Рабаш сказал: «Я прошел все».

Я посмотрел на него с удивлением: сын Бааль Сулама, уже в 18 лет блестяще сдал экзамены р. Зоненфельду и р. Куку, двум великим духовным руководителям страны тех лет. В 18 лет женился и начал жизнь. Изучал Каббалу у Бааль Сулама. Работал — тогда все работали: и религиозные, и светские, даже профессора из Германии работали на дорожном строительстве, шли 30-е годы. Так что же он видел в жизни?

Он хотел сказать этим, что нет в мире ни одного желания, ни одной мысли, которые человек не проходит на пути к махсому. Каждый в свое время хочет в действии осуществить наихудшее, что когда-либо могло раскрыться в желании получать. Это неизбежно. Пока не пройдем все злоумышления, не выйдем из Египта. Ты обязан окунуться в это.

- **Вопрос: Что значит: пройти их все? Когда же кончается работа?**

Что касается времени, то оно зависит от тебя. Сделай это за несколько месяцев! Это зависит от интенсивности твоих усилий.

- **Вопрос: Что же надо делать?**

Что делать? То, что он здесь пишет: в работе то, что можешь и в силах сделать — делай. Это написано в этой же статье. Нужно прочесть ее заново, и тебе немножко приоткроется, что он написал.

- **Вопрос: Значит, работа в том, чтобы в каждой мысли, которая меня посещает, искать раскрытие Творца?**

Стараясь каждую мысль, которая ко мне приходит, присоединить к Творцу, я даю возможность Фараону наконец-то раскрыться, прийти, встать. Ведь я прихожу от имени Творца: сначала я ухватываюсь за Него, и как бы по Его приказу, согласно моей связи с Ним, напротив этого вырастает Фараон. Творец говорит: «Пойдем к Фараону».

Если ты приходишь без Него, то все в порядке: это твой Фараон, и вы находите общий язык. Если же ты приходишь вместе с Творцом, тогда у тебя действительно начинаются проблемы. Речь идет о гигантском различии в подходе к жизни: сама по себе жизнь хороша, но если ты присоединяешь Творца, то навлекаешь на себя трудности.

И построили
нищие и несчастные города

«Шамати», статья 86

Я получил эту статью от Рабаша всего лишь через два-три месяца после того, как начал учиться. Он принес мне ее в оригинале, в рукописном виде, записанной им в то время, когда он это услышал от Бааль Сулама. Я тогда ничего не понял, но он очень меня подталкивал к тому, чтобы я прочитал эту статью, а на самом деле, эту беседу, Бааль Сулама. Поскольку эта статья — основа всего пути, который проходит человек во тьме до входа в духовный мир.

Здесь присутствует принцип, согласно которому человек должен смотреть на все, происходящее с ним. Например, в начале учебы человек видит весь мир в «темном» свете, видит, что он «опускается», видит все свое будущее еще более далеким от духовного...

Эта статья объясняет, почему в наших чувствах это выглядит так лживо и неверно и почему это, на самом деле, так ясно и происходит одинаково в каждом. Затем, когда я открывал эту статью возле Рабаша, то видел, насколько эти правила и законы действуют во время развития и что необходимо каждый раз «выходить» из себя вовне и судить о себе так, как будто ты видишь себя со стороны на операционном столе. Нужно увидеть себя подобным образом, и тогда постараться распознать, как в действительности ты продвигаешься, какие силы действуют на тебя изнутри, а затем снова «войти» в тело и действовать «изнутри» внешним объективным анализом.

Эта статья позволяет человеку видеть его продвижение в период сокрытия — до входа в духовное, объясняет, как человек должен сам себя видеть. Несмотря на то, что она написана, как было принято в те дни, в виде законов и высказываний и основана на первоисточниках, на ТАНАХе — необходимо из всех этих источников «вытащить» основное; мы должны также перевести это с одного языка на другой.

Имеется в виду не с русского на иврит или обратно, а перевод с языка Сказаний и языка Торы на язык Каббалы и с языка Каббалы на язык наших чувств. Перевести на разговорный язык, наиболее близкий нам — до такой степени, чтобы эти вещи стали нам понятны. Несмотря на все трудности, стоит приложить усилия и каждый раз все более приближать эту статью к нам на все более понятном языке.

* * *

«И поставили над Израилем начальников повинностей, дабы изнурять его тяжелыми работами своими, и строил он города-хранилища для Фараона — Питом и Рамсес». (Шмот, 1:11)

Сказано в недельной главе «Шмот», что евреи строили в Египте голодные и бедные города Питом и Рамсес. Но в другом месте сказано, что это были великолепные города. Бедные же города, означает, что это города нищеты и изгнания, а также бедный — мискен происходит от слова опасность — сакана. Почему же есть настолько противоположное мнение об этих городах?

Еще одно противоречие мы видим в Торе, когда Авраам спрашивает Творца, где уверенность в том, что его потомки унаследуют великую землю. «И сказал Аврааму: «Знать ты должен, что пришельцами будут потомки твои в чужой стране — и будут рабами, и будут их угнетать четыреста лет».

Из этого ответа Авраам понял, что может быть спокоен за будущее своих детей. И трудно понять из простого толкования, что же успокоило и убедило Авраама в их счастливом будущем? Ведь ответ говорит как раз об обратном: об изгнании и страданиях его потомков! Но Авраам сразу же удовлетворился ответом Творца.

И мы видим, что Авраам, когда у него был разговор с Творцом о жителях Содома, — тогда он вел долгий спор с Творцом и каждый раз Авраам говорил слово «возможно». А здесь, когда Творец говорит, что его потомство будет в изгнании, он принимает это как достаточный ответ и не было у него никакого желания сказать «возможно». Авраам принял это в виде обещания, что будет передана ему в наследство земля Израиля».

* * *

Здесь есть несколько вопросов. Всегда статья строится на каком-то вопросе, на столкновении двух вещей, из которого можно прийти к решению. Таков принцип, таково отношение к действительности: есть Творец, есть творение... Есть человек, внутри которого, в конце концов, сталкиваются две реальности, и он хочет примирить их с настоящей реальностью — с Творцом.

Из этих вопросов мы должны понять, как мы продвигаемся. Но, прежде всего, мы должны прийти к этим вопросам! Уровень вопросов, начинающих пробуждаться в человеке, это уровень непростой. Мы помним: написано в пасхальной Агаде «раскрой ему» о том, кто не умеет спрашивать. И после того, как побывал «мудрым» (один из сыновей в пасхальной Агаде), «нечестивым», «наивным» — человек приходит к состоянию, в котором он уже не может спрашивать. И тогда ему «открывают», и он входит в духовное...

То есть, постановка вопросов — это особенная вещь, говорящая нам о ступенях, на которых находится человек по отношению к высшему управлению. И лишь понять те вопросы, которые поднимает здесь Бааль Сулам — понять, то есть, почувствовать, что они твои собственные, что ты их задаешь, — только до этого надо пройти длинный путь.

Так вот, первый вопрос, который человек поднимает на своем пути — это вопрос о «красивых городах». Что имеется в виду? Множество зданий и предметов человек как бы строит в себе посредством учебы, усилий, полагая, что посредством этого он строит свое кли, строит самого себя. В конце концов, он раскрывает, что построенное им, может быть, и красиво, но все эти вещи — они против него. То есть, он обнаруживает, что из всех своих приложенных усилий он познает свое злое начало. Чем больше сил он вкладывает, тем больше вместо красивых городов он видит города нищие.

Это действительно противоречие. Почему же это происходит с нами в пути? Почему мы каждый раз все более погружаемся в различные неприятные события, неприятные открытия в самих себе? Нищие и несчастные — вместо красивых — наши «города».

Мы стараемся выстроить что-то красивое на основе нашего эго. Затем мы видим что все, воздвигнутое нами на основе нашего эго, — это бедные города. А затем, когда мы смотрим на это после махсома — снова все переворачивается. Это первый вопрос.

Почему все так оборачивается: чем больше человек вкладывает, и чем ближе он подходит к махсому, тем больше у него неприятных ситуаций, открытий, все ухудшающихся состояний? Если ты скажешь, что так это происходит с обычными людьми, что вся природа, все люди, все человечество продвигается к осознанию собственного зла — то допустим, им так полагается, они делают это в соответствии со своим эго и своей природой. Но почему же это дается нам — мы ведь стремимся к добру? Почему нам открывается злое начало?

Если я стремлюсь к добру и вкладываю в это свои усилия, и готов — почему мне не откроются хорошие вещи!? Пусть мне откроют хорошие вещи. Творец — будто бы против моего желания. Ведь я хочу верить, я хочу...

Только потому, что я нахожусь внутри эгоизма, мне открывают такие вещи. Это против разума, против природы. Я могу оправдать Творца в отношении к людям, не занимающимся Торой, учебой, каббалой, но те, что входят в это и вкладывают в это свою жизнь — почему же они должны продвигаться по этапам, называющимся все же «плохими»?

Это вопрос... Вопрос об отношении к работающему на Творца, а не к остальному человечеству, страдающему, как животное. Это первый вопрос. Есть еще и второй вопрос, представляющий собой более высокую ступень, ступень Авраама. Допустим, человек находится в состоянии, когда уже знает о ступенях развития, уже узнал, что красивые города превращаются в города бедные, что его работа над собой, над выходом из своей природы в духовный мир, сделает его еще большим рабом желания получать. Чем больше он хочет выйти из рабства, тем больше погружается в него.

И тогда он приходит к вопросу Авраама и к ответу, которым Авраам удовлетворился и которому он рад. Под Авраамом подразумевается та точка в человеке, которая ведет его к Творцу, стремится к нему. Авраам исследовал это — он был первым исследователем высшей реальности.

Ему было только важно узнать, действительно ли он приближается к Творцу. Он всегда был точен в своей работе (вспомним его споры с Творцом) — то есть, стремился до самой последней возможности, как можно глубже искать вопросы и их решения.

Здесь же говорится, что в тот момент, когда он спросил: «Как я могу быть уверенным, что продвигаюсь?» — Творец ему будто бы отвечает: «Не беспокойся, каждый раз, когда ты захочешь выйти из изгнания, ты будешь все глубже в него входить и обнаруживать, что ты в нем находишься».

И Авраам этим ответом был очень обрадован и понял, что этим он получает силы и возможность для приложения усилий — все необходимое для продвижения дальше. И что он наверняка выйдет из этого мира в мир духовный.

Почему? Это высокая ступень. Более высокая, чем «бедные города». На ступени «бедные города» мы лишь открываем, что все более входим в изгнание, в это ужасное ощущение нашей природы, властвующей над нами. А на втором вопросе мы уже понимаем, что именно посредством этого процесса, все более погружаясь в свою природу, именно на этих этапах, когда, в конце концов, мы опускаемся — не на подъеме, а именно в падении — мы выходим через махсом в духовный мир.

И тогда он обрадовался этому и успокоился, как только Творец пообещал ему, что он будет постоянно погружаться в изгнание. Он спросил о своих сыновьях — под сыновьями подразумеваются последующие действия — то, куда я намереваюсь прийти. Отцом называется теперешняя ступень, сыном — последующая ступень, этап, состояние.

Смысл вопроса в том, что он уже пришел к исследованию своего состояния, и у него уже возникло требование. Он уже понимает этот путь, понимает, что каждый раз раскрывает все большее зло, и не видит этому конца. И тогда он спрашивает: «Как я выйду из изгнания?» И Творец ему как бы показывает, что именно в том, что каждый раз факт его нахождения в изгнании все сильнее давит на него — в этом его спасение, этим он приобретет силы к избавлению.

Эти вопросы суть наши келим. Хотим мы того или нет, они просто возникают в нас, и мы не можем с ними ничего сделать. Как, например, мысль, направленная против Творца — мысль о том, что я не верю в Его управление... Скажем, произошло какое-то неприятное событие. Я чувствую, на каком уровне каждый из находящихся здесь начал бы бояться и ощущать неуверенность... Появляется сомнение в управлении Творца — мысль о том, что это не Он делает, или делает в неправильном направлении — в этом, в общем-то, и состоит вопрос Авраама. Чем больше я продвигаюсь, тем более плохим я вижу свое состояние, и эта реальность уже есть вопрос: такое видение само по себе уже есть вопрос.

- **Вопрос: Что это за состояние, когда человек спорит с Высшим?**

Состояние, когда человек находится в споре с Высшим, есть постоянное состояние человека, не дошедшего до Конца исправления: хочет он того или нет, он находится в споре с Творцом. В споре сознательном или же неосознанном — но я всегда нахожусь в этом.

Если я не чувствую состояние Конечного исправления, Высшее, Совершенное, Вечное, постоянный покой, то я нахожусь в столкновении с Творцом, хочу я того или нет. Есть люди, которые уже чувствуют это, и есть такие, кто еще не чувствуют.

* * *

«И в соответствии с этим необходимо понять ответ. Сказано в Книге Зоар, что Фараон приблизил евреев к Творцу. Как же это возможно, чтобы законченный грешник Фараон пожелал сблизить Исраэль с Творцом?»

* * *

Здесь это написано не как вопрос и не как ответ, а как факт: Фараон приближает (также: приносит в жертву) человека, его эго. Эго человека, вся его природа создана такой, что она приближает человека к Творцу.

Этого мы совершенно не понимаем. Моя природа противоположна духовности, почему же она приближает меня к Творцу? Я не вижу, чтобы человека «с улицы» приближала к Творцу его природа.

Дело в том, что Фараон — это раскрытие человеческой природы, происходящее только с помощью каббалистической методики. Наше эго, которое мы раскрываем просто так, психология, показывающая, что наша природа плоха, эгоистична — все это не называется Фараоном. Фараоном называется раскрытие внутри человека желания, которое против Творца (в соотношении с Творцом). То есть, в той мере, в какой Творец ощущается скрытым, в той мере, в какой мы хотим раскрыть Творца и Его управление, насколько мы не способны Его раскрыть, насколько Его управление кажется нам противоположным, — в той мере эта противоположность и называется Фараоном.

То есть, Фараон есть обратная сторона Творца. До какой степени перед человеком есть Творец, до той же степени перед ним есть Фараон. Но только Творец — в сокрытии, а Фараон открыт.

Итак, не может быть, чтобы человеку открылся Фараон, если это не происходит посредством изучения Каббалы, посредством самостоятельной работы человека. Поэтому не говорится об обычной природе человека, о том что «животное» приходит к духовному. Это невозможно. Фараон — это то, что раскрывается человеку, работающему над собой. И тогда этот Фараон действительно приближает человека к духовному. То есть, это специальное раскрытие нашего эгоизма, достигаемое только с помощью изучения: этот вид эгоизма, этапы, на которых он раскрывается, приближают нас к духовному.

А не то, что любой человек — вор, убийца или насильник — приближается к духовному. Нужно понимать, что такое Фараон. Фараон — противоположность Творца. Если я ищу Творца, я нахожу, раскрываю Фараона. В той мере, в какой я ищу Творца — я все более отчетливо обнаруживаю Фараона. До того момента, пока не увижу, что это чудовище настолько ужасно, что я готов на все, чтобы удалить его от себя!.. И тогда вместо него открывается Творец.

* * *

«Сказано в Талмуде (трактат Сукка 52,1), что в будущем Творец приведет злое начало человека и зарежет его на глазах у праведников и грешников. Праведникам кажется злое начало человека большим и сильным, как великая гора, а грешникам — как тонкая волосяная нить. И обе группы плачут: праведники восклицают: «Как же мы смогли покорить такую гору!», а грешники восклицают: «Как же мы не могли преодолеть столь тонкую нить?!»

Состояние, о котором повествует нам Талмуд, говорит о конце исправления всего творения. И возникают вопросы:
1) Если уже зарезано злое начало человека, откуда еще существуют грешники?
2) Почему плачут праведники, ведь они, наоборот, должны радоваться?
3) Как может быть два противоположных мнения о злом начале человека, от огромной горы до тонкой нити, если речь идет о состоянии полного исправления злого начала человека, когда правда ясна каждому.

Сказано в Талмуде, что злое начало человека вначале кажется, как тонкая нить, а затем, как толстое бревно».

* * *

Здесь действительно приводится очень интересный вопрос, который рассмотрен в Талмуде, в трактате «Сота». Талмуд — это та же Каббала, только говорит он на другом языке. Во-первых, на арамейском, а во-вторых, на языке образов, будто бы взятых из нашего мира.

Итак, существует совершенно особенное состояние — Конец исправления: есть Творец, есть праведники и грешники. И эго человека «ведут на убой» (не самого человека, а его эго, то, что называется ангелом смерти — *малах а-мавет,* нечто, что входит в нас сегодня и выходит в Конце исправления). Когда его «режут», плачут и те и другие. Праведники изумляются, как смогли исправить его. Грешники поражаются, почему не смогли исправить его, — что там исправлять!?

В чем суть этих вопросов? Так что же нам желают сказать?

Хотят сказать, что даже в состоянии Конечного исправления существуют понятия: праведники и грешники, доброе начало и злое начало — что до «убоя» и после него все противоположные вещи в Конечном исправлении сохраняются. Они остаются и проявляются во всей окраске, во всем великолепии — плохие и хорошие, как один. Именно посредством сопротивления и столкновения противоположностей между ними проявляется состояние, называемое Концом исправления.

Это значит, что и сейчас уже мы не должны относиться ни к одному из наших свойств, говоря: «Лучше было бы, чтоб его не было! Почему со мной это случилось?!». Нет! Этим ты хочешь уничтожить то, что творит Создатель. Этим ты уже не соглашаешься с Его управлением, с Его руководством, с Его творением.

Но мы должны знать, что также и в конце всех ступеней, всех путей, всех мыслей — все, даже самые плохие вещи, самые плохие мысли, которых мы сами стыдимся, —

все эти вещи нам понадобятся. Это сотворено в нас специально, чтобы раскрыть самое высокое состояние.

Так же мы должны воспринимать отношения между товарищами. Не «стирать» товарища, а принимать его. Если он идет с тобой по этому пути, то все, что в нем есть, все нужно. Его расположенность, его влечение к духовному — только это нам важно. Как бы ни было сегодня тяжело его вытерпеть — не страшно, все это второстепенно! Ведь даже в Конце исправления вся действительность остается со всеми своими контрастами.

* * *

«И объясняет, сказанное мудрецами, — «Сказал рабби Аси, ецер а-ра в начале похож на паутину паука, а в конце похож на канаты телеги, как сказано «Горе вам, влекущие грех на себя вервями суетности и вину — как канатами тележными» (Йешайа 5).

Мы должны знать важное правило. Духовная работа, данная нам Творцом, строится на принципе «вера выше знания». Этот принцип кажется нам низменным, унижающим, и человек надеется, что когда-нибудь сможет отказаться от него, — от этого ярма, называемого «вера выше знания».

На самом же деле этот принцип работы в вере необходимо соблюдать вовсе не потому, что мы не способны на высокую духовную работу. Принцип веры выше знания — очень высокая духовная ступень. А кажется он нам низким вследствие злого начала в нас. Злое начало состоит из «головы» и «тела». «Голова» — это знание, а «тело» — это получение. Поэтому все, что противоречит знанию, ощущается нами как низменное, близкое к животному.»

* * *

Состояние, в котором я нахожусь — это состояние, в котором у меня есть ум и чувства, мое тело, мое понимание. И я живу себе, как обычный человек — уверенный, знающий, находящийся порой в сомнениях, но разрешающий их, как любой, обладающий трезвым умом, твердо стоящий на ногах в нашем мире.

Такое состояние в духовном называется состоянием животного: когда человек работает со своим разумом, находится в своей природе и, исходя из этого, действует. Он может обладать мозгами Эйнштейна, телом Шварцнегера, плюс ангельской красотой — и будет называться «животным».

Человеком называется тот, кто пользуется высшим разумом. Что такое — высший разум? Это стремление человека подняться на более высокую, чем нынешняя, ступень. Но как это возможно? Если я нахожусь в сегодняшнем состоянии со всем, что есть, во мне, в свойствах, в сердце, в уме — во всем? Как может быть, что я вдруг «одену» на себя голову высшего?

Между ступенями нет промежуточной «среды». Потому, что каждая ступень — это новое желание получать, приходящее из Бесконечности, на которое есть экран. Или даже нет экрана, но это желание — новое. Это как в компьютере: новая начинка, новая программа, все заново. Это практически перемена души внутри тела. Если так, то как же я меняю состояния? Это не в моих возможностях. Одна точка из Бесконечности — это нынешняя ступень. Другая точка в Бесконечности — ступень будущая.

Такое действие я не в состоянии произвести сам — надеть на себя новую душу. Мы можем только достичь состояния, когда захотим поменять теперешнюю ступень на ступень более высокую. И только желание к этому называется движением, верой выше знания. На самом деле я не могу идти выше своего знания, выше своего разума, своего желания, выше своих свойств — я не в состоянии идти. Вера выше знания — это когда я прихожу к состоянию, в котором хочу поменять все, что есть, во мне сейчас на голову — более высокую, на сердце — более высокое.

Во всех духовных действиях, если я достигаю настоящего желания, это означает, что мой сосуд готов, мое желание готово — тогда я получаю более высокую ступень. И вот тогда я иду выше относительно предыдущей ступени или выше моего прежнего знания.

Мы должны прийти к осознанию невозможности самостоятельного выхода. А после того, как приходим к этому, должны еще подчинить себя Творцу, который может сделать в нас все это — поменять нам душу. Дать нам новый дух. После этого — просить у Него. И тогда — получить.

Каждый раз, когда мы хотим идти выше знания, мы проходим много уровней внутреннего развития: осознания зла и необходимости смены состояния. И подчинения себя Творцу — ведь только Он может это сделать.

И тогда Он совершает это действие над нами. Мы сами, своими силами, никогда не в состоянии этого сделать. Но усилие, направление от ступени к ступени во время такого процесса, называется продвижением выше знания. А совершение открытия, что я не в состоянии подняться над своей ступенью, над своей природой, но будто бы желаю этого — в этом наша работа.

Желание должно исходить от нас, это поднятие МАН; а после сверху мы получаем силы — свет, возвращающий к Источнику. Этот процесс мы изучаем в «Талмуде Десяти Сфирот»: сосуды поднимаются из БЕА в Ацилут, исправляясь с помощью экрана.

Когда мы в нашем мире собираемся приобрести знание — *даат*, мы наполняем наше знание различными новыми данными. Внутри нашего знания мы решаем, куда идти. Например, я сейчас нахожусь на ступени номер десять, оттуда я решаю, что мне выгодно подняться на одиннадцатую ступень. В соответствии с моей логикой, с моим разумом, с моей природой, прибыль «там» больше. Тот самый мой эгоизмом говорит мне: «Иди. Зарабатывай».

В духовном все наоборот. Если я собираюсь перейти с десятой ступени на одиннадцатую, я должен больше давать, от большего количества вещей отказаться. Оставить все, что у меня есть, кроме ощущения Творца в сердце. Отбросить от себя на каждой ступени все больше и больше. Остаться с сердцем, внутри которого есть только Творец.

Получается, что на каждой более высокой ступени мое Эго должно все больше сдаваться. Я должен каждый раз отсекать от него часть и отбрасывать. А тогда получается, что, находясь на нижней ступени, с помощью имеющихся у меня данных я не могу решить, что мне стоит идти на более высокую ступень.

Не как следствие моей природы появляется у меня решение подняться с десятой ступени на одиннадцатую, как, скажем, решение пойти учиться в университет или заняться другими делами. Я должен притянуть на себя свет свыше. Высший свет придаст мне такое свойство, такое ощущение, что мне стоит подняться на ступень «одиннадцать». Это называется «выше знания». Только сверху я могу получить новый разум, такую приподнятость: ощущение, что мне выгодно отказаться от своей природы, чтобы приблизиться к Творцу.

Здесь мы возвращаемся к предыдущему вопросу: как может наше эго само подталкивать нас к тому, чтобы мы избавились от него и приблизились к Творцу? Имеется в виду эго — Фараон, не просто эго. Эго, которое мы выявляем посредством учебы, имеет абсолютно другую природу в противоположность обыкновенному эгоизму. Такое эго вынуждает меня отказываться от него самого и приближает к более высокой ступени. Это особенный вид эго, поскольку это обратная сторона Творца.

- **Вопрос: Как человек проходит от одного этапа к другому на той ступени, внутри которой он находится, пока не приходит к решению выйти из нее? Внутри ли разума это решение или же выше разума; под влиянием желания получать или посредством света, который льется на нас сверху?**

В конечном итоге, эти этапы приходят сами. Никогда ты не можешь навести порядок и сказать, как это расписано у Мюнхгаузена в дневнике: «Сегодня в десять утра — подвиг». Невозможно, таким образом, заранее назначить этапы, и невозможно узнать, какие этапы я прохожу. Никогда, до тех пор, пока мы не выходим в духовное, мы не знаем каков следующий шаг, и почему сейчас я нахожусь на таком-то этапе.

Человек должен оставить ощущение Творца в своем сердце. Все остальное не идет в расчет. Таково направление.

- **Вопрос: Хватит ли терпения человеку пройти весь путь?**

Если человек продвигается правильным образом, у него хватит терпения все закончить. Не надо беспокоиться о терпении. Лучше беспокоиться о желании. Терпение — это готовность терпеть. Это результат желания: от чувства необходимости, от ощущения, что иначе никак нельзя. Все это достигается благодаря уверенности, которая приходит с высшим светом, с освещающим человека окружающим светом.

Этот свет заботится о человеке, как Ноев ковчег, не дает сбежать с пути и дает ощущение веры и уверенности. Верой называется освещение с более высокой ступени, уверенностью — ощущение на нынешней ступени.

Я не говорю о том, что происходит с точки зрения Высшего, о том, какая программа приготовлена каждому из нас Творцом. Этого нельзя говорить, да и ничего это не даст. Я говорю только с точки зрения человека — как мы продвигаемся. То, что сверху задумано по отношению к нам, по каким ступеням, с какой скоростью и как будет осуществлено — это не нашего ума дело. Все придет, как это описано в статье. Если не сейчас, то позже.

- **Вопрос: Работа в вере выше знания — она постоянна?**

На каждой ступени: и на той, что мы находимся сейчас, и на ступени, с которой пройдем в духовное, — всегда это — работа выше знания.

Как это — выше знания? Это не означает, что я такой, как сейчас, должен идти с закрытыми глазами. Это глупо. Так думают люди с улицы, которые не понимают духовного процесса. У них, может быть, верой выше знания называется, что кто-то сказал человеку, что делать, и он выполняет. Это называется не выше знания, это называется работой в соответствии со знанием другого человека.

Выше знания — это как раз пытаться подняться над своим разумом. Это очень непросто. Должно возникнуть соответствующее ощущение...

Как, в самом деле, можно этого достичь? Только посредством того, что человек видит, что Творец велик. Тогда он в состоянии отключиться от своей нынешней ступени и подняться на ступень более высокую. И все это не для того, чтобы наполнить свое Эго, а для того, чтобы от Эго избавиться. Человек желает, чтобы Творец раскрылся, чтобы сила открытия Творца послужила ему топливом для наступления на Эго.

Мы не избавляемся от эгоизма. Я хочу это подчеркнуть. Всякий раз, продвигаясь по ступеням вверх, мы приобретаем все большее и большее эго. «Чем больше человек, тем больше его желания» — его эгоизм. Вы видите, насколько противоположные вещи здесь должны соединиться вместе.

Эго не исчезло. Фараон стал еще больше, и именно он помогает подниматься со ступени на ступень. И чем больше ты продвигаешься, тем все больше «скачешь» на своем эго. Наступив на него, ты тем самым как бы оседлал его — и тебе подают лошадь еще более дикую. Это твоя лошадь. И ты должен управлять ею все лучше и лучше.

И та лошадь, на которой ты скачешь, не идет в ногу с движениями Творца. Однако ты пользуешься этой лошадью и желаешь, чтобы она вся была, как ракета, и двигалась, точно, как Творец, даже опережая Его. Ты хочешь еще раньше Творца знать, чувствовать, чего бы Он хотел, и сделать это. И обнаружить, что это действительно так. Это называется верой выше знания.

Рабаш хочет показать нам в итоге, как велика сила, открывающаяся во время учебы Каббалы и продвижения в работе Творца, в период, который называется двойным сокрытием и простым сокрытием. Во время подготовки мы открываем особое желание получить, особое эго, находящееся в нас, которое не раскрылось бы по-другому в течение жизни. И только с помощью Торы открывается в нас это особое эго, которое называется «Фараон».

Фараон — это обратная сторона святости, неисправленный сосуд, который мы должны будем исправить и в него получить все раскрытие Творца.

Таким образом, вся наша работа во время подготовки в двойном и простом сокрытии — это обнаружить кли Фараона, которым мы потом пользуемся. И никаким другим образом мы не сможем это сделать. И потому этот период подготовки настолько особенный и важный.

В «Предисловии к ТЭС» говорится, что во время двойного сокрытия мы находимся в состоянии, называемом «намеренные прегрешения», затем в простом сокрытии — «непреднамеренные прегрешения». Потом, пройдя махсом, исправлением преднамеренных прегрешений мы становимся на уровень, называемый «неокончательный праведник», а исправлением непреднамеренных прегрешений мы достигаем уровня любви.

То есть, сосуд, который мы приобретаем сейчас, во время подготовки, перед махсомом, потом находится с нами до Конца исправления. Потому это длительный период. Раньше у человека это занимало и 15, и 20 лет — дойти до махсома; сейчас это время сокращается, но мы должны понимать, почему этот этап такой длительный, и почему он так важен для всего, что с нами происходит.

Каждая деталь, которая сейчас открывается, потом еще «разбухнет» во всем своем богатстве, со всей беспощадностью, и на этом мы построим новый духовный сосуд. Весь наш духовный сосуд будет построен на том, что мы сейчас приобретаем учебой. Поэтому намерение во время учебы — это то, что открывает в нас Фараона. А само это новое желание получить, которое раскрывается в нас при изучении Каббалы, устроено так, что оно открывается нам этапами, приближая нас к духовному. Оно как бы хоронит само себя.

Обычное животное желание получить никогда не приведет человека к этой цели. Почему? Мы учим, что человек находится в желании к животным наслаждениям, деньгам, почету и знаниям. Все это никогда не приведет человека к Фараону. Фараон начинается с того, что нам впервые открывается точка в сердце, желание к духовному, и если с помощью учебы, с помощью окружающего света мы начинаем развивать точку в сердце, то в ней начинает открываться, развиваться Фараон — «злой Фараон». Это новый Царь, взошедший в Египте. То, что развивается в человеке до него, это «добрый Фараон».

До махсома ты приобретаешь сосуды, с которыми выходишь из Египта. Мы учим, что после выхода через Конечное море в пустыню, евреи начали строить Скинию из того материала, который взяли в Египте. Именно женщины — желание получить, принесли все свои украшения египетского периода, сделали из них золотые слитки, которые Бецалель использовал для Скинии и всего остального. Они построили новые сосуды — из того золота и серебра, которые вынесли из Египта. Не было у них в пустыне ничего, кроме того, что взяли из Египта.

Потом, изучая строение парцуфа, мы учим, что есть подпитка клипот, изучаем в «Бейт Шаар Каванот», в каких местах парцуфа они находятся... Существует тело парцуфа и одеяния на него, между одеяниями и телом есть место, где находятся клипот, и там они подпитываются.

Нужно понимать, что мы берем все эти неисправленные сосуды в духовный мир — ведь сосуды при прохождении махсома не исправляются мгновенно, исправление приходит после 125 ступеней, по которым мы поднимаемся после махсома. На каждой ступени мы исправляем все больше и больше; часть исправляем, часть нет — мы как бы вынимаем келим (инструменты) из коробки и исправляем их.

Но и пока сосуды неисправны, есть у них особая функция: часть из них находятся в таком состоянии, что мы их не ощущаем, часть их мешает нам всевозможными способами, и этим мы делаем особую предварительную работу по их исправлению. Я хочу только сказать, что Фараон — это особые сосуды, которые берут в Египте, и с ними выходят. Это значит, что важность Фараона не только в том, что он заставляет нас выйти из изгнания, но и все эти желания мы потом исправляем в духовном.

Особенность Фараона по сравнению с животным эгоизмом в том, что сколько бы на нем ни работали, мы не чувствуем прямого результата, а ощущаем лишь результат обратный. Клипа не работает, как простой эгоизм — она толкает нас приблизиться к Творцу для того, чтобы получать от Него питание, и чтобы весь Его свет, вся энергия вошли в нее.

Значит, чем больше человек продвигается, тем большие силы он получает от клипы для продвижения. Поэтому мы в группах хотим пробудить наши якобы нехорошие желания, в особенности зависть друг к другу. Это очень хорошая и полезная вещь. И каждая группа хочет быть лучше другой, показать себя лучше. «Человек завидует товарищу», «зависть мудрецов умножает мудрость». Это работает таким образом, что желание получить толкает человека вперед: иди вперед в духовное, там будет тебе хорошо. Это то, что мы ощущаем, поэтому мы и находимся здесь.

А с другой стороны, когда я иду к духовному и как бы хочу духовного, и получаю к этому немного сил, то вижу, что мое желание получить растет, а мне от этого ничего не остается. И тогда человек приходит к такому состоянию, что сколько бы он ни работал — и пусть даже почти уже закончил всю работу, которой, казалось бы, мог наполнить себя — себя на самом деле не наполнил, а увеличил свое эго, которое от этого раздулось.

Получается, что Фараон будто бы от этого выигрывает? И здесь есть несколько противоположных вещей (хотя я не думаю, что за один раз можно все это схватить). С одной стороны, Фараон толкает человека к приобретению святости, а с другой стороны, человек, приобретающий святость, не получает ее, как таковую, а свет святости проходит к Фараону, и тот растет от этого. И здесь мы видим прямой результат от того, что Фараон толкает человека, и потом растет сам.

От того, что растет Фараон, у него есть больше возможности толкать человека, но человек начинает обнаруживать отрицательность этого процесса. То есть, продвижение с помощью Фараона — и положительно и отрицательно (от противного).

Человек, правильно продвигающийся в духовном, кроме того, что он все время чувствует разочарование и недостаток сил, и недостаток успеха и надежды, вместе с тем чувствует все большую необходимость в достижении цели. И вместе с неким ощущением уверенности, есть у него и ощущение опасности, как сказано нам: как будто не может быть, чтобы это можно было сделать, чтобы этого можно было достичь.

Если человек правильно продвигается, эти противоположные вещи должны быть строго уравновешены. Как свет и сосуд. И хотя в каждом конкретном состоянии и на каждом уровне то один больше, то другой — в итоге они должны расти вместе. И критика, и отрицание, и ощущение темноты и беспомощности, бессилия; и вместе с этим — уверенность в себе и надежда, и приподнятость духа в отношении к духовному.

Мы пока еще не видим Моше, мы видим, что все действия будто бы делает Фараон. Человек учится, его эго растет от окружающего света, и это растущее эго разворачивает человека всякий раз в другую сторону, и в этом есть и точка Фараона, и точка Моше.

...Когда мы говорим о свойствах: «Авраам», «Ицхак», «Яков» — мы не говорим о самих свойствах, спускаемых нам сверху-вниз, о том, что это как бы представительство Творца по отношению к нам, и Он в таком виде к нам относится и хочет, чтобы мы были подобны Ему... Мы говорим о Малхут, которая поднимается и приобретает свойства какой-то сферы. Когда мы говорим о действиях человека, то говорим о Малхут, которая становится как Хесед и действует соответственно.

Поэтому у Авраама есть вопросы. Иначе у него не было бы вопросов к Творцу. У Малхут, желающей быть подобной Хеседу, появляются такие вопросы. У самой сферы Хесед не может быть вопросов — это высшее свойство, сила природы. Это как человек, который пока еще подобен животному и еще не относится к своим свойствам, исходя из своего злого начала — а действует, как природа.

* * *

«...Итак, объяснение таково: «И построил нищие и несчастные города» — Израилю, а Фараону: «Питом и Рамсес». То есть, вся работа Израиля упала в клипот, и не видели ни малейшего благословения в своей работе».

* * *

Что же мы видим? Правильный процесс таков: чем больше продвигается человек, тем яснее видит, что из его работы пока ничего не получается — покуда не приходит к состоянию упадка, безнадежности и просто безысходности.

На этом мы пока закончим. Решение придет позже...

Условие слияния

Плоды мудрости. Письма, стр. 70
Урок 3 апреля 2002 года

Близкому другу и всем друзьям.
«Сказано: «Познай Творца своего и служи Ему». «Познай» означает знание, ибо плохо душе человека без знания Творца, потому что стремится и тоскует по работе ради Творца, потому как обладает душой, но пока не ощутил Творца — плохо ему».

Мы изучаем это в простой форме: пустому кли плохо, хорошему кли хорошо.

«Но, несмотря на то, что человек обладает душой, он не в состоянии сам устремиться к раскрытию Творца до тех пор, пока не низойдет на него дух свыше, — только тогда сможет возблагодарить и поверить полной верой в сказанное мудрецами, что только милосердие и доброта Творца сопровождают человека всю жизнь».

Человек, по природе своего сотворения, конечно же, ищет различные наполнения для недостатков, которые все время пробуждаются в нем. Но из этих желаний он никогда естественным образом не придет к желанию познать Творца. Для этого свыше приходит особый свет, пробуждающий в нас то, что называется точкой в сердце, и тогда только мы готовы к тому, чтобы начать поиски чего-то в соответствии с этой точкой.

После того, как приходит пробуждение свыше, называющееся точкой в сердце, человек в соответствии с этим новым желанием готов слушать — ведь слушать без желания невозможно, это ясно: уши на месте, но они не слышат.

И что тогда он должен слушать? Что же нам делать дальше с этой, возникшей в нас страстью, с этим желанием?

Сказано: «Только добро и милосердие преследуют меня все дни жизни моей».

Мудрецы говорят: «А знаешь, ведь ты находишься в связи с Тем, Кто преследует тебя и желает тебя для того, чтобы дать тебе одно лишь благо». В это я должен верить, хотя я и не ощущаю этого.

«Великий Бааль Шем Тов объясняет это на примере: как тень человека следует за движениями человека, повторяя их, так человек является тенью движений Творца».

То есть, человек должен верить, что все, что в нем есть, — то, как он двигается, колеблется, переходит из состояния в состояние, все его желания, мысли, чувства, догадки — все это вызывает в нем Творец свыше. Только что я неплохо себя чувствовал, но внезапно возникла плохая мысль, потом вдруг подавленность, внезапно снова хорошее ощущение, страх, снова хорошее ощущение, потом внезапно неудобство, боль и так далее.

Эти постоянные внутренние изменения во всех органах чувств — и в мозгу, и в сердце — являются следствием изменений приходящего ко мне сверху Высшего света. Он постоянно подвергается подобным изменениям и, как следствие, я ощущаю изменения в себе. Раскрыть это — мой долг.

…То есть, ощутив в себе пробуждение любви к Творцу, пойми, что это Творец пробудился в любви к тебе в большой тоске. Возьмем одно только хорошее ощущение, которое пробуждается во мне по отношению к Творцу. Не будем говорить о различных чувствах и по отношению к одеяниям, к этому миру. Допустим, что я чувствую в сердце пробуждение к Нему, с чего, собственно, и начинается связь с Творцом. *И это имел в виду рабби Акива, сказав: «Счастлив Исраэль, перед Кем очищаетесь и Кто очищает его».*

Если у меня есть чувство, привязанное к Нему, то ощущение это дал мне Он. Человеку запрещено думать, что какое бы то ни было желание, ощущение, чувство, мысль рождается в нем само по себе. В нас ничего не рождается просто так. «Нечто из ничего» — такого не бывает.

Есть только реакция на то, что делает нам Творец. Поэтому сам я не выполняю ни одной заповеди, не совершаю ни одного проступка, не вырабатываю ни одной мысли, не порождаю ни одного желания — все это не я. Я подобен зеркалу, отражающему то, что к нему посылается, и не более того.

«Поэтому в начале приближения человека создают в нем ситра дэ-офаним — меняющееся состояние души. То есть, Творец пробуждается к нему при каждой возможности, когда она есть со стороны человека. Вспоминая о Творце, человек должен осознать, что это Творец тоскует и стремится слиться с человеком».

Так с чего начинает Творец? С того, что пробуждает в нас различные желания к Себе. Итак, во мне пробуждаются желания к Нему. Могу я что-то сделать с ними, или нет?

В этой ситуации человек не может сделать ничего. Мы только реагируем и реакция наша, в соответствии с нашим строением, во всех своих формах, известна заранее. Тогда где здесь «Я»? И что мне делать, если я не способен ни на какое самостоятельное действие? Я не могу усилить или ослабить свою реакцию, изменить ее характер, отличительную особенность. Мне просто нечего делать — кроме одного: присутствовать при этом, знать об этом, ощущать весь этот процесс до последней мелочи. Пока что.

Как сказано Царем Давидом: «Только добро и милость преследуют меня все дни жизни моей». Надо лишь почувствовать в отношении Творца ко мне, что это Он посылает мне все те вещи, которые я получаю, и что мне хорошо от этого.

И это истина относительно каждого, потому что Царь Давид является совокупностью всех душ Исраэля, и поэтому этот духовный образ «Царь Давид» постоянно желает и стремится к истинному совершенному единению с Творцом».

Но необходимо познать в своей душе, что Творец устремляется за ним, точно в той мере, в какой он стремится за Творцом.

Условие слияния

Здесь уже возникает проблема. Творец создает во мне желание, в соответствии с которым я и стремлюсь к Нему. Ведь выше сказано: если есть у тебя любовь к Творцу — знай, что это Он вызвал ее в тебе. Теперь же он говорит, что Творец устремляется ко мне точно в той мере, в какой я стремлюсь к Творцу, как будто я первый в этой цепочке, как будто во мне заключается некое начало связи, инициатива. Разве такое может быть?

Позже мы увидим, реально ли это, или речь идет о чем-то вроде человеческого воображения. Однако у человека есть такая мысль, такое ощущение, словно он сам стремится к Творцу. Что он должен делать с этим стремлением?

И нельзя забывать этого, особенно во время больших устремлений, которые вызывает в нем Творец — *и, вспомнив, что Творец тоскует, стремится и преследует слияние с ним в огромной, как Он сам, мере, получается, что постоянно находится в устремлении и тоске все большей, в непрерывном слиянии.*

Что это означает? Мне кажется сейчас в моих ощущениях, что я стремлюсь к связи с Творцом. Тогда какова должна быть моя работа? Она состоит в том, чтобы доказать себе в разуме и в сердце, что это Он стремится ко мне — и поэтому я стремлюсь к Нему.

Чего я этим достигаю? Этим я соединяю, а не разделяю нас. Ведь Творец разделяет нас, вносит помехи. Из-за этих помех мне кажется, что я стремлюсь к Творцу, а Он ко мне — нет. И здесь необходимо постоянно прилагать внутренние усилия, чтобы убедить себя в том, что я стремлюсь к Нему в той мере, в какой Он стремится ко мне, и что не я первый в цепочке — а Он вызывает во мне это устремление. Этим я как бы приближаю, возвращаю Его к связи со мной.

...В непрерывном слиянии, являющемся целью совершенства каждой души, пока не удостаивается возвращения любовью, как «возвратится «вав» относительно «хэй», что означает слияние Творца и Шхины (всех душ).

Творец намеренно запутывает человека, показывая ему, что он обладает стремлением к духовному; человек же должен раскрыть, что стремление это идет именно от Творца. Творец, а не человек — Первый в создании ощущения этого недостатка.

Но душа без знания и осознания Творца, находится в большом падении, после того как увеличиваются стремления до определенной меры.

Человек, который ищет, постоянно находится в движении, стремясь раскрыть Творца и установить с Ним связь, ощутить Его. После многочисленных попыток он видит, что ухватиться за Него, ощутить Его, все-таки невозможно, и тогда приходит отчаяние. Однако и это отчаяние он не связывает с Творцом, желающим, чтобы человек испытал отчаяние, благодаря чему впоследствии увеличится любовь. Рабаш не оканчивает это предложение, как бы указывая на отчаяние.

Потому что кажется ему, что Творец отвергает его.

Если все наши ощущения приходят от Творца, то и это отчаяние тоже посылает мне Творец — а значит, Он, по всей видимости, меня не желает. Знаете эти игры между парнем и девушкой, делающей вид, что он ей не нужен — точно в такой форме человек себе это и представляет. В нашей «животной» любви мы тоже постоянно прибегаем к подобного рода методам — например, к флирту — потому что это усиливает связь. Ты вливаешь в любовь недостаток (ненаполненное желание), и любовь от этого крепнет — у тебя есть, чем еще ее наполнить.

Какой стыд и позор, что не только не завершает меру своего стремления и тоски, чтобы наполниться вечной любовью к Творцу, а становится разделяющим, потому что кажется ему, что только он стремится, тоскует и рвется к Творцу и не верит сказанному мудрецами, что в той же точно мере также и Творец стремится, тоскует и рвется к человеку.

Мы не можем сказать, что эти состояния плохи. Он отводит им место, а значит, есть место отчаянию, абсолютному отчаянию: «У меня ничего нет. Я неисправим». Это случается с каждым, таков путь. Поскольку это не лучшие состояния, желательно знать о них заранее и попытаться заблаговременно построить какой-то защитный механизм — с помощью группы, учебы, распорядка и тому подобное — чтобы быстрее пережить их. Может быть, кто-то сможет донести до нас что-то в этих состояниях. В любом случае, им есть место и они обязательно должны прокатиться по нам — выхода нет. Так что, бывает отчаяние, ощущение безнадежности, беспомощности, отсутствия связи — с каждым это случится.

Но чем можно помочь тем, которые еще не отчеканили в своем сердце веру в сказанное мудрецами. Но из себя я зрю Творца, потому что все происходящее в этом мире суть «буквы», которые человек обязан скопировать в их истинное место в духовное, потому что в духовном нет букв.

Мы находимся в этом мире, в ощущении, называемом «этот мир», без экрана, без светов, без истинных сосудов. Вместо сосудов, являющихся желаниями души, у нас пока что есть сосуды в виде желаний к этим всевозможным виртуальным наслаждениям: животные наслаждения, деньги, почести, знания. Мы погружены во взаимоотношения между нашими желаниями и наслаждениями с намерением ради получения, а не ради отдачи.

Но из этой системы недостатков и наслаждений, действующей в нас, мы постепенно приходим к системе духовной, потому что, по закону ветви и корня, существует полное соответствие между духовным, со всеми его деталями, и материальным, со всеми его деталями. Только в материальном «материя» — намерение ради получения, а в духовном «материя» — намерение ради отдачи. Разница громадна, но мы ее не постигаем. Какой же это скачок, при котором меняют лишь намерение!

Однако соответствие во всех деталях действительно полное. Нет ни одной частности — ни в ощущении, ни в мысли, ни в чувстве, ни в чем материальном — против которой не было бы корня в духовном. Поэтому на примерах этого мира мы можем создать некий образчик мира духовного, а также показать, как мы постепенно из этого мира приходим и включаемся в духовное.

- **Вопрос: Что же, в ответ на все только благодарить Творца?**

Ты боишься, что в ответ на все, что с тобой происходит, надо только благодарить Творца, чтобы так и завершить жизнь? Если Он будет присутствовать рядом с твоими проблемами не в разуме, а только в чувствах — то это, безусловно, так. Однако у нас всегда сохраняется противоречие.

Противоречие не между тем, что я чувствую, и тем, что я отвечаю; проблема в том, что я должен ответить лишь после произведенной проверки: я должен связать плохой поступок с Творцом, с ощущением Его во мне — и сказать, что Он сделал мне эту плохую вещь. Если я не связываю этого ощущения с Творцом, а просто автоматически благодарю Творца, то от этого ничего не меняется.

Однако если это выражение произносится мною лишь после того, как я связываю то плохое, что во мне, с Творцом, с Источником — то я уже не могу просто повторять это. Я произношу это, исходя из ощущения, а не из штампов образования, не из-за того, что меня учили: «Когда тебе плохо, говори: «Нет иного, кроме Него».

Когда мне плохо, я не должен автоматически произносить: «Нет иного, кроме Него»; вслед за этим плохим ощущением я должен удостовериться, что оно приходит свыше, от Творца, что Он посылает мне его, что я связан с Ним в чувствах. Когда я устанавливаю с Ним связь на уровне чувств, исходя из плохого ощущения — это ощущение подслащивается, и тогда я говорю: «Нет иного, кроме Него», имея в виду, что это пришло от Него. Необходима чувственная связь с Творцом.

Я не должен твердить: «Слава Богу» после каждого удара и: «С Божьей помощью», что бы со мной ни случилось. Такие реакции внедряются в человека посредством образования. Мы разворачиваем связь на каждое свое ощущение, и поэтому, пока я не связываю его с Творцом, я вообще не могу сказать: «Слава Богу» или наоборот. У меня вообще

Условие слияния

нет связи с Ним. Вы не часто слышите от меня: «Слава Богу». От меня требовали: скажи «С Божьей помощью»!

Я отвечал: «Все будет хорошо». Такое трудно произнести, это вытекает из внутренней работы и настоящей связи с образом Творца, а не из уст. Поэтому мы не можем просто так бросаться подобными словами. Если связь не установлена, ты в ответ на любую плохую вещь можешь сказать: «Слава Богу», ты даже не задумываешься над тем, что произносишь. Если же, как здесь написано, ты привязываешь каждую вещь к Нему — Он пробуждается, Он посылает — то потом сердце скажет...

- **Вопрос: Что делать человеку после того, как он пришел к отчаянию, и у него нет никаких сил, чтобы продолжать, когда он вообще не видит, что шел в правильном направлении?**

В самом плохом состоянии — выжди. Если ты думаешь, что это состояние и все остальные состояния проистекают из самого тебя — подожди и увидишь, как это проходит. Что значит «проходит»? Высшие источники света меняются, свет, который приходит, становится другим — и по своей силе, и по сути. Он задействует тебя иначе, и ты выходишь из этого состояния, то есть, испытываешь другое ощущение, которое сейчас на тебя действует. Вот и все.

В конечном итоге, что ты такое? Некто, ощущающий, как над ним работают, точно на операционном столе. В чем же заключается наше собственное действие? В осознании того, что с нами происходит. Ты еще увидишь, насколько вымышлена вся эта реальность, включая политические и военные действия, а также семейные проблемы. Наше дело — правильно осознать то, что с нами творится, отнести это к истинному Источнику — и в этом твоя реальность начинает меняться.

Устанавливая все более истинную связь с Творцом, ты приводишь к тому, что все происходящее вокруг тебя начинает меняться в соответствии с этой мыслью, этой связью. У Творца есть как бы «материал», «тяжесть», «вес» — и ты работаешь над ним посредством собственной мысли, а свет начинает вести себя соответственно твоей связи с Творцом.

- **Вопрос: Если я чувствую, что во мне действует Творец, это ослабляет, притупляет все мои действия; в то время как обычно я достигаю чего-то, активно опираясь на собственные силы, преодолевая сопротивление других. Когда я вижу, что все это вызывает во мне Творец, или просто пребываю во внутренней связи с Ним — это ослабляет меня, превращает меня в мямлю.**

  И тогда мне кажется, что я остаюсь в проигрыше на работе и во взаимоотношениях с другими — ничто не выйдет так, как я того хочу. Допустим, раньше в случае опасности увольнения я бы сражался и сохранил бы за собой место; а теперь из-за того, что я связан с Творцом, у меня какая-то слабость, мне не хочется сражаться — и меня увольняют. Если бы я сражался, я бы «убил»; а теперь я словно даю ему «убить».

  Это значит, что нам все еще позволяют думать, будто бы мы играем активную роль в этой системе взаимоотношений с Ним, как будто существует еще какая-то действующая сила, кроме Творца, как будто от тебя что-то зависит. Ты не хочешь относиться к Нему, исходя из Его присутствия и согласно течению событий. Ты думаешь, что если применишь собственную силу, то течение изменится в твою пользу. Ты не очень полагаешься на то, как Он произведет то или иное действие. «Может быть, Он и хочет приносить благо, но не совсем умеет. Не Он выстроил эту ситуацию».

- **Реплика: Он ее выстроил, но я не должен оставаться в ней пассивным.**

  Откуда ты знаешь? Есть заповедь на этот случай? Сказано: «Пока острый меч не коснется твоей шеи, не теряй надежду» — подобно тому, что было с рабби Акивой. Только он мог читать при казни «Шма Исраэль».

  Мы сами не знаем, до какой степени мы должны довести разграничение между тем, что и впрямь лишь представляется нам в посылаемых Им изображениях этого мира, и Самим Творцом. И тогда мы увидим, что за «фильмы» мы смотрим всю свою жизнь. «Мы были как во сне» — вот уж действительно, как во сне.

Человек должен действовать реальным образом, а не так, как будто он уже пребывает в Конце Исправления. Необходимо осознать, что мы должны прийти к состоянию, в котором мы не видим этих изображений, а вместо того видим, как Творец выстраивает этих кукол, а также меня самого, и хочет, чтобы и в них, и в себе я познал одного только Его. Конечно же, интересно, каким образом мы отсоединяемся от Управления: благодаря тому, что Он выстраивает передо мной некую ситуацию; посредством затуманивания моих чувств или разума... Нет предела сумбуру и нет конца ошибкам.

Ты говоришь: я человек, у меня есть разум, чувства, в жизни я крепко стою на ногах и мне нужна какая-то система — как относиться к такой-то вещи в такой-то ситуации. Мне нужно упорядочить предстающую предо мной картину — я готов, только, пожалуйста, дайте мне инструменты в руки. Тебе дают только один инструмент (кли) — стремление к раскрытию Творца. Но посредством этого ты действительно раскрываешь новые келим, душу.

Дополнение: Я хочу привести в пример одного из членов нашей группы, у которого был суд. Он просил силы для того, чтобы помнить на суде, что все это игра, чтобы видеть Творца, несмотря на то, что все его будущее и профессия зависели от этого суда. Он попросил у группы помощи в этом смысле. Я не хочу распространяться о том, как все кончилось, это неважно, однако никто, кроме группы, не может помочь тебе помнить, для чего ты живешь. Это действительно самая сильная вещь.

Но вследствие разбиения сосудов, отпечатались все буквы на управлении и земных творениях...

И снова тот же вопрос. Есть духовное и есть материальное. Наше состояние называется периодом подготовки. Как из этого состояния мы вообще можем хотя бы начать приближаться к духовному, к связи, к различным вещам, находящимся в Нем?

Откуда нам взять это соответствие между двумя мирами? И он отвечает: это приходит как результат разбиения сосудов.

…Отпечатались все буквы на управлении и земных творениях таким образом, что если человек совершенствуется и достигает своего корня, обязан сам собрать все буквы, одну к одной, и отнести их к Высшему корню, к Святости.

«К Высшему корню» означает: отнести к Творцу все происходящее в мыслях, в сердце, в помехах и так далее. Я не просто благодарю Творца, потому что получаю это от Него — «Нет иного, кроме Него». Я обязан раскрыть Его в таамим, внутри себя, во всем своем ощущении. Не просто зрением увидеть, что это делает Он, а как будто сделать это с Ним в истинном слиянии.

…Как сказано: «Перевешивает себя и весь мир на чашу оправдания» — тем, что объединяется с Творцом, с Его действиями. «Весь мир» — это значит, что все действия, все, что происходит вокруг меня, включая меня самого, я «перевешиваю на чашу оправдания», то есть, сливаю с Высшим все возникающие передо мной изображения. Когда после выяснений и усилий я сливаю с Творцом все возникающие во мне изображения, все изменения, помехи и неразберихи — по мере их чередующегося раскрытия — тогда я перевешиваю себя и весь мир на чашу оправдания.

А слияние Творца и Шхины, которое создается человеком наполнением меры устремления и тоски, точно подобно земному совокуплению, рождающему земное тело, которое также происходит от обязательно предшествующей причины, то есть, напряжения, то есть, определенной меры стремления, называемой напряжением в земном языке, когда и семя его на благо, потому что извергается как стрела в душу, год, мир, что и называется тшува в то время, в то место, в ту женщину.

Как описывает Бааль Сулам в письме на стр. 64 книги «Плоды Мудрости», мы должны достичь той самой точки,

Условие слияния

откуда спускается душа. Как мы ее ищем? По трем осям. Так же, как в нашем мире есть три измерения — длина, ширина, высота — по которым мы можем отыскать точку, о которой говорим; так же в наших ощущениях мы можем отыскать ту точку, в которую должны вернуться, из которой начали спуск вниз, — по трем духовным координатам, называющимся: «Мир», «Год» и «Душа».

Мне дают сведения о том, каковы эти координаты для меня, и если я нахожу три этих параметра и складываю их вместе — значит, я достиг своей исходной точки. Например, я говорю тебе: год — 1999, мир — Ецира, душа — Игорь. Сказав это, я дал тебе все сведения о таком-то духовном состоянии.

...Потому что последняя буква хэй имени АВАЯ содержит душу, год, мир. Чтобы достичь цели, наша душа или желание — неважно, как сказать — должна, что называется, «совершить возвращение»: достичь наполнения недостатка (вернуться с недостатком к наполнению). Малхут (хэй), то есть, творение, возвращается к Зеир Анпину, то есть, Творцу. Как я могу знать, что возвращаюсь к нему — в свое место, туда, откуда я спустился? Согласно трем координатам: мир, год, душа. Как он говорит: «в то время, в то место, в ту женщину». Что это значит? Почему этим я достигаю истинного, полного контакта?

Он объясняет это в понятной для нас «животной» форме — форме отношений между мужчиной и женщиной. Однако это соответствует тому, как душа приходит к Творцу.

От издателя

Михаэль Лайтман
НАУКА КАББАЛА

Изданы:

Наука Каббала

Эта книга — вводный курс для начинающих изучать каббалу. Великий каббалист 20-го века, практически наш современник, Бааль Сулам «перевел» основные каббалистические источники, создававшиеся в течение тысячелетий, на язык современных поколений, которым предназначено проникнуть в высшие духовные миры. С помощью книг Бааль Сулама древнее учение становится доступно массам (как и предсказывали каббалисты прошлого).

Главная часть книги — «Введение в науку каббала» — приводится с комментариями последователя и наследника Бааль Сулама, современного каббалиста Михаэля Лайтмана. Учебный курс включает альбом графиков и чертежей духовных миров, контрольные вопросы и ответы.

Том II содержит каббалистический словарь и словарь каббалистических терминов.

Основы Каббалы

Настоящий сборник является основной книгой для начинающих изучать каббалу. Книга, благодаря своей доступной форме, позволяет проникнуть в тайны науки, на тысячелетия скрытой от глаз непосвященных, всем желающим. Автор разворачивает перед читателем всю панораму строения и системы мироздания, раскрывает структуру высших миров и законы высшего управления.

Желающий познать высшее найдет в этом сборнике ответы на множество своих вопросов. В первую очередь на главный вопрос человека: «В чем смысл моей жизни?» Книга захватывает и увлекает, позволяет человеку проникнуть в самые глубинные тайны мира и самого себя.

Книга Зоар

Книга Зоар — основополагающая и самая знаменитая книга во всей многовековой каббалистической литературе. Хотя книга написана еще в IV веке н.э., в течение многих столетий она была скрыта. Своим особенным, мистическим языком Книга Зоар описывает устройство мироздания, кругооборот душ, тайны букв, будущее человечества. Книга уникальна по силе духовного воздействия на человека, по возможности ее положительного влияния на судьбу читателя.

Величайшие каббалисты прошлого о Книге Зоар:

...Книга Зоар (Книга Сияния) названа так, потому что излучает свет из высшего источника. Этот свет несет изучающему высшее воздействие, озаряет его высшим знанием, раскрывает будущее, вводит читателя в постижение вечности и совершенства...

...Даже тот, кто не понимает язык Книги Зоар, все равно обязан изучать ее, потому что сам язык Книги Зоар защищает изучающего и очищает его душу...

Учение Десяти Сфирот

Материал книги основан на курсе, прочитанном руководителем Международной академии каббалы ученым-каббалистом Михаэлем Лайтманом по фундаментальному каббалистическому источнику — «Талмуд Десяти Сфирот».

В книгу вошли комментарии на 1, 3 и 9 части уникального научного труда Бааль Сулама, описывающего зарождение души, ее конструкцию и пути постижения вечности и совершенства.

Духовный поиск

Книга «Духовный поиск» — это сборник каббалистических текстов, которые дают представление об основных предметах исследования науки каббала: структура и развитие души, строение духовных миров, возможности человека выйти в своем познании за пределы материального мира. Когда человек начинает изучать духовный мир и восстанавливать свою связь с Творцом, он становится Человеком. Каббала — это инструкция, без которой такое превращение невозможно.

Развитие души

У каждого человека есть душа, но она, возможно, еще дремлет в нем. Как пробудить душу, раскрыть ее для принятия высшего света, развить ее? В книге собран материал, показывающий этапы развития души и поиска ее места в мироздании.

В книгу включен классический каббалистический источник — «Сефер Ецира» («Книга Создания»), а также литературные тексты о каббале.

Последнее поколение

Книга «Последнее поколение» включает в себя наиболее актуальные для нашего времени статьи и беседы Михаэля Лайтмана и знаменитого каббалиста 20 века Бааль Сулама, показывающие последние этапы развития человечества, пути выхода из цивилизационного тупика и основы общества будущего.

Зарождение общества будущего

Уроки и беседы современного каббалиста Михаэля Лайтмана на международных семинарах раскрывают духовный смысл этих важнейших праздников.

Изучающие каббалу люди, приехавшие на эти семинары из многих стран мира, под руководством Михаэля Лайтмана начали процесс постепенного создания нового каббалистического общества, основанного на духовном опыте величайших каббалистов, показавших человечеству возможность избавления от страданий, несчастий и катастроф.

Все человечество достигнет по замыслу Творца счастья, совершенства и вечности. Это не очередная философская или социальная утопия — это наше реальное будущее, которое делаем мы сами. Книга «Зарождение общества будущего» показывает начало этого процесса и пути его развития.

Готовятся к изданию:

Талмуд Десяти Сфирот

Уникальная книга, написанная величайшим каббалистом 20-го века Бааль Суламом. Автор основывался на тексте Книги Зоар и фундаментальной работе великого Ари «Древо Жизни» (16 томов классической каббалы). Соотнеся их со своими постижениями высшего управления, он создал гениальный научный труд, раскрыв глубинные пласты каббалы современным поколениям.

Книга является наиболее мощным учебным пособием для самых серьезных каббалистов. Она совершенно логично, мотивированно, подробно и доказуемо разъясняет все причинно-следственные связи высшего замысла творения и его воплощения. Ни один момент в процессе создания мироздания не остался за пределами настоящей научной работы. Нет во всемирном архиве книги, сравнимой с Талмудом Десяти Сфирот по глубине познания, широте изложения и величию объекта изучения.

Эта книга принадлежит к числу самых важных книг человечества.

Уроки Каббалы

(Виртуальный курс)

В древней Книге Зоар (Книга Сияния) сказано о времени, когда пробудится в людях стремление вырваться в высший мир, овладеть высшими силами. Сегодня десятки тысяч учеников во всем мире получили возможность изучать скрытую до недавних пор методику постижения высшего, благодаря трансляциям в интернете виртуального курса Международной академии каббалы. Его ведет крупнейший ученый-каббалист современности Михаэль Лайтман, снимая завесы тайны с этой науки, уникальной по точности и глубине познания.

Изложенный в книге материал виртуального курса явится вдохновляющим пособием для учащихся первых лет обучения и послужит всем, кто стремится постичь законы мироздания.

Ночи Каббалы

Законы духовной работы изучаются на ночных уроках в центре «Бней-Барух» под руководством каббалиста М. Лайтмана. Эти уроки — основа учебной программы, по которой тысячи людей во всем мире изучают каббалистическую методику выхода в духовное пространство.

Когда-то наука каббала была раскрыта людям. Имея выход в духовный мир, они знали, понимали свое предназначение.

Но вот уже тысячи лет духовное пространство скрыто от нас. И большинство людей на земле, кроме этих считанных единиц — каббалистов — даже не представляют себе, что можно жить одновременно в двух мирах, видеть всю перспективу развития человечества и в этом мире, и в будущем.

Если весь мир будет знать, для чего он существует, какова его окончательная цель, то больше не нужны никакие усилия — только одно это знание спасло бы весь мир от войн и катастроф.

Международный каббалистический центр
«Бней Барух»

BNEI BARUCH P.O.B. 1552 RAMAT GAN 52115 ISRAEL
Адрес электронной почты: russian@kabbalah.info

Международная академия каббалы
заочное отделение

Виртуальный курс для начинающих

- Международная академия каббалы транслирует по всемирной системе Интернет курс заочного обучения «Введение в науку каббала».
- Участие в этих занятиях обеспечит освоение основ науки каббала, постижение высшего мира, знание о своем предназначении, причинах происходящего с вами, возможность управления судьбой.
- Курс рассчитан на начинающих и предназначен для дистанционного обучения на языках английском, русском, иврите.
- Занятия транслируются в видео- и аудиоформатах, с демонстрацией чертежей, возможностью задавать вопросы и получать ответы в режиме реального времени.
- Во время прямой трансляции, действует служба технической поддержки.
- Курс бесплатный, включая рассылку учащимся учебных пособий.
- Успешные занятия поощряются поездкой на семинары, происходящие 2 раза в год в разных странах мира.

Адрес подключения
http://www.kab.tv

Архив курса
http://www.kabbalahmedia.info

Русское отделение
http://www.kabbalah.info/ru

Международный каббалистический центр «Бней Барух»

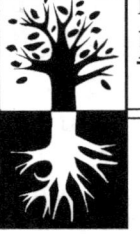

Издательская группа **kabbalah.info**

Для книготорговых организаций
(заказ учебных пособий)

Америка и Канада.................... info@kabbalah.info,
+1-866 LAITMAN
Израиль....................................... zakaz@kabbalah.info,
+972 (545) 606-701
Россия... +7 (095) 721-7154, 109-0131
109341, Москва, а/я 42

Запись в группы изучения Каббалы
(обучение бесплатное)

США (Восточное побережье)............ +1 (718) 288-2222, 645-3887
США (Западное побережье).............. +1 (650) 533-1629
Канада.. +1-866 LAITMAN
Израиль... +972 (545) 606-701
Россия.. +7 (095) 721-7154, 109-0131

Заказ книг и учебных материалов на английском языке
+1-866 LAITMAN

Международный каббалистический центр
«Бней Барух»
http://www.kabbalah.info

Учитывая растущий интерес к знаниям каббалы во всем мире, Академия Каббалы под руководством каббалиста М. Лайтмана издает серию книг «Наука каббала», транслирует виртуальные уроки, совершенствует интернет-сайт, открывает по всему миру группы изучения каббалы. В рамках нашего заочного университета занимаются более 700 000 учащихся из 68 стран мира (на 01.01.2003).

Вся деятельность Академии Каббалы осуществляется на добровольные взносы и пожертвования ее членов. Каббалистические знания вносят в мир совершенство, безопасность, высшую цель.

Мы с благодарностью примем Вашу помощь.

Наш счет:
wire transfer
Bnei Baruch
TD Canada Trust
7967 Yonge Street
Thornhill, Ontario
Canada L3T 2C4
Tel: 905 881 3252
Branch/Transit#: 03162
Account#: 7599802
Intuition Code: 004
Swift Code: TDOMCATTTOR

Михаэль Лайтман
серия
НАУКА КАББАЛА

ОСВОБОЖДЕНИЕ

Издательская группа
kabbalah.info

ISBN 5-98179-012-1

Подписано в печать 10.02.2005. Формат 60х90/16
Печать офсетная. Усл. печ. л. 32.
Тираж 3000 экз. Заказ №   .
Отпечатано в полном соответствии с качеством предоставленных диапозитивов
ОАО «Можайский полиграфический комбинат».
143200, г. Можайск, у. Мира, 93

www.ingramcontent.com/pod-product-compliance
Lightning Source LLC
LaVergne TN
LVHW011926070526
838202LV00054B/4503